本书的出版得到

"复旦大学哲学一流学科培优行动计划"支持

道体与心性

丁耘 著

生活·讀書·新知 三联书店

Copyright © 2024 by SDX Joint Publishing Company.
All Rights Reserved.
本作品版权由生活·读书·新知三联书店所有。
未经许可，不得翻印。

图书在版编目（CIP）数据

道体与心性 / 丁耘著 . -- 北京：生活·读书·新知三联书店，2024.10. --（文史新论）. -- ISBN 978-7-108-07879-7

Ⅰ.B2

中国国家版本馆 CIP 数据核字第 20248DF149 号

责任编辑	冯金红　苏诗毅
装帧设计	薛　宇
责任印制	李思佳

出版发行　生活·讀書·新知 三联书店
　　　　　（北京市东城区美术馆东街 22 号 100010）
网　　址　www.sdxjpc.com
经　　销　新华书店
印　　刷　北京隆昌伟业印刷有限公司
版　　次　2024 年 10 月北京第 1 版
　　　　　2024 年 10 月北京第 1 次印刷
开　　本　635 毫米 × 965 毫米　1/16　印张 24.25
字　　数　319 千字
印　　数　0,001 – 5,000 册
定　　价　69.00 元

（印装查询：01064002715；邮购查询：01084010542）

目 录

序 言

第一章 判摄与生生之本
    对道体学的一个阐述　1
    第一节 道体学判摄的基源　2
    第二节 关于"生生之本"的分歧　5
    第三节 对"生生之本"的可能追问与解答　7
    第四节 对中国近现代哲学的再次判摄　20

第二章 论现象学的神学与科学转向　26
    第一节 神学转向与科学转向　27
    第二节 思辨转向与现象学还原　35
    第三节 现象学还原的不同道路　42
    第四节 向存在者整体的还原与神学–科学转向　46
    小结：整全之被给予　56

第三章 现象学之道学转向　59
    第一节 "道学转向"的分叉：从"天道"到"心性"　61
    第二节 《儒家哲学史讲演录》的心学论述　68
    第三节 "儒瑜伽"　73

1

第四节　近溪学　78
小结：总评现象学之"道学转向"　89

第四章　情感与力量
从贺麟与张祥龙的斯宾诺莎解释出发　98

第一节　直觉范式与斯宾诺莎的当代解释　99
第二节　个别事物难题（上）：本质与实存　104
第三节　个别事物难题（下）：情状、情感与努力　114
第四节　对斯宾诺莎基本情感学说的改造　118
小结　126

第五章　莱布尼茨与力量现象学
从连续体迷宫出发的研究　127

第一节　莱布尼茨哲学的基本疑难　129
第二节　连续体迷宫与动力学　135
第三节　从质料现象学到力量现象学　154
第四节　力、量与时间　173
第五节　力量现象学如何解决连续体难题　192

第六章　亚里士多德"被动努斯"说发微
基于《论灵魂》3.4、3.5 的研究札记　207

第一节　《论灵魂》中努斯学说的疑难　209
第二节　被动努斯与感知　215
第三节　潜能与实现的阶次　219
第四节　高阶的被动努斯　223
第五节　处所、空间与质料　228
第六节　依据力量学说解释被动努斯　233
小结：被动努斯的心性论解释　241

第七章　心物问题与气论　248

第一节　阳明心学与晚明气论　249

第二节　晚明气论的"新唯识"之路（上）：蕺山学　255

第三节　晚明气论的"新唯识"之路（下）：船山学　259

第四节　现代中国哲学的"心学"与新唯识论　268

小结：心与气　278

第八章　论心性

道体学气论导言　281

第一节　心、性与道体　283

第二节　斯宾诺莎与道体学气论第一方案　287

第三节　力量阶次与"表现模式"　294

第四节　道体学气论第二方案　305

第九章　新气论纲要　314

第一节　"质"、"能"与"力"：气论解释的三个框架　315

第二节　如何用力量哲学接引气论　322

第三节　成物：实在哲学　336

小结：新气论之"新"　346

附　录　349

论中国哲学的标识性概念　350

关于"新中国的形而上学"　356

天下与天命：基于气论的历史哲学　361

后　记　377

序　言

《道体学引论》（下文简称《引论》）是2019年出版的。这是一个小结，但更多的是一个开始。本世纪20年代以来，我一直在《引论》的道路上推进。目前这部作品集结了这三年多来撰写的九篇主要文章，可算是推进的"路标"。由于没有事先规划好的道路，而是一边开辟一边行进，路标显示的不会是一帆风顺的直线，至多是一些交叉之径。如按时序编次，虽有简明之效，但不易看出路径的曲折与互嵌。目前采取的编次，稍微打乱了时序，理路与主旨便清晰得多。论题分为三部分：生生、现象学及其转向、心与气。约而言之，所涉无非形而上学之论旨与现象学之方法。《引论》反复申说，"道体"是问题之标识。借用德国哲学的一个小术语，"道体"是"问题学"或"问题论"（Problematik）上的概念，只是标记，无所建立，亦无须建立。而生生、心、气等，则是建立宗旨，回应问题。《引论》在问题学上，又以太一论为道体学的中介。"道体学"的表述不好直接用以概括西学，但太一论这个中介可以。《引论》诸篇，无非挑明了道体学作为太一论在中西哲学问题传统上的隐秘主宰地位。

《引论》出版以来，世势略有浮沉，思绪亦随之有所远近。我在不止一个场合表示过，这个时代仍需要系统阐释西学。这是我们接续中学、认识现代世界无法绕过的思想前提和教学前提。这里我要强调"系统"阐释，也就是要把西方哲学（这里取最广义，包括所谓科学及神学）放到其复杂的传统中去把握。如果无法认识诸传统的丰富内容和复杂关系，那么"古今之别"就只能是一种关于历史时间的纯形式表述。在系统阐释中也许可以发现，与太一论的问题传统相应，善、是、神、理性、精神等构成了一张复杂的义理传统网络。这张网络在其显隐消长的特定状态下，或许可以帮助捕捉到古今之别的实质。

以上主张，固然并非这三年才有的觉悟，但这三年的努力亦不可说毫无新的创获。《引论》出版以来，个人的思想道路大体上有三个方向的推进。

首先，在西学阐释上，将太一论转进到力量哲学。本书不止一篇文章涉及力量哲学，但均未直接讨论太一与潜能、太一论与力量学之关系。太一以某种方式"蕴藏"了力量。而就其自身言，太一既不是力量，又不只是力量的虚静。这在新柏拉图主义哲学中显然是一个专门论题，其重要性或许超乎专门研究者的设想。本书各篇未从太一论直接出发。这是今后研究，或他人研究可以接续的地方。

其次，与西学阐释相应，本书将《引论》中的道体学明确推进到道体学气论。道体学只是敞开问题，道体学气论则有所建立，亦有所接续。气是对道体的述谓之一。《引论》中对此多有讨论，乃至抑扬。基于某些考虑——其中包括对"古今之变"的考虑——本书顺着气论及相应的力量哲学道路建立了一些方案。这两条彼此映照的道路是从《引论》诸路中派生的。今后亦将顺之工作，以实现力量哲学与气论更多的解释可能性。

最后，在中西哲学上的系统阐释之旁，本书特别依傍现象学传统做了方法论上的探索。这方面的意图也是不必掩盖的，这就是改造（而不是否定或放弃）现象学，使其突破单纯的"心性"之囿，以力量为中介，开显道体。书中无论对现象学运动史上各种"转向"的考察，还是自行建立力量现象学的探索，无不服务于上述意图。现象学的各种转向之发生也许说明了，向更超越的东西、原初的超越性、太一、道体（不管叫什么）等的转向，这本就是现象学自身的"隐秘憧憬"。

这与胡塞尔现象学自觉对比的"近代哲学"的历程完全一致。

在对《引论》的各种讨论中,有一个概括颇为引人注目,同时也不好理解——"新中国的形而上学"[1]。"什么是新中国的"比"什么是形而上学"更不好回答。这个概括也许只是一种期许和有点过分的揄扬;也许会是一种自我实现的预言。我主要不是将之视为激励,而更多地视为一个问题的总方向,即如何在形而上学上给予新、老中国以贯通的解释,而不是用诸如"周虽旧邦,其命惟新"之类的说法搪塞过去。如果没有基于原理的贯通性,那也就没有任何"形而上学"可言了。新、老中国在"形而上学"上的贯通与差异,会体现在道体学气论"接着中国哲学史说"的方式上。这种接续是实质性的,但同时必然会在表达上呈现深刻的断裂。这种断裂当然不是个人选择的结果。在形而上学上,"新"意味着需要真正系统地阐释西学。这是中国哲学的历史性使命,而不是某个人的使命。在我个人当前的思考中,这一使命体现为力量哲学传统对气论传统的激活。但所谓力量哲学传统,也不是现成摆在那里,供人随意支取的东西。接引这一传统,需要现象学。说得更确切些,需要对现象学的改造。这些就是本书试图引发的讨论和思考。

2023 年 8 月 14 日

---

[1] 参见本书附录《关于"新中国的形而上学"》。

第一章 | 判摄与生生之本[1]
对道体学的一个阐述

《道体学引论》（下文简称《引论》）出版以来，学界评论不一。[2]其中引起最大关注的，当是《引论》对各大哲学传统所持之判摄态度。迄今为止公开发表的唯一书评，即以此为主题。[3]的确，判摄问题是理解《引论》的一个合适入口。有关此书的其他争议，例如哲学是否唯一，中国传统中有没有所谓哲学，中、西学的关系，此书是否有佛学上的背景或意图等，都可借讨论判摄找到头绪。《引论》的判摄如可成立，不能不基于道体学本身所诉诸的最高普遍性与最大完备性。最高普遍性就是道体及其"太一"意涵，最大完备性就是道体学对中西哲学各"统宗"，尤其是它们最切近形态的吸收。评论者对判摄的不理解，可能首先因为不理解《引论》的"太一"说，尤其是"即虚静即活动即存有"的学说；其次因为不了解道体学的哲学史渊源。这其实是同一回事的两个方面。"三即""太一"之说，实是对中西哲学史重要传统，尤其是较切近传统的某种综合与推进。本章作为对《引论》的说明，打算起用另外的次序：先以较切近的中西哲学系统接引道体学的基本论述，阐明当前有关讨论的分歧所在（本章第一、二节）；然

---

[1] 本章曾发表于《哲学动态》2020年第12期。写作过程中，苏杭同学帮助收集资料，白钢教授指点梵文词句。特此致谢。
[2] 撰写本章时，笔者已经读到吴飞、周展安、曾海龙、张程业等四位学者的书评，并且了解到其他一些口头评论。
[3] 吴飞，《丁耘的判摄之学》，上、下篇分别载于《读书》2020年第3、4期。

后尝试从更原初的共同问题及其可能的解答入手，包括援引佛学，解释道体学的基本洞见（本章第三节）；最后顺着这个解释澄清道体学的判摄原理并判摄近代中国哲学（本章第四节）。

第一节　道体学判摄的基源

在《引论》中，道体学论题的引入，是通过阐释《庄子》相关诸篇的道一说完成的；道体学论义的引入，则是从道一立"即虚静即活动即存有"之旨。之后通释其他典籍，无非以"道一"立"统"，从"三即"立"宗"。这就是说，判摄之学的根本，在于"大一"（太一）与"三即"。前者固然从庄学发其绪，后者中的虚静之义，也得益于解庄，然而道体学宗旨中的"三即"，则别有所本。《引论》首章据亚里士多德哲学解释并回应了牟宗三的"即活动即存有"之说。"即虚静即活动即存有"之说，当然是对"即活动即存有"之说的推进与判摄。但这项工作，与《引论》首章不同，已无法在亚里士多德哲学乃至整个西方哲学传统主流之内找到直接的用力点。[1] 此项判摄其实另有基源。

无论熊、牟的"即用即体""即活动即存有"，还是道体学的"即虚静即活动即存有"，其关键在"即"。牟宗三晚年花了极大精力阐释此"诡谲的'即'"。这当是他解释天台学的基本意图。牟以"性具"而非俗以为空假中一心三观为天台要义，竭力划清与华严宗"性起"之界限。性具也者，佛性具恶、具无明，佛不断九界而成。性具就是"即具"，所谓一念无明法性心"即具"三千大千世界也。对牟氏的判教，本章第四节再予讨论，此处仅限于指出，《引论》中"即"的表

---

[1] 当然，在柏拉图的某种解释传统中，在对亚里士多德被动努斯学说的某种彻底解释中，在对埃克哈特大师、谢林、海德格尔的思想统绪的阐释中，未必不能挖掘出通向《引论》的道路，但这现在仍然只是设想。

达，非仅来自佛学，但可通于佛学。同时也要指出，三即之义，并非取自佛学，但仍可援佛自证；道体学亦不赞成牟氏的判教；"即"也可有（至少在表达脉络上）不同于佛学的其他解释。

以上无非表明，判摄之学的两个根本，因而道体学的两个基源，可以追溯到庄学与佛学。太一出自庄学，三即溯及佛学。太一与三即在义理上断非两橛。庄、佛在阐释上亦非不可通融。此通融自古不绝如缕，在近代当以章太炎《齐物论释》为翘楚。太炎以为，诸最高概念（"究竟名"，例如道、太极、实在、实际、本体等）中，"唯真如名最为精审"[1]。而《引论》所谓"道体""道一"，就相当于太炎依如来藏系统所云"真如"。例如，《引论》研究道一时讨论较多的《天下》关、老之说"主之以大一"[2]，《菿汉微言》就解释为"等同一味唯一真如也"[3]。《齐物论释》也说："所谓一者何耶？《般若经》说诸法一性，即是无性，诸法无性，即是一性。是故一即无见无相，何得有言？"[4] 这是解一为法性。再如，《引论》是以讨论生生，尤其是《易传》所谓"生生之谓易"反复阐释三即之义的。[5] 而太炎全用唯识解易、解生生。彼以乾为阿赖耶识，坤为末那识。以末那我执为无明本体。末那识执阿赖耶识以为我相、以为因缘，此即生生之本。则生生之易，就是缘生。《易传》既云"生生之谓易"，又说"易无体"，无体就是"非实有"。综合二语，易有"生空"之义云云。[6]

太炎之说当然可以商榷，但足证庄、佛、易三学，只要阐释得当，彼此无隔；道体生生之学，与太一无生之学，也可殊途同归。《引论》

---

[1] 孟琢，《齐物论释疏证》，上海人民出版社，2019年，p. 204。
[2] 参见丁耘，《道体学引论》，华东师范大学出版社，2019年，pp. 129-132。
[3] 章太炎著，李勇选编，《章太炎佛学文集》，商务印书馆，2018年，p. 103。
[4] 同上书，p. 59。
[5] 参见丁耘，《道体学引论》，pp. 230-238。
[6] 章太炎著，李勇选编，《章太炎佛学文集》，pp. 100-101。

之阐释，无非指示一统，糅合诸宗而已。"统"谓母题，曰道体，曰真如，曰太一，曰绝对，等等，无可无不可，唯在应时代固有学术之机。究竟义当然只有一个，究竟名则必不止一个。究竟名既必不为一，那么择其中之一为究竟，其他"究竟"即成方便。然而方便之中，毕竟有究竟。究竟义必从究竟名出，则亦不可夺名之方便也。《引论》虽以"道体"为究竟名，不碍与"真如""绝对""太一""实相"等另外的究竟名，互为方便，其实一味也。

  《引论》之所以取此方便，而未能如章、熊等，以庄、易及其他中国固有学派与佛学互证，乃因当前学术史处境已不同于20世纪初。以佛学衡量古学、初接西学的时代早已过去了，取而代之的是以所传释的西学衡准古学的时代。而当今西学，与百年前所传之西学相比，又是另一番景象[1]，其自身亦需判摄。非独需要对具体学派的权衡取舍，而且需要对西学各大传统的整体检视、批判——这本就是西学内部的重要传统，亦是文艺复兴，特别是19世纪以来西方哲学的活力所在。西学之自我批判不绝，而中学对西学的判摄则刚刚上路。太炎判西学有极宏大警策处，远超其同伦、后学。当时虽非判摄西学的良机，却有据之以判之学。今日正是判摄西学之时机，而其学则仍需伸张。《引论》依《易》《庸》《庄》等判中西，本章稍援佛学与西学互质[2]，盖判摄本佛家语也，唯判摄之内容，可随时机调整而已。佛家重内学诸教权实，道体学则重诸"外道"统宗。太炎虽径直以佛家转释"外道""西学"，亦不能不以内学判教为本。道体学之判摄与太炎之佛学判摄虽不尽同，但道体学亦可以佛学为方便，以佛学心性之学释己判他。佛学判古学之机虽逝，其大义则不容撼动也。佛学初接西学之机虽逝，判摄西学之机则已至。而佛学与西学及西学东渐以后的中学之

---

[1]　参见丁耘，《论西方哲学中国化的三个阶段》，《天津社会科学》2017年第5期。
[2]　笔者博地凡夫，无修证无传承，援佛皆是名相上造业，此在读者善鉴。

间，当有居间调停、传释转化之学。太炎等以佛学或附佛、佛化（哪怕是辟佛）之学判摄中土古学甚多，然而对近世中、西学判摄则少，亦不系统。道体学于以上任务，皆可有所贡献。一方面，当以不同于或不限于阐释性论证的方式完善自身；另一方面，对近世以来中西之学，皆可整体判摄。学界对判摄之惑，或可在进一步判摄中解决。此判摄本身，亦是道体学推进、校正自己的方式。故下文就这两方面，略陈粗义。详说留待他时。

第二节　关于"生生之本"的分歧

道体学以生生为引，讨论其理（因、元、本等等），顺"生生之本"立道体诸义。故道体学与生生之本问题息息相关。可以说，对此问题的不同看法，是"生生"讨论者之间最重要的分歧。目前有中学无本、有本两说。前者大抵以中学不以超越性概念为主，故有"无本"或"毋庸立其本"两说。有本说又有天理、天伦之别。中学轻超越说，见于吴飞。天理一本说，见于杨立华。天心一本、天仁感人孝应之说，见于唐文明。[1]

吴、唐看似取径有异，其实皆从伦理出。吴飞先从夫妇一伦还原生生之理[2]，以为生生无非一阴一阳之道。后虽不复出"生生十六字"，仍坚持理不离气之义。唐文明从亲子天伦出发，立天人之大伦。其解天之仁，不依性理，而依天心，并以天心统理气重解朱子。[3]杨立华则非气非心，理一元论贯彻到底。故理学、气学、心学，三人实各据一端。唐

---

[1] 参见吴飞，《丁耘的判摄之学》，前揭。杨立华，《一本与生生》，生活·读书·新知三联书店，2018年。唐文明，《朱子论天地以生物为心》，《清华大学学报》（哲学社会科学版）2019年第1期。唐文明，《仁感与孝应》，《哲学动态》2020年第3期。
[2] 参见吴飞，《论"生生"——兼与丁耘先生商榷》，《哲学研究》2018年第1期。
[3] 参见唐文明，《朱子论天地以生物为心》。

氏之心学，不同于明儒，以心解天、立天故。杨氏之理学，亦不同于宋明儒，引证西学故。而二者皆立乎"超越性"，入路或有阐释、论证之别。三人同异，非独见于所立宗旨，犹在所解之生生。吴、唐之解生生，不唯人生，而偏于人生之"原型"，盖皆从伦理生活获得基本经验。吴飞只重生生之流，拒绝讨论生生之本，故入路虽似唐，但不立本原，则别为一家矣。吴飞之性命论，归根结底是不必有天，乃至可以无天之性命论。就此而言，杨立华、唐文明乃至笔者，反而趋同，皆欲立生生之本，亦皆不否认此本为天，亦决计不会认同吴氏"超越性焦虑"之说。

此三人虽同主天为生生之本[1]，而其入路、立义有别。唐氏以天人关系、仁感孝应为生生之主导关系。杨立华与笔者或从自身同一，或从永恒运动入手，盖皆偏"自然"而非"人伦"之入路、"天生万物"而非"天人感应"之入路。唯杨氏主理一元论，笔者主道一元论，以为理、气、心皆道体之述谓。各人之入路、方法、宗旨、成就，皆由来有自。三位先生之意，读者可自解证。唯道体之说，不易知解。故本章仅就道体之为生生之本略申己意。

道体、本体之说，即使难立，亦不能无。吴飞实质上主张，"超越性"概念既不可能，亦无必要。因为"太一""宇宙之本"等"最高存在"，"本不在可以证明的范围内"，故不可能。而中学之要，在与日常生活相关之"中层"概念[2]，故那些最高概念，亦无必要。笔者在此郑重回应，道体学从来不会轻视日常生活或人伦日用，但人生有极端处境，个人或公共生活本质上有伦理两难，依既定伦理绝不可解者，此即宗教或宗教感正源之一。[3] 伦理、律法如无神圣之保证，亦必将式

---

[1]《引论》亦主"乾一元论"。参见丁耘，《道体学引论》，p. 229。
[2] 参见吴飞，《丁耘的判摄之学》。
[3] 希腊悲剧，实皆人伦惨剧，必诉诸神才能纾解。希腊悲剧表明，家庭伦理主宰生活意义的阶段已经过去了。犹太人之自述更是如此。人类在此世第一大事，就是该隐与亚伯手足相残。人类的真正历史实始于人伦惨剧。或者说，人就是杀兄弟的动物。（转下页）

微。[1]宋学成就，归根结底就是在性理而非仅仅传统权威层面重新论证儒家伦理，所以才有"性中唯仁无孝"之说。[2]在所谓"超越性"层面对日常生活的辩护，才是真正可立的辩护。这是说必要性。

最高概念是否"不在可以证明的范围之内"，此论题本身即需要证明。而这种证明的工作已经属于"超越"或者"先验"的层面了。正是在这个意义上，康德说"本体论"这个傲慢的名称应该用先验分析论取代[3]，而后者甚至比本体论更难理解，绝非什么日常生活的"中间"概念。超越性的具体结论可以否定，甚至可以主张关于超越性不可能有结论。但不能否认超越论（或者先验哲学）这一工作领域的可能性与必要性。从设教上说，必要性更为重要。从学理上说，可能性更为重要，下面专辟一节论之。

第三节　对"生生之本"的可能追问与解答

基于以上考虑，道体学的"超越论"任务是阐发如何理解与明见"生生之本"。在明见之前的理解，只能是贯通性的阐释。哲学有其不可剥夺的历史性。没有预先理解的明见是不存在的。真正的教育本质上就是通过对预先理解的再理解通达事情自身的明见化活动。限于篇幅，此间只能讨论"生生之本"的各回应典范，而不涉及道体学的"明见"方法。

（接上页）只亚伯拉罕杀子燔祭一事，亦足证克尔凯郭尔宗教生活、伦理生活之序。《圣经》每云，"畏惧耶和华为智慧的开端"，实亦为伦理的开端。在海德格尔，"畏"（Angst）即相当于所谓"超越性焦虑""基本焦虑"，此绝非"中国近代哲学"，亦绝非哲学才有，而是内蕴于人之存在，或竟就是人之（本真）存在。此义容当别申。

[1] 参见柏拉图《法律》篇首问答。律法（俗所云"规范"）之基是"神立"，这是一个原初"事实"。没有这个"事实"，一切"规范"就不可能。

[2] 唐文明折中仁孝，扬弃宋学，实际上是通过感应说把仁孝都气学化了。

[3] 参见康德，《纯粹理性批判》，A247/B303。中译文参见邓晓芒译本，人民出版社，2004年，p. 223。

"生生之本",非独人生之本,而是万有之本。万有之有,自然而然,可谓生生。天地生生,与人之生生本来不二,但不能没有先后之别。故易道一以贯之,而"经"仍别上下,分系天人。这先后之别,在哲学上可对应本末始终。天人本一之说,也不会取消入此"一"的道路之别。在《引论》之中,生生之本问题,对应于以"一与全"所标之问题。谈论"一"这个概念,并非如有的评论者所说,径直成立超越于全之太一,而是在主立或主不可立之前,须标出一个解释大全本原的追问向度。以为大全自本自根者,此一就是与全合一之一、作为全的一。而要主张建立超越于大全之太一,就要主张对大全根据的追问不能由大全自身来解答。换言之,就要主张,某某的因,不能是其自己;大全不是自因,而有更高之根源。此根源以何方式作为大全之本原发用(不管是动力因还是目的因,是流溢还是自身必然实现,是自由创造还是逻辑推演),是第二义的问题。

因而,关于生生之本,至少有这样三阶问题。其一,可否谈论大全;或素朴地说,有无大全?其二,大全之本是否可问、可证?其三,大全之本如何"发用",大全(生生总体、自然)如何有?

关于第一阶问题——大全当然无法通过感性直观被给予。用康德的术语,大全只是范导性概念,可用来调节知识之进展,而并无一对象曰大全。大全据其意即不可能为"对象"。大全作为对象无,作为理念则有。有无之定,是否唯依感性直观的可经验性,对大全之"知"是否唯依可经验性,尚可讨论。

关于第二阶问题——然而无论如何讨论,亦没有理由阻止追问大全之本。依道体学之判,既然理性"产生"此范导性理念,则理性(心)即是大全之本,此本合乎新柏拉图主义三"一"阶次。努斯流溢大全而已。此虽非康德之意,但在康德,如大全之本绝不容说,则自由不可立。康德及德国唯心论一以贯之的主旨,就是自由。唯此自由概念首先需在本原层面把握。演证大全之本,是德国唯心论之共,这不妨碍各家有不共之演证方式。

德国唯心论关于自由的思辨错综复杂，纠葛极多。此间唯举两处。第一，自由是作为（按照自然律进行的）现象序列原因之本体（Noumena，或译"智思体"）。[1]换言之，本体义、原因义，对自由缺一不可。本体如不思为原因，即不可立自由之义。本体固然可以只是本体，而非现象序列之因。即，不作为存有之根据。第二，此自由可被立为现象序列之因。此序列可以是现象界、自然全部、生生总体，亦可以是某些归为行动之"相续"，不是生生总体，而是人生之一部分。前者可谓神之自由，或要在思维先验理想时关联之自由，后者即人类自由。大全无本，固然无自由可言；人生之流无本，则亦无自由可言。

自由被思为大全之本，然而大全之本可以不是自由。[2]何以故？在康德，自由是现象之外者突入现象或落入时间、被思维为"其后"特定现象序列之原因。自由固须预设因果以及时间，亦须同时预设现象/本体二界之分。而其他学派，或不预设此二分，或扬弃此二分（康德之自由概念作为突入现象界之本体，实已开启此扬弃）。预设此二分之本（康德式自由），必是超越的。即使如海德格尔之自由或畏，并不预设此二分，而亦必因整体而发（畏关涉人生整体、自由关涉存在者整体）。而整体必超越于部分之总和，故亦是超越的。超越性并非出于吴飞所谓"焦虑"，而是出于或同于"生生之本"或"大全"的构想。在康德，这是"形而上学"之源头，是理性的本性。在海德格尔，这是此在之殊特，是一切人伦日用（包括科学活动、求知活动乃至一切对"为什么"的追问活动）之根本条件。在古代，这也是一切神圣律法或恩典的起源。不过，即便生生之本与超越性有如此密切的关系，

---

[1] 参见康德，《纯粹理性批判》，A446–447/B474–475。
[2] 在谢林，这个"可以不"才是"自由"的真正标志。康德式表达：本体可以不是自由。谢林式的转语就成了自由可以不是本体。这里的差别仍然在于，在康德，本体作为原因才是自由；在谢林，本体可以不做原因，才是自由。

此间仍应将它们仔细区别开来。对生生之本的追问，亦可有不同于超越性之解答。超越性只属于本原或最广义的原因[1]问题的一个类型。

这就要回到上述第三阶问题。一切心智，必问原因。凡有所破立，必陈根据。即使科学活动所求之因，唯在自然界（即从现象界理解的大全）之内，心智亦必上溯，求因之因。如欲保留原因概念，由此上溯，原因性（Kausalität）或原因方面的状况不外以下几类。

第一类，始复有始，故始因不可立。此必导致无穷后退，或交互为因。则生生之序为无穷，或类直链，或类圆环。非独近代科学之自然界为无穷，唯识宗建立阿赖耶识缘起，以种子与现行互熏生一切法，此互熏之序，亦至无穷。华严家亦视之为无尽缘起，太炎以为或有"无穷过"（无穷倒退）[2]。然则生生不息，即此阿赖耶识无穷流转也。关于生因（直接因），唯识家只承认所谓平等因，即善种生善法，恶种生恶法，故否认《起信论》的观点（以如来藏为善不善一切法之因）[3]。用此平等因义，也可说，无穷自然观（彻底的自然主义），只承认一界（自然界）。故自然之因，即在自然之内，无所谓超越可言。此一类因，不承认超越，却承诺或至少允许无穷。

第二类，为避免无穷倒溯或无穷循环，必立始因。[4] 始因据其本性，要么是自因，要么是无因。始因据其结构，只能是果之他者，则自因如能成立，只能以自为他。故始因要么无因（无本），破根据律（任何事物皆有一充足理由，包含因果律）[5]；要么以自为他，破同一

---

[1] 这里暂不区分本原、原因、原理、根据、因缘。下文在必要时会具体区分。同样，这里谈论最广义的心智，不区分知性、理性等。
[2] 参见孟琢，《齐物论释疏证》，p. 262。又参章太炎，《章太炎佛学文集》，p. 341。
[3] 参见王恩洋，《大乘起信论料简》，李远杰编，《王恩洋先生论著集》第二卷，四川人民出版社，2000年，pp. 189–191，特别是pp. 202–204。
[4] 循环交互，其实也是一种无穷倒溯。具见下文。
[5] 无因多有歧义，本文所主之无因，毋宁说是无本（详见下文），非曰以无为因，亦非曰因断灭，而是本原不以单纯的、确定的原因或根据的方式起作用。觅因而不（转下页）

律。如自因仍坚持同一律，那么自因自果，也破因果律。无论破因果律还是破同一律，皆不合世间法则（因果律只是自然律[1]），对世内一切就是超越的。故始因必为超越者。

始因为超越者，为不死不生，为能生之生生者，而其所生为万有，为所生之生生。据此考量，故始因必非"平等因"。按：希腊语"本原"（ἀρχή）一词，即"统治"一词，其非平等因之义，明矣。依佛家义，此或近梵我外道或无因之论，固非内学也。然而近世有为依唯识学，原即以为据《起信论》如来藏学说之中国佛教诸宗近乎梵我外道，故此处仍有商量余地。详见下文。

关于始因，有许多纠葛，皆从自因与无因来。如与第一类无穷义合观，则更为复杂。此处只能略说如下。

第三类，自因可有变形、广狭。如始因据"以自为他"确能建立，则始因作为太一亦可用"以自为他"方式产生大全。而大全亦可据有"以自为他"之自因义构。于是，不独第一义项，生生流行之全体，就是自本自根者。故此第一义项之"一"，无论解为气、理、心，皆能有此义构。气之凝物，理之流行，心之成物，皆可谓生生之本实现为生生全体。一即一切，"即超越，而非超越也"。故仅指责"生生之本"为超越者，当未将此超越者发用的方式考虑在内。一即一切，可破内在与超越之对待。一即一切，一是一切之原，是第一"义"而非第一"义项"。一非计数"一切"之第一单元。始因非时间之始，而是"未始有时间"之始，故现象界之无穷无始，与始因之一，亦可以无对

（接上页）得，故曰无因。无因者自身无因，不碍其作为因对万有发生作用。然而无因者自身无因，意味着在它那里并因果性（原因性）亦无（参见《纯粹理性批判》先验辩证论第三个二律背反的反题），我们可以说连自因那样的因果性都没有。因此无因者即使产生万物，也不是依据因果法则，不是依据必然性。这就是自由问题自身具有的矛盾。

[1] 参见康德，《纯粹理性批判》，A447/B475，邓小芒译，p. 375。

待。[1]换言之，始因之思辨概念盖已改上文"自因""始因"之义，一切彼此以因果相联、相生，无须序列之第一因。一与一切之"即"，只是实现原理，而非前因后果，非流溢非生成。一即一切，一既为一切之"始"，亦不碍一切之内依因果律的无穷无尽。

此类自因，实综合第一类无穷与第二类始因而来。此间第二类始因不解为"生因"，而解为原理、根据。故此类自因，可谓无始而有本。[2]章太炎《齐物论释》以为，真如缘起与无尽缘起本来不二，盖即此无始有本之说矣。[3]此说虽承《起信论》所谓"阿梨耶识与如来藏不一不异"来，而在唯识复兴、西学昌明之时，以华严圆教接引唯识，自有贡献。太炎明言，无穷倒溯不可取，执第一因为创世亦不可取[4]，则其学固能调停西学之诤（二律背反）矣。唯太炎据《庄子》环中之说，以无尽缘起为"交互缘起"，两行流转，破无穷倒退而不破循环，则其真如缘起当同于道枢、环中矣。环中与环，如生本与生生，有空假之别，则真如之为因，与无明之为缘，固不同类。彼虽能以真如、无明不一不异自解，然而二者何以"不异"，则仍待申说。

此类自因，就是"一即一切"。既破据一斥一切者（智，玄学，无分别），亦破据一切斥一者（识，科学，分别）。无分别与分别本无分别，是真智也。唯如据西学，此"一"不无真常之义，于佛家判教中，

---

[1] 仅当将自由不是解为原理、根据，而只是作为狭义的现象界第一因时，才有《纯粹理性批判》第三个二律背反。
[2] 柏拉图《蒂迈欧》以时间有始而无终，此始当解为本。盖始、终从时间先后、对落入时间中者说。始终预设时间。无时间，则无所谓始终，亦无所谓时间自身之"始终"。故时间之"有始"，非时间之物之"始"，而是"未始有始"。因而，创世与一般造作有绝对差别。后者，造作者与所造在同一世界。前者则非。创世者与世界既不落于同一尺度、同一世界，又在创世之初通过造作合为一体。这就是创世之奥。在康德及谢林，就是自由与自然之关系。自由既不在世界，又通过创造世界把自己降为世界之始。生生之"本""始"，亦当如是观。
[3] 参见孟琢，《齐物论释疏证》，pp. 264，266。
[4] 同上书，pp. 47，261-266。唯其破第一因与本文不同。

或者有惑。台贤皆云"一",盖无差别法性也,实兼佛性、空性言,而不可以真常本原为究竟义。第三类因,如据西学主流,当未至法性(空性、佛性)地步。[1]

第四类原因状况是无因,或不如说是无本。在内学,"无因"为论所破,"无本"为经所许。本章所主"无因",近乎内学"无本"。此地略辨。

龙树《中论》偈云:"诸法不自生,亦不从他生,不共不无因,是故知无生。"[2] 这是以遮诠离四句,显"生"之空性。本章所谓无因或无本,非《中论》所破之无因,而是借其四句,显生生之本可能有之诸种状况。无本非谓以无为因,亦非讲生生全体从无而顿有。而是说,本原不以单纯的生因或根据的方式起作用。觅因而不得,故曰无因。无因无本,不是对《中论》所说的诸法而言,而是对大全(一切)而言。大全如能建立,其本或为第一义项之自因,则当立与此大全不同之太一;或大全全体自本自根。诸法(诸物)虽不自生,全体则恒在,无生无灭,否则即陷断灭。[3]

《庄子·大宗师》曰:"杀生者不死,生生者不生。"[4] 这是说无因

---

[1] 甚至未至"神性"地步,然可解为"神性"(高于"神")。如"神"是最完美实有,则神性近乎空性,唯亦是"生因"(创造的潜力)耳。参见文森,《无执之道——埃克哈特神学思想研究》,郑淑红译,华夏出版社,2016年,pp. 30-31。

[2] 龙树,《中论·观因缘品第一》。兹从鸠摩罗什译,吕澂译为:"非从自从他,非从共、无因,随何等何处,物终无有生。"叶少勇新译为:"从自生或从他生,从两者或无因生,所生事物皆无有,无论何者于何处。"吕译所增部分与叶译同,"无生"译与什译同。兹从什、吕译,顺中国佛教史关乎"无生"旧说来。参见叶少勇,《中论颂:梵藏汉合校·导读·译注》,中西书局,2011年,p. 13。

[3] 《中论》等不会承认"大全"这一名相,正如其不会承认"生生"一样。然而"生生""大全"作为世俗谛之彻底化仍可暂时假立。鄙见以为,相比胜义谛与中道,佛学传统对世俗谛的讨论相对薄弱(此盖未遇其机也)。世俗谛中,"常识""科学""形而上学"等层面值得区别开来。有些"邪见"是违反世俗谛的。但有些"邪见",归根结底不过是常断的各种形态,就是世俗谛之"见"的延伸与彻底化。

[4] 郭象、成玄英,《南华真经注疏》,中华书局,1998年,p. 149。

者自身无因（不生），但不碍其作为因发生作用（生生者）。然而无因者自身无因，不服从因果律，意味着在它那里并没有因果性（原因性），连自因那样的因果性都没有。这是（谢林式）自由的领域，无因果律的领域。此无因者即使产生万物，也不是依据因果法则这样的必然性。这毋宁是自因的另一面，或更深刻的一面。即不是作为根据产生自己，而是作为非根据（Ungrund，我们顺上文称为"无因""无本"的，就是非根据）把自己设定为原初根据（Urgrund）[1]，而这就意味着，创造了根据律的同时也让自己落入了根据律，成为可追究的东西。[2] 这就是说，大全的主权者通过立法成了第一个被法律约束的臣民。自由就是给自己最原初约束（根据律）的自由。或者用海德格尔的话说，向着根据的自由。这是顺着谢林哲学，将康德哲学自由概念的某个边缘的隐秘面向（即脱离原因性考虑的自由）彻底化的结果。这个自由，在海氏那里的解释，就是彻底的离根据（Abgrund）。或者说，不满足于根据、不断抽掉根据，才能让根据可能。即不断问"为什么"，不断超越。保持发问，即是超越。[3] 换言之，自由就是无本之本，无因之因，无根据之根据。

综合以上思考，对"生生之本"的探问结果有四：要么无穷（从他生。他物复从他物生），要么自因（从自生），要么无因（无本），要么无生。这看上去合乎上引《中论》第一品偈的形式分类（共只是自

---

[1] 德国古典哲学中，"原初根据"的使用，首先出自康德，尤其是《判断力批判》中著名的第76节。此概念对谢林比对康德更为重要，谢林下了转语将之"更确切地称作'非根据'"。参见康德，《判断力批判》，邓晓芒译，杨祖陶校，人民出版社，2002年，pp. 256f.。谢林，《论人类自由的本质及相关对象》，先刚译，北京大学出版社，2019年，p. 93。

[2] 参见康德，《纯粹理性批判》，A449/B477，邓小芒译，pp. 376f.。

[3] 参见海德格尔，《论根据的本质》，《路标》，孙周兴译，商务印书馆，2014年，pp. 204–207。Abgrund，王庆节译为"渊基"，即不单是"无本"，更重要的是"无本之本"之意。王译可参考。

他合说，此处排除）。但关于自因、无因的内容则有基本区别。因为《中论》讨论的是"诸法"（各有为法），这里讨论的是"大全"意义上的"一切"。但既然"生生之本"问的也是"生之因"，那么《中论》追问"生之因"的基本方式，仍可用于"大全"。

　　生之"背理"在于，要么从自生，自意味着已在，那就无所谓"生"；要么从他生，这可以有两种情况：要么所生者已在他之中，如果已在，那就无所谓"生"，而是恒在；要么所生者不在他物之中，他物只是所生者之无，故生只是从无中顿然而有。恒在是"A=A"，无中生有是"非A=A"。后者背理，前者非生。无论如何情况，要么承认无生（恒在意义上），要么承认生有而背理。《中论》以为"生"背理因而实无（不是恒在意义上的"无生"）。有些前苏格拉底哲人以为"生"本质只是恒在者离合而无。道体学及其他哲学系统，假立"生"有，则只能取似乎背理之说。这又有两种道路，一路以为无无（以断见视无），故万物之所谓无中生有，只是万物自化，自本自根，自来自去，此以郭象为代表，实与自因之路合；另一路不以断见视"无"，亦不纯以"潜在"视无[1]，而是以无本、无因视"无"，这就是《道体学引论》里通过阐释化论证所标举的"虚静"。

　　而这种背理，一定是"非A是A"。这就是"即"。所谓"即"，转语而合同。说"A是A"不是"即"，是全同、同名同义反复（Einerleiheit）。说"A是B"才是"即"，是异者同。这是谢林同一哲学，海氏所解思有相同之精义。[2] 同一哲学不是同名反复哲学，而是所谓诡谲

---

[1] 在亚氏的潜在学说中，潜在必被实现所规定，在各种意义上后于实现。潜在总是潜在的某某，如赫尔墨斯，如半圆，则潜在就是所成之物的预先存在。这仍是巧妙的常见。唯一可能的反例是潜在的努斯。

[2] 参见谢林对"同一性"的澄清，《论人类自由的本质及相关对象》，pp. 13–15。海德格尔对莱布尼茨同一性学说的解释几与谢林全同，进而区别了Einerleiheit与一致性（Einstimmigkeit），或共属一体性（Zusammengehörigkeit）。参见Heidegger, GA 26, S.84f.。中译文参见海德格尔，《从莱布尼茨出发的逻辑学的形而上学始基》，（转下页）

的"即"的哲学。所以"无本"之本，就是《引论》里说的"即虚静即活动即存有"。非但天道是此原理，人道、性命、"感应"，皆是此原理。[1]是原理，不是"背理"。以"非A是A"为背理，是执差别（"非A不是A"）为至理，此实是识之理，非智之理。用德国唯心论语，是知性之理，非理性之理。这是用西学解。然而"无本"与"即"，源于佛学，当今之机，亦可用之再接、判摄西学。笔者薄地凡夫，此处亦非清净传承之正解，但承近世心性之学，以内学、中学与西学互观互质，不无应机之意在焉。[2]

"无本"出自《维摩诘经·观众生品》。在不同宗派及其判教系统中，对此经解释不同。肇公、智者、曹溪等，皆有证解。语或不同，法实一味。此间唯以经文为准：

……又问：善不善，孰为本？答曰：身为本。又问：身孰为本？答曰：欲贪为本。又问：欲贪孰为本？答曰：虚妄分别为本。又问：虚妄分别孰为本？答曰：颠倒想为本。又问：颠倒想孰为本？答曰：无住为本。又问：无住孰为本？答曰：无住则无本。文殊师利，从无住本立一切法。[3]

僧肇疏"颠倒想"曰："法本非有。倒想为有。既以为有然后择其美恶谓之分别也。"[4]又，《楞伽阿跋多罗宝经注解》卷第一云："识之相

（接上页）赵卫国译，西北大学出版社，2015年，p. 97。译文有改动。海氏后以"共属一体性"解释了巴门尼德旧译为"思在同一"的学说。参见海德格尔，《形而上学导论》，熊伟、王庆节译，商务印书馆，1996年，pp. 139–140。

[1]《引论》的阐释，本来就是对寂感的发挥。参见丁耘，《道体学引论》，pp. 227–238。
[2] 太炎云："此乃以无因论为究竟。盖诸法不生，因缘亦假，虽宣说无因，有异常断二见也。"孟琢，《齐物论释疏证》，p. 393。笔者所主"无因"，亦有异乎常断二见，唯入路与太炎有殊。
[3] 僧肇等，《注维摩诘所说经》，上海古籍出版社，2011年，pp. 126–127。
[4] 同上书，p. 127。

续是有因缘……因谓无始妄想。缘为自心所见分别境界。无始妄想即根本无明也。"[1]则"颠倒想"谓无明也。无明原为《杂阿含经》十二缘生之首。唯识家言赖耶缘起，根本烦恼种子之外不立其本，亦与此融通。[2]于无明、颠倒想之前，皆未言复有其本。而《维摩诘经》云，"无住"为颠倒想之本。《坛经》云："念念时中，于一切法上无住。一念若住，念念即住，名系缚。于一切上，念念不住，即无缚也。（此是）明无住为本"[3]，则无住亦为觉悟之本。合二经观之，则无住为迷悟之本。

《维摩诘经》以无住为颠倒想本。《坛经》云："心不住法，道即流通。心若住法，名为自缚。"[4]按《坛经》，系缚即"住"。《维摩诘经》说无住本后，随叙舍利弗"住法"而系缚，著华不堕。此经之自释"无住本"也。[5]颠倒既为"住"，则"住"亦本乎无住。住虽本乎无住，"无住"非实有（参上引肇公疏，以为实有即颠倒想）。故《坛经》既曰无住无本，又云无住本。无本之本而已。"无住"又是《能断金刚般若波罗蜜多经》语。《维》《金》二经，同为六祖所尊。祖云：无念为宗，无相为体，无住为本。无念非断念，而是念念不住。[6]则无住亦非断住，而是不住于住，一念无明法性心亦本乎真如也。从唯识上说，无明本乎真如，非曰真如能受熏，为无明生因。盖无住本只是空

---

[1]《楞伽阿跋多罗宝经注解》，《大正新修大藏经》第三十九册，大藏出版株式会社，1988年，p. 350。

[2] 熊十力《存斋随笔》调和小乘与唯识，以为无明、行、识三支"联系若一，而识支究为主体"，又识支为"虚妄分别"。参见熊十力，《体用论》，中华书局，1994年，pp. 600，612。

[3] 此法海本，他本皆同。文字微有出入。见郭朋，《〈坛经〉对勘》，齐鲁书社，1981年，pp. 36-40。

[4] 此句法海本文字有脱落，他本皆同。同上书，p. 33。

[5]《维》经内文殊师利与维摩诘问答之后，紧随舍利弗著华不堕，则天女与舍利弗问答，即诠释无住也。声闻弟子衣著华不堕，盖因"住"也。本于住，有虚妄分别，"是华无所分别，仁者自生分别想耳"。参见僧肇等，《注维摩诘所说经》，p. 128。

[6]"于诸法上，念念不住，即无缚也。此是以无住为本"，《〈坛经〉对勘》，pp. 36-40。诸本皆同，文字微有出入。

性，不以"实有其本"方式发生作用也。

此品古来大德注疏皆极精，然除窥基外，似未见从"因"上疏通。本章既论"生生之本"，当直以因论疏之。

基云："无住即真如。由迷真如。倒境生故……真如无本。非他生故。亦无取住。更无依故。由此本故立诸法。染性迷生。净性悟起。故唯识说为迷悟依。名立一切。非能生也。空理义云。无住即是真空性故。亦为迷悟二法根本。又因缘性空。从空性生一切诸法。故言无住立一切法。应理义云。若外道云能生一切。我之真如。非能生故。但为法依。故言无住立一切法。不言生也。"[1]

窥基明确区分"立"一切法与"生"一切法。盖唯识学区分"建立因"（依因）与"直接因"（亲因、生因）。无为依唯识学以如来藏为"依因"，阿赖耶识为"生因"；有为依唯识学以为二因皆阿赖耶识。[2]《维摩诘经》本不属唯识系统，然而此处颇涉"依因"。盖此段奘师译为："妙吉祥言：'如是无住孰为其本？'无垢称言：'斯问非理。所以者何？夫无住者，即无其本，亦无所住。由无其本、无所住故，即能建立一切诸法。'"[3]什译之"立"，即"建立因"之建立（pratishthitaa）。而什、奘共译之"无住"，即"无建立"（apratishthaana）。[4]则无住本，转用唯识名相，则相当于"无建立因"；

---

[1] 窥基，《说无垢称经疏》卷第五，《大正藏》第三十八册，p. 1083。王恩洋《说无垢称经释》欲糅合诸家。既依窥基，不许无住义"生万法"，又要采他注，语上许"因此不住，万法恒生"。参见《王恩洋先生论著集》第三卷，四川人民出版社，1999年，pp. 459–460。

[2] 参见周贵华，《唯识、心性与如来藏》，宗教文化出版社，2006年，pp. 13–15。

[3] 《说无垢称经·第七观有情品》。见黄宝生，《梵汉对勘维摩诘所说经》，中国社会科学出版社，2011年，p. 203。

[4] 参见黄宝生，同上书，p. 203。黄氏今译为："一切法住于无住之根。"同上书，p. 203。与两种旧译相比，这是明确译出了两个词之间的关系，但没有突出"建立"或依因。建立因梵文见前引周贵华书p. 13，无建立（无住）梵文拉丁字母转写见梵藏汉对照《维摩诘经》（大正大学综合佛教研究所梵语佛典研究会），p. 268。

"从无住本立一切法",则相当于"从无建立因建立一切法"。建立即依,则无住就是无依。无住为本、无依为本,即依于无依、住于无住、立于无立,而立万法。《维摩诘经》唯曰"建立法",未明言以"无住"为"生因",此与唯心系统有所别,而仍可纳于此系统。[1]其第一义"建立因"盖即"无建立",此一转语,又与唯识系统有别。盖经中云身、欲贪、虚妄分别、颠倒想各各为前者本。据唯识学,分别、欲贪等亦为"生因"(亦不外"缘生"之义)。以上诸"本"皆可为"生因",则经中顺说"无住本",故亦非不能权说此"本""生万法"。然此"生"非因其自成、实有而生(如亚里士多德传统);亦非不能权说其"立万法",然而非因其自立、作为最终建立因而立(如自因传统)。如依《起信》《华严》之统,道体学自可冒昧糅合唯识、禅宗"从无住本立一切法",盖即不建之建,无生之生,无为之为,无因之因也。

《引论》所谓"即虚静即活动即存有",即通乎"从无住本立一切法",非以虚静为目的或动力等诸因。虚静,非因之因,近乎所谓自由。自由非根据,而是根据的"本质",是无-根据而已。吴飞正确地指出了中国思想重"无意"。但对"无意"仍要有恰当的解释——这相当于无念,无住,无相。[2]固然绝非目的因,但也不是动力因意义上的始因,而是无本之本,是真如之用。如粗略解释一般意义上的"感应",恐怕就是阿赖耶识中种子现行而已。熏习种子现行,先于意识、末那,故亦可谓"无意"。

以上论生生之本,精微处在一与无住。[3]如果以真如之一与无穷熏习之一切合观,即华严系统——一即一切,一切即一,章太炎《齐

---

[1]《坛经》:"何期自性本自清净……何期自性能生万法。"法海本无,他本皆同。《〈坛经〉对勘》,pp. 19-21。此经颇引《维摩诘经》"无住本"义,见上。
[2] 如杨慈湖以"不起意"解孔子之"毋意"。此固不合经学,但自成其理。
[3] 一与无住,盖皆能以"一"说。《坛经》后出之本,即以"一"通乎"无住"。"一切即一、一即一切",《〈坛经〉对勘》,pp. 58, 60, 62。此二语法海本无。

物论释》之所出，近乎《庄子·大宗师》所谓"见独"也。如以无住本与无穷熏习现行合观，即天台系统——性具之即、一念三千，牟宗三晚年极力阐发之学。唯《引论》既说虚静，亦说太一，盖不以台贤为轩轾，与牟判教有所不同。近世中学，亦可据之判摄也。

第四节　对中国近现代哲学的再次判摄

上文略陈《引论》判摄之理。《引论》于中国近代哲学未尝系统判摄，此处略做补充，以冀事理双彰。

笔者他文尝论，中国近代哲学以"心物"为基本问题，乃出于阳明学之渊源。[1]"心""物"在近现代哲学皆为本体，为道体之述谓，以之总释生生者也。心、物二宗为近现代哲学之大支。后者一度为主流，此间不赘。唯此宗一概以"物"解"气"，义有未安。近代心宗可泛称为"心性哲学"，统绪繁杂，颇值清理。心宗之首要问题，要言之含二项：一在解释心性，一在解释如何成物。后者之难，实更甚于物宗解释心性。唯心性之学统绪丰富，可为援手。心性之辨深，则成物之说易。合中西而言，心性成物，无非三途：据广义之心识变现（感应、构成，皆含在内）、理念之活动推演、气流行凝成。中国心性之学，不重理念推演；西学主流，则罕气凝之说。心、物二宗，各有气论。物宗之解，取气流行成质一面；心宗之解，取气虚灵含神一面。[2]近代心性之说，未明取气论精义，是其一短。然而熊十力翕辟之说，强调恒转本体，翕而成质，未必不能与气论相互接引。章太炎据唯识学所解之《齐物》精义，一向多解为气论，是藏识与气，未必不可曲

---

[1]　参见丁耘，《论西方哲学中国化的三个阶段》。
[2]　参见陈立胜，《良知之为"造化的精灵"：王阳明思想中的气的面向》，《社会科学》2018年第8期。

通。[1]熊氏后学，受制于西学，则心性之说几无可能收摄气论而演物、成物矣。而章、熊之学，其成物说虽可通气论，其本仍在心性。此中国近代哲学之大宗也，不可不察。

近代中国哲学之兴起，以阳明学、清代经学为基盘，而以佛学、西学为楷模。内学对近代心性哲学乃至政治哲学的塑造之功尤巨，西学成为显学之后，内学仍以隐蔽的方式发挥作用。这与佛家心性之学的彻底与完备不无关系。完备，是说内学诸宗，各擅胜场，提供了纯粹心性之学的各种可能，甚至可以——当然需要诠释与转化——收摄西方心性之学。这些可能性的彼此关系，虽首先与佛门内部的判教与宗趣有关，但同时也彰显了心性之学各可能道路之间的复杂关系，可谓既有内学判教意义，也有哲学一般的判摄意义。这也是本章冒险援佛判摄的基本理由之一。

近代佛学复兴，学术上的主缘固然是内学院的一系列贡献。内学院弘扬唯识法相学的学术后果，就是学者多以唯识学精密有序，入门纯正，唯识法相学可径直充作佛学导论。[2]然而登堂不等于入室，入门不等于归宿，即使信从唯识法相而运用佛学者，亦未必认同内学院对汉传佛教"本觉"传统的激烈批判。事实上，"应用佛学"脉络中的心性哲学一支[3]，恰恰是在汲取并扬弃唯识学成果之后确认自身的，其中不乏重回汉传佛学心性传统者。政治哲学一支对华严的依赖，甚至未必全以唯识为前提。前支有章太炎、熊十力、梁漱溟、方东美乃至较晚的牟宗三、唐君毅等；后支有谭嗣同、康有为等。经过唯识学复兴淬炼之后归来的华严、天台之教，对心性哲学之贡献尤巨，且各自原备判教系统，实可藉之判摄中西近代哲学。

---

[1] 参见太炎对"气也者，虚而待物者也"的解释。孟琢，《齐物论释疏证》，p.361。
[2] 太虚法师、梁漱溟、熊十力皆有此类著作。
[3] 关于"应用佛学"，参见张志强，《中国"现代性"视野中的近现代佛教》，《博览群书》2004年第3期。

如据显教观之，中国近代心性哲学可谓有三大时刻：唯识时、华严时、天台时。此乃义理之序。序列在后者，未必在时间上为后。唯义理之后必摄前。唯识华严并举，盖起于内学院之杨文会时代，至后学始分。唯识时以欧阳渐、吕澂、王恩洋师弟为最盛，疏决《楞伽》、料简《起信》，主赖耶缘起、真如性寂之说。

华严学实为近代佛化哲学（"应用佛学"）之大宗，本章对谭嗣同、康有为等华严化政治哲学置而勿论，唯言心性。章太炎对唯识名相解析之精，推崇备至，然其根本见地，实在华严。[1]《齐物论释》乃用唯识之宏，取华严之精者，盖不以赖耶缘起为本，而以"无尽缘起"通唯识种子说，故以"赖耶缘起""无尽缘起""如来藏缘起"不一不异也。[2]此实是《起信》《楞伽》精义，非唯识家所能认同。台贤运用唯识，自古皆然，而未如章氏阳尊唯识，吃紧处转之以华严也。章太炎转唯识，熊十力则辟唯识，而其根本见地（喻之以大海、海沤之不一不二）近乎性起之说，亦华严也，故太虚大师以为近乎新贤首宗。华严性起之说，扬弃缘起之说[3]，不变现于随缘，随缘起于不变，一多相摄，心性不二，不失为心性学说之最高典范，援佛入儒如熊十力、唐君毅者，亦颇采之，蔚然而成心性儒学之大宗、主流矣。援华严入儒，非独近代，亦宋明儒之常事耳。[4]故牟宗三欲更进一步，只能力弘天台，黜华严为别圆。[5]牟宗三之学，可谓心性哲学之天台时也。牟以天台"性具"之说为究竟，以一念无明法性心"即具"十法界，判华严"缘理断九"，主一"竖着的佛"（非可平铺在九界的佛）、"凝然真

---

[1] 亦非无暗合天台处，太炎回真向俗、无情有识之说，皆可释之以天台学。
[2] 参见孟琢，《齐物论释疏证》，pp. 228–230, 264。
[3] 参见章太炎，《章太炎佛学文集》，p. 341。
[4] 参见王颂，《〈华严法界观门〉校释研究》，宗教文化出版社，2016年，pp. 95–99。
[5] 故论者以为，在缘起论系统的诸宗中，天台与华严的拮抗最为严重。参见张曼涛主编，《天台思想论集》，大乘文化出版社，1979年，p. 289。

如"（非化在一切中的真如），仍是从真如佛性之"一"推出"即一切"，而不能即一念开权发迹，故是"分解"的圆教。而天台家开权显实、发迹显本，一念"即具"三千大世界，故是"诡谲的"圆教、至圆之教云云。[1] 故天台时之牟学，主"即"之诡谲，非独"一切即一""一即一切"，乃一切中之一（一念），即一切，即太一而已。此处乃牟学最高成就，彼超越前辈、料简宋明、接引西学之最后见地，乃此"即具"所支撑之诡谲的"圆教"也。此所谓心性哲学之天台时。

判摄近代哲学之要，即在以上三时，尤其是华严、天台二时之间。汉传教下之净，以台贤之间最为复杂深微，此处只能搁置。近代哲学之道体学判摄，最终亦当在"华严型"与"天台型"之间，论衡疏通。牟氏权衡台贤，已将佛学内容，做一哲学转化，本章进一步在哲学上再行判摄。近代哲学之判摄，固必至大至圆之学，而非执中斥边的"但中"（只是"中"）之学。唯识家有圆成实性，而未以圆教自判。华严天台，盖皆以圆教自居。牟氏既云，圆不圆只是教，不是理，而又大费周章分别"性起""性具"、"分解""诡谲"，必诤台贤高下。"以无诤与诤诤，则未能真无诤矣。以纯圆与别圆不圆，则未能至圆矣。"其"分解""诡谲"之对，来自德国唯心论无疑。智者固云，一念无明法性心"具"三千，乃心具一切法，既非心生一切法（纵），亦非心含一切法（横），非依非持。[2] 此乃对相宗尤其华严之双遣（非纵即非生因，非横即非依因）。贤首大师云："依持义者。一能持多。一有力是故能摄多。多依一故多无力。是故潜入一……如多依一持既尔。

---

[1] 参见牟宗三，《佛性与般若》下册，《牟宗三先生全集》第4卷，联经出版事业有限公司，2003年，pp. 617f.
[2] 参见智者，《摩诃止观》卷五上，《大正藏》第四十六册，p. 54。又，牟氏以为，即令华严宗盛于智者身后，智者之学亦可针对华严，盖"诡谲"后于"分解"，为真圆也。参见氏著，《佛性与般若》下册，《牟宗三先生全集》，pp. 1137f.

一依多持亦然。是故亦无不摄一之多。亦无不入多之一。"[1]则可谓既依既持，亦纵亦横。此亦从《楞伽》《起信》如来藏与藏识非一非异之义化出耳。如来藏依因，藏识持因而已。智者以一心具万法，双遣依持，固有天台深意。而此双遣，非如牟氏所云，由于华严宗乃"分析"的圆教。非一非异，如何"分解"？诡谲之"即"，已在华严"一即一切""一切即一"之总纲中。此二即可能是"潜能阶次"中较低的（最初的），然而何必是"分解的"？天台固然将此"即"丰富化（三即、六即）、一念化、当下化，然台贤共用"即"理则无疑。[2]何以一宗之"即"乃"分析"，另一宗之"即"乃"诡谲"？

　　台贤教诤，广大精微，而于本章之意义，就在台贤所共之"即"。盖道体学之纲，判摄之原，就在"三即"。"即"于台贤，主要在一与一切之间，心法、体（性）用、一多则可与之相通。《引论》之一与全之间，亦摄于台贤之"即"。"即"之原理，本章暂不援内学，而依思辨哲学解之。上文已谓，"即"之形式，并非"A是A"，而是"A是B"，而B属于"非A"。故"即"之形式，归根结底为"A是非A。"如依谢林之说，A与B之"即"，当在二者共有之X。[3]然而这是对有条件者（有为法）如A、B等说。而一与一切之"即"，则是推之至极之说。"一"就是谢林所谓的"X"的原初阶次。然则在"A是B"或"A是非A"之前，已有最本源之"即"："X是A"，或"一是诸法""一是

---

[1] 法藏，《华严经明法品内立三宝章》卷下，《大正藏》第四十五册，p. 620。
[2] 智者《法华玄义》卷八上曰："释论云：'何等是实相？谓菩萨入于一相，知无量相，知无量相又入一相。'二乘但入一相，不能知无量相；别教虽入一相，又入无量相，不能更入一相。"这是批评华严未能即"一即一切"复入一。而智俨《华严一乘十玄门》第一门即"同时具足相应门"。澄观《华严法界玄镜》解之以第十镜："普融无碍门"，"谓一切及一普皆同时"，则未必"不能更入一相"也。即"具""入""摄"，华严皆备也。参见《大正藏》第三十三册，p. 781；第四十五册，pp. 515, 682f。
[3] 参见谢林，《世界时代·残篇（1815）》，《世界时代》，先刚译，北京大学出版社，2018年，p. 309。

一切"。一切变化、生成都可概括为"A是B"。则生生之本，就是"一是一切"。唯A与B之间的变化（可谓"物化"），与"一是A或B"的变化（可谓"气化"）有本末之分而已。内学之"一"，乃空性之无差别相。解"一"为实有，在内学为梵我外道。撇去空、实之辩，会通气、理、心三宗，"一是一切"乃"生生"之根本原理。"一"相当于"虚静"，"是"相当于"活动"，"一切"相当于"存有"。"一是一切"就相当于《引论》的"即虚静即活动即存有"。三即会一，就是本原之"即"，就是"道体"，也是判摄哲学诸宗的基本原则。

内学诸宗，在"一即一切""一切即一"之"即"中，有依、持之别。台贤虽有"亦依亦持""非依非持"之别，要不能如牟氏，以后者为至圆与前者别。盖皆"即"理也，皆"从无住本立一切法"也。台宗素重《维摩诘经》，而"依"即建立、住，"无住"即"无依"，则经义即"非依之依"也。本章无资格判内学诸教，然近代哲学之三时，实可圆于三即，不宜彼此有所轩轾也。

综上所述，小结本章大义如下。

首先，道体学判摄之理在"即虚静即活动即存有"。"即"之通理，《引论》详阐之以儒道之学，本章略阐之以佛学及西学。

其次，"即"之通理、"道体"之"虚静"可阐之以内学，且与近代儒学不同。

再次，《引论》又依《易》《庸》阐道体之活动、刚健、实有之义，此处乃不敢比附于内学者。

最后，近代心性哲学可依内学诸宗判摄，而圆于道体学。大抵起于唯识型之哲学，皆可如此判摄、接引。当代西方哲学，亦无非近乎唯识时也。

第二章 论现象学的神学与科学转向[1]

20世纪90年代以来，哲学界开始越来越热衷于谈论法国现象学的所谓"神学转向"。[2]虽然这个源自法国哲学内部争论的命名并不十分准确，但仍然值得追究其意涵、效用与问题指向。而从整个现象学运动来看，21世纪初，尤其是2010年代以来，在与自然科学之间富有成效的对话之中，可谓出现了另一个转向。这一转向本身在现象学运动内部已被意识到，但尚未得到合适的命名。本章名之曰"现象学的科学转向"。与"神学转向"几乎同时，现象学运动在中国哲学界开始启动并不断发扬光大。随着对欧洲现象学的译介与研究，现象学精神与中国思想的对照会通也逐渐上路、日臻成熟。现象学之义理与中国思想的交融固然是中国哲学自身的一个面向[3]，但也未始不能说是现象学运动自身的一种推扩与转进。现象学在中国得到的精细解读与微妙变形，都与现象学在法国的情形有些相似，尽管仍未达到法国的成熟与自觉。中国思想的基本动机也为现象学带来了转变，本章名之曰"现象学的道学转向"。

现象学的这三个转向都属于当代哲学的大事件，发生时刻颇近，几乎是接踵而至。而其所开辟的思想世界差异之大，似乎不啻云泥。

---

[1] 本章曾发表于《世界哲学》2019年第6期。
[2] 参见 D. Janicaud, etc., *Phenomenology and "the Theological Turn": the French Debate*, trans. by B. G. Prusak, Fordham University Press, New York, 2000。
[3] 参见丁耘，《论西方哲学中国化的三个阶段》，《天津社会科学》2017年第5期。

然而这些竟都出自同一个现象学运动。个中缘由，不由人起深察之想。就其成效而言，现象学的神学转向或已成为切近的过去，而其丰富意蕴远未得到追究；现象学的科学转向方兴未艾，而渐陷迷局；现象学的道学转向则刚刚上路，甚至未达自觉。故无论后思还是预察，对现象学转向的整体讨论仍是有必要的。限于篇幅，本章对道学转向姑置勿论，而以现象学的神学与科学转向为辨析的焦点。[1]我们将首先讨论现象学的神学转向与科学转向的各自意涵与共通背景（第一节），接着从现象学传统外部论证这两种转向归根结底是思辨转向，并从现象学传统内部提出还原问题（第二节）。随后将概括现象学还原的诸多可能道路，着重考察马里翁（Jean-Luc Marion）的"神学转向"及其同现象学还原的关系（第三节）。进而在细读海德格尔有关文本的基础上检视马里翁的"第三还原"学说（第四节）。在批判性总结海德格尔有关阐述之后，将给出神学转向与科学转向的真正现象学理由（小结）。

第一节　神学转向与科学转向

"现象学的神学转向"虽渐已被不加分辨地用于叙述一般意义上的现象学转折，但这个用语的缘起，既非指涉整体意义上的现象学，也不是单纯的叙述，而是一个用于法国现象学的批评性概念。此语之正式提出，一般认为源自雅尼科（Dominique Janicaud）1991年的文章《法国现象学的神学转向》。此文认为，从1975年到1990年，法国现象学确实存在着这样一种转向（turn），而"现象学与神学究系两途"[2]。此文甚至以一种控告苏格拉底的口吻指责列维纳斯通过引进"圣经的上帝"败坏了法国现象学。雅尼科1998年撰写的续篇《碎裂

---

[1]　关于现象学的道学转向，参见本书第三章。
[2]　D. Janicaud, etc., *Phenomenology and "the Theological Turn": the French Debate*, pp. 99, 103.

的现象学》(*La phénoménologie éclatée*)试图拓展论旨,而最终的论证还是落在了"神学转向"上。[1]论争所涉虽仅是"神学",雅氏所举的现象学理由则更为普遍。他指责法国现象学的转向并不仅是"引进新神",而是使对现象的描述屈从于对"现象性之本质"(essence of phenomenality)的追问;是实证现象学的筹划让路给"本源者"(the originary)之降临。[2]而"本质""本源"不会仅限于"上帝"而已。这些"新现象学"实行的是一个哲学上的老步骤,"从现象进到基础",或者通过内在抵达超越。与一切其他学派不同,现象学的兴起本身就意味着对基础与超越的拒绝,或至少意味着对以这样的方式推进到基础与超越的拒绝。雅尼科及其他敏锐的现象学家反对的并不是神学,而是对现象学原则的冒犯。换言之,"转向"以后的"新现象学",就不再是现象学了。雅尼科的质问尖锐明晰:"究竟什么是现象学的,什么不是?"[3]也就是说,在这些批评者看来,神学转向,或不如说向"基础""本源"与"超越性"的转向将危及现象学的原教旨。

然而,现象学从来就是一个暗流汹涌的运动,而非建立在基本教义上的统一宗派。从胡塞尔到马里翁,现象学运动中可概括为原理的要求已不止一条,且彼此之间无法不经解释地直接融贯。更不必说,这样的概括本身已经高度胡塞尔化了,海德格尔与舍勒默默运用着的现象学不能被这些原理一网打尽。即使对于胡塞尔现象学自身,"面向实事本身"和"一切原则之原则"之间就有内在差别。[4]这既关乎现象学在义理上的内在矛盾,也涉及现象学传统自身的张力。本章第二

---

[1] D. Janicaud, etc., *Phenomenology and "the Theological Turn": the French Debate*,译者序,p. 6。
[2] 同上书,p. 5。
[3] 同上书,p. 4。
[4] 参见马里翁,《还原与给予——胡塞尔、海德格尔与现象学研究》,方向红译,上海译文出版社,2009年,pp. 51-54。当然这个解释不无进一步讨论的余地。尤请参见海德格尔,《面向思的事情》,陈小文、孙周兴译,商务印书馆,1996年,pp. 65f., 82。

节以下将逐渐进入现象学义理，此间仅就哲学史做一考察。在此之前，让我们先把目光投向现象学的科学转向。

20世纪90年代以来，基本同步于神学转向，现象学与实证科学，特别是认知科学之间的互动相当频繁。这一互动对现象学运动本身也带来了巨大的影响，但尚未得到哲学上的充分估计，甚至缺少"神学转向"那样的概括与命名。本章将之正式命名为"现象学的科学转向"。这里先交代这样命名的理由，然后挖掘名后之义。

这种服务于实证科学旨趣的现象学倾向，通常被现象学界称为"自然化的现象学"。[1]在哲学上，这意味着自然主义（naturalism）的再次兴起。堪为这方面代表的现象学家扎哈维明确指出，语言转向之后正在发生的又一次哲学转向（turn），就是从反自然主义到自然主义，因而可以将之命名为"自然主义的转向"。[2]但他马上补充说，自然主义的术语主要决定于"自然科学"，所以这个转向的主要意涵是元哲学的（metaphilosophical），即如何重新看待哲学与实证科学的关系。本章就扎哈维的这些叙述做三个推断。第一，扎哈维明确宣称的"转向"确实存在。但称之为"整个哲学的转向"，至少就其上下文而言并不充分。实际上他给出的论据都是现象学的。那么，无论是否有其他证据支持"哲学转向"之说，现象学的自然主义转向是可以承认的。第二，既然扎哈维在"自然主义"的名义下说出的实质内容都是"科学"，那么所谓"自然主义的转向"就是科学转向。第三，综合前两个判断，扎哈维宣称的无非就是"现象学的科学转向"。

不过，在扎哈维所宣称的东西和他所意谓的东西之间，仍然存在

---

[1] 参见Shaun Gallagher, "On the Possibility of Naturalizing Phenomenology," *The Oxford Handbook of Contemporary Phenomenology*, ed. by Dan Zahavi, Oxford University Press, 2012, pp. 70, 71。

[2] 参见Dan Zahavi, "Naturalized Phenomenology", *Handbook of Phenomenology and Cognitive Science*, Edited by Shaun Gallagher & Daniel Schmicking, Springer, 2010, p. 3。

着某种完全没有被他意识到的哲学差距。这一方面关乎"科学",另一方面关乎"自然"。

首先,扎哈维在那个宣布自然主义转向的重要文本里,毫无辨析地轮番使用科学、自然科学、实证科学、经验科学四个概念,并将之与"自然主义"等同起来。在这个方向上工作的各类新潮现象学对此也未持什么异议。尽管现象学家们应当十分清楚,胡塞尔在科学的各种限定之间,尤其在"严格科学"与"自然主义"之间划定的界限对于现象学来说绝不是什么可有可无的东西[1],但他们仍然把"科学"这个名称完全交给了自然主义。这说明,要么他们背离了胡塞尔用严格科学反对自然主义的宗旨[2],要么认为严格科学本身可以通过某种方式成为自然主义的——这就是现象学"自然化"的真正用意,要么以上两者兼是。换言之,自然转向之后的现象学如果还是现象学的话,那么应该是胡塞尔现象学本身就内蕴着这一原则,这当然意味着先验现象学的内在"张力"。虽然现象学的科学转向没有一个雅尼科式的人物尖锐地提出现象学与非现象学的划界问题,但仍有一些现象学者看到了这些问题,并且和雅氏一样,将之追溯到现象学本身的内在可能的"悖论"或"含混性"。[3]

比扎哈维对"科学"的笼统处理更严重的,是他对"自然主义"的哲学与哲学史判断。他在抛弃20世纪哲学的反自然主义时说:"如

---

[1] 参见胡塞尔的《逻各斯》长文《作为严格科学的哲学》,载倪梁康选编,《胡塞尔选集》,上海三联书店,1997年,pp. 83–143,特别是pp. 89–122。
[2] 这是扎哈维明确表露的态度。他认为胡塞尔、弗雷格等对自然主义的抨击已是过时的。参见 Handbook of Phenomenology and Cognitive Science, p. 3.
[3] 先验现象学的"悖论"是克罗威尔或不如说胡塞尔本人要处理的东西。"含混性"是雅尼科从另一个论域给出的类似判断。参见Steven Crowell, "Transcendental Phenomenology and the Seductions of Naturalism: Subjectivity, Consciousness, and Meaning",载于 The Oxford Handbook of Contemporary Phenomenology, p. 31. 又参 D. Janicaud, Phenomenology "Wide Open": After the French Debate, trans. by Charles N. Cabral, Fordham University Press, New York, 2005, p. 65.

果你不认可自然主义，那么你必定认可某种形态的笛卡尔式实体二元论。"[1]这个粗暴的论断出自胡塞尔现象学的著名研究者之口，让人有些莫名所以。[2]正是胡塞尔本人在《欧洲科学危机与先验现象学》中，将笛卡尔式二元论本身看成自然主义的根源。[3]而自然主义的根源在这篇文章中被指认为客观主义，在《观念Ⅰ》中则可被追溯到多少有些含混的"自然态度"。扎哈维的这个论断对胡塞尔现象学当然是不公正的，至少在其晚期著作中，胡塞尔几乎倾其全力与笛卡尔的二元论搏斗——对他来说，克服自然主义的关键恰恰是通过强调先验主体性以根除笛卡尔式二元论。但扎氏这个粗浅的哲学史错误却说出了哲学上较为深刻的看法：这并不是他在批评胡塞尔、弗雷格的反自然主义时看到的东西，而是一种克服了一切笛卡尔二元论样式的、"一本"或"总体"的自然主义。胡塞尔试图通过先验主体性要克服的东西，在扎哈维这条走得太远的论断里，是指望一元论"自然主义"加以克服的。

哲学与哲学史绝非毫不相干，"自然""一元""二元"等概念的所有意涵都来自哲学史，不可能绕开哲学史上克服笛卡尔二元论的那些道路去凭空建立什么一元论的自然主义。这里先对这些道路做粗略的概括。

在哲学史上，首先是笛卡尔本人在《第一哲学沉思集》中开辟的道路，虽然这条道路的真正意义直到20世纪后半叶的法国哲学（特别是列维纳斯与马里翁的哲学）中才显示出来。这条道路以上帝为无限实体、完满实体，而非唯一实体。这个无限实体与自我这样的有限实体是有存在上的联系的，但这并非那种并列实体的二元论。可以说，

---

[1] Dan Zahavi, "Naturalized Phenomenology", 载于 Handbook of Phenomenology and Cognitive Science, p. 3。

[2] 扎哈维撰写过一部简练清楚、被广泛阅读的胡塞尔导论。参见扎哈维，《胡塞尔现象学》，李忠伟译，上海译文出版社，2007年。

[3] 参见 Hua, Bd. VI, S. 80–84。

有限与无限之间呼唤、蒙召或面面相觑的关系本身就是这里的"一"。为区别于通常被理解为总体性的一元论,我们可以在列维纳斯的意义上称之为无限性的"一元论"。虽然在他那里,一元论和无限性是不相容的[1],但我的观点是,无限性并不先天的就是二元论。这一点从列氏主要灵感来源的《第一哲学沉思集》中就能看到,因为有限与无限不可能成为并置之"二元"。[2] 无限性既然与"一"有极微妙的关系,其与总体性也就并不非此即彼。[3] 当然,无限性的一元论是非还原性的,既不能把有限还原到无限之内,也不能有相反的还原。既是非还原的,又不是二元论的;既是断裂的,又是关联的。这些正是这条道路的微妙之处。

其次是追随者众多的斯宾诺莎式道路。严格地说,只有斯宾诺莎式的学说才能真正满足扎哈维对"笛卡尔式实体二元论"的批判。斯氏剥夺了思维与广延的哪怕是有限的实体性,而皆黜之为属性。[4] 在他那里,唯一的实体就是无限实体,就是神。实际上,斯宾诺莎同样把这个唯一实体与"自然"联系起来。[5] 它不但具有广延,而且作为所生的自然(natura naturata)也是能思的。这一点与当代自然主义完全相同。[6] 所有的总体性的一元论自然主义,在本质上都是某种形态的斯宾诺莎主义。

---

[1] 参见列维纳斯,《总体与无限:论外在性》,朱刚译,北京大学出版社,2016年,pp. 6–11。参见 E. Lévinas, *Totalité et infini*, Kluwer Academic, 1971, pp. 24–30。注意中译本与他者对立的"同一"概念为 le Même,即对应于德文之 das Selbst,亦可译为"自同"。
[2] 参见笛卡尔,《第一哲学沉思集》,庞景仁译,商务印书馆,1996年,pp. 46,47。
[3] 参见下文第四节。又参丁耘,《道体学引论》下篇第四章第三、四节。
[4] 参见斯宾诺莎,《伦理学》,贺麟译,商务印书馆,1991年,p. 46。
[5] 同上书,第一部分命题29–31,pp. 29–30。
[6] 当代思辨的自然主义因此非常重视谢林的这一表述——"作为主体的自然"。认为这并不是什么浪漫派的自然与人同形幻想,而是对自然之自主性(autonomy)的强调。当然,在谢林看来,从斯宾诺莎的自然到他的自然概念仍然需要潜能阶次的提升。参见 Iain Hamilton Grant, *Philosophies of Nature After Shelling*, Continuum, 2006, p. 2。又参谢林,《近代哲学史》,先刚译,北京大学出版社,2016年,pp. 45–48。

第三是康德尤其是费希特式的先验道路。德国哲学在笛卡尔那里吸取了"我思"的原则，且将之清洗为先验原理：自身意识之先验的综合统一性、自我或本源行动。至于我思与上帝以及自然之间的关系，德国古典哲学四子有不同的处理方式。康德及前期费希特虽致力于让知性驯服自然、理性驯服上帝，但并未根除二元论，只是将之尽量推远。康、费二子虽未跳出自身意识与物自身、自我与非我的二元，却比之前所有的近代哲学家都更深刻地阐明了自身意识或自我的本质是"一"（统一性，我等于我）。所以这个二元，不像某些学派简单概括的那样仅是思维与存在这两个项。这里不是两端、两个东西，而是"一"这个原理（原初同一，自我）与"二"这个原理（原初差别，非我）之间的对峙。对于德国古典哲学而言，从"一"的原理推衍出"二"的原理——也就是演证"一"的绝对性——才是根除二元论的"不二法门"。这就是——

第四条道路，也就是从先验哲学转入斯宾诺莎哲学的那条道路。这条道路的真正开端是谢林的自然哲学。自然不再是康德第一批判用"现象"就可以打发掉的那种东西，而是斯宾诺莎式的总体。谢林的自然本身就是主体，能够创造，能够思维。谢林哲学之要义为绝对同一，自然哲学只是"从优命名"。[1] 绝对同一，非仅云客体作为自然与自我原初同一，而是自然本就是主体-客体之绝对同一，无非尚未有自我意识。在康、费二子，二元论之难破，实在于自我与非我对待。在费希特的早期知识学那里，自我虽据首位，亦为有限。非A不等于A这条原理在形式上是无条件的，不能由A等于A推出。[2] 前条原理的根据就是非我，后条原理的根据就是自我。非我虽由自我设定，归根结底二者只能并建。而谢林之绝对同一，就是自我之客观化。虽有二项，

---

［1］参见谢林，《近代哲学史》，先刚译，pp. 127, 128。
［2］参见费希特，《全部知识学的基础》，梁志学编译，《费希特文集》第一卷，商务印书馆，2014年，pp. 511–515。

并不并建，而是扬弃于绝对同一之中。先验道路与斯宾诺莎之道路本不相涉，故前者需"转向"方能接入后者。这一转向之第一命义，就是自然哲学。自然哲学所含的内容，就是绝对。绝对也就是上帝。[1]即便黑格尔的逻辑学，在谢林看来，也无非从自然哲学提炼而来。[2]可以说，谢林哲学就是先验哲学或知识学的自然转向与神学转向。二者归根结底是同一个绝对转向的两个面向而已。

先验现象学的格局类似于先验哲学，尤其是费希特哲学。现象学的科学转向的底层是同一个转向的两个步骤，也就是将自然绝对化和意识去先验化。其中真正的出发点是自然的绝对化。但除了上引扎哈维那个有些鲁莽的论调之外，身处自然转向的现象学家们主要致力于意识的去先验化及其隐含的悖论。如果将意识的去先验化或者实在化作为科学转向的出发点，那么现象学的"自然化"就会与"自然态度"混同起来。而扎哈维所期待的，或那些前沿的自然化的现象学家们默默据之工作的前提——自然的绝对化，对于现象学来说只能是以非现象学的方式突然降临的。相反，现象学的神学转向，至少在其马里翁阶段，是随着现象学方法的推行严格按步骤得到的结论。其结论虽被雅尼科这样的现象学家批评，但这正说明其方法是可检查的。在这个意义上，现象学的神学转向比科学转向更"科学"，而现象学的科学转向比神学转向更"神学"。

然而，基于现象学原则对神学转向进行的批判，归根结底是对某种推进到本原-启示的"超越性"转向的批判，这实际上同样适用于科学转向。[3]在当代哲学中，神学转向与科学转向的发动与检讨确实都是分头进行的，但对于先验现象学而言，这两个转向都是向超越性

---

[1] 参见谢林，《近代哲学史》，先刚译，pp. 148-149。
[2] 同上书，p. 154。
[3] 参见 D. Janicaud, etc., *Phenomenology and "the Theological Turn": the French Debate*, trans. by B. G. Prusak, pp. 95-96。

的突入。比超越者究竟是神还是自然更重要的是超越性本身对先验的我思或意识框架的作用——遑论对于近代哲学,神与自然可谓不一不二。雅尼科那个关于现象学与非现象学之间界限的尖锐问题切中的正是这个超越性。近代哲学史上克服二元论的每一条道路都必须诉诸对超越性的处理,这绝不是单纯把内在与超越分开就完事的。我思与意识这样"内在"的东西中本就蕴有超越之理。但这种超越之理实现之后,如何反过来对待我思或意识,换言之,超越者与所谓内在者的关系如何,才是最后问题之所在——但这当然已不再是单纯的现象学问题了。或者说,这至少属于自然化的,甚或思辨化的现象学问题了。无论现象学传统多么忽视近代哲学(尤其是谢林与黑格尔)对于自我或意识的检讨,当这传统面对意识或此在的基本实情时,仍必须进入超越性的复杂状况,既从自身,也从周边出发探索超越转向之哲学意蕴。

第二节　思辨转向与现象学还原

上文已示,从现象学内部看,神学转向与科学转向只是同一个转向的不同面向,"超越转向"当是概括这种原转向的最合适的现象学命名,尽管现象学界尚未意识到这一点。但从现象学之外看,有一个现成的名称与"超越转向"颇为相应,这就是"思辨转向"(the speculative turn)[1]。神学转向与科学转向都是现象学运动中的内在批判性概念,而"思辨转向"则是当前较活跃的"思辨实在论"的自我主张。此派别之各种趋向固然复杂,但"思辨转向"兴起之自觉,在于批判所谓"相关性主义"(corrélationisme)。[2] 现象学是当代相关性主

---

[1] 参见 *The Speculative Turn: Continental Materialism and Realism*, ed. by Levi Bryant, Nick Srnicek and Graham Harman, Melbourne, 2011, p. 3.

[2] 又译为"相关主义"或"关联主义"。法文 corrélation 是德国现象学 Korrelation 概念的对应词,后者通译为"相关性"。故本章将 corrélationisme 译为"相关性主义",详见下文。

义之最大代表之一。[1]因此，如果"超越转向"是从现象学内部突围的话，"思辨转向"就是从现象学外部对这一突围的最大支援。前者的真正力量来自后者。

所谓"相关性主义"，按照梅亚苏（Quentin Meillassoux）的界定，其意涵为："我们只能进入思维与存在的相关性，而永远无法进入任何彼此隔绝的一项。"[2]换言之，对相关性的批判也就是对思维与存在的不可分离性的批判。而当相关性主义的谱系被从康德一直拉到胡塞尔与海德格尔之时，这个不可分离性所指涉的就是意识之意向性与此在之在世性了。[3]针对相关性主义，思辨实在论者毫不含糊地把"思辨转向"解释为对绝对的诉求。[4]其中佼佼者已明确将此诉求追溯到了谢林的自然哲学。[5]那么，所谓当代哲学的"思辨转向"，也可以说就是相关性主义哲学的"自然转向"。既然现象学是相关性主义的当前代表，那么现象学的科学转向当然可被"思辨转向"笼罩，虽然热衷于自然化的新现象学家们对此几毫无觉察。区别在于，"思辨转向"并非现象学自身的内在批判概念，其直接动力亦不来自现象学传统。但较之现象学的自我检讨或自我主张，"思辨转向"既具哲学史的纵深，又更依此纵深点出了当代哲学真正问题之所在。"思辨转向"就是绝对转

---

[1] 参见梅亚苏，《有限性之后》，吴燕译，河南大学出版社，2018年，p. 15。又参 *The Speculative Turn: Continental Materialism and Realism*, ed. by Levi Bryant, Nick Srnicek and Graham Harman, pp. 1–4。

[2] Quentin Meillassoux, *Après la Finitude. Essai sur la Nécessitéde la Contingence*, Éditions du Seuil, 2006, p. 18 (Quentin Meillassoux, *After Finitude. An Essay on the Necessity of Contingency*, trans. by Ray Brassier, Continuum, 2008, p. 5). 中译文参见梅亚苏，《有限性之后》，吴燕译，p. 12。译文有改动。

[3] 参见 Meillassoux, *After Finitude. An Essay on the Necessity of Contingency*, trans. by Ray Brassier, Continuum, 2008, p. 8。

[4] 参见 *The Speculative Turn: Continental Materialism and Realism*, ed. by Levi Bryant, Nick Srnicek and Graham Harman, p. 3。

[5] 参见 Iain Hamilton Grant, *Philosophies of Nature After Shelling*。

向。对于先验哲学或现象学而言,"绝对"当然就是卓然意义上的"超越"。但对于思辨实在论或它试图诉诸的形而上学传统而言,绝对就是"一",正如"相关性"是"二"那样。或者反过来说也一样,正因为对现象学之相关性主义给出的"二"之原理不满,思辨实在论才试图转向"绝对"这个"一"。

不过,尽管思辨实在论试图越出康德式批判的界限,但它并非独断论形而上学的单纯复兴。有许多特征可以将之与近代形而上学区别开来。其中最吃紧者,是该思潮在还原问题上态度的复杂与暧昧,以及由此导致的对现象学传统的欲拒还迎。有些思辨实在论者对拉图尔式非还原主义的倾倒和援引让所谓突破现象学的"客体"指向成了决然无主、并包万物的"客体民主制"。[1]这与对绝对同一的单纯诉求构成了直接对立。如果说思辨实在论者全都试图超越意识与存在的关联的话,那么非还原主义反而突出了诸存在者之间的关联与界限。换言之,"思辨转向"之后呈现的是形而上学还原剩余物的"总体",还是非还原主义保留万物各自实在性的对待式"无限"——这才是这个转向真正的哲学两难。可以说,虽然思辨实在论的丰富讨论早就以简单否定"相关性主义"的方式远离了现象学,但还原问题——它往往隐藏在对"相关性主义"的复杂批判中——仍然把"思辨转向"本身重新接回了现象学传统。现象学不是别的,就是不同的"还原道路"及其剩余。所谓"相关性",在现象学内部,也只是某种"还原"的剩余而已。随着不同还原方法的实行,所谓"相关性"会呈现出非常不同的意涵——实际上,"相关性"本来就是对现象学还原诸有关剩余物的不准确概括。更不必说,即使对于早就在"绝对"层面展开的哲学,"相关性"本身也绝不是什么与之简单对立的另一种哲学。

现象学的"思辨转向"——无论作为神学的还是科学的——就是

──────────

[1] 参见 Levi R. Bryant, *The Democracy of Objects*, Open Humanities Press, 2011。

通过某种还原,从"相关性"向"绝对"或"非相关者"的转向——"绝对"在现象学中对应了什么,对此的"还原"在现象学之内究系何属,下文第三、四节将予以研究。而非现象学的思辨哲学,则是让"相关性"自身进展至"绝对"的。严格地说,这里不存在什么出自理论主观意图的"转向",而是事情本身的逻辑。此逻辑中既包含转向,也包含顺演和蔓衍。而现象学则非依"还原"不可,虽然各种"还原"处于某种复杂的相互关系之中。此间先略述"思辨转向"在批判相关性主义时陷入的某种现象学还原,进而讨论"相关性"与"绝对"本身的辩证关系,然后在顾及现象学还原的复杂性的前提下,讨论现象学本身的"思辨转向"问题。

梅亚苏指责说,相关性主义在于否证这样的主张,不可以独立于对方思考主体性或客观性的领域。[1]相关性主义的谱系始自康德,而当代的最大代表是现象学尤其是海德格尔。按照梅亚苏的推演,相关性主义思想有两种基本类型,在哲学史上对应观念主义(或译唯心主义)的两种类型,即先验型与思辨型。现象学属于前者。先验型主张,我们只能把握相关性,只能进入为我之物,无法进入物自体;思辨型主张,相关性本身就是物自体。[2]后一类型才是梅亚苏真正的论敌,或毋宁说真正的导师。他一方面攻击思辨型相关性主义是把相关性本身基底(hypostase)化了,因而并非真正的相关性主义——好像不是他亲自把这种论证划分为相关性主义的基本类型的那样,好像谢林也不曾把自己的思辨哲学称为先验唯心论从而综合了这两个类型那样;另一方面,梅亚苏强调,他所主张的绝对化——这就是思辨实在论的真正出发点——乃是相关性之实际性(*la facticité du corrélat*)的绝对

---

[1] 参见Meillassoux, *After Finitude. An Essay on the Necessity of Contingency*, trans. by Ray Brassier, p. 5。
[2] 同上书,pp. 10f., 52。

化,而非相关性的绝对化。[1]他希望通过这一点与思辨观念论区别开来。换言之,思辨之为思辨,恰恰在于绝对化。而思辨观念论与思辨实在论都是从相关性出发进行绝对化的。前者将相关性基底化而后绝对化,后者则将相关性之实际性绝对化。前者无疑指涉黑格尔"主体"(相关性)即"实体"(基底)的基本洞见。问题在于后者。梅亚苏自以为已辟新路,事实上重新陷入了思辨实在论努力摆脱的现象学。在梅亚苏这里,所谓"思辨转向"的精义就是"相关性之实际性之绝对化"。然而,可以证明,这一工作方式本就内蕴于现象学传统,因而"思辨转向"本身仍应该被理解为现象学的转向,问题仅仅在于辨认它属于哪一条还原道路。

相关性之实际性之绝对化是梅亚苏的核心术语。但此复合术语若经解析,则可发现皆来自其所坚拒的现象学传统。

"相关性"这个术语来自胡塞尔。胡塞尔在《欧洲科学危机与先验现象学》第48节一个长注里强调说:"这个在经验对象与被给予性方式之间的普遍的相关性先天(Korrelationsapriori)的首次突破(在我撰写《逻辑研究》期间,大概是1898年)使我深受震撼,以至于我的毕生工作都被这样一个任务主宰着:系统探讨这个相关性先天。"[2]不仅术语,思辨实在论者被相关性这个问题抓紧的程度一点儿也不亚于胡塞尔。

"实际性"(Faktizität)这个术语来自海德格尔。在早期弗莱堡的一系列课程讲稿中,海德格尔对胡塞尔现象学的推进或突破开始为《存在与时间》奠定真正的方法论基础。"实际性"就是这个方法论的核心环节。《存在与时间》著名的第7节宣称:"**存在论只有作为**

---

[1] 参见 *After Finitude. An Essay on the Necessity of Contingency*, p. 52。这里法文本为 la facticité du corrélat, 严格地说应译为"相关者之实际性", 而英文本的译法亦有所本, 法文本在上文较远处提到类似意思, 用的就是 la corrélation(相关性)。参见 Meillassoux, *Après la Finitude*, pp. 26, 71f.。

[2] Hua, VI, S. 169.

现象学才是可能的。"[1] 而在1923年夏季学期的课程中，"存在论"则被挑明为对"实际性"的最初显示（Anzeige）或干脆是"实际性之诠释学"。[2] 作为早期探索的集大成之作，《存在与时间》将此在的基本存在状况与现成事物（例如一块岩石）事实上搁在那里这样一种存在状况区别开来。前者名之为"实际性"，后者名之为"事实性"（Tatsächlichkeit）。[3] 此前"存在论"课程的说明与之一致："实际性是用来表示'我们''本己的'此在之存在特征。"对实际性的"显示"就是对"存在特征"的显示。这里的"显示"也就是早期弗莱堡讲座中海德格尔对胡塞尔现象学方法所增益的关键一环——"形式显示"。1920—1921年冬季学期的《宗教生活现象学》，将"形式显示"界定为保证"实行特征"（Vollzugscharakter）不会遭到牺牲的现象学方法。[4] 在一般的现象学方法中，原初的无非只是追问现象的内涵（"什么"）与被经验的方式（某种"如何"）。这些被海氏称为"普遍化"与"形式化"。实行特征或存在特征恰恰属于被先验现象学笼统地塞入"存在信念"而放到括号里去的东西。

因而，"实际性"属于这样一种洞见：存在特征或实行特征是独立于现象之内涵与形式的。概念只能推出"什么"，推不出现象的"如何"及其所与性[5]。Daßsein本身无法从任何概念中推出，存在不是合乎理性的、作为推论结果的必然存在。于是，实际性在梅亚苏那里引出了无理由的偶然存在之义。梅氏最终废除充足理由律，承认万物无中生

---

[1] Heidegger, *SuZ*, S. 35. 中译文参见海德格尔，《存在与时间》，陈嘉映、王庆节译，生活·读书·新知三联书店，1987年，p. 45。
[2] 参见海德格尔，《存在论（实际性的解释学）》，何卫平译，商务印书馆，2016年，pp. 1, 4。
[3] 参见Heidegger, *SuZ*, S. 56. 中译文参见海德格尔，《存在与时间》，p. 69。
[4] 参见Heidegger, GA 60, S. 64. 中译文参见海德格尔，《宗教生活现象学》，欧东明、张振华译，商务印书馆，2018年，p. 64。
[5] 在本书中，"所与"（"所与性""所予性"），与"被给予"（"被给予性"）同义。

有，皆从这个"实际性"中引出。[1]只要保持存在特征或实行特征与概念的断裂——谢林及其之后的哲学不约而同地拒绝黑格尔的关键，就在于他扬弃了这个断裂——"实际性"自身就足以引出这个"绝对化"或无根化了。但"绝对"与"思辨"的传统意涵在其他的思辨实在论者那里仍然发挥着作用。那些依靠谢林发动"思辨转向"者，将自然这个"相关者"本身当作绝对者，把意识或思维作为存在者（而不是作为与存在对立的另外一个相关者）吸收在自然之中。这就是作为科学转向不可或缺前提的思辨转向。因此，无论取上述哪条道路，思辨转向的现象学要义都是"存在特征"或"实行特征"的不可还原性。

综上，"相关性"的术语与义理来自胡塞尔。"实际性"的术语与义理来自海德格尔。"实际性"之"绝对化"的术语固然来自德国观念论，而其义理如作"无理由""无端"解，则仍当追溯到海氏"无根深渊"之说。此说固然与谢林及莱布尼茨有关，但以"无根"与梅氏所谓"相关性"及其实际性相系，则非海氏不办。不过梅亚苏对之仍有取舍转换。首先，梅氏抹除了现成者之事实性与此在之实际性之差别。他用来撬动整个先验哲学传统的"化石"之例，在海氏那里是典型的现成存在之事实性而非实际性。[2]其次，无根在海氏那里是对此在或就其存在而言、就整体而言的存在者说的（只有此在面临的是存在者整体）。换言之，充足理由律在海氏不是被取消了[3]，而是其本身即出

---

〔1〕参见Meillassoux, *After Finitude*, pp. 109f.。
〔2〕例如可以对照一下Meillassoux, *After Finitude*, pp. 16f. 与Heidegger, *SuZ*, S. 56。中译文参见海德格尔，《存在与时间》，p. 69。
〔3〕在梅亚苏那里，正因为充足理由律绝对为伪，无矛盾律才绝对为真。海德格尔早在1928年夏季学期的讲座中已指出，莱布尼茨其实没有澄清（无）矛盾律与充足理由律（根据律）之间的关系，而海氏本人的结论则是，与逻辑学的传统规则不同，逻辑学的第一定律是根据律。参见Meillassoux, *After Finitude*, p. 71。又参Heidegger, GA 26, S. 135, 282。中译文参见海德格尔，《从莱布尼茨出发的逻辑学的形而上学始基》，赵卫国译，pp. 153, 302。

于自由或"无理由"。存在者整体之无根不等于诸存在者之无根。这才是海氏的精义。或者说,在"转折"之后的海德格尔那里,确实可以凸显"实际性"的无根性,但那从来不是梅亚苏意义上的"实际性"(有时等于海氏的"事实性")的无根性。梅氏之所以提出这个能够导致万有民主制乃至无政府制(无"本原")的"实际性"之绝对化,绝非因为彻底拒绝了现象学,而恰恰因为实行了一种与海德格尔接近但最终有别的现象学还原。对此,我的基本论点是,现象学的神学与科学转向归根结底依赖某种"思辨转向";而"思辨转向"可以看作某种现象学还原的剩余。在讨论"思辨转向"所依据的这个还原之前,我们先通过神学转向的主要发动者马里翁来检视各种可能的现象学还原之路。

第三节　现象学还原的不同道路

无论自觉与否,真正的现象学家都实行着某种现象学还原。现象学家都试图面对"实事"本身,但其围绕的实事往往并不一致。这是遵循了不同的还原道路,导致获得不同的还原剩余。在这方面,法国当代现象学家马里翁贡献良多。他系统梳理了几种现象学还原,非但明确指出了胡塞尔与海德格尔在还原上的区别,以及自己在二子之外所提的"第三还原",实际上也默默地为列维纳斯这样步子迈得太大的法国现象学家补上了还原这一课。但马里翁的精细工作在一定程度上仍然简化了不同还原道路之间的复杂关系,如重复、彼此奠基、交汇和分叉;同时其哲学史"拆毁"的工作也止步于笛卡尔。我们先在马里翁工作的基础上简略地清理一下现象学还原的复杂性与可能性;然后据此探问现象学本身能否合法地、内在于其传统地实行思辨转向,以回应雅尼科的质问。在哲学史上,这个问题相应于德国古典哲学转进阶段的起点:先验观念论能不能演证绝对因而成为思辨的观念论?

马里翁试图通过区分"第一还原"与"第二还原"把握胡塞尔与海德格尔现象学的各自特征。《还原与给予》的结论部分概括说，第一还原是先验的（或译"超越论"的）还原，据说"它等同于对象的构成"。[1]这一还原把存在从所与中排除掉（把存在信念置入括号），其剩余是构成着的先验自我。这一还原在胡塞尔现象学内部采取什么样的道路（"笛卡尔的"还是"康德的"）是无关紧要的。第二还原是"生存论"的还原。它还原的剩余是此在，"对此在的理解所依据的是其意向性"，这种意向性已被扩展为整个在世，并被回溯到其"超越性"。[2]在现象学传统内部，相关性与转向的问题本质上就是意识、存在、意向性与超越性的问题。关于相关性及现象学转向的任何当代讨论都必须从胡塞尔与海德格尔出发。因此，在考察马里翁本人依赖的第三还原之前，我们先检查一下他对胡塞尔和海德格尔所作的区分。

在达到那些高度概括的结论之前，马里翁事实上非常清楚胡、海二子的还原之路是有重叠与交叉的。因此他通过一个著名的比喻区分了二者。胡塞尔的现象是完全自身给予的，没有任何不曾给出的剩余，是在场的完全的显现，因而是平面的。而在海德格尔那里，"现象的显现本身——作为（存在的）方式，因而以非存在者的方式——揭示了一种深度"[3]。这种现象之显现本身，作为现象性，自身并非现象，并不给出自己。[4]然而，现象性这个术语更多地对应于胡塞尔的自身给予性（或者说纯粹的被给予性），本身就是闭合与饱和的，它所能通向的纯粹自我，并非不可显现，而是其显现方式与意识相关项不同，只能是加括号之后的剩余。"现象性"术语对于海德格尔则并不适合，他

---

[1] 参见马里翁，《还原与给予——胡塞尔、海德格尔与现象学研究》，方向红译，p. 348。
[2] 同上书，pp. 348f.
[3] 同上书，pp. 93, 104。
[4] 因此，如果雅尼科确实是凭借"现象之现象性"指责法国现象学的神学转向的话，他势必面临重新解释海德格尔的问题。

从未用这个概念工作过。当然，马氏的意思是，海氏的存在者之存在只是相当于现象性。但无论如何，现象/现象性、存在者/存在，这两个对子在海氏那里是有重叠和交错的[1]——"只要存在首先敞开为现象性，只要深度唯在这里才能随后被揭示出来，深度便**存在**。这样，现象的深度不仅再次把现象学推进为对现象的知，而且远为彻底地推进为对其现象性的知"[2]。马里翁未曾言及的是，深度是以平面为前提的，而海氏的平面与胡塞尔的平面并不相同。这两个对子真正的交错不在"现象性"，而在"现象"。仅当海德格尔在《存在与时间》第7节的释义中用"存在者"置换了"现象"之后，平移过来的新平面才可能有深度。换言之，现象性与存在能够对应的前提是现象本身被解释为"存在者"——而这种解释已经属于海德格尔式的现象学还原了。马里翁援引了海德格尔1927年的夏季学期讲义，在那里海氏将自己的还原法描述为把目光从存在者引回存在。[3] 而在1925年夏季学期的授课中，海德格尔对胡塞尔还原法的直接批评则表明，两种还原最大的区别在于，无论先验还原还是本质还原都只能彰显"什么"而无法触及径直存在（Daßsein）。胡塞尔现象学的基本信念就是，存在者之"是什么"与该存在者的实存可以分离，而意向性本身所植根于其中的存在者之"本质"恰恰只是"去存在"。[4] 因此，两种还原之间的界限恰可追溯到早期弗莱堡讲座的"形式显示"法。没有对"现象"之"实行特征"或"存在特征"这个维度的开显，《存在与时间》是不可能把"现象"平移为"存在者"的。因为直到1925年，胡塞尔的"现象"，哪怕连带其自身被给予性，在海德格尔的解说中也只能触及"什

---

[1] 参见马里翁，《还原与给予》，方向红译，p. 105。
[2] 同上书，p. 104。
[3] 参见海德格尔，《现象学之基本问题》，丁耘译，商务印书馆，2018年，p. 27。
[4] 参见海德格尔，《时间概念史导论》，欧东明译，商务印书馆，2014年，pp. 166f.。

么",只能属于1920—1921年所谓非真切的"理论态度"而已。[1]

这就是说,如果海德格尔对胡塞尔现象学还原不同阶段的区分是正确的话[2],那么海德格尔自己的现象学还原也是有阶次的。首先的工作是把"现象"还原为"存在者";其次才是把"存在者"还原到"存在者之存在"——后者才是《现象学之基本问题》的"还原"名下的东西。马里翁对此本来十分清楚,海德格尔的现象学有两次突破。第一次是向存在者返回,第二次才是向存在者之存在的返回。[3]但他的结论部分则完全疏忽了。比这一疏忽更加严重的是,海德格尔本人的"转折"(Kehre)[4]在马里翁的还原学说中完全没有凸显。其真正的意涵要么被含混地记在还原第二阶次的账上,要么被马里翁顺进自己的第三还原了。严格地说,马里翁所云"深度",或者说存在的不可通达性,在海德格尔那里不能归为"还原",而只能归为"建构"。[5]即便我们沿用马里翁的做法,宽泛地理解"还原"[6],也不能把对"存在自身"的超越性的"还原"与对存在者本身的"还原"混为一谈,正如不能将"畏"与"烦"混为一谈那样。当然,马里翁用第三还原吸收海德格尔对存在一般之还原,仍有其不得不然之处。只不过这样一来,第三还原的解释范围必须拓展到能够完全容纳——而非仅仅接触到——"思辨转向"的地步。下面我们先检视马里翁的第三还原学说,然后试着给出一个更广泛的解释,以便从现象学传统出发更真切、更完整地抓住上文初步讨论的那些"转向"。

---

[1] 参见海德格尔,《宗教生活现象学》,欧东明、张振华译,p. 59。
[2] 参见海德格尔,《时间概念史导论》,欧东明译,p. 150。
[3] 参见马里翁,《还原与给予》,pp. 182, 338。
[4] 这个词接近于希腊文 μεταβολή 与德文 Umschlag,指从基本存在论到形而上学本体论的180度的大转弯,不能如雅尼科那样泛用和"神学转向"(turn)同样的词去称呼。故本章之译,有意避开"转向"一词。参见海德格尔,《从莱布尼茨出发的逻辑学的形而上学始基》,pp. 220-222。又参下文。
[5] 参见海德格尔,《现象学之基本问题》,p. 28。
[6] 参见马里翁,《还原与给予》,pp. 122-127, 275。

第四节　向存在者整体的还原与神学–科学转向

在马里翁看来，相较于前两种还原，最根本的是第三还原，"最终表现为一切要求向纯粹形式的呼声的还原。在经过先验还原与生存论的还原之后，出现了对呼声和向呼声的还原"[1]。因此，在马里翁那里，第三还原就是向"呼声"的还原。在《还原与给予》的论述秩序中，向呼声的还原本身既依赖又摆脱了海德格尔。说依赖，乃因马氏"呼声之说"本源自海氏"存在呼声"之说。说摆脱，乃因马里翁认为第三还原的剩余是一种先于存在呼声的"纯粹的呼声"。存在做出要求之前，呼声作为纯粹的呼声已经发出了要求。[2]"作为纯粹的还原……自为地提出要求的呼声完完全全地属于现象学"，同时，要求（Anspruch）先于存在。在追溯到《旧约·申命记》之后，这个纯粹的呼声就被证实为"天父的呼声"。[3]这个基调从此主宰了马里翁的现象学，即使他不再公然运用"还原"的方法。很明显，雅尼科等批评的"神学转向"在现象学上的真正底色就是这个第三还原。马氏随后的一系列作品的神学性虽然越来越强，但现象学方法的系统讨论却逐渐淡出。因此，讨论现象学神学转向的最好入手处就是这里的第三还原。

按照《还原与给予》的论述策略，第三还原是从海德格尔的现象学化出的。但这又与此书对海氏现象学的整体概括颇有出入。一方面，马里翁描述的海氏的第二还原仅仅是生存论的还原，它依据时间境域，尤其依据"存在现象"，而排除了无聊、要求、呼声这些"存在现象"的先决条件。[4]另一方面，无聊、要求、呼声这些术语及其意蕴又完全来自海德格尔本人的论述，马里翁的工作无非是切断了存在与它们

---

[1]　马里翁，《还原与给予》，p.338，译文有改动。
[2]　同上书，p.339。
[3]　同上书，p.337。
[4]　同上书，p.349。

在海氏那里的原初关联。按照马里翁，存在现象属于第二还原，纯粹呼声属于第三还原。那么，海德格尔所谓"存在的呼声"究竟属于第二还原还是第三还原？缘存在故，属于第二还原？缘呼声故，属于第三还原？可以说，存在的呼声以及无聊的难以归类，打破了马里翁垄断第三还原的策略。存在的呼声确实不属于所谓第二还原，但它也无法归入马氏划定的第三还原。马氏的现象学还原学说明显的困难之一是无法处理海德格尔的"转折"（Kehre）[1]。存在的呼声、无聊等，都是这个转折中必定遭遇的东西。如果保留"第三还原"之说，首先要将之拓展到足以包容海氏转折的地步，否则即使马里翁也无法安顿他试图摆脱的"存在的呼声"之说，因为那显然不来自第二还原。

下面这段引文清楚地表明了马里翁运用海德格尔的术语来摆脱海德格尔的努力，以及这种努力的无效："无聊使呼声本身显现出来……通过对存在之要求（Anspruch des Seins）的悬置，无聊确证了要求先于存在，而且唯有它才使存在成为可能。纯粹形式的呼声发生在一切规定之前，甚至在存在的规定之前。因此，有待我们规定的是，在存在之前或在没有存在的情况下，是什么展现了呼声……在此在之前，或在没有此在的情况下，是什么在接受呼声或在拒绝呼声……"[2]

在对海德格尔的引用、考证与解析极尽细密的《还原与给予》中，这段关键文字对应的海氏著述于此处竟付阙如，殊不可解。在上文较远处，马里翁援引了《形而上学是什么？》里的一个句子："这种无聊

---

[1] 雅尼科认为："没有海德格尔的转向（turn），就没有（现象学的）神学转向（turn）。"我们可以在一定意义上同意这个说法。但需要限制的是，我们并不认为海氏的Kehre与其他的转向有共性；而神学转向亏欠海德格尔的东西与雅尼科所概括的也并不相同。具见下文。参见 D. Janicaud, etc., *Phenomenology and "the Theological Turn": the French Debate*, p. 31.

[2] 马里翁，《还原与给予》，p. 339。并参 Jean-Luc Marion, *Réduction et donation. Recherches sur Husserl, Heidegger et la phénoménologie*, Paris: Presses Universitaires de France, 1989, p. 297。

启示出存在者整体",并且认为《形而上学是什么?》以"畏"为主线的论述是建立在用"无聊"获得的成果的基础上的。[1] 如果说,海德格尔在此文本中只是将无聊作为例子引入对"畏"的存在论描述的话,马里翁的全部"呼声"学说却把重心都押在了这个小例子上。但他无疑找错了文本,也忽视了对海德格尔的"转折"而言,"畏"与"无聊"所起的不同作用。以无聊为线索引入存在之呼声与要求的核心文本,无疑是海德格尔1929—1930年冬季学期的弗莱堡讲义,全集编在第二十九/三十卷,其名为《形而上学的基本概念——世界‐有限性‐孤独性》。马氏为"存在之呼声"引用的有关文本,多见于1929年的演讲《形而上学是什么?》及其1949年导言并1943年后记。然而此文本线索为"畏",而非"无聊"。其云"无聊"也只是启示"存在者整体",而非显示"呼声"。其讨论被呼者为谁,则显然关涉《存在与时间》第56—58节[2],然而彼处线索为"良知",亦非"无聊"。以无聊显示呼声,决然为《形而上学的基本概念》之进路,二者均为海氏"转折"期极关键之文本。差别在于,以无聊为进路,仍是在《存在与时间》的"时间性境域"中工作的,而《形而上学是什么?》之"畏"则不然。或者说,如果要强调"转折"前后《存在与时间》地位的连续性——这对海德格尔并非总是毫无疑问的——那么可以把"无聊"解释为"畏"的"时机化"。

然而,如果可以确认马里翁的转义所依据的是《形而上学的基本概念》,那么他所欲摆脱的就是一个被错误地或片面地理解的海德格尔,虽然马氏这么做有自己的理由。[3] 马里翁没有抓住海德格尔"无

---

[1] 参见马里翁,《还原与给予》,p. 119。又参海德格尔,《路标》,孙周兴译,商务印书馆,2001年,p. 127。

[2] 参见Heidegger, *SuZ*, S. 272-289。

[3] 马里翁其实在一个与"存在之呼声"无关的地方,换言之,相对次要的地方提到了《形而上学的基本概念》中的几类无聊。参见马里翁,《还原与给予》,pp. 294f.。

聊"描述最重要的东西（遑论全部的东西）——"无聊"经验中所包含的一切维度，都是以关于存在者整体的经验为原点的。呼声，哪怕是"先于存在的"，在无聊中恰恰出自存在者整体。[1]而这与《形而上学是什么？》中"畏"所开显的存在者整体又有重要差别。

简要地说，形而上学的基本概念是那些将整全（das Ganze）把握于自身之中的"总念"（In-begriffe）。[2]如果现象学传统可以开辟一条通向形而上学的通道，那么现象学首先处理的当是那些关乎整全的经验。畏是这样一种经验，某种形态的无聊也是这样一种经验。《存在与时间》中的"畏"，既关乎此在之在之整体性，而又因之嵌入时间性境域。[3]《形而上学是什么？》中的"畏"，则包含了存在者之整全，而已脱开了时间性。《形而上学的基本概念》中的"无聊"，则既包含了存在者之整全，而又无法摆脱其时间结构。这一尽量在《存在与时间》框架之内容纳新维度的任务，就是海德格尔在其"转折"期间通过描述"无聊"达成的。法国现象学借之发动"神学转向"的"总体性""无限性"乃至这里讨论的"呼声"，都在海氏的转折或毋宁说向着形而上学整全的"急转""倒转"中——就列。

在第三种无聊中（下文所论都是第三种无聊），"可以承担此在之能在、承担其可能性的东西，被自行拒绝着的存在者整体所震动。而这也就是说：自行拒绝着的存在者整体宣告的并非我自身的任意的可能性……毋宁说，拒绝中的这个宣告是一种呼唤（Anrufen），是我之

---

[1] 马里翁固然在《还原与给予》中语焉不详地处理了一下"存在者整体"——因为对"畏"的分析绕不开这个——但既没有将之同对海德格尔来说首要的"畏"，也没有将之同对他本人来说首要的"呼声"问题联系起来，而更像是一个过渡性的环节。但他还是做了重要贡献，给出了对"存在者整体"的"还原"这样一个本章乐意采用的方法论术语，虽然完全没有意识到其基本性。参见《还原与给予》，pp. 119-125。特别是p. 120。
[2] 参见Heidegger, GA 29/30, S. 13。中译文参见海德格尔，《形而上学的基本概念》，赵卫国译，商务印书馆，2017年，p. 15。译文有改动。
[3] 参见Heidegger, SuZ, S. 186-191, S. 231-235, S. 236, S. 266。

中的此在之本真的使可能者"[1]。

在海德格尔那里，呼声与无聊的原初关系就是这样。回勘《还原与给予》，可见海说意蕴尤远，而为马氏所掩。

首先，泛泛而论，无聊所含之呼声是先于此在之能在，相当于良知之呼声先于此在之本己自身。[2]但对海氏而言，无聊所含之呼声绝非先于存在一般，而恰恰是某种特别的存在者整体经验之一环。这也是《形而上学的基本概念》与《存在与时间》之呼声学说至为重要的差异。自存在者整体，而非良知描述呼声，此即海氏"转折"所必蕴之意。

其次，呼声并非关于存在者整体之无聊经验的全部，甚至不是其中最耐人寻味的东西。马里翁的第三还原之所以过于平滑地过渡到天父的呼声或启示，直接的现象学缘由就是没有充分注意到无聊经验的曲折多面。在海德格尔那里，不能简单地说无聊让呼声呈现。无聊中首要的是存在者整体之拒绝。这个拒绝作为宣告才是"呼声"。换言之，只要在无聊经验中描述，先于呼声的就是存在者整体之拒绝。呼声就是作为宣告的这个拒绝。即使如此，拒绝总还是拒绝。无聊经验的意义所在就是存在者整体之无意义，无聊经验中给予的就是"存在者整体之存在意义未被给予"。因此，无聊与例如《形而上学是什么？》中的"畏"的差别在于，后者存在者整体至少片刻全都隐遁为"无"，而前者存在者整体显露峙立，但缄默不语，丝毫没有给予意义。如果形而上学可以如海氏后来所主理解为"本体-神-学"的话，那么"无聊"与"畏"各自存在者整体经验之差别一方面就是无与作为全（πάντα）的一（ἕν）在本体论上的差别；另一方面就是无之"无化"作为对存在者整体的拒绝着的指引，和存在者整体自行拒绝之间的差

---

[1] Heidegger, GA 29/30, S. 216，着重号为原文所有。中译文参见海德格尔，《形而上学的基本概念》，p. 215。
[2] 参见 Heidegger, *SuZ*, S. 273。

别——正是这个差别对应着神学。[1]存在者整体之自行拒绝，才是《形而上学的基本概念》无聊经验之要义。这本是无聊经验之统一体，本章予以分说，先论"存在者整体"，后及"拒绝"。

第三，在"无聊"与"畏"中最突出的论旨就是存在者整体之经验。存在者整体不仅是"转折"后所谓"存在论差异"的核心[2]，甚至就是"转折"本身的要义。在1928年夏季的最后一次马堡讲座中，也就是《存在与时间》出版的次年，海德格尔就开始探索"转折"。它可以被描述为存在论向形而上学本体学（Ontik），或者基本存在论向超存在论（Metontologie）的转变。[3]本体学，尤其是超存在论必须以存在者整体（das Seiende im Ganzen）为专题。这是因为，领会存在的前提是此在之实际的生存，"而后者复以自然之实际的现成存在为前提"[4]。因之，"存在者之可能的总体已经在此存在"（eine mögliche Totalität von Seiendem schon da ist），才是领会存在的条件。[5]存在者总体性对于基本存在论来说也是不可或缺的，以至于"将存在作为存在者之存在而思，普遍地、彻底地把握存在问题，这同时就意味着，在

---

[1] 在基本存在论上，畏与无聊虽然都是对于存在者整体的经验，但这种经验与此在的关系有莫大差别。前者表明此在嵌入无，嵌入对存在者整体的"不"故有其超越性。后者则将自行拒绝着的存在者整体之广大与使此在之可能者统一起来。《形而上学是什么？》之此在学说更见其曲折，已与"无根深渊""自由"之说相通。这个维度，本章姑且从略。参见海德格尔，《形而上学的基本概念》，赵卫国译，pp. 211–217；《路标》，孙周兴译，pp. 131–133。

[2] 此一时期之存在论差异应该被确切地理解为存在者整体及其存在之差异，而并非笼统所谓存在者与存在之差异。这一时期研究存在论差异的《论根据的本质》是与论"无"的《形而上学是什么？》同时作的。后者即对存在者整体说"不"。参见海德格尔，《路标》，孙周兴译，pp. 131–133, 142, 183。复参海德格尔，《现象学之基本问题》，丁耘译，p. 474。

[3] 参见Heidegger, GA 26, S. 201。中译文参见海德格尔，《从莱布尼茨出发的逻辑学的形而上学始基》，赵卫国译，p. 222。译文有改动。

[4] 同上书，S. 199。中译文同上书，p. 220，译文有改动。

[5] 同上。

存在论之光中把存在者总体做成专题"[1]。对于法国现象学来说，尤应注意的是，在上引其他文本中，海德格尔融贯地使用存在者整体这个概念。而在最后一次马堡讲座中，他同时使用了法国哲学应十分熟稔的"总体"概念。如果我们一定要在这个文本里辨析出二者的微妙区别——尤其海德格尔是一个十分注意，甚至有时过于注意表达之精微的作者——那么可以说，整体只有存在于此（ist da）或者说为存在论光芒所照时，才被经验为总体。换言之，被遮蔽了存在的存在者整体可以被理解为自身闭锁的、没有敞开的总体。于是，海德格尔的"存在者整体"概念恰好对应于法国现象学的"总体"概念，而其"总体"概念——就其被理解为处于"存在于此"的敞开性而言，则对应于法国现象学的"无限"概念。[2] 鉴于"整体"概念在形而上学史上的主导地位，特别是现象学处理此概念的方式，可以断定，整体与总体之差异恰在于被给予方式。总体、无限、拒绝、呼声——所有这些围绕着的首先是存在者整体之被给予方式。非但存在者整体之经验，而且**在不同被给予方式中的**存在者整体之经验的获得，才是海德格尔"转折"的实质意涵。这正是我们理解《基本概念》中的拒绝及其呼声的钥匙。马里翁的第二与第三还原学说既丝毫未曾注意"整体性"在海氏突破基本存在论时的主导地位，亦未对海德格尔那里被给予方式的复杂性予以充分关注。而这对他本人的"纯粹呼声"学说几乎是致命的。因而——

第四，被给予方式是马里翁一贯的问题意识。即使他后来放弃还原学说的进路，也无法离开这个问题。本章限于主题，仅在现象学不同还原道路的框架内研究整体被给予方式问题，因为只有这样，才会

---

[1] 同上书，S. 200。中译文同上书，p. 221。
[2] 参见列维纳斯，《总体与无限：论外在性》。这套术语系统的麻烦在于现象学与德国古典哲学的交错。列氏完全忽略了，海氏本人正处于同德国古典哲学的对话和争辩之中，这是其全部思想的最重要语境之一。

带给神学与科学转向真正的现象学解释。在海德格尔那里，没有什么"呼声"的"先后"可言。"先于"或是"后于"作为形而上学的或逻辑的概念在这里没有任何立足之处。彻底的现象学中只有作为被给予方式的显隐，而没有作为形而上学或神学概念的先后。天父的呼唤是一个过于匆忙的启示性给予。这个给予在列维纳斯那里对应的就是他者之"露面"。但犹太教的"露面"或基督教的"启示"绝非真正的给予，而是对给予方式的意指。神从未真正向现象学神学家或一切神学家启示过。他们不是先知。对他们而言，神并不在这里，神哪里都不在。在这里的只是存在者总体。这是广义的第三还原真正的最后剩余。诉诸圣书的已不再是现象学，而是圣经诠释学。如果人们像马里翁那样急于摆脱"存在的呼声"去寻找"天父的呼声"，那么实际上会得到完全相反的结果。比起位格神那样特定的存在者，存在者整体才是真正不可还原的。这个存在者整体从来就是形而上学的唯一主导动机。现象学对形而上学的真正贡献就在于对整全被给予方式的先验描述。

由此可知，对现象学的神学与科学转向的真正评价要到大全给予自身的诸方式那里去寻找。法国现象学的贡献在于切中了这些方式中的几种，但马里翁对海德格尔的借用忽略了最精微关键的地方。

海德格尔对存在者整体及其被给予方式的处理都是二重性的。其中首要的就是"拒绝"与"呼声"的二重性："所有的拒绝（Versagen，亦可译为无语、缄默）本身就是一种言说（Sagen），亦即，敞开（Offenbarmachen）。"[1]而敞开之域正是意义，存在于其中表明自己是无蔽状态中的存在本身。[2]换言之，拒绝本就是不给予，缄默本就是闭锁、无意义、存在自身之遮蔽。呼声之所以可以是没有存在的（而非没有存在者的），恰因为呼声本就是拒绝。但这个拒绝比一切启

---

[1] Heidegger, GA 29/30, S. 211. 中译文参见海德格尔，《形而上学的基本概念》，赵卫国译，p. 211。
[2] 参见海德格尔，《路标》，孙周兴译，p. 445。

示都更本源、更坚固地道出了"意义",而不需要任何经书圣言。存在者整体作为不给予者给出自身,作为无言者道说,作为遮蔽解蔽了自身。拒绝自身就是沉默的"呼声"。隐蔽自身就是无面容的、无需面容的"他者"。没有什么是比存在者的沉默更原初的"言"了。天何言哉?真正的神言对人而言就是无言。与之相比,任何能够用字母读出的经书之语都只是人言而已。

即使海德格尔不取道无聊经验,拒绝与呼声的,或不如说遮蔽与去蔽的那种二重性仍可以保持。转折之后的海德格尔,无往而不行进在这个二重性上,以至于可以说,所谓转折不过是就着形而上学之本体学道出这个二重性而已。在畏那里的、嵌入无中的总体与封闭了自身的整体原本就是一个。遮蔽就是去蔽的心脏。去蔽不是在遮蔽上加上点什么,相反是嵌入无之中。对于所谓"神学转向"而言,拒绝与呼声的二重性正对应着法国哲学所谓"无限"与"总体",而没有把这两种给予方式像两个现成存在者那样对立起来。换言之,如果确切理解了海德格尔的"转折",那么"现象学的神学转向"这个说法——无论作为批评性概念还是推进性概念——根本就不应该出现。

神学本来就是对存在者整体的双重把握之一。海德格尔在1949年为《形而上学是什么?》所撰导言中清楚说明了这一点:"形而上学的行表象(Vorstellen)所涉的就是作为存在者的存在者。以这样的方式,形而上学总是在整体中表象存在者之为存在者,表象存在者之存在着性(die οὐσία des ὄν)。但形而上学是以双重的方式表象存在者之存在着性的,一重是在最普遍特性的意义上表象存在者之为存在者之整体(ὄν καθόλου, κοινόν),然而同时也在至高的因而神性的意义上表象存在者之为存在者之整体(ὄν καθόλου, ἀκρότατον, θεῖον)。"[1]

---

[1] Heidegger, GA 9, S. 378. 中译文参见海德格尔,《路标》,孙周兴译, pp. 446f.。译文有改动。引文中古希腊文为海氏原文即有。

至于此二重性的出典，海德格尔提醒我们到亚里士多德《形而上学》的第四、六、十一诸卷中去寻找。关于普遍性，那些地方固然讨论频仍，但至高的（ἀκρότατον）一词则不见于该书。这几卷未在海氏之义上运用此词，唯言"最高原因"[1]。言及存在者之至上者时，则每曰最尊荣的（τιμιωτάτην）。[2]对应这一层意思，亚里士多德通常只说第一（πρώτη）[3]。此词于柏拉图对话中亦非用于神。[4]柏拉图用此义时，只说超越于本体（οὐσία）。[5]"至高性"实为新柏拉图主义偏爱之用语，以述太一。[6]故以希腊哲学成说视之，海德格尔所谓最普遍的，乃大全（πάντα）；至高无上的，乃太一（ἕν）。亚里士多德传统虽亦偶并举一与存在或一与大全，实不主一与全及与在之差别。[7]显示这个差别乃至张力的，乃是柏拉图而非亚里士多德的统绪。但海德格尔在征引中掩藏的东西，却在"至高"这个解释用语中透露了。而此解说在关键之处仍未明示太一与大全（存在者整体）之间的最基本差别，前者是超越于存在，以至于不能述之以存在的。而这一点恰恰是为谋求取

---

[1] 参见 Aristotélēs, *Metaphysik*, Neubearbeitung der Üebesetzung von H.Bonitz, Hamburg: Felix Meiner Verlag, 1989, 希德对照本，1003a26–27。

[2] 1026a21，"最尊荣的"；1064b5，"研究最尊荣的存在者"。与海德格尔此处所论义接近者，似唯见于《论天》（参见 Aristotle, *On the Heavens*, ed. and trans. by W. K. C. Guthrie, Loeb Classical Library, Cambridge: Harvard University Press, 1939, pp. 92–93）之279a34，彼处论及第一的与至高的。

[3] 前引《论天》处恰以"第一"与"至高"并列述神圣性。

[4] 参见 Plato, *Republic, Volume I: Books 1–5*, ed. and trans. by Christopher Emlyn-Jones and William Preddy, Loeb Classical Library, Cambridge：Harvard University Press, 2013, 459e, pp. 485–487; Plato, *Laws, Volume I: Books 1-6*, ed. and trans. by R. G. Bury, Loeb Classical Library, Cambridge: Harvard University Press, 1961, 730e, pp. 334–335。

[5] 参见 Plato, *Republic*, 509b。

[6] 例如可参见 Plotinus 论三个基体的最重要一卷首章。参见 Plotinus, *the Enneads*, ed. and trans. by A. H. Armstrong, Loeb Classical Library, Cambridge: Harvard University Press, 1984, pp. 12–13。中译文参见普罗提诺著，石敏敏译，《九章集》，中国社会科学出版社，2009年，p. 544，"最高的、太一、第一（最初）"。

[7] 例如可以参见 Aristotélēs, *Metaphysik*, 1024a1–5, 1026b30, 1059b29, 321, 1064a、b等。

消作为第一哲学问题之"太一"[1]的亚里士多德所反对的。后者对此的最合适论述，不在海氏所列诸卷，而在《形而上学》第十二卷的最后所引之荷马诗句："许多人的统治是不好的，让独一者统治吧！"[2]独一者就是作为第一实体的努斯，而非超越于存在之太一。独一与宇宙才是海德格尔就存在者整体所道出的二重性。如果说关于存在者整体的被给予方式的二重性是现象学的二重性的话，那么本体-神学所具有的可谓形而上学的二重性。正是在现象学与形而上学关于存在者整体的这两个二重性之中，隐藏了神学转向与自然转向的真正秘密。

小结：整全之被给予

依上所述，"拒绝且言说"属于存在者整体之所与方式的二重性——它最终将归入去-蔽所蕴之统一的二重性中。本体-神学，或者说传统形而上学则是存在者"表象方式"的二重性。这双重的二重性都是关乎存在者整体的，因之可以进一步把上述现象学和形而上学的两个二重性交织起来。这可以带来这样几个结果。

第一，"表象"（Vorstellen）是海德格尔用以追究西学的一系列同"置立"（Stellen）有关的术语之一。"表象"概念及其与"思维"之间的关系历来复杂，但从所与方式看，表象作为形而上学之所与性，属于存在之天命（Schicksal）所蕴之"遮蔽"核心。

第二，被遮蔽了存在的存在者整体，相应于法国现象学所说的总体；而去蔽了的存在，就其是存在者整体的存在而言，相应于法国现象学所谓无限性。当这个无限性建基为无限者，拥有面容、位格或者神言时，形而上学的整体论就转成为神学。但在这里一定不能无视法

---

[1] 参见 Aristotélēs *Metaphysik*, 1003b20-35。
[2] 同上书，1076a1-4。

国现象学在被给予性上最重要的贡献,将总体的神学与无限的神学(哪怕列维纳斯不愿意这样称呼[1])混同起来。批评者所理解的神学转向,或仍是总体性的。他者并非作为总体的绝对,因而恰恰是无限性不会牺牲有限性从而放任超越者的专制。作为无限性的现象学神学,保有这个最基本的泛意向性结构,因而仍然是现象学。法国现象学应该被批评的不是突出无限的"神学转向",而是没有明白这个转向的前提是向着整体而转,从而还是在总体与无限之间僵持不下。更严重的是,现象学神学建立在对这个整体之所与性的非现象学的增益之上。整体及其本真的被给予性才是第三还原的真正剩余。神言与位格不是现象学还原的剩余,而是圣经解释学额外的追加。

第三,现象学的神学转向与现象学的科学转向分享着同一个现象学整体经验。如果说批评家们对现象学神学总体性的指责是不公正的话,那么在急于拥抱实证科学的现象学家那里,自然主义转向则完全恢复了总体性的自然概念。意识以及生命本身只是属于数据化自然总体的某种特殊演算方式。与之相对照,反倒可以在现象学的论敌那里挽救出作为无限性的自然整体概念。虽然在那里总体数学的理解倾向依然强劲,但上文已示,就像激进的自然主义现象学家实际上无可避免地主张一元论形而上学那样,思辨实在论对现象学的批判反而是依赖现象学的,更不必说某些思辨实在论者对还原的保留了。

最后,必须强调指出,无论神学转向,还是科学转向,甚或是本章无暇讨论的道学转向,都既是现象学的,也是整体论的。这就是说,这一转向必定发生在整全被给予的方式上。就只是整全被给予而言,这里有的是同一个转向。谓之自然,还是本体,或是神,仅仅是不同给予方式及其构成方式的差别。整全性是形而上学传统用"全"或者不如说用"一"指示的问题。被给予性,在胡塞尔那里是意识的方式,

---

[1] 参见列维纳斯,《总体与无限》,p. 26。

在海德格尔那里是存在的方式,在马里翁那里是呼唤与溢出,在笛卡尔、列维纳斯那里是无限观念与溢出。整全性是否还有其他的被给予方式?现象学的道学转向是否也发生在"太一"的某种被给予方式之内?这些就是本章在结束时愿意重新开启的问题。

第三章 现象学之道学转向[1]

近年来,关于"生生"问题的讨论在哲学界方兴未艾,现象学的进路在其中扮演了引人注目的——虽然不是唯一的——重要角色。[2] "生生"是出自《易传》的高古之词,中国学术史上不同学派的阐释与体会尚且不能尽合,那么从现象学传统讨论此问题,就面临着更为特殊的困难。这既要求现象学运动在面对中国哲学传统时做出真正的改变,以便能够理解乃至回应中国哲学中那些不能简单概括为"存在""真理"之类的最高问题——道之问题,而又能仍然保持其为现象学。我们曾将这一改变称为"现象学的道学转向"。[3] 这一转向必须至少能够——当然是以现象学而不是什么其他的方式——进入中国思想传统的重要文本,有能力理解其本义及其解释,并且推进这些解释。由于现象学运动与中国学术传统的双重特点,这也意味着,现象学的中国化必须既能进入经典的注疏史,也能敞开原典及其注疏的原初经验境域。对于现象学家而言,后一种任务看起来比前一种较少困难,实际上这只是表面的。一切学术活动都以历史共同体为前提,不以传世文献为中介的"实事""问题""经验"是不存在的。问题不在于是否遵从解释传统,而在于如何进入传统,或者说让传统渗入自己,敞

---

[1] 本章曾发表于《现代哲学》2021年第1期。
[2] 中国哲学进路的"生生"著述,有陈来、杨立华等的工作。既运用中国思想的资源,也有现象学以外的西学资源的贡献,参见吴飞的研究。
[3] 参见本书第二章《论现象学的神学与科学转向》。

开其原初经验境域，从而能理解既定解释而判摄之。

敞开原初境域，是现象学与诠释学的双运，既要对"天道""生生""心性"诸说有所解，又要对这些名相所启之理有所观。即解即观，即观即解，观解互含互兴，则庶几可谓"进入中国思想传统"。海德格尔对西方哲学传统重要文本的解释一方面固然可看成某种示范；但另一方面，如何在现象学运动的诸"实事"（如意识、存在等）之外，如实面向中国哲学的基本主题，既不将之简单等同于现象学主题，又能运用现象学方法于其上，从而如实建立与这些主题的关系——所有这些，不是单纯遵循海德格尔之类的"示范"就能做到的，而是"现象学的道学转向"或者"现象学的中国化"自己的任务。只有真正地提出这些任务，中国现象学运动才能自立，而一旦致力于完成这些任务，"现象学的道学转向"和"现象学的中国化"就已真正开始。

基于以上考虑，现象学道学转向开始的标志并非近年关于"生生"问题的讨论，而是1996年张祥龙教授的《海德格尔思想与中国天道》[1]（下文简称《天道》）。二十余年前，此书真正开启了这个转向。之后，在新的思想契机下，祥龙以《儒家哲学史讲演录》（下文简称《讲演录》）、《家与孝》为代表的一系列论著，有力地推进了这个转向，同时也为这一转向带来了新的复杂性。[2]在四卷本《讲演录》这部里程碑式的新著中，祥龙教授将自己的思想，乃至现象学的道学转向推进到了一个崭新的阶段，或者不如说一个十字路口；同时也将当前的"生生"讨论，乃至近年来中国哲学自身的创发活动带入了一个崭新的阶段。此著如经阐发，或可概括之前的重要争论，打开新的格局。本章就试图做这样的"阐发"工作。下文将在阐述张祥龙思想的

---

[1] 张祥龙，《海德格尔思想与中国天道》，生活·读书·新知三联书店，1996年。
[2] 张祥龙，《儒家哲学史讲演录》，四卷本，商务印书馆，2019年。张祥龙，《家与孝》，生活·读书·新知三联书店，2017年。

转变、新著的贡献的基础上，讨论此书为当前中国哲学的创发带来的新契机。

第一节 "道学转向"的分叉：从"天道"到"心性"

这二十余年的学术道路，祥龙一路走来，看似稳健平滑，然而如果对照这条道路的两端，也就是《天道》与《讲演录》，在一以贯之以外，不难发现其中的突转、断裂。对中国哲学的创发与祥龙个人思想的推进而言，突转与断裂或许更有意味。

说《天道》开启了现象学的道学转向，主要根据这样一个情况，即此著突出了海德格尔哲学中非形而上学的一面，并且用可以追溯到胡塞尔现象学的术语强调了"构成""边缘域""构成境域""时机化""非现成""态势化"的一面。[1]更进一步，在对中国传统天道观的类似解释上，建立了海德格尔哲学与中国传统思想相互发明、融通的系统阐释。前一步强调了海德格尔对现象学基源的彻底运用，后一步强调了运用海德格尔解释天道思想的必要性与有效性。两个步骤合观，可以说用海德格尔解释开启了现象学运动本身的道学（在这里是天道之思）转向。

然而，细观《天道》可以发现，对印度佛学的某种解释，在海德格尔哲学与中国天道思想之间发挥了中介的作用。这一点不仅明显地表现在对龙树《中论》特别是其缘起学说的专门解释上，而且也不那么明显地体现在用"缘在""缘构发生"去对译、解释Dasein、Ereignis这两个海氏前后期哲学的关键概念上。[2]《天道》对佛学资源的调动其

---

[1] 不是所有的海德格尔解释者都愿意追溯到海氏本人的现象学方法的，更不必说追溯到胡塞尔现象学了。
[2] 可以说，张祥龙非但将熊伟、陈嘉映、王庆节的佛学式翻译（烦、法相、因缘等）激进化，而且自觉化了。熊、陈、王等并未专门讨论内学。

实相对单纯,只取印度佛学,未正面论及中国内学传统。在印度佛学内部,又偏于中观,对瑜伽行传统有几乎算得上严厉的批评。[1]在中观学之内,亦不涉及其后与瑜伽行学派之间的争论及中观学派内部的"应成""自立量"之争。[2]就是对龙树《中论》,亦只取"缘起"一面,未取"性空"一面。[3]与之相比,此书对中国天道思想的资取,则相当广博,甚至不无庞杂。在展示了先秦道家乃至兵家中的天道构成思想的同时,作者宁可对韩非子的君人南面之术给予一定的欣赏,也不屑对整个理学传统假以辞色。[4]《天道》一书将"道理"视为"天道"的现成化,将整个理学传统断定为建立在几乎是韩非子开创的"形而上学"传统之上。与对《中论》的月称式解释相比,这种宁要一半法家,也不要整个理学的态度,显然同中国思想史的主流更为格格不入。《天道》一书坚决拒绝了关于中国思想传统(无论是儒家还是佛家)的一切正统解释。这与其解释为年轻人的锐气,不如归因于作者过度借鉴了海德格尔的激进解构策略。将《天道》对韩非子和朱熹的态度与海德格尔对柏拉图和黑格尔的态度对照一下,便知此言不虚。

小结一下,《天道》这部开启了现象学之道学转向的著作,呈现了这样几个特点。

首先,对中国思想传统与海德格尔哲学的融通,依据的是时机化与缘构发生之说。中国思想与海氏哲学虽然看起来是会通的平等两端,实际上在这样的工作中,海德格尔发挥了基源性的作用,因此我们看

---

[1] 参见张祥龙,《海德格尔思想与中国天道》,pp. 9-10。
[2] 《天道》一书对《中论》"三是偈"的解释,基本依据月称(应成派)传统,而未采纳中国佛教史的传统看法。同上书,p. 228。
[3] 在相当大的程度上,这是因为作者拒绝了传统的三谛解释,而坚持将缘起直接同于性空的所谓"一谛"解释。同上书,p. 229。当然,彼时的作者将中国佛学传统的三谛观归为中国佛教史接受了《中论》的青目释,这就显得有些轻率了。来自不同经论传统的唯识三性亦无非三谛。
[4] 同上书,pp. 261-265。

不到心性与伦理这些中国思想传统中通常母题的踪影。或者说，此书的"天道"，是与"心性"毫不相干，甚至有意疏离的"天道"。

其次，与上一点相关，在中国思想的解释偏向上，《天道》依赖的各种非儒家甚至反儒家资源重于儒家资源，尤其对理学传统持尖锐的批判态度。这里的"去理学化"与上一条的"去心性化"是同一回事。依据这点，甚至将《天道》的立场判定为非儒学的亦不为过——仅仅诉诸《周易》，并不蕴含对儒家的支持。

再次，沟通天道思想与海德格尔哲学的中介是印度佛学中的缘起学说，没有瑜伽行派，更没有真常唯心一系。书中虽然引证禅宗，其理解也是以缘起带性空的，是去"心性"的禅宗。

最后，但也是最重要的，作者对印度与中国思想的传统权威，或赞或弹，皆出自家机杼，而对海德格尔哲学，则当作最终基源，依赖、阐释、发挥，并无丝毫检讨。

在以上四条中，非心性的天道观是结果，来自佛学的缘起发生论述与来自海德格尔的时机化学说是道路，海德格尔的完整思想框架是基源。对照祥龙后来的论著，尤其《讲演录》，可以发现道路（缘起、时机化）仍然保持着某种连续性。当然也有重要的断裂，但那也是以连续性为前提的。佛学化的资源从缘起说转到了瑜伽说。时机化则被赋予了完全不同于海德格尔，甚至可用来反对海德格尔的内容。下文将阐明，当前阶段祥龙哲学的总结果，是一种不与心性对立的，甚至只能解之为心性的天道。当前这些工作的基源性前提，是祥龙对海德格尔的检讨、疏远与了断，而引入了正统的理学论述。张祥龙是海德格尔研究的名家，他对海氏的了断算得上当代哲学史的一个事件。正是这个了断，导致《天道》的天道立场，对祥龙本人已不可能继续保持。由于这一了断是在《讲演录》之前发生的，故本章第一节，略论祥龙思想基源上的变化，尤其是其海德格尔批评及其之于现象学运动的意义。至于道路与结果，将于下文围绕《讲演录》处理。

上文已示，笼罩着《天道》的最大力量是祥龙的海德格尔解释。正是这种被基源性的先行理解支配着的解释，以缘起学说为中介，走向了中国的天道观。相较道路、中介与结果，这种先行理解的变化更为隐秘，但也更为致命。在《天道》出版多年之后，祥龙与海德格尔渐行渐远，这未必是其初衷与本意。因为自始至终，他都没有放弃，或不如说一直在推进着"时机化"（自然包含了"缘构发生"等）这条线索，即使不提海德格尔的名字。但当张祥龙对中国传统思想的解释兴趣越来越凝聚于纯粹的儒家传统，而又由于其智识上的必然性（而非单纯对现象学的"忠实"）不得不仍然运用"时机化""存在于世界之中"等明显来自海德格尔的典范时，他所运用的方法，和他要据之阐发的义理之间的张力就迫使其再也无法回避对海氏的清算。呈现在《家与孝》一个不起眼部分里的这个清算，足以表明他已同海氏做了了断。[1] 在中国现象学的伦理转向中批判海德格尔的所有深刻理由，在那儿都出现了，包括对列维纳斯的重视。但张祥龙没有强调，甚至没有声张这个了断。这个态度本身也在教诲学术上的"孝"。

《家与孝》在某种意义上，是祥龙著述史的转折点。由于一些业缘，这部著作一方面遭到宵小的攻击，另一方面被简单地当作"家哲学"来肯定，其现象学转向的意蕴被忽视了。转向，或者说突转，意味着不再是先前道路平滑的延伸。但这转向仍然是"现象学"的，转向前后仍有基本的连续性。更确切地说，张祥龙在那里的确对海德格尔进行了清算，但这种清算本身仍然沿用了《存在与时间》的基本架构，也就是在世与时间性。张祥龙对海氏的修正或者说转变在于，第一，把在世（"存在于世界之中"）的首要"缘在方式"确认为在"家"。为了与海氏在"无家"与"在家"状态（das Unheimliche，

---

[1] 参见张祥龙，《家与孝》，pp. 45–51。

Heimliche）[1]等词中包含的"家园"（Heim）相区别，张祥龙强调了以亲子之爱、孝悌等为核心的实际的家庭关系。[2]第二，作为海德格尔的解人，祥龙很清楚，时间性作为"缘在"的存在论"意义"，比在世更为"究竟"。因而他并未停留在生存论层面，而是对应于"在家"，将时间性改动为孝–慈中包含的回环式结构。[3]在他后来对罗近溪的发现中，能够看到，孝与慈起到了比单纯的"在家"更基本的理论作用。换言之，孝悌慈，既是心，也是性，因而也是天道，且唯孝悌慈能显示生生不已的天道。这就超越了单纯的生存论，也超越了一般意义的家哲学，而是一种与陈来的"仁学本体论"对应的"本体论"。至于在家–孝悌的结构，是否基于对海德格尔在世–时间性的不恰当挪用，这个问题可以暂时搁置，这里只需要指出这种全面对应就够了。

既然孝慈处在时间性的位置上，那么孝慈在祥龙那里，就既是心性，也通向甚至就是被此心性开显的天道，虽然他后来几乎不再提及

---

[1] 海德格尔在《形而上学导论》中，用das Unheimliche翻译《安提戈涅》中歌队第一歌第一句的古希腊文 δεινά，王庆节译为"莽森"。此词主要是阴森、苍范、强莽、可畏之义。万物强莽，其中最强莽者为人。人在威临一切的强莽可畏者——存在者整体面前亦用强–行事。海氏在1929年的《形而上学是什么？》中，则说在"畏"中，某人处于unheimlich状态下，存在者整个地移开而又袭来。此状态是此在的状态，在其中存在者整个亦陷入此态，无一存在者可据，是谓unheimlich。这几处，都只是字面上的"无家"，而非直接的意义。其主要意义是威力巨大、笼罩一切的可畏状态。当然，在转义中，"赤子"不在家、举目皆是陌生人时顿生畏惧的状态，亦颇近之。海德格尔，《形而上学导论》，王庆节译，商务印书馆，2015年，pp. 168–174。又参海德格尔，《路标》，孙周兴译，pp. 130–131。
[2] 这种实际的家庭关系或者"具身化的家庭关系"，张祥龙往往用德文zu Hause表示。孙向晨对海氏"家园"的批评近乎张祥龙，只是从黑格尔《法哲学原理》中找了Familie这个词表达张祥龙指出的实际的家庭关系。参见张祥龙，《"家"的歧异》，《同济大学学报（社会科学版）》2016年第1期。孙向晨，《论家》，华东师范大学出版社，2019年。
[3] 这在《复见天地心》第四部分中已有专门分析。但《家与孝》后，对海氏的针对性更强。参见张祥龙，《复见天地心》，东方出版社，2019年，pp. 176, 189–190；张祥龙，《家与孝》，pp. 45–51。

"天道"一词。这不但意味着张祥龙改换了《天道》的道路，更重要的，也意味着所谓"现象学的道学转向"出现了分叉。可以说，在以《家与孝》为代表的一系列主要基于儒家文献的作品中，张祥龙缓慢但毫不含糊地将现象学的道学转向带到了心性、伦理阶段。可以说，在张祥龙那里，现象学的道学转向就是心性转向，同时也是伦理转向。以张祥龙自己的《天道》为例，道学转向未必是心性转向。以倪梁康的相关著述为例，心性转向也未必是伦理转向。同时，在"生生"讨论中，伦理路向的学者也未必以现象学为方法。这就是说，张祥龙既处在现象学运动的分叉位置，也处在当代中国哲学若干问题脉络的交汇位置。

心性、伦理转向之后，张祥龙在一系列著述中，可以说呈现出与《天道》恰恰相反的特点。对照上文四条，可再得到以下四条。

首先，天道不再是一个主导动机，或对敞开境域的恰当命名。孝慈更多地属于心性进路。但此进路并非与天道隔绝，毋宁说通过孝慈，将天道显示为从伦理方面领会的"生生"之道。这在相当于《讲演录》结论的罗近溪解释中展现得非常清楚。

其次，在中国思想的解释偏向上，《天道》之后，祥龙显然将重心转向了儒家传统，对理学诸系的态度渐渐由松动而缓和，由缓和而深入。虽然他对宋儒也有具体的批评，但那都是基于亲切体贴的读解，早已不是《天道》中对海德格尔判教的简单套用可比的。他对明儒更是表彰备至。《讲演录》表明，他有接着明儒讲的自觉。祥龙的这个历程，可以说是从海德格尔这位导师走向他最早的那位导师——贺麟先生了。[1]

---

[1] 请注意张祥龙早年与贺麟的交往。参见张祥龙为《贺麟全集》撰写的"出版说明"。作为贺麟的私淑弟子，张祥龙最终还是走向了陆王的唯心论，但没有走向贺麟用力最多的德国唯心论。

再次，祥龙对佛学的探究与运用也没有片刻停顿。他对佛学的兴趣明显转到了瑜伽行派。"瑜伽"为他找到了一座通向理学传统的最好桥梁。或者说，广义的瑜伽行派（包含"真常唯心"一系）也许是比理学的现象学解释具备更大相容性的传统。因为它一方面与中国佛教宗派，因而与理学传统历史关系密切，另一方面与现象学本身有不可否认的义理上的可通之处。[1]

最后，前文已示，在思想基源上，作者最终摆脱了海德格尔哲学的支配性影响。儒家化之后的张祥龙思想基源，可以说是一种糅合唯识学的后海德格尔乃至后现象学哲学。所谓"后海德格尔"的，指作者依然坚持"时机化"这一来自海德格尔的根本旨趣，但赋予其伦理内涵，遂将之转为心学论述的基本概念。"糅合唯识学"的，是说对理学传统工夫论的瑜伽行派式的解释。某种经过作者批判性解释的瑜伽行派义理，成为祥龙心学论述的支柱。"后现象学"的，既指作者借助当代心理学、人类学、神经科学的一些观点，提出了"意识依据"之概念，更指他借助罗近溪解释，提示了"生生"之道体向度。这两方面，前者属于"科学"转向，后者属于"道学"转向，虽二者并举，以致学脉未纯，但在解释超越"心""意"的性体、根据层面上是一致的。[2]

基源的转变至关重要。这在作为祥龙思想总结的《讲演录》的第四卷中得到了淋漓尽致的呈现。在那里，作者用"儒瑜伽"描述理学的工夫论，将时机化的内容定为孝悌慈，从而接上了明儒。《讲演录》实际上将祥龙自己的工作呈现为对近溪之学的"接着讲"（而不再是《天道》对海氏的"照着讲"与"接着讲"）。特别是，通过对罗近溪"赤子之心"一说的阐发，祥龙开启了从心性呈现道体的另一条"道学

---

[1] 在这方面，请参考耿宁、倪梁康、张庆熊、吴汝均、J.N.Mohanty等人的工作。
[2] 参见本书第二章《论现象学之神学与科学转向》。

转向"道路。这是张祥龙为当代中国哲学带来的最重要贡献。如果说此前的著作还是局部的探索，四卷本《讲演录》的出版，已把这条道路的全貌展现在我们眼前。在评价祥龙道路的得失之前，让我们更精细地梳理一下《讲演录》，尤其是它的第四卷。

第二节 《儒家哲学史讲演录》的心学论述

《儒家哲学史讲演录》不仅是一部哲学史，而且是用文本阐释的方式、用史学的方式（而不是概念化的方式）呈现的体系性著作。这在我国哲学界并不罕见。祥龙本人的所有著作，都具有这样的品格。[1]

阅读这部厚重的著作需要善巧的方法。此书第一卷（《孔子的现象学阐释九讲》），可同早年的《从现象学到孔夫子》合观，几乎可以构成上下篇，属于过渡时期的标志性作品，仍未将西方哲学的、现象学的"迹""相"完全化去。书的重心在后三卷。而后三卷的重心，又在第四卷《儒家心学及其意识依据》。前三卷讲于北大，第四卷讲于中大。其间有一沉淀。第四卷非但是此书的总结，也是儒家哲学史的总结，同时更是张祥龙自己思想的总结。这个总结，作为历史与义理的统一，为祥龙之前所有工作，也就是现象学道学转向的义理之路，找到了可继可成的"往圣绝学"。阐释古学，也就是"自立吾理"。或者说，在一些特定的情境下，"自立吾理"，除了阐释古学，没有别的方式。这与书名暗示的黑格尔式立说并不一致，反而接近牟宗三与作为教师的海德格尔的方式。换言之，祥龙对儒学传统的阐述，也就是对他自己学说的主干与处境的呈现。这种解释，除了将自己之前分散的工作统合、深化之外，更确立了儒家的学统，明确接续了心学一脉。

---

[1] 参见丁耘，《哲学与体用》，《哲学门》总第三十一辑，北京大学出版社，2015年。

《讲演录》义厉言温，未明示判教。不过既然进入儒家丰富学脉，就不能不有所简别、择取与归依。张祥龙有近牟宗三处，即仍判朱子为歧出，虽然理由不同[1]；且立周濂溪、王阳明、罗近溪为正统。阳明、近溪之于张祥龙，相当于明道、五峰之于牟宗三。然而张祥龙对内学与儒家的界限，未如牟氏判得如此分明，甚至不期然有调和之效。他固然对儒学从理智到工夫、境界皆极认同、投入，极力阐发，戛戛独造，不无醇儒气象，唯其重在自得，不在辟异端、开宗派、立礼教。故于中西之别、儒道佛之际，重通不重分，但取舍进退，自有辨正。故其学气象宏大，而不碍道路趋正。归宗儒学，本非其预设拟议，而是理智探究、身心修习之效验。古之学者为己，今之学者为人。祥龙的学风正是当代中国哲学，尤其是渐陷入宗派主义的当代"新儒家"所应汲取的。

《讲演录》之重心，在第四及第三卷。此两卷之要，在援引佛学、扶持理学、抑退海氏、旁参科学。这些不但是祥龙思想转变的清楚体现，也是现象学道学转向的具体展现。其中，对佛学、理学及二者关系的解释——这也蕴含了对二者的转化与运用——是关键。

对照《天道》可知，《讲演录》的头等大事是理学从被排斥变成被依赖，从论述的外部进入了核心。虽然对"前沿科学"成果的借鉴，也从外部进入边缘，但理学论述兴起的另一面，伴随的当仍是海学的消退，而非科学的渗透。需要强调的是，虽然经过《家与孝》的明确批评，海德格尔也只是从中心退到边缘，而非完全消失。张祥龙只是转化海学，其进入理学，甚至评判佛学之根，仍是与海氏有牵连（当

---

[1] 虽然在祥龙看来，理学与心学都是某种弱的普遍主义（差不多相当于海氏判教那里的现成本体论之形而上学），但心学仍有时机化体认本心的维度，无疑与先秦儒学更为契合。《讲演录》最重要的第四卷，直接以心学为主题，实际上已在程朱、陆王之间做出了决断。参见《讲演录》第三卷，pp. 408, 418, 419。特别参见第四卷，p. 427。那里转用阳明批评禅宗"着相"的话头批评"程朱理学着了相"。

然，亦有断裂）的"时机化"。

《讲演录》的第二件大事，是以《天道》对之不无微词的瑜伽传统贯穿印度佛学与外道各大传统，包括中观传统。[1]不宁唯是，《讲演录》甚至试图以"瑜伽"解释儒门的工夫传统。在内学诸宗中，《讲演录》虽然对《大乘起信论》、华严与天台都做了扼要、独到的讲解，但对第四卷的心学主题而言，占据重心的仍是瑜伽行派。此卷亦在瑜伽名目之下讲解"印度正统心学""印度佛教心学"等。无疑，作者的一大贡献是把"心学"普遍化[2]，同时也将"瑜伽"当成普遍化的"心学"的共理与通术。《讲演录》里比较引人注目的是没有正面讲禅宗，而是将其作为儒家心学的"条件"。或者说，唯识学对作者更多地属于"心学"的共理，而禅宗在这里与阳明学一样，更多地属于"心学"的通术。[3]

这两件事情实属同一工作的两个方面。这就是在"时机化"学说的一体照应下，既以新的方式会通儒佛，也更彻底地指出了儒佛分际。在现代哲学中，这种会通与划界方式从未出现过，因而可以说是祥龙心学最基本的特性。正是儒佛之际的这种微妙出入，带来了祥龙心学的两大重要贡献：始建儒瑜伽之说；重建"赤子之心"之说。

张祥龙是当代哲学家中最重视佛学资源的一个。他并不是把佛学当成专门的研究对象，而是借之提出自己的体系。这一点不同于当世几乎所有哲学工作者，更像近百年前的熊十力、梁漱溟。或者不如说，这是佛教北传以来儒家学者的基本态度。出入释老，乃显其正。只是

---

[1] 此间甚至以《中论》为"智瑜伽"，参见《讲演录》第三卷，p. 201。可对照《天道》对瑜伽传统的微词。"《中论》中一字未提禅定"，张祥龙，《海德格尔思想与中国天道》，p. 230。
[2] 这不是祥龙所谓"普遍主义"，而是说，在中国之外也有"心学"传统。参见丁耘，《道体学引论》，p. 185。
[3] 参见张祥龙，《儒家哲学史讲演录》第四卷，pp. 104–105，423–427。

内学博大，法门众多，佛门自己都需要判教，才能不迷失方向。儒门之佛学解释，如所取宗派不同，则自立之理不能无异。通观张祥龙不同时期的佛学梳理，实际上有重中观、重禅宗、重唯识三个层次。《天道》以中观解禅宗，亦是通常做法。盖四祖之后，宗门渐重般若系统。[1]《讲演录》则逆时而说，以唯识诸说解禅宗。这不只体现在它直接提示了《楞伽经》、"如来藏"与禅宗的关系[2]——这也不是特别的做法，禅宗本来就是融通佛性与空性的，当然有个历史过程。[3]《讲演录》在这方面的特殊贡献是整体性的，大抵是以唯识化出的义理诠释禅宗化出的工夫，而纳入海德格尔哲学化出的"时机化"。唯识、禅宗、时机化，这就是所谓"儒瑜伽"的三个维度。在每个维度上，作者均非因袭旧说，而是有其独到的贡献。本章认为以下几项是特别重要的。

首先，张祥龙据有为依唯识学的传统，更注重以阿赖耶识（与其作为现象学家重视的"边缘意识"乃至"意识流""潜意识"可通）而非仅是如来藏来解释禅宗，这在现当代佛学史上是极为罕见的。[4]如果佛教的完整系统可用基（根基、基源）、道（方法）、果（果位）来概括的话，唯识学之基，自有唯识学之道相配合。禅宗之道，当亦有禅宗之基为依托。瑜伽行派自有其不同于禅宗的"道般若"，只是奘师

---

[1] 禅宗重《金刚经》、"一行三昧"皆始于四祖道信，非如《讲演录》说一始于五祖，一始于六祖。
[2] 参见《讲演录》第四卷，p.110。
[3] 如六祖《坛经》惠能见性偈第三句，现行最早的版本敦煌本（法海本）云："佛姓（性）常清净"，然而传世诸本，自惠昕本以降，皆作"本来无一物"。这当然不是如有的论者所谓惠昕的"篡改"，而是在表述上，《金刚经》的般若空性系统逐渐升为主位，收摄了早期禅宗所依《楞伽经》的佛性系统。参见郭朋，《〈坛经〉对勘》，pp.16-19。对此，祥龙的概括很精到："这里的'自性'恰恰等于空性。"《讲演录》第四卷，p.109。
[4] 作者将三论、《起信论》、华严、天台都放到《讲演录》第三卷《拒秦兴汉和应对佛教的儒家哲学》里讲，而将唯识与禅宗共同放到第四卷《儒家心学及其意识依据》里作为"儒家心学出现的条件"讲。这个安排是意味深长的。

未传《现观庄严论》，汉传唯识于其"道般若"不甚了了。[1]历史上汉地唯识数传而衰，除名相烦琐外，当与教强观弱有关。而禅宗观强教弱，故其基可有援引他宗解释的余地。禅宗佛性与般若同重，此皆为禅宗之基。史上主要合以华严教。后世有故意反其道行之，释之以天台者，实较罕见。[2]而对有为依唯识重视，且有批评性推进者，亦多转、接唯识以华严、《起信》，无直接以之与禅宗相接者。[3]整体接禅宗以唯识，当属《讲演录》之独特贡献。

其次，在这三个维度中，最具祥龙思想底色的是时机化。祥龙一方面以时机化解释禅宗，乃至发挥"儒瑜伽"，另一方面又批评唯识学的主流研究里的阿赖耶识无时间性之维。[4]这或许因为，作者试图用唯识义解说禅宗，而又发现二者仍有一间之隔。此隔作者试图以时间性–时机化加以弥补。实际上如前人所示，唯识学未必不具有"世识"（"时识"）之说，然此识所涉，并非"本真时间"。[5]

最后，如果说，是否可释之以时机化，是禅宗与唯识的区别所在，也是禅宗与唯识理当综合的理由的话，那么禅宗与心学，既然都可以释之以不滞于现成之时机化，区别何在？[6]这非但是心学所面临的基本批评，也是心学家出入释老，建立统绪时要解决的基本问题，当然也就是儒佛之际最重大的问题。对此最简易，也是最准确的回答是，宗门主"无念""不住"，而心学——至少在阳明生涯的某个时刻，和

---

[1] 玄奘虽然极其重视般若（晚年努力翻译卷帙浩繁的《大般若经》），但未见到弥勒五论之一的《现观庄严论》，因而汉传唯识的道般若与止观法门，是相对薄弱的。
[2] 例如牟宗三一反主流，全以天台教判南禅。参见牟宗三，《佛性与般若》（下），《牟宗三先生全集》第四卷，pp. 1062-1084。
[3] 参考章太炎、熊十力、方东美的工作。方氏对熊十力有犀利批评，但对护法一系唯识学之不满，实与熊同，只是不那么激烈。参见方东美，《华严宗哲学》（上），中华书局，2012年，pp. 362-371。
[4] 参见《讲演录》第四卷，pp. 95-100。
[5] 章太炎之说。参见孟琢，《齐物论释疏证》，pp. 101-102。
[6] 参见《讲演录》第四卷，p. 427。

近溪的关键时刻,主一念。此一念是情感,更确切地说是孝悌。此念若去,灭绝种性,丧生生之机。祥龙认为,宗门的"无住""无念",本来就是时机化的基本形式。[1]而孝悌也是一种时机化,那么"一念"也必定具有"无念""无住"的结构。于是孝悌只能是时机化的形式与内容的统一。但以心学家万死中毕竟不能去的一念,仍是无念与无住,这是怎么得到的?可以看到,祥龙先于《讲演录》发现的孝悌本身的时间性结构发生了作用。换言之,时机化的还原在祥龙那里有两种道路,一种基于禅宗,这是近乎"形式显示"的道路,能够直截了当地阐释"无念""无住"。另一种则基于心学,确切地说是孝悌一念的时间结构。这就不可能是纯粹的形式显示,而是某种本源性的特定内容的"显示"在形式上的结果。这样区别开来的禅宗与心学的时机化,简直具有"本真""非本真"的关系。时机化的二重性也许并未被祥龙所自觉,甚至这个问题他都没有始终如一地抓住,因而他的观点仍有一些漏洞[2],但无论如何,提出了中国哲学中的时机化及其二重性学说,仍然是张祥龙对儒佛之际问题了不起的贡献。只要不忘却他对此微妙独到的处理,就可以进入《讲演录》中最重要的学说了。

第三节 "儒瑜伽"

现象学道学转向的心性-天道之路,其结果就是张祥龙最近成熟的心学论述。这一论述,又以《讲演录》第四及第三卷为代表。《讲演录》的贡献当然是多重的,其最重要的三大贡献,首先是道术上的,

---

[1] 参见《讲演录》第四卷,pp. 110–111,119–124。
[2] 关于禅宗与心学之间着相与不着相的讨论,本来是最好的区别。阳明说:"佛氏不着相,其实着了相。吾儒着相,其实不着相。"如果化用此义,说"心学看似一念,其实无念。禅宗反之",未始不是一种辨析,但张祥龙以阳明着相说最终批评的却是程朱,而不是禅宗。同上书,p. 427。复参本章第四、五两节的相关讨论。

就是对"儒瑜伽"的总结；其次是道学上的，就是对"赤子之心"、孝悌慈的阐发；最后是道统上的，就是对罗近溪正统地位的肯定。

这三个贡献当然应该，而且在张祥龙的论述中就是合为一体的。但分而言之，那么儒瑜伽更多地偏向纯粹的心性之学，其最终见地，无非是他在《讲演录》之前赋予"孝"的本源时间性地位。"儒瑜伽"说无非用一个完整的工夫论支持这个见地而已。如果张祥龙只是到此为止，那么也只是贡献了对心学的海德格尔式解释。并且在这个尤其依赖海氏时间性学说的解释里，心学反而会呈现出与更加依赖晚期海德格尔的《天道》相背离的态势。实际上，张祥龙之所以强调孝悌，乃基于他最切己的生命体悟。甚至可以说，即使没有罗近溪，他也早已有了自己的"赤子心"之义，只无此名目而已。发现罗近溪的最大意义，并不在于"赤子之心"单纯的孝悌一念，而在于将孝悌体认为生生道体之直接显示。[1] 换言之，"赤子之心"在张祥龙和罗近溪之间起到了中介和接引的作用，既让张祥龙最终在**理学史**中找到了自己的归宿，更让此前只是表述为"**孝意识**"的东西，接上了性体，乃至重新夺回了一度几乎丧失的"天道思想"，且赋予了完全不同于《天道》一书的解释。

此间分述《讲演录》的三大贡献。

上文已示，《讲演录》试图提出普遍的心学，并且在此基础上，阐明与传授儒家心学的不共之处。这在理学传统中被称为"工夫"，张祥龙称之为"通心之法"或"心学的方法"。他对儒家心术实际上有两种处理方式，一种是泛泛地分类，另一种则是以瑜伽为普遍原型加以限定。这两种方式有明显的区别，但仍可以协调起来。虽然《讲演录》对此并无明示，但笔者愿意就此做一点推进。

---

[1] 张祥龙在《家与孝》第一部分的结尾提到了罗近溪，以提示家哲学的"超越"向度。实际上，即使没有这个结尾，整部《家与孝》的立论也不会受到任何影响。参见张祥龙，《家与孝》，p. 52。

张祥龙比较正式的总结，是把心学的方法分为三大类，或者三个"极"，一切其他方法都可以在这三个"极"之间糅合、变形。[1]第一是静坐的方法。"广义的静坐还可以包括印度的瑜伽、道家的坐忘、佛家的坐禅。"[2]注意，这里没有一句话提到儒家。第二就是主敬或持敬的方法，对此，他强调说，"这是儒家的特色"[3]。第三则是"时机化的体认本心的方法，也可以做广义的理解"。这比第一种方法，即静坐的"广义"还要"广义"，包含了南禅、《庄子》、阳明甚至孟子。可以看到，最后一种是祥龙心学所探索和依持的方法。《讲演录》的主要工作，就是在学统和义理上说明此方法。意味深长的是，第二种被张祥龙称为儒家独有的持敬法，恰恰也是他借着阳明批评禅宗的话头所批评的、程朱理学的"着相"之法。换言之，张祥龙的第一重区分，与其说是在儒家与佛道之间（例如在第一与第二类之间），不如说是在心学与程朱理学之间。而时机化的体认本心，作为归为一类的心学方法，是无意区别庄禅与心学的。在讨论"儒瑜伽"之后，我们还会回到"时机化的体认本心"上。

　　张祥龙的第二种处理方法，是以瑜伽为普遍原型（普遍心法）界定儒家的静坐。这是祥龙一个极为重要的创见，将静坐直接赋予"东方"，超越了一般意义上对"东亚静坐传统"的研究。[4]"静坐是东方心学或者东方哲学的特色。对于这个发源于瑜伽、打坐、坐忘、心斋，但又有自己特色的静坐，我们可以称之为'儒家的瑜伽'或'儒瑜伽'（Confucian Yoga）。"[5]

　　提出儒瑜伽的直接文本语境是陈白沙的静坐工夫（"静"），但儒瑜

---

[1] 参见《讲演录》第四卷，p. 252。
[2] 同上书，p. 249。
[3] 同上。
[4] 参见杨儒宾等主编，《东亚的静坐传统》，台湾大学出版中心，2012年。
[5] 《讲演录》第四卷，p. 242。

伽实际上把吴与弼（白沙本师）所属的"敬义夹持、诚明两进"的工夫传统（"敬"）也包含在内。祥龙清楚地指出，儒瑜伽是儒家心学对佛老的吸收与改造。宋明儒工夫一向有所谓"静""敬"之争，但这都出自对佛老"瑜伽"的回应："这就是既要用广义的瑜伽，又要保证它的儒家性。"[1]在张祥龙看来，这两种工夫传统对儒家性的保证方式是不同的，"静"的传统只是"从学说上对静坐做出儒家式的解释"。甚至"理一分殊"就是对静坐中所得的"未发之中"的辩护。而"敬"则是对广义瑜伽的方法上的改造。"持敬"虽然动静不二，但在效果上并不尽如人意。在这里，张祥龙陷入了一种微妙的困境。他一方面承认，"敬"确实是对儒家性的保证，但又无法深入。这也是他对程朱工夫论的主要不满。甚至可以结合三、四卷做一个推论，张祥龙隐含的意思是，"持敬"可被视为整个程朱理学"着相"的工夫论根源。另一方面，祥龙虽然觉得静、敬双方不可或缺，不可彼此替代，但他对"静"的偏爱又是非常明显的。工夫之所以被纳入广义的瑜伽，正因为"静坐"才是瑜伽的正统。但"静"的问题在于：第一，深入性并不能保证其儒家性；第二，静与动的相对性，提示了"静"作为工夫的可中断性与局限性。如何保证儒家性是儒佛之际最微妙的问题——"儒佛之际"这个充满着焦虑的议题，归根结底只存在于儒家之内——下文再说。这里先谈动静对待。实际上，正是对动静对待的超越，而非祥龙专门提出的"夹持""保持"，才是"敬"的不可或缺之所在。"持"真正有意义的地方，也在动静、内外一贯。《易·文言》说，"君子敬以直内，义以方外"[2]，而《孟子·公孙丑上》说养气，"其为气也，至大至刚，以直养而无害，则塞于天地之间……是集义所生者，非义袭而取之也……必有事焉而勿正，心勿忘，勿助长也"[3]。看起来"义"

---

[1]《讲演录》第四卷，p. 243。
[2]《周易正义》，北京大学出版社，1999年，p. 31。
[3]《四书章句集注》，上海古籍出版社，2001年，pp. 270–271。

需要"事"，但孟子又批评告子义外之说。解决敬义对待的方法，无非是义理上超内外、工夫上赅动静。换言之，必须在义理、工夫上都主"一"。[1]所以程子说的"敬"，要害在"主一"[2]，恰与周子主"静"同[3]，而非泥于《易传》的所谓"敬义夹持"。张祥龙批评敬"不深入"，无法如"静"一般抵达心性。无论此批评是否正确，有一点在张祥龙是确定的，"静"也有缺陷，即无法如"敬"一般赅动静。笔者愿意这么说："敬"够广不够深，"静"够深不够广。但由于张祥龙的叙述其实将"静坐"等同于广义"瑜伽"，这样一来，"敬"的瑜伽性不足[4]，而"静"下座即断，又不足以达到儒家所需的人伦日用、有事集义的范围。在这个意义上，真正的"儒瑜伽"应该是一种赅摄内外、动静不二的"瑜伽"，这恰恰是第一重分类中"时机化的体认本心"所对应的。虽然在为了陈白沙（"静中养出端倪"）而提出的第一重分类中，"儒瑜伽"确实只对应于静坐、"静"，那也不妨碍我们推进张祥龙的论点，把他为了解释王阳明（"致良知"）提出的"时机化的体认本心"也称为"儒瑜伽"。理由很简单，张祥龙特别赞叹的禅宗"一行三昧"，赅摄行坐住卧一切时，而此三昧之原始出处，只是"常坐"而已，行住卧之三昧，另有他说。[5]一行三昧能从静坐拓展到赅摄动静，儒瑜伽自然也可以从静坐拓展到赅摄动静。实际上，如果不突出"本心""一念""时机"的儒家内容，张祥龙所谓"时机化的体认本心"，与禅宗

---

[1] 参见丁耘，《道体学引论》，pp. 186–196。
[2] "主一者谓之敬。一者谓之诚。主则有意在。"《程书分类》，上海辞书出版社，2006年，p. 485。
[3] 《太极图说》云，"圣人定之以中正仁义，而主静，立人极焉"。自注"静"曰："无欲故静。"《通书圣学第二十》云："一为要。一者，无欲也。无欲则静虚动直。"《周子通书》，上海古籍出版社，2000年，pp. 48, 38。
[4] 而"敬"恰恰就是儒家传统对瑜伽的回应，在这个边际意义上，也算"儒瑜伽"。参见《讲演录》第四卷，p. 244。
[5] 参见天台智者，《摩诃止观》卷二上，《大正藏》第四十六册，p. 11。智者引用了《文殊问》《文殊说》《大智度论》等经论中的"一行三昧"说。

的"一行三昧"并无实质区别,以至于前者也被张祥龙用来解释禅宗工夫。佛家"般若",有"深""广"之分。这里也可加以效仿,将"静坐"之瑜伽称为"深瑜伽"、赅摄动静之瑜伽称为"广瑜伽"——虽极其困难,这种"广瑜伽"达到与"静坐"一样的深度也并非不可能。[1]

到此地步,儒瑜伽的儒家性已无法单用赅动静、时机化甚至本心来保证了。儒佛之际的问题在工夫中再次凸显出来。张祥龙此前关于"孝意识"固然有不少哲学阐发,但这个义理上的"儒家性"要落实到工夫,对于"儒瑜伽"说仍是严重的考验。在此才有可能估计整个明代心学,特别是罗近溪的"赤子之心"说对张祥龙的巨大意义。可以说,"赤子之心"一方面真正完成了"儒瑜伽",以至于此说似乎并非外于"儒瑜伽"的又一个学说。但另一方面,此说又在义理乃至工夫上超越了"儒瑜伽",以完全不同的方式再次打开了"天道"之门,甚至打开了超越狭义心学、单纯"静坐传统"的维度。这涉及《讲演录》第四卷的另外两个重要贡献。由于它们都是围绕罗近溪产生的,我们就从近溪学入手,一体阐释这两个贡献。

第四节 近溪学

张祥龙的整个心学论述,甚至可以说儒家哲学史的全部论述,是以罗近溪为终结的。换句话说,其自己的心学体系,也可以理解为

---

[1] 深瑜伽与广瑜伽每不能尽合,除非是广义的密宗。密教非如牟宗三所云紧密,而是遮掩、逆行,不着相则一切可为道相,非但砍柴担水,而且人伦日用、饮食男女、杀伐决断,乃至恶业魔业皆可为道相。然极难极险,故须秘密。所谓禅宗下一转语即是理学,无非就是深瑜伽之"推广"。宴坐而砍担,固是推广;砍担而世间,亦是推广。这不是什么世俗化,而只是菩萨行。胜义上,连菩萨行亦灭。儒瑜伽于此更弱于佛道瑜伽,故不能显革命相、恶相、魔相,至多杀伐决断。亲亲仁民爱物,愈推愈弱。儒瑜伽亦愈广愈弱。阳明后学,致良知教广大,然而非议多。静坐归寂安稳,然后终究不广,遇事则乱。故晚明归寂一派,可以临难一死,而绝少济世人物。

"接着罗近溪（而不是其他任何人）讲"的。在此之前，张祥龙的体系雏形已备，这部《讲演录》的最大意义在于为体系找到统绪。因此，得到"是罗近溪而不是其他任何人"这个结果，这一卷的判教工作才告完成。

但这样一来，张祥龙势必同明代理学的整个主流研究，首先是阳明后学的主流研究直接对立。在这一研究中，重心一般是王龙溪与聂双江、罗念庵。或者说，阳明后学研究实际上是以龙溪与江右王门之间的反复论难及其衍生性论题组织重心的。[1]这一争论以复杂曲折的方式摊开了阳明学的几乎全部重要难题，从而以诠释、再诠释的方式逐渐突破了阳明学本身。[2]但这种突破又不是"意必"的，自有其精微、缠绕与反复。突破了王学的刘蕺山对阳明学的判教仍以现成良知与归寂派的争论为主线，正是这一判教直接支配着《明儒学案》（以下简称《明案》）。因而，对罗近溪最权威的判断，本就是《明案》对两派总裁决的一部分。祥龙无疑认识到了《明案》近溪批评的偏颇之处[3]，但他没有指出，这一偏颇与蕺山学派对阳明后学本身的判教息息相关。在这一判教思路的指导下，主流研究对近溪学主旨的错失几乎是必然的。例如，张祥龙坚决反驳了许孚远对近溪的指责（"大而无统，博而未纯"）。但他没有看到，这个指责实际上代表着蕺山学派的定论，也牵出了蕺山学派自己的复杂渊源。[4]对二溪一系的批评和对

---

[1] 参见吴震，《阳明后学研究》（增补版），上海人民出版社，2016年，pp. 1-52。
[2] 参见彭国翔关于聂双江、刘狮泉、王塘南、李见罗的论述。参氏著，《良知学的展开——王龙溪与中晚明的阳明学》，生活·读书·新知三联书店，2005年，pp. 358-361，340-341。
[3] 参见《讲演录》第四卷，p. 495。
[4] 刘宗周长期师从许孚远。黄宗羲在《明案》里引用太老师的话，本就代表蕺山学派乃至广义的"主静"派（也包括归寂派、修证派、东林学派）对罗近溪的批评。梨洲并非孤立地引用此语，而是附在对近溪学"有流行无主宰"的总批评之后。参见黄宗羲，《明儒学案·泰州学案》，《黄宗羲全集》第八册，浙江古籍出版社，2005年，p. 4。

江右王学的肯定，是《明案》的基本结论。而这个结论出自蕺山本人对阳明学的曲折辨析及其学术的成熟形态。严格地说，要撼动《明案》对近溪的判断，就要回应《明案》的整体判教，而这又要求阐释和判断蕺山学本身。实际上这就是牟宗三的做法。牟氏一方面为二溪辩护，批评归寂派根本误解了阳明，另一方面又树立遵从归寂派的蕺山学之正统性，这本来就自相抵牾。[1]尽管如此，牟宗三及唐君毅对罗近溪的高度重视，已为祥龙的解释开了先河。

确实，即使有了牟、唐的论述，在迄今为止的阳明后学研究中，罗近溪也要么被当作现成良知派附于王龙溪之后，要么被当作祥龙所谓"泰州学派的代表人物"附于王心斋之后，不要说绝非宗师，地位甚至不及聂双江、罗念庵。盖写近溪必写龙溪，写龙溪则必写聂、罗，而近溪则无可无不可。[2]祥龙要跻近溪于王学诸子之上，当然要有独特的处理方式。实际上，牟宗三和张祥龙并没有，也不可能绕开龙溪与心斋去解释近溪。祥龙和牟氏一样，非常注重阳明、龙溪、近溪三子之间的贯通。虽然两位解释者理由不同，但在表面的差异之下，仍能找到相通之处。而在这种相通之后的差别，才是深刻的，能够最清楚地照亮牟、张二人体系上的不共。

牟宗三一方面出于自己的判教学说，比前人更重视罗近溪，另一方面实际上又比祥龙更受《明案》的支配。他实质上只是颠倒了黄梨洲的判教，把江右斥为阳明别子，立二溪为正统。牟对近溪的高度评

---

[1] 参见牟宗三,《从陆象山到刘蕺山》,上海古籍出版社,2001年,pp. 216-220,319-320,338-341。关于牟氏此判之不妥,参见丁耘,《道体学引论》,pp. 70-71。牟及门弟子林月惠研究聂、罗时,赋予了更多的同情,突破了乃师的藩篱。参见林月惠,《良知学的转折：聂双江与罗念庵思想之研究》,台湾大学出版中心,2005年。当然,与《明案》一样,牟宗三不是出乎单纯的哲学史研究,而是基于对道体的解悟,体现为理学三系的判摄。
[2] 参见彭国翔,《良知学的展开》。又见蔡世昌,《罗近溪哲学思想研究》,人民出版社,2019年。

价"清新俊逸圆熟通透",基于《明案》里的一句:"一洗理学肤浅套括之气,当下便有受用。"[1]牟以为,阳明学在义理上已经完满,后学在解析上无可增删,唯以开示呈现方式(所谓"吊诡的工夫")而有差别。因之,阳明学犹如近溪学的教下,近溪学犹如阳明学的宗门(蕺山学犹如阳明学的密教)。[2]对学界近溪之学"归宗于仁,以言一体与生化"[3]的概括,牟完全不屑一顾,斥为"颠顶"。以牟之评判视张祥龙,则牟所排之解释(仁体生化)与牟所立之解释(当机呈现、拆穿光景)实际上均为张祥龙解释所含。"当机呈现",就是张祥龙所谓"时机化的体认本心";"拆穿光景",就是祥龙批判的虽阳明、龙溪亦难免的(本体)"普遍主义";而"仁体生化",即张祥龙至为赞叹的从孝悌慈所悟之生生道体。[4]然而,张祥龙较牟更重近溪对生化仁体独有的呈现方式。[5]盖"时机化的体认本心"乃心学之通术,凡"致良知"教皆可谓"时机化的体认本心"。近溪之特出者,在体认的本心就是"赤子之心"("孝悌慈")。而"一体与生化"亦笼统语,阳明门下,从王龙溪到罗念庵,哪个不归宗于仁?哪个做工夫不试图实证"一体与生化"?如此概括,确属"颠顶",但因之对本体不屑一顾,则其鲁莽更有害于颠顶。近溪学之特出在于,唯赤子之心(孝悌慈)能证一体与生化。据此,祥龙之解,较牟氏更为完满。

---

[1] 参见牟宗三,《从陆象山到刘蕺山》,p. 207。又见黄宗羲,《明儒学案·泰州学案》,《黄宗羲全集》第八册,p. 3。
[2] 参见前引《佛性与般若》中牟对禅宗的看法。亦参此书以天台"修恶"解孔、庄、明道、五峰诸子之说。参见牟宗三,《佛性与般若》下册,p. 837。折中《从陆象山到刘蕺山》与《佛性与般若》,王学与近溪学的关系,类于天台教与禅宗的关系。现成良知对应于"一念无明法性心","吊诡的工夫"对应于"诡谲的说"。二者所对立者皆为"分解"。
[3] 参见牟宗三,《从陆象山到刘蕺山》,p. 207。
[4] 参见《讲演录》第四卷,p. 490。
[5] 张祥龙以为,牟、唐表彰近溪有功,但只以拆穿良知本体光景、当机指点仁体为要,未免过于笼统。同上书,p. 506。

当然，张祥龙是以广义的儒瑜伽学说达到这层解释的。为了更好地理解其近溪解释，本章想用心学研究中通行的本体－工夫架构略释近溪学。此架构内在于全部心学史，绝不可废。本章用此架构，乃因并不赞成主流的罗近溪研究典范。在这个典范下，罗近溪永远是现成良知派的第二梯队，是龙溪、心斋之部曲。无论牟宗三还是张祥龙，要跻近溪之位，就必须在一定程度上超出主流典范，惜乎他们都未做专门讨论。这里试图提出一种较新典范，助二子一臂之力。

要把罗近溪从"泰州学派代表人物""现成良知派代表人物"这些牌位后面解放出来，就要从整体上重新理解阳明后学诸子的关系格局，不能把现成良知派与归寂派的争论当作格局的中枢。此处建议以本体－工夫为纲维，以王龙溪、罗近溪与聂双江尤其是罗念庵的三极替代现成、归寂的两军对阵模式。这个模式，可名之曰以本体－工夫为纲维的三极典范。此典范的好处是，每一极都处在另外两极之间。若衡之以本体－工夫，每一极与其他两极皆有同异。要如实把握近溪学，他与龙溪的差异必须凸显出来。要像祥龙那样树立近溪的重要性，二溪的差异要能放到至少与现成、归寂的差异同等重要的地位上，而这只在三极典范下才有可能。关于新典范，这里无法详说，只能直接摆出依之得到的论点。

近溪学之精髓，就是罗近溪以其特出工夫实证本体。说得更确切些，即以赤子之心（孝悌慈）实证生生仁体。祥龙抓住了近溪的"赤子之心"，可谓善会。此地以新典范增益其说。近溪之为近溪，即在其本体与工夫，与他人皆有近似与不共。

罗近溪所证本体，实近乎彻悟仁体之后的罗念庵，而非王龙溪。此前人多未察及。念庵有所谓彻悟仁体，近溪亦有所谓心性之悟。念庵云："当极静时，恍然觉吾此心虚寂无物，贯通无穷，如气之行空，无有止极，无内外可指，动静可分，上下四方、往古来今浑成一片，所谓无在而无不在。吾之一身，乃其发窍，固非形资所能限也。是故纵吾之目而天地不满于吾视,倾吾之耳而天地不出于吾听,冥吾之心而天地不逃于吾思……是故感于亲而为亲焉,吾无分于亲也,有分于吾与亲,斯不亲矣;感于民而为仁焉,吾无分于民也,有分于吾与民,斯不仁矣;感于物而为爱焉,吾无分于物也,有分于吾与物,斯不爱矣。是乃得之于天者固然如是,而后可以配天也。故曰'仁者浑然与物同体'……"[1]此可对照罗近溪"心性之悟":"遂觉六合之中,上也不见有天,下也不见有地,中也不见有人有物,而荡然成一大海。其海亦不见有滴水纤波,而茫然只是一团大气。其气虽广阔无涯,而活泼洋溢,觉未尝一处或纤毫而不生化。其生化或混涌无停,而几微精密,又未尝一处或有纤毫而不灵妙。然此生化灵妙,默而会之,似若影响可言。乃即而求之,实是端倪莫得。则此一团神气,充运海中,且尤未尝一处或有纤毫而不玄洞虚通也。其时身家境界,果然换过一番,稍稍轻安自在,不负平生此心……则是合天地人物,而完成一体,通始终本末,而完成一机。"[2]此皆是心经气化而实证万物一体也。不宁唯是,对门人万物一体、虚灵发窍的说法,近溪驳证甚精。此说法亦是江右与浙中辩论的主题之一,近溪之说虽非针对念庵,但亦可用于念庵所证。此足说明,近溪于念庵所证之境既不陌生,亦有微别。[3]

  这是在本体上说。在工夫上则反之,近溪更接近龙溪而非念庵。然而接近云云,绝非混同。而现行典范,不足以呈现二溪差异。现成、归寂之别,固然有本体见地上之大区别。但心学家所谓本体,并非悬设之义理,必在工夫上有显有证,然后于原典诠释上圆通绾合,乃能成立。故宗派之别,起手就是工夫之别。王龙溪辨己学与江右同异云:"从顿入者,即本体以为工夫……从渐入者,用工夫以复其本体。"[4]此

---

[1] 罗洪先,《答蒋道林》,《罗洪先集》,凤凰出版社,2007年,pp. 298-299。
[2] 罗汝芳,《一贯编》,《罗汝芳集》,凤凰出版社,2007年,pp. 354-355。
[3] 参见蔡世昌,《罗近溪哲学思想研究》,pp. 50-51。
[4] 王畿,《松原晤语》,《王畿集》,凤凰出版社,2007年,pp. 42-43。

语虽精，不无误导。盖工夫所证，才是真本体。龙溪所谓"即本体以为工夫"，其实也就是"悟本体以为工夫"。[1]而王龙溪又说，悟有三重，"有从言而入者，有从静坐而入者，有从人情事变练习而入者"，即所谓"解悟……证悟……彻悟"。[2]以此语按之，所谓"悟本体以为工夫"者，既然是"顿悟之学"，就不可能是文句上得来之"解悟"，亦不可能是只在静中呈露之"证悟"，只能是从人情事变历练而入的彻悟，此已是证量矣。而其所谓静坐证悟，不就是归寂派由工夫复其本体吗？如能"以证悟本体为工夫"，实已预设"由工夫复其本体"矣。所以龙溪此辨不无误导。其误正在前后两句所云"工夫"，根本不同。前句"工夫"，已是无善无恶、赅动赅静的"见在"工夫，而后一句只是"归寂"工夫。

更为重要的是，此二句不能笼络近溪。近溪之学，既非归寂派所谓"由工夫复其本体"，亦非龙溪所谓"悟本体以为工夫"。近溪工夫之抉择，可谓正与归寂派相向而行。其早年"制欲"，遂成心病，不得不转为"体仁"。[3]而念庵早年追随"见在"良知，其实专从"始燃始

---

[1] 龙溪《天泉证道记》录阳明接引利根人教，"即本体以为工夫……顿悟之学也"。此语在《传习录》卷下与钱德洪撰《阳明先生年谱》中均作"一悟本体，即见（是）工夫"。见《王畿集》，p. 2。束景南，《王阳明年谱长编》第四册，上海古籍出版社，2017年，pp. 1877–1878。
[2] 王畿，《悟说》，《王畿集》，p. 494。
[3] 《明儒学案》载："（近溪）少时读薛文清语，谓：'万起万灭之私，乱吾心久矣，今当一切决去，以全吾澄然湛然之体。'决志行之。闭关临田寺，置水镜几上，对之默坐，使心与水镜无二。久之而病心火。偶过僧寺，见有榜急救心火者，以为名医，访之，则聚而讲学者也。先生从众中听良久，喜曰：'此真能救我心火。'问之，为颜山农。山农者，名钧，吉安人也。得泰州心斋之传。先生自述其不动心于生死得失之故，山农曰：'是制欲，非体仁也。'先生曰：'克去己私，复还天理，非制欲，安能体仁？'山农曰：'子不观孟子之论四端乎？知皆扩而充之，若火之始然，泉之始达，如此体仁，何等直截！故子患当下日用而不知，勿妄疑天性生生之或息也。'先生时如大梦得醒。"《黄宗羲全集》第八册，p. 2。

达"下工夫，毫无所得，不得不转为归寂制欲（"主静无欲"）。[1] 近溪工夫后仍有数变，但这些变化不是从制欲到体仁那样的转变，而是体仁工夫本身的改进与精纯。研究者云，近溪早年以无念为宗，诵《楞严经》而踊跃。后经邹东廓指点，转以"生机"为工夫。[2] 按，无念为宗，即对制欲之反拨。《六祖坛经·定慧第四》云："又见有人教人座（坐），看心看净，不动不起，从此置功，迷人不悟，便执成颠。"[3] 鉴于止水，即看心看净工夫也。无念为宗，与生机为工夫，非二事也。盖生机就是儒门的无念，无念就是宗门的生机，六祖解释"无念为宗"时警告："若只百物不思，念尽除却，一念绝即死，别处受生，是为大错。"[4] 按，无念虽是六祖宗旨，然而近溪之以无念为宗，未必直承曹溪，恐仍是龙溪密意。王龙溪云："一念者，无念也，即念而离念也。故君子之学，以无念为宗。"[5] 彼亦反复提点"生机"或"天地生生之机"。[6] 唯龙溪工夫中的生机，或是工夫中的真息[7]，或是"一念灵明"之"独知"，是知、觉，"看他起处、看他落处"[8]。其典范当是无贰过之颜回（"才动即觉，才觉即化"），而非复礼之颜回。[9] 龙溪之一念、无念，即其所谓"见在心"（"今心为念"），即对当下一念之明觉。近溪之生机，是赤子之心（孝悌慈）、浑沦顺适，而非当下明觉。"圣贤

---

[1] 当然，罗念庵对现成良知和主静工夫的实证自有其曲折，对二者的缺陷有他个人的深刻认知。参见张卫红，《罗念庵的生命历程与思想世界》，生活·读书·新知三联书店，2009年，pp. 92-94，184-188。
[2] 参见蔡世昌，《罗近溪哲学思想研究》，pp. 217-218。
[3] 郭朋，《〈坛经〉对勘》，p. 32。
[4] 契嵩本、宗宝本同，法海本文字有小异，惠昕本无。郭朋，《〈坛经〉对勘》，pp. 36-40。
[5] 王畿，《趋庭谩语付应斌儿》，《王畿集》，p. 440。此函中多禅家语。如"动静二相，了然不生"，当出自《楞严经·观世音菩萨耳根圆通章》，唯改"境"为"相"。
[6] 参见彭国翔，《良知学的展开》，pp. 263-264。
[7] 同上书，p. 295。
[8] 王畿，《答李渐庵》，《王畿集》，p. 271。
[9] 参见彭国翔，《良知学的展开》，pp. 146-147。

之学,本之赤子之心以为根源,又征诸庶人之心以为日用。"[1]有研究者以菏泽禅"自性本用"与洪州禅之"随缘应用""作用之性"区别二溪,甚有见地。[2]但需加补充,近溪的"作用之性"只是赤子、庶人的"不思不虑"之心,而非其他。

二溪之辨,极为重要,牟宗三以为近溪学之成就,即在拆穿光景("本体"之光影)。其实龙溪之学,直接在本体、自性下工夫,才是极易玩弄光景的。[3]更要紧的,近溪之心,如孟子四端,是善端,纯善之念。而龙溪明觉之念,善念恶念无记念,皆一过而化,是真"无善无恶"矣。故近溪所证,仁体也。龙溪所证,虽亦强说为仁,实知体也。

近溪的"不思不虑"之说,在明末清初招致大量批评。其中较严厉者,如蕺山批评泰州学派"猖狂者参之以情识"[4],船山直以恶归情,以善归气。实际"孝悌慈"方是近溪根本宗旨。泰州门下,泛滥情识者,确已是黄梨洲所谓"非复名教所能羁络矣"[5]。然而"不思不虑"之说在近溪无病。首先,孝悌慈,而非泛泛所谓情识(不必说人欲了),才是近溪工夫之基点。其次,庶人之心虽亦"不思不虑",然而这是百姓日用而不知者,并非圣人的"不思不虑",犹如"本觉",而非"始觉",绝不能用一个"现成良知"瞒昧了。如百姓真是现成圣人,安用"舌胜笔"的罗近溪"当机指点"?当然,近溪当机口说,如不善会,也不无流弊。用二溪偏爱的比方说,赤子之不思不虑,昭

---

[1]《明儒学案·泰州学案·参政罗近溪先生汝芳》,《黄宗羲全集》第八册,p. 14。
[2] 参见蔡世昌,《罗近溪哲学思想研究》,pp. 65, 226–227。
[3] 黄宗羲《明儒学案》开篇引刘蕺山按语:"至王龙溪直把良知作佛性看,悬空期个悟,终成玩弄光景,虽谓之操戈入室可也。"此断极严厉。《明儒学案·师说》,《黄宗羲全集》第七册,p. 17。
[4] 刘宗周,《证学解二十五》,吴光主持点校,《刘宗周全集》第三册,浙江古籍出版社,2012年,p. 248。
[5] 黄宗羲,《明儒学案·泰州学案》,《黄宗羲全集》第七册,p. 820。

昭之天也;圣人之不思不虑,广大之天也。昭昭之天虽然不外于广大之天,与后者亦不能无异。本始二觉,既能合,则不异。既须合,则不一。赤子之心与大人之心,亦复如是,只是不一不异。论者只说不一,二溪只说不异,皆有所偏,要在善会而已。最后,无论明末清初的批评者,还是当代的辩护者,辩论的症结仍是工夫,即便涉及本体,亦无非工夫所显所证之本体。无论寂感、中和、已未发,皆只是心体。甚至性体亦只是对情而言、与心体可合之性体。龙溪、双江所证,其实皆心体也。念庵所彻证之仁体,则万物一体及其发窍之真仁体。上文已引,近溪并不否认此境。然而近溪所独有者,乃是入此证量之工夫。以孝悌慈(而非念庵那样的静坐、收摄保聚、"寂静意识")证入万物一体,乃近溪学之精髓。换言之,赤子心之究竟义——孝悌慈并非仅是合乎道心之人心,甚至不只是现成的圣人之心,而是天道流行之生生性体,是天心。这就最终接回了祥龙以往重视的"复"("天心"),乃至更久的过往重视的"天道"。因而,不难理解,张祥龙特别重视近溪的这段验证:

>乃叹孔门《学》《庸》,全从《周易》"生生"一语化得出来。盖天命不已,方是生而又生,生而又生,方是父母而己身,己身而子,子而又孙,以至曾而且玄也。故父母兄弟子孙,是替天命生生不已,显现个肤皮;天生生不已,是替孝父母、弟兄长、慈子孙通透个骨髓。直竖起来,便成上下今古;横亘将去,便作家国天下。孔子谓"仁者人也","亲亲为大",其将《中庸》《大学》已是一句道尽。孟子谓"人性皆善","尧、舜之道,孝弟而已矣",其将《中庸》《大学》亦是一句道尽。[1]

---

[1]《罗汝芳集》,p. 233。

可以把这段话征用为"现象学道学转向"的阳明后学表达。这展示了伦理式道学转向的一个范例。所谓现象学转向的实质,最粗略的解释,指意识通过意识本身让绝对超越意识的东西(无限性,而非仅仅作为意向相关项)被给予。然而这种超越性,仍然保留着直接的被给予性或"实际性",因而不同于"精神现象学"从意识到绝对精神的"转向"。所谓"现象学的道学转向",指心识(比意识更为宽广,但出发点仍然是意识。包括身、心、意、念、知等环节)以一种接续中国哲学的方式在道体那里实现或发现了心识之自体——心体或"本心"。这是道学转向的通义。伦理转向,作为道学转向的别义,即通过亲亲(孝悌慈)将道体证为生生仁体。祥龙没有指出,在近溪那里,慈实通天地之德。因而,慈与孝的第一义就是天人感应。[1]在"性上"讲,孝就是人回报("应")天慈的方式。[2]这才是近溪学真正开显的本体-工夫之说,是他最高意义的"体仁"说,也是他自己的无念说、生机说,也是他的致(良)知说,也是他彻上彻下的"格物说",绝非所谓"家哲学"("齐家")所能范围者。近溪之学,仁者真切见道之学也。《系辞云》:"仁者见之谓之仁,知者见之谓之知,百姓日用而不知。"[3]故近溪之学,仁者之学;龙溪之学,知者之学;心斋之学,百姓日用之学。安能以所谓"现成良知",混为一谈?!

张祥龙自己对孝意识的解说,如《讲演录》第四卷书名所示,仍属"儒家心学",其"意识根据"之说,虽能超越意识,但落入自然态度,在神经科学、心理学等杂学中探求根据,此属科学转向,不属道学转向。[4]道学转向意义上的"意识根据",祥龙并未专题讨论。然

---

[1] 参见唐文明,《仁感与孝应》,《哲学动态》2020年第3期。
[2] 可对照宋儒的说法:"盖仁是性也,孝悌是用也。性中只有个仁义礼智四者而已,曷尝有孝悌来?"《四书章句集注·论语集注》,p. 56。
[3] 《周易正义》,pp. 269–270。
[4] 参见本书第二章《论现象学的神学与科学转向》。

而，如将他对罗近溪的阐释转化为论证，则能真正完成伦理式的道学转向。张祥龙转海德格尔之学，将孝意识的根据定为"时间性"。那自可依近溪之学，将孝意识的"根据"，定为天道之感与人心之应，也就是生生道体。生生，就是绽出，也就是时间性之本。所谓"溥博渊泉，而时出之"[1]是也。推演至此，张祥龙其实已经完成了现象学的伦理式道学转向。虽仍是儒学，但已是"天道"之思的再次回归，而不应再名之以"心学"。此学与陈来哲学史阐释学殊途同归，要皆仁体之学也。

小结：总评现象学之"道学转向"

通过以上讨论，我们可以对张祥龙先生的思想道路做一个小结和评价了。

如上所示，可把《天道》之后的张祥龙思想分为两个阶段。第二阶段是《讲演录》最后两卷所代表的道路，第一阶段就是《天道》与《讲演录》之间的道路。

与《天道》相比，祥龙思想的第一阶段看起来采取了某种退缩策略。出发点从此在（"缘在"）后退到了意识，旨趣也从天道收缩到了心性。其佛学基源渐从中观转到禅宗以及瑜伽行。这么做的理由大约是，此在的彻底形式性，无法保证对"孝"的突出。如果退回意识哲学，"孝意识"作为某种殊胜的意识形态，其专题化倒是顺理成章的。然而《天道》对时机化、缘发构成的强调，仍然在这个阶段起着重要作用。孝意识至多拥有四心、四端之类的地位，而不是进入性体的本源之路——除非孝意识与内时间意识联系起来从而跃居为本源。可以说，时间性、时机化是海德格尔给张祥龙留下的真正馈赠。即使在张

---

[1]《四书章句集注·中庸章句》，p. 44。

祥龙明确批评、背离海氏之后,也没有一刻停止运用这个馈赠。是否进入时间性层面(也就是真正的"基础存在论"层面)思考孝悌、亲亲与世代问题,是把在心性层面工作的张祥龙学派与各种各样的"家哲学"区分开来的主要基准。

在第二阶段,张祥龙所退更深,而所进更远。在这个阶段,他的"心学"论述退到了阿赖耶识,较"意识"更深;而心性论述则推进到了生生道体。退到了阿赖耶识,在"意识哲学"层面已是退无可退,已穿透了所谓"意识哲学"。阿赖耶识才是生死流转之本。原初生命意义上的"孝",应该在第八识上考量。晚期胡塞尔现象学及精神分析学说提供了一点从意识转进潜意识的资源,但张祥龙没有走这条路,而是带着海德格尔的馈赠,进入了唯识学。其结果就是,一方面吸收了瑜伽行派的学说,另一方面用海氏之学批判其在时间性上的粗糙。这一批评在佛学上当然是可以争论的,但其基于瑜伽行派的真正贡献在于提出了儒瑜伽之说,特别是通过"时机化的体认本心"(上文名之曰"广瑜伽"),阐释了阳明学,接续了罗近溪以孝悌慈显示道体的道路。从作为时间性源头的、被还原到阿赖耶识而非意识层面的"孝悌"出发,进一步还原出作为"世代生生"之"骨髓"的道体,这个现象学之伦理式的道学转向,应该就是张祥龙《讲演录》的最终贡献和最大贡献。对于这个贡献,在欢喜赞叹之余,也不无进一步讨论的余地。这里尝试提出的问题,和笔者曾经向陈来先生提出的问题,乃至笔者在《道体学引论》中所做的努力,实质上是同调的。差别仅仅在于,由于张祥龙的道路完全是现象学的,因而我们这里的出发点也是现象学。

首要的问题是,可否有非伦理式的道学转向?或者问得更彻底些,有没有比伦理转向更本源的道学转向?所谓伦理式转向,归根结底就是从人之孝悌显示天地之慈。张祥龙道路的始点是孝悌,借力近溪学达到的终点——生生道体实际上是慈体。在发现罗近溪之前,张祥龙强调"孝意识",而并没有将"慈"纳入"意识"之中的考量[1],遑论将之归诸天道。在解释罗近溪时,他亦没有明确在孝悌与慈之间做出区分。晚期罗近溪则将孝悌慈解为未发的良知本体(而不仅仅是已发的情感),更重要的是,与张祥龙不同,近溪以慈更为本源,"孝以答慈,慈以启孝"[2]。依近溪,天命之性就是孝悌慈。知性则知天,可知天道即生生慈体。此与横渠以乾坤为父母、万物为一家之说,若合符节。而张载以气化之说得此。近溪亦有"气一"之证,此与念庵入路固然不同,而所证仁体,其实不二。近溪以孝悌证慈体,即以情识证理一也,取精用宏,此之谓也。不过,理一、情识,皆仍是一边,执之不能无蔽。大抵宋儒纠横渠之偏,倡理一分殊;晚明儒纠泰州之偏,批评"情识"甚剧。张祥龙之说,宗旨虽与近溪相合,但规模及入路不同。

  本章不沿袭宋明儒,而以另外的理据批评慈本体论、慈体论。首先,以天地拟诸父母,义有未安,船山已简别之。[3]天地与父母之最大差别,在于"天长地久"[4],而父母可朽,故曰"子欲养而亲不待"。父母祖先之为"本",与"天地"之为"本",并不相同,故曰"礼有三本"。[5]其次,退一步说,即使以父母拟诸天地,亦非只有"亲亲""慈爱"之经验。《礼记·表记》云:"今父之亲子也,亲贤而下无能。母之亲子也,贤则亲之,无能则怜之。母亲而不尊,

---

[1] 参见《复见天地心》中对孝意识的时间分析。参见张祥龙,《复见天地心》,p. 164。与罗近溪不同的是,这里虽然力图赋予孝本源的地位,但这仍是人的立场,而不是天的立场。因为,正如朱刚指出的,"相比于对慈爱的分析而言,张祥龙对孝爱的分析要为深入、具体,也更富哲学上的重要性"。朱刚,《亲亲与时间——论张祥龙先生的现象学儒学或亲亲现象学》,《哲学分析》2018年第12期,p. 15。
[2] 参见蔡世昌,《罗近溪哲学思想研究》,p. 158。
[3] 参见王夫之,《张子正蒙注·乾称篇上》,《张子正蒙》,上海古籍出版社,2000年,p. 230。
[4] 王弼,《老子〈道德经〉注·七章》,楼宇烈,《王弼集校释》,中华书局,1980年,p. 19。
[5]《荀子·礼论》:"礼有三本:天地者,生之本也;先祖者,类之本也;君师者,治之本也。"王先谦,《荀子集解》,中华书局,1988年,p. 349。

父尊而不亲。"[1]把"在家"的经验还原为单纯的"亲亲",无疑忽略了"严""尊"的原初性。同样,初民对天地的经验,亦非只有"慈爱""生生"。《老子》云:"天地不仁,以万物为刍狗。"[2]张祥龙专门探讨过的亚伯拉罕杀子燔祭事件中,亚伯拉罕对以撒的态度,也就是上帝对人类的态度。或者说,以撒如何经验亚伯拉罕,人类就如何经验上帝,那就是喜怒无常、恩威难测、操生杀予夺之大权于一身。在这样的上帝面前,只有一种经验:畏惧。这并不是对恶的害怕,而恰恰是对生之来源的原初畏惧。有力量让人来的,也有力量让人走。能活人的也必能杀人,能保护的也必能迫害。活人还是杀人,护人还是害人,大洪水还是恩典,非理性可推可测。这是最基本的一神教经验。人之所畏,并非单纯的嗔怒或迫害,而只是不确定的、无法理解的、善恶均不足以名之绝对超越的大能。这当然不是伦理,而是伦理或者不如说是宗教、律法乃至形而上学的共同源头。[3]

这种本源经验的基本性,甚至超越了一神教。不必依靠位格神,也能在善恶之"前"更进一步。《易传·继善成性》章陈述的就是这种原初的不确定性,犹如阴阳的叠加状态("一阴一阳之谓道")。所谓"仁者见之谓之仁",就是"继之者善也",以仁者之"见",此道即确定、坍缩为生生之体。[4]仁虽然可以述谓道体,道体终究不只是仁体。克尔凯郭尔——这也曾是祥龙的学术兴趣所在——对宗教经验与伦理经验的差别、对苏格拉底与亚伯拉罕的差别,有深刻的体会与描述。海德格尔对克氏的"畏"毫不陌生,只是在文本阐释上,将之暂时脱

---

[1] 郑玄注,孔颖达疏,《礼记正义》,北京大学出版社,1999年,p. 1484。
[2] 王弼,《老子〈道德经〉注·五章》,楼宇烈,《王弼集校释》,p. 13。
[3] 虽然"畏惧主是智慧的开端",但畏惧主也是律法的开端。不信神,也就不可能真正守法。无天必然无法。
[4] 这里的"继"就是"生"。参见丁耘,《道体学引论》,pp. 215,216。关于用叠加状态来比拟禅宗之"机",亦参见张祥龙,《儒家哲学史讲演录》第四卷,p. 123。

离希伯来经验，转接到古希腊的文学与哲学而已。海德格尔对超越伦理的、作为基本宗教经验的"畏"的论述，与他哲学的底色息息相关。对海氏这一路向的"伦理学"式的批评，应该在超善恶，或善恶的原初条件这个层面得到回应。

这是讲近溪与祥龙道路所抵达的地方。从其所由之处，可以把同样的问题看得更清楚。朱刚指出，前者通过时间性赋予亲亲本源地位（"亲亲凭借其时间性而为意义的源头"）这个做法，反而会削弱"亲亲为大"这条原则。[1] 这一批评的实质，就是说时间性之类的形式普遍性超越了内容的优先性。"为大"的东西是内容上特定的、在选择上"优先"的，因之不可能是普遍的、整全的。孝悌毫无疑问是善端，但大全兼包善恶，善端不兼恶，则善端不可能是大全之本。时间性或其他的形式普遍性（如太一），是大全之本。此本对善恶并无分别（indifferent，冷漠、中立），不可能偏爱某某，以某某"为大"。反过来说，如果要主张亲亲为大，就应该放弃其"本体论"的第一性地位、本源地位。既是形式上最普遍的东西，又是内容上位居第一的东西，在祥龙的系统乃至大多数哲学系统里都是不可能的。

这一批评实际上不只对张祥龙的具体观点有效，也对其系统的真正出发点——阿赖耶识有效。上文已经指出，张祥龙既让"孝"做时间性的源头，又以不具备时间性批评唯识学，其实是试图把"孝"推到比"意识"更根本的阿赖耶识层面，或者把"孝"阿赖耶识化。然而，这就会面临兼有"亲亲为大"与"时间性为本"同样的难题。阿赖耶识是对诸种子的含藏与执持。善种现行生善业，恶种现行生恶业。这在唯识学叫作平等因，生善者不可能兼生恶。孝悌慈之为良知本体，善种也。世间万事，有善有恶。人之情感，有好有恶，非孝悌可推扩为一体者。试问，对杀父仇人，可否推扩孝悌与之一体？仁体

---

[1] 参见朱刚，《亲亲与时间——论张祥龙先生的现象学儒学或亲亲现象学》，pp. 8, 24-25。

之"一",并非亲证一体、一气之"一"。明道《识仁篇》云:"义礼智信,皆仁也。"[1] 狭义的仁好比是某种自然的、原初的一体感(与"麻木不仁"相反的东西),而义则是把这种原初的一体感断开、中止,所谓"截然有止"。说"义"等也是"仁",这就是说,在用"义"的情境下,只有"断""分""止",而不是狭义的、原初的"一体",才是真正的仁,才是真正的"与物同体"——因为万物既是一气,又是彼此有分际的。包含断裂与差分的"一"才是真正的"一"。理一即寓于分殊之中。从理一分殊上看,"一体"并不只是混一,或者说,仅凭借亲亲这一"情识",哪怕凭借"气化""感通",也无法真正致一。所谓"情识",归根结底就是好恶。[2] 亲亲作为"情识",只属于"好",是无法"尽"是非的。任何特定"情识",要么是好,要么是恶,皆无法"尽"是非。故不可能凭借任何一类特定"情识"(哪怕将之普遍化、时机化、本体化)来尽是非。良知本体,不可能是任何一种特定的"情识"。假如确有非好非恶之"情识",也只能是原初的情绪,即不针对任何特定对象的情绪。海德格尔作为范例的"情绪"(畏、无聊等)之所以比伦理学更为本源,正因它们是境域性的、世界性的,是关乎整全存在者的。没有这些基本情绪("基调"),关于特定存在者的任何经验都是不可能的。

至于原初情绪之外的"情识",好恶结伴而来,善恶结伴而来。有对立的东西不可能成为真正的本体。有对立面的情感(如"爱""恨"),也不能成为本源性情感,本体性情绪是先于个体身位的,关乎整全的、混一的、本源的。《维摩诘经》云:"(文殊师利)又问:

---

[1] 程颢、程颐,《二程集》,中华书局,1981年,p.16。
[2] 阳明曰:"良知只是个是非之心。是非只是个好恶。只好恶,就尽了是非。只是非,就尽了万事万变。"《传习录》(下),p.266。见邓艾民注,《传习录注疏》,上海古籍出版社,2012年,p.239。"情识"归根结底就是好恶,正如气运归根结底就是屈伸,气数归根结底就是阴阳。此义容当别申。

善不善，孰为本？答曰：身为本。"[1]一切善恶，都以己身为原点。孝悌慈围绕的核心虽不是"我"，但仍然是"我的亲人"。孝悌慈试图以对"我的"亲人、宗族、世代的执着突破对"我"个人的执着。其所执之"身"虽大，其同为执着也明。这种"身见"当然不是自私意义上的恶，亦不是善，而是善与不善的根本条件（"本"）。海氏所见，即此身本，乃至此身本之本，故先于善恶、亲亲、孝悌等。《维摩诘经》下云："（文殊师利）又问：身孰为本？答曰：欲贪为本。又问：欲贪孰为本？答曰：虚妄分别为本。又问：虚妄分别孰为本？答曰：颠倒想为本。又问：颠倒想孰为本？答曰：无住为本。又问：无住孰为本？答曰：无住则无本。文殊师利，从无住本立一切法。"[2]窥基注云："此问无住即真如。由迷真如。倒境生故。真如无本。非他生故。亦无取住。更无依故。由此本故立诸法。染性迷生。净性悟起。故唯识说为迷悟依。名立一切。非能生也。……无住即是真空性故。亦为迷悟二法根本……若外道云能生一切。我之真如。非能生故。但为法依。故言无住立一切法。不言生也。"[3]无本只是依因，不生善恶。在有为依唯识学那里，生因是平等因，因而没有一个统一产生善恶的因。可以统一名之的不是生因，而是建立因（"依因"），被有为依唯识学解释为空性的如来藏就是建立因。空性、如来藏，既不是善也不是恶，亦不产生善恶，而是让善恶得以可能的根据（"本"）。在海氏那里，善（光）的"依因"就是"空明"（Lichtung）。[4]通过以上的简略讨论，我们可以看到关于善恶的两种基本观点。一种是近溪、张祥龙等，将孝悌这样的善端推为本原，证成生生仁体、万物一体。第二种是龙溪

---

[1] 僧肇等，《注维摩诘所说经》，p. 126。
[2] 同上书，pp. 126–127。
[3] 窥基，《说无垢称经疏》卷五，《大正藏》第三十八册，p. 1083。
[4] 参见海德格尔，《哲学的终结与思的任务》，孙周兴选编，《海德格尔选集》，上海三联书店，1996年，pp. 1251, 1252, 1254。

之理路，我们以佛学及海学解之，以善不足以称本体，唯无善无恶、不思善恶，方见本来。

现在，可以回到刘宗周的著名评价了："今天下争言良知矣，及其弊也，猖狂者参之以情识，而一是皆良；超洁者荡之以玄虚，而夷良于贼。"[1]笔者在原则上同意这一判断，但需要加以解释与转化。

超洁者的"夷良于贼"，指王龙溪之"四无"[2]拉平、混同了善恶。猖狂者的"一是皆良"，牟宗三概括为"情识而肆"[3]，在蕺山当然主要指泰州学派，但也包括了近溪之学。庶人的孝悌慈，就是情识。如以情识为现成良知，那必定会把致良知当成直情径行、放任情识，自然不免所谓"情识而肆"之讥。此解固然不错，但仍是俗解。以孝悌慈推及万物一体，以孝悌慈为生生的"肤皮"，才是"情识而肆"真正的哲学意涵。所谓"肆"，就是过度、越界。这一批评真正意味着：情识（当然包括罗、张解释的孝悌）无法真正推到万物一体。刘子实际上是把二溪当作两个极端加以批评的。但这两个极端说的本来不是一个层面。无善无恶，本来就是性上的胜义谛（空性、无-根据、依因）。情识所证，好恶所尽是非，是相上的世俗谛。在性上，本无善恶。在相上，不可抹杀善恶。性相不能互夺。心意知物有善恶，并不妨碍本来无善恶。反过来说，性上本无善恶，也不能否定心意知物上善恶历历分明。龙溪即本体以为工夫可，混同性相，混同胜义世俗谛则不可。以本体为工夫，并非抹杀善恶，而是存善去恶而不执着滞碍，皆一过而化。否则就是断灭见。以性上的无善无恶抹杀相上的善恶是非，以为一切平等、善恶相等，这种"工夫"不是"夷良于贼"又是什么？同样，以情识为致知格物做工夫可，以此工夫所证为本体则不可。罗

---

[1] 刘宗周，《证学解二十五》，吴光主持点校，《刘宗周全集》第三册，p. 248。
[2] 《天泉证道记》："若说心体是无善无恶，意亦是无善无恶的意，知亦是无善无恶的知，物是无善无恶的物矣。"《王畿集》，p. 1。
[3] 牟宗三，《从陆象山到刘蕺山》，pp. 203, 211。

近溪主张赤子之心、孝悌慈，真是善述孟子。然而心须"尽"方能知性知天。所尽之心，不独孝悌而已。心曰"尽"，知曰"致"。致广大而尽精微者，无外无内、彻上彻下也。良知期于广大，心意期于精微。后者在有无之间，即所谓"几"也，此工夫要在意根上做，乃能知性。这是罗念庵尤其刘蕺山之工夫，非近溪之工夫也。近溪是所谓"致广大"者，而推扩情识所证之体，一气而已。在蕺山，情识有妄，虽能粗辨良贼，而不能实证性体也。《明儒学案》对罗近溪的批评，归根结底就是刘宗周对情识的批评，是"尽精微"者对"致广大"者的批评。这一批评不是不能动摇，但《讲演录》对此的准备恐怕是不充分的。

如果不在"几"的层面上面对比孝悌更精微的"意"，那么现象学的伦理转向恐仍是尚未真正完成的。但如果确实要面对这个有无之间的"意"，那就仍然要回到"寂然不动，感而遂通"这一基本建制，回到关于虚静、关于"一"的意识的可能性，对于仍然生机勃勃的现象学运动来说，这当然是一个巨大的挑战。[1] 无论如何，如果不首先解悟"即虚静即活动即存有"的道体，那么对"仁体"的彻底解悟，就仍然是遥遥无期的，现象学的道学转向也将面临着更大的考验。

---

[1] 参见耿宁就寂静意识的意向性问题对胡塞尔现象学的发问。耿宁，《心的现象》，商务印书馆，2012年，pp. 466–472。又参张任之的回应，见氏著，《心性与体知：从现象学到儒家》，商务印书馆，2019年，pp. 179–199。倪梁康、方向红、陈立胜的相关论述见pp. 169，179脚注。注意张任之的这段话"理解这种寂静意识的意向性的核心就在于理解所谓'专注于一'的'一'或'某个未分化的东西'"（p. 198）。要突破现象学家这个看起来的麻烦，有这几步工作要做。首先是重新理解"意识"的本性与"一"的关系，"一"当然不是仅出现在"寂静意识"这一意识形态中的。其次，要借助东方的"工夫"，全盘重新考察所谓"意识"。唯识学的宗旨是"转识成智"，在现象学考虑的凡夫的心识状态之外，有不同境地的瑜伽师的"心识状态"。最后，整个西方哲学传统中的"意识"与"太一"，当然有着可以不必经由"静坐"建立的最基本的联系，这实际上是西方哲学的主要追求。在阳明后学里，耿宁找到的典范是罗念庵，张祥龙找到的是罗近溪。但现象学在他们那里遭遇的困难是一致的，即现有的现象学架构对于这种"一体"经验来说是严重不足的，而"一体"问题——作为哲学的基本问题——当然并不仅出现在阳明学或中国哲学中。这才是现象学必须转向的根本原因。参见本书第二章《论现象学的神学与科学转向》。

第四章 情感与力量[1]

从贺麟与张祥龙的斯宾诺莎解释出发

中国学界正在发生一场斯宾诺莎哲学的复兴运动。这场运动虽然声势不显，但已渗透到包括文艺学在内的若干学科之中。在法国理论和左翼解读的影响下，这场运动中斯宾诺莎哲学的形象主要是被力量和情感（情动）勾勒的。[2]专门研究者则仍注意斯宾诺莎在实体、因果、理性、生产性这些基源问题上的独到贡献。[3]这两方面的研究如能更好地融合，将进一步推动斯宾诺莎哲学的复兴。[4]

这一融合究竟应该如何着手？笔者拟返回当代中国斯宾诺莎阐释的开端，取道斯氏的直觉学说。贺麟及其继承者张祥龙在斯宾诺莎那里最重视的就是直觉概念，且对此概念的阐释构成了他们各自体系的基石。在斯宾诺莎阐释中重视直觉，这是恰当的，甚至比重视情感更

---

[1] 本章曾发表于《哲学动态》2024年第1期。
[2] 这方面文献很多。中文世界新近出现的有：奈格里，《野蛮的反常：巴鲁赫·斯宾诺莎那里的权力与力量》，赵文译，西北大学出版社，2021年。赵文，《Affectus概念意涵锥指——浅析斯宾诺莎〈伦理学〉对该词的理解》，《文化研究》第38辑，社会科学文献出版社，2020年。
[3] 吴增定，《斯宾诺莎哲学中的实体与样态》，《云南大学学报（社会科学版）》2013年第4期。吴功青，《从想象到理性的跳跃：驳德勒兹的斯宾诺莎解释》，《中国高校社会科学》2021年第6期。
[4] 较完备的梳理指出，斯宾诺莎研究围绕的主要问题就是力量、绝对之可理解性，特别是实体之一元与有限事物之复多的关系。参见 Baruch de Spinoza: Ethik in geometrischer Ordnung dargestellt, hg. von M. Hampe und R. Schnepf, Akademie Verlag GmbH, Berlin, 2006, S. 37f.。

恰当。但贺、张两先生对直觉的阐发有强烈的个人倾向，且与斯氏体系的其他重要方面（例如情感、力量、因果）有所脱节。有鉴于此，在检讨贺、张阐释的基础上，笔者将给出自己对斯氏直觉说的解释；然后从直觉出发，切入斯宾诺莎哲学的核心论题——其中最重要的就是实体、原因、力量与情感；进而检讨斯宾诺莎本人的情感学说，重构情感与力量的关系，并在文末尝试通过某种现象学方法将情感还原为力量，以期最终解决斯宾诺莎阐释中的实体、原因之争。

第一节　直觉范式与斯宾诺莎的当代解释

选择贺麟与张祥龙作为当代中国哲学斯宾诺莎阐释的代表人物，有三条理由。首先，贺麟及其弟子对于斯宾诺莎哲学的译介和研究，有开创之功。其次，斯宾诺莎对于贺、张二氏的西方哲学研究都有始基性的意义。[1]最后，也是最重要的一点，对斯宾诺莎直觉学说的阐发、运用和转化，构成了贺、张之学的关键。

贺麟哲学的出发点是以直觉调和朱陆，贯通"宋儒的思想方法"，最终融合"逻辑的心"（性）与主体意义上的心。在中国近现代哲学的脉络中，贺麟接续的是梁漱溟的直觉主义。梁氏的直觉学说固然转化了唯识学的量论，但在西学脉络中主要依赖柏格森。与之不同，贺麟没有佛学或印度哲学方面的考虑，但有依心学一宗判摄整个近现代西方哲学的意图。它明确地体现为"近代唯心论"这一横贯中西的概括。张祥龙则试图将直觉概念当作全面判摄中、西、印三大传统的准绳之一。

从"近代唯心论"的视野出发，贺麟基于以下四点洞见确定了一个全面解释宋儒（实际上是整个宋明理学）的框架。

---

[1] 参见张祥龙，《逻辑之心与直觉方法——〈近代唯心论简释〉打通中西哲理的连环套》，载贺麟，《近代唯心论简释》，商务印书馆，2011年，pp. 396-399。

1. 反对用洛克式的"天赋观念"解释象山所谓"本心",以为后者更近乎康德的道德律;同时认为狭义的"心学"运用的是一种"向内反省本心的直觉法"。[1]

2. 另辟蹊径,用"以物观物"的斯宾诺莎式直觉法,或者"向外透视体认的直觉法"来解释朱子。[2]

3. 更进一步,主张逻辑意义上的心,就是本质、本性。因而可以将作为唯性论的朱子哲学也解释为一种唯心论。为此,贺麟举出胡塞尔与桑塔耶那作为西学中的对照者。

4. 最后,主张心与性不能相离。理想的、超验的精神原则同时就是主体。[3]

贯穿这四条的线索就是直觉。贺麟在这里其实提出了三种直觉,非但有他自觉到的"向外体认"的直觉与"向内反省的直觉",更有他未曾明言的支持心性统一的直觉。第三种直觉实际上是前两种直觉的统一,是关乎内外同一的直觉。如果说体认本质的直觉可以像张祥龙注意到的那样用胡塞尔的本质直观概括[4],那么第三种关于绝对同一的直觉更近乎谢林的"理智直观"。

作为贺麟的后学,张祥龙对直觉的提法更加微妙,基本只出现在他哲学的开端和终结处。开端固然存乎贺麟对他的直接启发。他一方面极为重视这种胡塞尔式"本质直观"的意义,另一方面不满于贺麟过于依赖近代"唯理论"[5]——这其实是张祥龙对斯宾诺莎本人的间接批评。在张祥龙的主要著述中,"直觉"这个似乎过于近代哲学的术语就很少出现了,取代不同含义"直觉"的是"形式指引""儒瑜

---

[1] 参见贺麟,《近代唯心论简释》,p. 105。
[2] 同上书,pp. 94, 103f.。
[3] 同上书,p. 1。
[4] 同上书,p. 405,又见p. 4。
[5] 同上书,pp. 405f.。

伽""边缘之思""感通"等。但在他生前审订的最后著作中，"直觉"以"直观"的名义回归了。这个凯旋了的"直觉"概念，非但吸收了"形式指引""感通""时机化"等概念的精义，而且作为衡量各大哲学传统的"真知"标准之一占据中心位置。[1]在张祥龙那里，"直观"是一种关乎终极实在的非概念性真知。[2]与《儒家哲学史讲演录》将"瑜伽"推广至儒家工夫传统不同，《导论》将"瑜伽"限制在印度哲学与内学传统之内，但用来标识中国哲学真知传统的"时机化""感通"仍与瑜伽一起被并入直观之下，与标识西方哲学主流的"观念思维"区别开来。[3]

如果对照张祥龙哲学的开端与终点，就会发现一件意味深长的事：他在拓大、深化来自斯宾诺莎－贺麟一系的直觉学说的同时，彻底抛弃了斯宾诺莎本人乃至整个西方哲学传统。此间不讨论张祥龙"观念思维"这一概括的判摄是否确切，也不讨论直觉与"观念思维"的密切关系，甚至也不讨论这个判断对斯宾诺莎是否公正。基于笔者的关切，这里只想指出，张祥龙最后的直觉学说是对斯宾诺莎哲学基本难题的极好引导。对此只须提示两点。首先，至少在斯宾诺莎那里，直觉确实关乎"终极实在"，而不仅仅是胡塞尔式的共相（这是贺麟比张祥龙更正确的地方）。其次，用"观念思维"与"感通"可以两面夹击，逼出斯宾诺莎直觉学说的真正底蕴，看它是如何从情感出发而又远离"时机化"的。这是张祥龙的著述比贺麟之学可以释放更多解释的地方。对于斯宾诺莎哲学中力量与情感的关系，贺麟与张祥龙都没有给予足够的重视。前者虽有所措意，但没有将之与"终极

---

[1] 参见张祥龙，《中西印哲学导论》，北京大学出版社，2022年，pp. 204f.。注意，在张祥龙为贺麟所撰之文中，直观与直觉在术语上可以相互置换，并明确指出"心－情的逻辑要先于理智的逻辑"。参见贺麟，《近代唯心论简释》，pp. 401，412。

[2] 参见张祥龙，《中西印哲学导论》，pp. 132f.。

[3] 同上书，pp. 204f.。

实在"联系起来。后者一生运思,如此注重情感,甚至提出了一种基于情感的"儒瑜伽",但对斯宾诺莎的评判还是停留在"唯理论",丝毫未及当下被强调的"情感"。另一方面,重视情感与力量的当代斯宾诺莎解释主流,又把本质与直觉抛在脑后。有鉴于此,笔者采取一种合题式方法:从斯宾诺莎的直觉与本质学说出发,考察情感与力量学说的真正意蕴。

斯宾诺莎将直觉视为有别于想象与理性的"第三种认识",亦即直观知识(scientia intuitiva):"从神的某属性的形式本质之恰当观念出发,进而达到对诸事物之本质的恰当认识。"[1]他举了一个著名的例子——如何以不同方式得到比例数。[2]这个例子表明,直觉的殊胜在于通过神的本质"顿见"(in one glance)事物的本质。然而,直觉的真正复杂之处不仅在于"顿",更在于它以一种不同于前两种认识的方式触及了神的本质与事物本质之间的关系。说得更确切些,只有直觉才点到了斯宾诺莎"本质"概念中最微妙的地方。[3]而本质才是斯宾诺莎哲学中贯通实体、属性和样态的举足轻重的概念,所有的斯宾诺莎解释都无法绕过甚至必须立足于他的本质学说。这也是我们评判旧解(立足于实体及因果)与新解(立足于力量与情感)的真正衡准。"直觉"范式切中的是斯宾诺莎极为特别的"个别事物的本质"学说。只有基于这一学说,才能准确理解斯宾诺莎的力量及情感学说。反过来说,斯宾诺莎的情感学说也能为解释其直觉学说打开视野。可以说,

---

〔1〕 斯宾诺莎,《伦理学》第二部分命题40附释二,贺麟译,商务印书馆,1983年,p. 80。译文有改动。本章关于斯宾诺莎《伦理学》的引文,中译本皆取贺麟译本,依Spinoza, B., *Ethik*, Lateinisch-Deutsch, uebersetzt von W. Bartuschat, Hamburg: Felix Meiner, 1999校订,译文改动不再一一标出。
〔2〕 "譬如,有1、2、3三个数于此,人人都可看出第四个比例数是6,这比任何证明都更明白,因为凭一次直观,我们便可看到第一个数与第二个数的比例,单从这个比例就可推出第四个数。"同上。
〔3〕 参见Spinoza, *Ethik*, S. 183。

贺、张的直觉范式与当代研究的"力量与情感"范式非但不对立，且能起到引导和奠基的作用。遗憾的是，当代研究对直觉学说既不够重视，又理解不当，须专门批评。

斯宾诺莎推崇直觉的背景是他完整的三种认识学说。直觉是关于事物本质的第三种认识。另外两种是：关乎个别事物的意见或出于记号因而关乎事物形象（image）的想象（imagnation）；出于关乎事物的共同特性的共同概念（common notions）和恰当观念（adequate ideas）的理性。只有第二、三种认识才能提供恰当观念，第一种认识则是错误的唯一原因。[1]

面对这样一部完整的认识谱系，主流研究却基本集中在前两种认识的关系上，且将之简化为想象（忽略或包括了斯宾诺莎所谓"意见"）与理性之间的关系。对此问题，大体形成了强理性主义、弱理性主义与想象主义三种解决方案。在三种方案中，德勒兹基于想象的"理性生成论"影响最大。学界对此有较犀利的批评，但也未及德氏对第三种认识的解释。[2] 德勒兹的完整观点其实是：第一、二种认识是断裂的，第二、三种认识是连续的。理性在想象的"诱导"下"生成"，但第三种认识是永恒的，无所谓"生成"。[3] 吴功青批评了德勒兹观点的前半截——"理性生成说"，笔者则要在考量其后半截观点的基础上全面衡量三种认识的关系。德勒兹主张，第二种认识是第一与第三种认识的中介，而第二种认识（理性）与第三种认识（直觉）之间没有断裂。[4] 与此相对，笔者认为第三种认识是第一、二种认识的综合。换言之，既认为第一种认识对第三种认识的"生成"有所贡献，也认为这种贡献恰恰是第二、三种认识，亦即理性与直觉之间的断裂之所在。

---

[1] 参见斯宾诺莎，《伦理学》第二部分命题41，p. 80。
[2] 参见吴功青，《从想象到理性的跳跃：驳德勒兹的斯宾诺莎解释》。
[3] 参见德勒兹，《斯宾诺莎的实践哲学》，冯炳昆译，商务印书馆，2005年，p. 69。
[4] 同上书，pp. 116f.。

可以发现，第二、三种认识的区别在于，基于共同概念的理性只能认识事物的共同特性，而不能认识个别事物的本质与实存。[1]而第一与第三种认识的区别在于，前者固然关涉个别事物（这与理性不同），但个别事物在其中只是被感官经验片面、混乱、缺乏理智秩序地再现的。理性与直觉之间的"连续性"在于：直觉同样是以永恒的方式认识事物的。换言之，直觉以永恒的方式认识个别事物，理性以永恒的方式认识共同特性，而意见和想象则以无法摆脱时间性的方式认识个别事物。第三种认识最特别和殊胜的地方在于，它能达到对个别事物的本质和实存的永恒必然的理解。这就同时与第一、二种认识区别开来。很清楚，全部《伦理学》的最高目标就是第三种认识。[2]不能确切解释直觉，就无法真正掌握斯宾诺莎的体系。以此衡之，德勒兹解释的最大问题并不在于强调想象对理性的影响，而在于过于强调共同概念，抹杀了直觉与理性的区别。而那些不同版本的"理性主义"解释同样如此。须知，"理性主义"的真正对立面不是德勒兹的"想象主义"（如果德氏真有这种"想象主义"的话），而是贺麟同张祥龙正确指出但缺乏有力论证的"直觉主义"。

第二节　个别事物难题（上）：本质与实存

要恰如其分地掌握斯宾诺莎直觉学说的殊胜之处，就要回答这样几个关涉全部斯宾诺莎体系的关键问题：1. 如何理解个别事物的本质与实存。与此相关，2. 如何理解神的本质及其与共同概念的区别。3. 理性是否能够认识个别事物的本质和实存。如果不能，那么对个别

---

[1] 参见斯宾诺莎,《伦理学》第二部分命题44绎理二证明，p. 84。
[2] 参见《伦理学》第五部分命题25、26、27、33及命题36之附释，pp. 255–256, 259, 261。

事物的本质和实存的"恰当观念"是什么，这与理性中的恰当观念有何区别？4. 理性与直觉二者的"观之以永恒"（sub aeternitatis specie）有何区别？5. 被动情感、想象与身体这些在德勒兹式的解释看来对理性有诱导作用的东西，对于直觉有无意义？

以上所有问题的根本是"个别事物的本质与实存"——这才是斯宾诺莎交给直觉的任务。第三种认识，或者说直观知识，是"从（ab）神的某个属性之形式本质的恰当观念达到（ad）关于诸事物本质的恰当认识"[1]。这个命题有三个环节（神的某个属性的形式本质、事物的本质、恰当观念或恰当认识），但其关键就是诸事物的本质必然"出于"（ex）神的永恒无限的本质这一生产关系。[2]顿见这一关系，就是直觉性认识。直觉之不可或缺，即在于无论想象还是理性都不足以恰当地认识这一关系。要理解这一层，就得诠解这三个概念："神的某个属性之形式本质"、"事物的本质"、两种本质之间的"关系"。

据《伦理学》第二部分命题47及其关于第三种认识的附释与第一部分界说六看，所谓"神的某个属性的形式本质"，就是属性所表现的"神的永恒无限的本质"。[3]这种永恒无限的本质不只是思维或广延之类属性本身，更是一切不同属性共同"表现"的"神的本质"，亦即"神的力量"。[4]《伦理学》开篇这样界说永恒："永恒性，我理解为实存自身，就实存被设想为只从那永恒事物（the eternal thing）的界说中必然推出而言……这样的实存被设想为永恒的真理，正如一个事物（a thing）的本质，因之不能被绵延或时间说明……"[5]

---

[1] 斯宾诺莎,《伦理学》第二部分命题40附释二, p. 80。参见 Spinoza, *Ethik*, S. 182f.
[2] 参见斯宾诺莎,《伦理学》第一部分命题16之证明，命题17之附释，pp. 19–22。
[3] 同上书, pp. 3, 86。
[4] 同上书, 第一部分命题34, p. 35。
[5] 同上书, 第一部分界说8, p. 4。又见 *The Collected Works of SPINOZA*, edited and trans. by Edwin Curley, Volume I, Princeton University Press, 1985. p. 409。

我们同意柯莱的评注,"那永恒事物"指实体,而"一个事物"则包含了样态。[1]合观第二部分命题45关于个别事物实存的附释("这里的实存不是指绵延而言……")[2],可以明白,"永恒"的界说就是关于实体与个别事物之"实存"的。它非但断言了对个别事物的实存可以做非绵延的亦即"观之以永恒"的理解,而且揭示了观之以永恒的根源在于,个别事物的实存同它的本质一样,都是从实体的本质"推出来"的。属性只是"自类无限的",而属性所表现的实体才是可以必然推出实存因而永恒的东西。"永恒无限的本质"具有不可分割的双重意义:必然包含自身的实存,亦即自因;必然推出或生产无限的个别事物的实存与本质。[3]实体作为"存在因"(causa essendi)就是力量。换言之,永恒无限的本质作为神的力量就是能产生存在(自身存在与万物存在)这个结果的东西[4],而非仅仅万物都无差别地沉没于其中的深渊般的东西。[5]W.克拉默正确地看到了,实体是一种跨属性的"活动性"(Tätigkeit)。[6]而他不正确的地方在于,用了活动性这个费希特的术语取代了斯宾诺莎本人明确指出的

---

[1] *The Collected Works of SPINOZA*, p. 409.

[2] 斯宾诺莎,《伦理学》, p. 85。

[3] 参见 Macherey, P., *Introduction à l'Éthique de Spinoza*, La première partie' la nature des choses, Paris: Presses Universitaires de France, 1998, pp. 137f.。

[4] 参见斯宾诺莎《形而上学思想》第一章对实存存在与本质存在的区别。见斯宾诺莎,《笛卡尔哲学原理》,王荫庭、洪汉鼎译,商务印书馆,1980年,pp. 137f.。又参《伦理学》第一部分命题36之证明:"产生结果"的证据是表现了"力量", p. 6。

[5] 参见斯宾诺莎,《伦理学》第一部分命题9—11,特别是命题11之别证与附释。属性所表现的永恒无限的本质就是能够存在的无限力量。绝对无限者并非没有,但不能等同为永恒无限的本质。毋宁说,绝对无限者就是永恒无限者之间的绝对同一性。但既然不同属性的永恒无限性都是自身设定的无限力量,那么绝对无限性就是跨属性、跨自类无限的力量本身,可以用思维力量与广延力量及其相同性把握。正因为这个绝对同一者就是绝对无限的力量,它才不可能是深渊般的东西。参见《伦理学》第二部分命题7绎理及附释,pp. 49f.。

[6] 参见 W. Cramer, *Die absolute Reflexion*, Bd. I, Frankfurt am Main: Vittorio Klostermann, 1966, p. 41。

跨属性本质——力量。

神的本质与个别事物的本质都不是共同概念可以恰切认识的。[1] 力量对万物的生产就是唯一实体与无限样态这两种个别者之间的因果关系。由于两个关系项的个别性，这种因果关系不可能是共相殊相之间的逻辑关系，因而不是理性亦即第二种认识可以恰当认识的。这一结论可能使人疑惑。首先，按照主流的认识论与逻辑学，原因也是知性范畴；其次，在斯宾诺莎那里，对个别事物的实存及本质的把握（知觉）也具有永恒的方式，而这种方式就是理性的本性。[2] 那么如何理解生产个别事物及其相应认识种类（直觉）的殊胜性呢？为此我们要进一步了解斯宾诺莎关于个别事物的本质与实存的学说。

个别事物是中世纪晚期所谓"唯名论革命"之后的核心概念。这当然不是现代思想兴起的唯一标识性概念，无限性、力量与意志无疑具有同样的地位。但相较这些更偏原理的概念，个别事物无疑更具出发点的意义。[3] 限于篇幅，笔者跳过关于这个论题的论证，直接提出完整的问题学和方法论。全部问题域可以由上帝、自然和人三者及其关系确定。这一区域在笛卡尔的体系中得到清晰的统合，但其要素在中世纪哲学里已经具备了。在方法论上，可以转用海德格尔作为批判性范畴提出的"本体-神-逻各斯"（onto-theo-logos）。将问题学与方法论的这两组概念交织起来，可以发现"个别者"的优先性可以在

---

[1] 除了关于第三种认识与第二种认识的区别之外，也可以参见斯宾诺莎，《神、人及其幸福简论》，洪汉鼎、孙祖培译，商务印书馆，1987年，pp. 169, 173f.。并斯宾诺莎，《伦理学》第二部分命题47附释，p. 86。
[2] 参见斯宾诺莎，《伦理学》第二部分命题44绎理二，p. 84。
[3] "唯名论革命"，只是对一个更加复杂宏大、无法简单命名的"革命"的简单概括。例如吉莱斯皮提醒了其"前提"是对上帝的意志论形象。参见冯肯斯坦，《神学与科学的想象：从中世纪到17世纪》，毛竹译，生活·读书·新知三联书店，2019年，p. 31。又见吉莱斯皮，《现代性的神学起源》，张卜天译，湖南科学技术出版社，2012年，pp. 37-41, 246。

本体、神与逻各斯三项上一起得到确证,但在实际的哲学史中侧重自有不同。在唯名论者那里是逻各斯之路先行,个别者(即殊相,斯宾诺莎也将二者当作同义语使用)首先作为词项被考察。[1]当破除了共相的实在性之后,神与万物这两种个别者之间的关系就不再是普遍与殊相之间的逻辑关系,创造万物也不再是按照普遍原型的模仿式制作。立足于个别者,创世者的力量-意志性就被凸显了出来。

斯宾诺莎同样主张废除共相的实在性,同样从个别事物出发。[2]他毫不犹豫地依据效果因而非形式因解释创世。[3]在斯宾诺莎那里,概念性的"从……推出"与因果性的"产生于……"别无二致,都用同一个术语sequitur表达。[4]而这种"推出-出自"关系的范本,并不按照亚里士多德式的三段论在普遍性、特殊性之间发生;而是以欧式几何为范本,在个别事物的本质(界说)与实存之间发生。换言之,斯宾诺莎对个别事物的确认更多地属于本体(实存与本质)之路,而

---

[1] 参见奥卡姆,《逻辑大全》,王路译,商务印书馆,2017年,p. 60。顺便说说,斯宾诺莎著名的"天犬座"与"犬只"的区别之例已经出现在这部逻辑学教程中了——当然这并不足以说明斯宾诺莎受到唯名论的影响,此例当是逻辑学教材中习见的。参见奥卡姆,《逻辑大全》, p. 94。斯宾诺莎,《伦理学》第一部分命题17之附释, p. 21。并《笛卡尔哲学原理附录:形而上学思想》, p. 179。
[2] 学界的争论显示,虽然有学者直接称斯宾诺莎为"唯名论者",但反对者主张,由于斯氏断定了"共相",就无法那么称呼他。我们认为,斯宾诺莎所断定的"共相"绝非唯实论者的"种类",而斯宾诺莎的"实在性"也绝非唯实论者赋予"实在性"的含义。斯宾诺莎肯定是"唯名论革命"导致的结果之一,虽然他拒绝了这种革命的其他一些主流方面。参见 Feibleman, "Was Spinoza a Nominalist?", *The Philosophical Review*, Vol. 60, No. 3 (Jul., 1951), pp. 387f.。斯宾诺莎接近甚至可以直接被归入唯名论的表述并不孤立,例如可以参斯宾诺莎,《神、人及其幸福简论》, p. 169;《笛卡尔哲学原理附录:形而上学思想》, pp. 134f.。
[3] 参见斯宾诺莎,《笛卡尔哲学原理附录:形而上学思想》第二篇第十章;篇72。
[4] 参见斯宾诺莎,《伦理学》第一部分命题16及其绎理一至三。Spinoza, *Ethik*, S. 40f., 又参 Macherey, *Introduction à l' Éthique de Spinoza*, La première partie, la nature des choses, pp. 140f.。

非逻各斯之路。[1]在逻辑学的推论中，无法绕开形式因或类属。而在斯宾诺莎看来，几何学式的本质界说（关于被创造物）须包括其"最近因"。[2]这种基于个别事物的本质与实存的效果因，其旨趣部分与其说属于狭义的自然哲学，毋宁说首先是本体神学上的。自然科学要追求的原因无疑就是样态之间的"最近因"，但斯宾诺莎立刻指出这就是"神的分殊"[3]，更不必说实体与样态之间的因果关系——神是内在因、第一因。实体固然也是样态的效果因，但实体之于样态更多地是最终根据之于效果，或者体之于用，而非作为康德阐明的作为"知性概念"的原因性。不过，在斯宾诺莎那里，虽有直觉与理性的抑扬，却无知性与理性的割裂——因果性非但贯通实体与样态；更有甚者，样态之间无限的因果关系之所以可以成立，完全是因为表现了神的力量。换言之，体用关系决定了因果，因果就是对体用的表现。《伦理学》第一部分的最后一则命题说："没有一个实存的事物，不会由其本性产生某种效果。"[4]这看起来是莱布尼茨-沃尔夫学派那里与"理由律"相对的所谓的"效果律"；但斯宾诺莎的论证绝非基于逻辑定律，而是基于力量："一切实存的事物莫不以某种样式表现神的力量，而神的力量就是万物的原因，所以每个实存的事物都会产生某种效果。"[5]

这条在《伦理学》的其他部分被频繁引用的命题的精义是：原因性不是别的，就是力量。重申一下，不是说力量服从因果律，是一种

---

[1] 莱布尼茨不无刻薄地说，"斯宾诺莎确实不是掌握推证技艺的大师"。见《莱布尼茨逻辑学与语言哲学文集》，段德智编译，商务印书馆，2020年，p. 236。这句话在某种意义上是正确的，斯宾诺莎的"推论"的确不是逻辑学的。马舍雷说，斯宾诺莎"废除了传统的'逻辑'形式……就算'逻辑'这个名称适用于此，那也是隐含的"。这还算是留余地的说法。参见 Macherey, *Hegel or Spinoza*, trans. by Susan M. Ruddick, the University of Minnesota, 2011, p. 162。
[2] 参见斯宾诺莎，《知性改进论》，贺麟译，商务印书馆，1960年，p. 53。
[3] 参见斯宾诺莎，《伦理学》第二部分命题9及其证明，pp. 51f.。
[4] 斯宾诺莎，《伦理学》第一部分命题36，p. 36。
[5] 参见同上命题之证明。Spinoza, *Ethik*, S. 78f.。

原因；而是说，原因性或者因果关系本身出自力量。万物表现神，样态表现实体，而实体就是力量；或者说实体就是以因果关系项的面目出现的因果关系本身，样态因而获得了有限的原因性，这层精义是理解《伦理学》体系的关键。对于《伦理学》的主旨，斯宾诺莎研究界向来有"实体"范式与"原因"范式的争论。[1]有调和倾向的晚近文献提出了"作为原因的实体"一说[2]，此说有正确的地方，斯宾诺莎那里的实体与原因本来就是统一的。但关键是要指出《伦理学》中实体与原因统一的真正方式与真正的第三方——力量。就力量是绝对的生产者（其产物是万物的本质与实存）而言，力量就是第一原因；就力量是绝对的自身设定者而言，力量就是因果性本身的自我证成，这就是自因。[3]实体是自因，万物在其中的东西也就是生产万物的东西。同一律与根据律归根结底是同一的。因而，样态的力量获得了这样的特性——既是样态自身存在的根据，也是引发他物的原因。正是样态对神的表现，或者说有限力量对绝对无限力量的这种表现性，才让作为最近因的样态被称为"神的分殊"。《伦理学》的开篇就揭示了实体的自因性[4]，而第一部分的终篇——命题36则基于力量揭示了样态的原因性。对照首尾两处，可以清楚地看到，第一部分的基本意图就是从实体的原因性推到样态的原因性，实体的自因性就是其力量性的预演。

《伦理学》之为伦理学的基石在于，心灵这个样态的最高努力就是理解神。但神无非就是作为原因的实体，心灵对神的理解就是从人这

---

[1] 参见吴增定，《斯宾诺莎哲学中的实体与样态》。
[2] 参见 Karolina Hübner, *Spinoza on Substance as Cause*, Dissertation, Department of Philosophy, the University of Chicago, June 2010。
[3] 自因不是丐题，而是因果关系本身的直接自身设定。如果认为"联想是因果关系的原因"时，这才是某种丐题。
[4] 黑格尔在批判"实体"范畴僵死性的同时高度重视"自因"概念，这正是因为他看到自因赋予了实体生产性与根据性。

个样态的特殊情状——被动情感出发对无限的因果关系的理解。与第一部分从实体下行顺推出样态不同，第二部分开始的任务是从样态上升，从个别事物和被动情感出发认识原因。如下两条命题确定了这条道路的可能性："观念的秩序与联系和事物的秩序与联系是相同的"[1]，以及"一个物体被另一个物体激发的（afficitur）一切样式（modi），出于能激发的物体的本性，也出于被激发的物体的本性"[2]。从前一条命题可引出多种重要结果，其中之一就是：心灵的情感与其身体（物体）的被激发样态是一致的，无非是把握同一个实体的两种属性。[3]因而后一条关于物体情状的命题可以平行一致地用于心灵的被动情状。[4]这条命题道出了转化被动情感的起点：被动情感中隐蔽的共同性。隐蔽性的意思是，这种被激发的情状之观念指示自己的身体多于指示外物。[5]与这种情况平行一致，当这一观念仅仅与人的心灵相关（而不与外物的观念或者说外物的"心灵"相关）时，这就是不清楚明晰的观念。[6]换言之，当身体情状与外物的共同性只是隐蔽的，与之对应的心灵情感就是混淆的观念，亦即被动情感。[7]反过来说，"当我们对一个被动的情感形成清楚明晰的观念，此被动情感就立即停止为一个被动情感"[8]。心灵具有不清楚明晰或不恰当的观念越多，就越受被动情感支配；反之就越主动。被动的情感所支配的心灵只被视为自然的

---

[1] 斯宾诺莎，《伦理学》第二部分命题7，p. 49。
[2] 同上书，第二部分公则一，p. 58。这条公则运用到人身上，就有第二部分命题16 "人的身体为外物所激发的任何一种样式的观念也必定包含人身的本性，同时包含外部物体的本性"，同上书，p. 62。
[3] 同上书，第二部分命题7之附释，p. 49。
[4] 人心必然能够知觉其身体上发生的一切。某一身体较另一物体更为主动、独立，则与其一致的心灵的理就更为明晰（distinct）。同上书，第二部分命题13之附释，pp. 56f.。
[5] 同上书，第二部分命题16之绎理二，又第四部分命题9之证明，pp. 62f., 177。
[6] 同上书，第二部分命题28，p. 71。
[7] 同上书，第三部分 "情感的总界说"，p. 164。
[8] 同上书，第五部分命题3，p. 240。

一个孤立的部分,缺乏与其他部分的联系,因而无法被清楚明晰地知觉。[1]这就是说,清楚明晰观念的起点是从理解共同性开始,而封闭在自身之内的情状只能是被动情感或混淆观念。被动情感之所以被动,首先在于遮蔽了共同性;之所以可被转化为主动,就在于可从情状本身——首先是身体情感及其观念——蕴含的共同性出发,基于因果关系,达到对个别事物的彻底理解与永恒观照。

概括地说,所谓第一种认识(想象)就是封闭、停留在情感的孤立性、当前性中,没有从共同性出发达到与其他事物的联系。但仅仅立足于情感的共同性,也可通向第二种认识,未必能够达到第三种认识所把握的关于个别事物的本质与实存的恰切观念。直觉与理性都是基于共同性的,但后者只关乎共同概念,无法完整说明情状之因果性。要清楚地区分直觉与理性,看到第一种认识对直觉的意义,首先就得区分共相和因果、区分共同性在斯宾诺莎哲学中的不同含义。第一种认识或者说想象、情感和身体对于斯宾诺莎认识论来说是不可或缺的,但它起作用的方式并非德勒兹所说的"诱导理性",而是与理性一同促进了直觉。这里先厘清情状的共同性与作为理性基础的共同概念的差异,下一节专门讨论情感对理解个别事物本质与实存的意义。

共同性是斯宾诺莎哲学中一个运用颇为广泛但始终没有得到完全澄清的概念。这里的麻烦在于,1. 因果关系是包括甚至针对个别事物的本质与实存的(这是斯宾诺莎整个学说的要义),而因果关系承诺了关系项(个别事物)之间的"共同性"。[2] 2. 理性基于共同概念,而共同概念无法抓住个别者的本质与实存。要避免1与2的表面矛盾,就得区别单纯的共同性与共同概念。

至少在《伦理学》中,共同性有如下几种含义。首先是"共同概

---

[1] 参见斯宾诺莎,《伦理学》第三部分命题3之附释,p. 105。
[2] 同上书,第一部分命题3,p. 5。

念"。"共同概念"就是《几何原本》中的"公则"（common notions）。这个术语在17世纪哲学中颇为风行，但在斯宾诺莎那里，除了"公则"，"共同概念"也有"共同观念"亦即共相的意思[1]，二者都有无法达到个别事物及其本质，只能揭示共同特性的缺陷。[2] 其次，共同性也用于身体与外在物体共同作用的被激发情状。因而，情状既是个别的（个别事物被感官片面、暂时经验到的方面），也是共同的（身体与外物之所共）；但它既未到达个别事物的本质，亦不是可纳入共同概念之下的特性。这种共同性又有两种情况，首先就是斯宾诺莎最重视的因果关系。因而，通向恰切观念的第一步就是：认识到情状的共同性、非孤立性。情状不是只指示自己的身体，其相应观念也不是只在自己的心灵之中，与其他物体的观念不发生联系，但物体都是个别事物。[3] 这种共同性指向的是个别事物及其本质与实存的因果关系，而非没有实在性的共相。这就是因果性也包含了共同性的基本理由。[4] 其次，基本情状的共同作用，也可以用现象学意向性学说的质素-感性性质加以解释。此间不予展开。这里要抓住的只是这层结论：直觉无非就是从身体情状-情感出发的真正的因果性认识。但这种认识由之展开的情状之"共同性"不是共相，而是涉及个别事物的实存与本质的因果性。理性只能抓住共相，直觉才能认识个别事物的具体因果性。认识个别事物的起点是情感（或想象），终点就是直觉。学界关于斯宾诺莎认识论的主流解释，之所以都集中在想象与理性之间，很大缘由在于斯宾诺莎本人的直觉论述远少于情感论述，且并未突出情感与直觉的联系。为了发现这层联系，必须回到个别事物的本质与实存。

---

[1] 参见斯宾诺莎，《伦理学》第二部分命题40附释一，pp. 77–79。
[2] 参见斯宾诺莎，《知性改进论》, p. 52；《神、人及其幸福简论》, p. 169；《伦理学》, pp. 87f., 92。
[3] 参见斯宾诺莎，《伦理学》第二部分补则三证明，p. 58。
[4] 因与果之间的共同性的另一层含义，是自类，或者它们所属的同一个属性。

第三节　个别事物难题（下）：情状、情感与努力

当前流行的对斯宾诺莎哲学的"情动"式解读遇到的最大文本难题是，如何解释第一部分"本体神学"意义上的情状（affectio，一译分殊），与第二、三部分"伦理学"意义上的情感（affectus）之间的关系。由于斯宾诺莎本人只是在对样态的界定中提到了"情状"，在关于本体神学的整个第一部分偶尔运用这个概念，从未专题讨论过，因而文本中缺乏任何支持斯宾诺莎的"情状"本体论的直接证据。这个困境可以用两种办法纾解。首先，既然"情状"是对"样态"的定义，那么对样态学说理解得越透彻，实体情状学说的面貌也就越清楚。其次，在界定心灵这种思维样态的"情感"时，斯宾诺莎实际上已经解释了情状："我把情感（affectum）理解为身体的情状（affectiones），在其中身体的活动力量进退屈伸，而这些情状的观念亦随之进退屈伸。"[1]虽然这里的情状仅限于广延样态亦即身体，但样态是对实体力量的表现，这种结构也适用于包括情感在内的一切广义情状。情状就是力量屈伸的样式——在这个意义上，斯宾诺莎研究的情感范式与力量范式是完全可以统一的。但仅仅做到这一步仍然不够——这也是当前流行范式的共同缺陷。对斯宾诺莎来说，更重要的是情感或力量属于样态的本质。

斯宾诺莎体系无疑是"唯名论革命"最重要的哲学史后果之一，但更要看到，斯氏对唯名论的基本设定做了他的择取、强调和转释。唯名论在废除共相实在性之后，面临的最突出难题是神与所有个别事

---

[1] 参见斯宾诺莎，《伦理学》第三部分界说3，p. 98，译文有重要改动。参见Spinoza, 1999, pp. 222f.; Curley, 1985, p. 493。此句通常译为"这些情状使身体的活动力量增进或减退、顺畅或阻碍"。quibus ipsius 当是夺格，表方式。同一个表述在紧接着的公设一中又不被译解为"使力量屈伸的东西"，而是力量屈伸的方式。笔者认为，结合界说3和公设一，情状应被译解为就是力量的屈伸方式、样式，而非使力量屈伸的东西。

物的关系，德国唯心论注重的自由问题与意志问题、当代解释注重的存在单义性问题，都可从个别事物的不同神学解释方案中推出来。[1]但根本问题始终是作为个体的神与无限个别样态之间的关系。斯宾诺莎哲学真正精彩的地方在于从神与样态同时出发。换言之，他不仅从神出发，引出了以无限个样式（方式）生产无限个样态的命题[2]，更从个别事物出发，提出了两重难题：1. 个别事物的样态的本质与实存有何关系？ 2. 那些其本质不包含实存的个别事物，其实存的原因是什么？被其实存所中介的本质的原因又是什么？只要抓住这两重问题，解释者就既不会错过斯宾诺莎体系中任何重要的东西（例如情感、努力与力量），也不会迷失在这些东西的复杂关系之中。

这两个难题彼此之间是有关联的。首先，斯宾诺莎强调了唯名论的基本立场，即只有个别事物有本质。但他进一步确认了，用概念推理或逻辑分析得到的只能是个别词项，而非真正的个别事物。个别事物的本质性是随同其实存被共同给予的。本质不被设定，实存就被取消。反之亦然。[3]那种仅仅没有逻辑矛盾就可被设想的个别词项不足以拥有本质，现实实存的东西才有本质。而现实实存的个别样态的原因不能是自己的本质，否则它就是实体，不是样态。个别事物的实存和本质的原因只能是包含了或不如说潜含了无限个别事物的实体。但"仅仅包含一切东西"并不是产生这个而非另一个的确切原因（因为另一个也包含在无限本质中，但并未实际产生），因而产生个别事物的现实实存的原因只能是最近因——另一个现实的个别事物。[4]这另一个个别事物的现实实存与本质同样有它的确切原因，如此以至无穷。

---

[1] 参见德勒兹，《差异与重复》，安靖、张子岳译，华东师范大学出版社，2019年，p. 71。
[2] 参见斯宾诺莎，《伦理学》第一部分命题16，p. 19。
[3] 同上书，第二部分界说2，p. 44。
[4] 同上书，第二部分命题8附释，p. 51。此附释所举的例子来自《几何原本》第三卷定理35。圆形包含无限个矩形显然不是产生这一个现实的矩形的原因。这个现实矩形的最近因也不是那种让潜在的东西现实化的"主动努斯"类的东西。

这种无限的因果序列似乎呈现了一种自然科学式的必然性，而无法以莱布尼茨及康德的方式引出自因神或自由的存在者。但在斯宾诺莎那里，自然必然性与神是完全同一的。一定要注意两个唯独为斯宾诺莎所有的观点。首先，这个原因系列是无限的，神之为第一因绝不是像莱布尼茨-康德论证的那样在这个序列的开端出现——这个序列是没有开端的。恰恰相反，神之为第一因的意思是说，神就是这个因果序列本身，并且神的分殊作为每一个最近因遍布于整个因果序列。这就是神作为生产或力量的确切含义。个别事物的原因性只能来自它对神的表现。[1] 其次，由于因果关系的关系项都是个别事物，则这种因果关系也是个别化的、具体化的。因果关系的总和构成的那个最大整体——例如在广延属性下的宇宙——也是一个个别事物。

　　上文已经指出，关于本质与实存的两个问题是一体的，因而对问题2的解答也有助于解答问题1。个别事物的现实本质与实存的最近因是另一个个别事物。按照第一部分命题36，个别事物的现实本质本身也有其结果。"一物竭力保持其存在的努力（conatus）不是别的，就是此物的现实本质。"[2] 这就是个别事物的持存，即保持实存。换言之，个别事物的现实本质就是所表现的力量性对自身的设定，这与力量产生他物有微妙的区别。但由于个别事物表现的就是实体，实体既是自因又是万物的原因，则个别事物的努力表现的就是无限力量的自因这一层。人的情感和欲望就是其身心的现实本质，而现实本质也就是努力对力量的个别的、不可替代的差异化表现。现实本质就是个别本质，"被给予的表现出来的本质"[3]。

---

[1] 请再次参考《伦理学》第一部分命题36之证明。每一个个别样态之所以能成为原因，恰恰因为它表现了神的力量。换言之，恰恰因为它就是神的分殊。
[2] 同上书，第三部分命题7，p. 106。
[3] 参见马舍雷，《感性生活：斯宾诺莎〈伦理学〉第三部分导读》，赵文译，西北大学出版社，2022年，pp. 96–108。

努力在斯宾诺莎前后著述中的适用范围是有变化的。在《神、人及其幸福简论》中，努力被认为是神圣的天道，神（或者说万物的整体）与万物都要通过努力保持存在。[1]在《形而上学思想》中，神、生命、事物借以保持存在的力量（potentia）是同一的。努力（conatus）被承认与万物的本性只有思想的区别，而无实在的区别。但由于此术语暗示了万物的某种自主性，斯宾诺莎对它的使用非常谨慎。反过来，神的助力（concursus）这个经院哲学概念则可被用于证明万物的自身保存的力量绝非由于自主。[2]换言之，《简论》中的努力的地位远远弱于助力的地位。意味深长的是，"助力"这个术语在《伦理学》中完全消失了，"努力"则再次隆重登场。努力与力量的对立被彻底扬弃。努力非但是一种二阶性的力量，更是力量自身的表现。这就是说，神的助力不在万物的努力之外，万物的努力就是实体的力量的差异化表现。个别事物的存在就是力量关系，既是与他物之间的力量关系，也是与自身的力量关系——后者就是严格意义上的努力。个体之现实本质就是自身肯定、自身保持之力量；个体之现实实存取决于肯定力量（包括作为自身肯定力量的努力与成就自身的最近因）与外在否定力量的斗争。[3]存在（实存与本质）就是存在于力量关系之中。如果存在与概念是相应、相同的，那么观念的真正形式本质就是个别化的力量关系。换言之，恰切观念就是对无限因果关系亦即力量关系的认识。力量关系有两个维度，自身关系与对它关系。而人对身心中自身关系的力量消长的观念不是别的，就是情感或情状。

　　这就是通过努力这种力量的自身关系可以界定意志、欲望、冲动以及其他基本情感的缘由，也是对个别事物的实存与本质真正恰切的认识必须从情感开始的缘由。基于共同概念的理性既不可能真正认识

---

[1] 参见斯宾诺莎，《神、人及其幸福简论》，p. 166。
[2] 参见斯宾诺莎，《笛卡尔哲学原理》，pp. 143, 149f., 163, 178。
[3] 参见斯宾诺莎，《伦理学》第三部分命题5、6、8及其证明，pp. 105f.。

个别事物,也不可能认识其力量关系。被动情感之为"错误观念"只是缺少或匮乏;其错误不在给予了个别事物的力量关系,而在于只是局限于自身之内,没有给出足够充分的力量关系。恰切观念并非抛弃作为"被动性"或者"激情"(passion)的情感,而是将之放入更充分的因果关系中,克服其被动性,但仍保留其为情感。情感或想象的缺点就是束缚在身体上;但直觉从理性那里取来用到个别事物上的"永恒观照"并非抛弃身体,而是克服从绵延或时间性观照身体的视角。[1] 转情感的被动为主动,转身体的时间化观察方式为永恒的观察方式,这两点是同一种认识方式——直觉的两个方面而已。总之,被动情感就是个别事物的力量关系的直接呈现或非本质呈现;因而直觉作为对个别事物本质的真正认识,只能从被动情感出发。

第四节　对斯宾诺莎基本情感学说的改造

从个别事物的本质与实存之相关性理解情感,再反过来从情感进一步理解作为本质的力量关系,可以发现,力量就是作为存在根据的关系,这种关系就是斯宾诺莎意义上的原因性或因果性。与奈格里割裂存在与关系不同,我们的研究结论是,斯宾诺莎的存在概念与关系概念本来就是一体两面的,正如实体与因果是一体两面的。这两对概念的中介都是力量。力量是本质,也是实存的根据,但力量作为力量,必定包含某种产物。存在的根据就是力量这种本源关系、先于关系项的关系。但奈格里有一点是正确的,力量不等于强力这种支配-主宰关系[2],因为主宰关系恰恰是非本源关系。

---

[1] 参见斯宾诺莎,《伦理学》第五部分命题22、命题23之附释,p.254。
[2] 参见迈克尔·哈特为奈格里《野蛮的反常》所撰英译者序。奈格里,《野蛮的反常:巴鲁赫·斯宾诺莎那里的权力与力量》,赵文译,p.520。

对作为存在根据的力量的非关系性理解，部分源于斯宾诺莎文本的误导性。他在说明情感中的力量屈伸时郑重排除了时间上的前后比较。[1]但更深入的阅读可以发现，我们不可能在排除时间关系的同时也排除自身关系，否则所谓力量的屈伸消长就是完全不可理解的。实际上被动情感之所以被动，并不在于表象自身关系，而在于用时间化的方式表象自身关系——这与第三种认识的永恒性不是排除身体，而是排除对身体的绵延式观察完全一致。自身关系是应该被永恒化、非时间化，而非被彻底排除的。非但如此，笔者想指出的是，所有被动情感也想象着自身与他者的力量关系（其中也包含了支配与反支配的关系），这是斯宾诺莎考察基本情感时未能涉及的。

我们尊重包括休谟、哈奇森、舍勒、张祥龙等在内的所有情感取向的哲学家，但采取斯宾诺莎的立场，完全用自然主义而非道德主义的方式考察基本情感。道德情感不是出发点，只是情感完整谱系中的一部分。欣厌、爱恨、欲怒等被动情感在其自身无所谓道德不道德。斯宾诺莎伦理学的重要教诲是，只要加诸明晰观念（充分的前因后果解释），所有的被动情感都可以转化为主动情感，也就是真正意义上的道德情感。但采纳斯宾诺莎的立场不等于完全同意他的方法和结论。斯宾诺莎对基本情感的分类是基于力量自身关系的，完全没有考虑另外一个层面，也就是自身与他者的力量对比关系，因而也就陷入僵硬的分类，未能发现不同情感之间的自然转化。晚明哲学家刘宗周洞察到，喜怒哀乐这四种基本情感有一个转化循环的规律，和一年四时是同样的。因而四情、四时都可以解释为一气的自然流转："喜怒哀乐，虽错综其文，实以气序而言。"又，"离心而言"。[2]如果把刘宗周的洞见用到斯宾诺莎的分类上，可以发现新的结论。

---

[1] 参见斯宾诺莎，《伦理学》第三部分情绪的总界说，p. 165。
[2] 黄宗羲，《明儒学案·蕺山学案》，《黄宗羲全集》第八册，p. 899。又参同册，pp. 902f.。

斯宾诺莎认为，基本情感只有三种：苦、乐、欲望。[1]这种分类并不清晰。假定欲望如斯宾诺莎宣称的那样"是人的本质自身"，那么苦乐就只能是欲望的显现物或派生物。可以将欲望进一步界定为趋乐避苦，则欲望中就包含了苦乐。但如果苦乐是基本情感，那么欲望就没有必要单独成立了。实际上苦乐本身就包含了某种趋避。正如斯宾诺莎将善界定为所欲那样，苦乐同样可以界定为直接的所避与所趋。但另一方面，没有心灵对未来的趋向，那么无论苦乐都不会被遭遇到。我们这里采取另一种划分，欲望是趋向的形式，是生命的存在本身——固有的绽出性与伸展性，是向未来或境域的伸展。苦乐是充实这一趋向的内容，是对境域中特定存在者的趋避。欲望就是生命本身，或如斯宾诺莎正确指出的，是心灵的本质；而只有苦乐——更确切地说，作为趋乐的欣与作为避苦的厌——才是基本情感。我们先讨论基本情感。

斯宾诺莎用基本力量关系（屈伸消长）界定欣厌。如上所示，这个界说和他对个别者的力量论解说完全一致。即使注重亲证超过解证的系统，也能在一定意义上提供旁证。例如梁漱溟指出，孔颜所重之"乐"就是生命力的抒伸畅通。[2]在斯宾诺莎那里，这也就是圆满性（力量强度）的增长，而最高的圆满性是神（天）。然而，正如斯宾诺莎的存在根据学说揭示的，力量关系实际上具有双重性，其中交织着自身关系（努力）和对他者的关系（最近因、否定因）。由于这种交织性通过本质无法确定其实际结果，生存作为绵延，其界限也是不确定的。[3]但这种交织的结果不只是存续的实际界限之被给予，同时也是对这种不确定界限的想象。想象生存的边界被推远，这就是想象生命

---

[1] 参见斯宾诺莎，《伦理学》第三部分命题11及附释，p. 108。
[2] 如孔夫子的乐，生命力的抒发、畅通，也就是圆满性的提升，梁漱溟所谓"畅达溢洋"。参见《梁漱溟全集》第七卷，山东人民出版社，2005年，p. 907。
[3] 参见斯宾诺莎，《伦理学》第三部分命题8附释，p. 106。

力量的上升趋势，也就是在具体遭受（affectus）中想象一种肯定生命的力量，这就是乐。反之就是在某种特定遭受中想象否定生命的力量，想象生命力的下降趋势，这就是苦。这就是为什么，越接近永恒，情感越趋向极乐；越接近死亡，情感越趋向极厌。欣厌之所以是基本情感，就是因为它们想象着趋势。想象就某个实际遭受点给出的趋势比这个点更"基本"。

基于以上讨论，笔者明确提出对斯宾诺莎的三点推进。1. 欣厌中交织着双重力量关系，因而不仅表象着自身关系，也表象着复杂的对他关系。这种对他关系基于肯定与否定的强弱对比；2. 欣厌是趋势，因而都是谱系性的观念。3. 随着自他强弱对比的变化，欣厌这两种谱系下的情感发生相应的转化。

可以用一个思想实验来同时验证这三点。崇拜、仰慕、喜爱、欣赏、宠溺、狎弄都是广谱的喜爱；畏惧、仇恨、愤怒、轻蔑都是广谱的厌恶。喜爱与厌恶的一般区别，取决于另一个力量对自己生命力的肯定还是否定这一"质"的关系。喜爱和厌恶的特殊区别，则取决于自他力量对比的"量"的关系。很显然，随着自身力量对于他者的增长，崇拜将逐渐转变为仰慕、喜爱、欣赏、宠溺甚至狎弄。而畏惧会逐渐转化为仇恨、愤怒、轻蔑等。情感的转化规律同样服从一般与特殊之间，或者质与量之间的辩证法。可以考察欣厌谱系的两个极端：崇拜与轻蔑。崇拜基于对方力量的极其强大，当对方力量无限强大于自己时，崇拜中的敬畏将多于喜爱。无限性意味着无限的不确定性，这也就包括了质的不确定。换言之，力量无限的对方，究竟是肯定还是否定、拯救还是天罚同样是高度不确定的。在这个条件下，崇拜将通过敬畏转化为畏惧，而畏惧无疑更接近厌恶而非喜爱。一个无限乃至于不可捉摸的上帝最终将被人厌弃。这就是从中世纪晚期直到19世纪，上帝形象变化乃至必须死掉的情感理由。与此相应，蔑视是自己的生命力压倒性地强于对方。此时对方的力量即使是否定性的，也会被无限强大的自身转化为肯定性的东西。如果自身力量无限大于对方，轻蔑会转化为释然，释然会转为役使、狎弄。随着自身力量的无限增长，敌人最终会变成服侍取悦自己的小丑。这就是当代欧洲思潮中某个渎神式狂欢之维的情感理由。

综上，当我们拓宽斯宾诺莎的学说，将情感的力量关系本质从自身关系推到自他关系时，就能理解晚明情感哲学家刘宗周的深刻观点：一气之屈伸节律是情感转化与循环的本质。基本情感之所以是欣厌之交织转化，归根结底在于一气是阴阳翕辟之交织。用我们的话说，这就是力量自身关系的无限阶次化。

但如刘蕺山所示，基本情感中并无"欲望"。有鉴于此，我们对"欲望"——这个在当代斯宾诺莎解释中起到巨大作用的概念——做另外的解释，将之与基本情感区分开来。

从斯宾诺莎对欲望的界定，就能发现它与情感的区别："欲望是人的本质自身，就本质被设想为被任何情感决定去行动而言。"[1]欲望只是被意识到的冲动，后者的界说与欲望完全一致："冲动无非是人的本质，从中必然推出有助于其自保的东西；因而人被决定去行动。"[2]进而"因为我们努力于（conamur）、意愿、冲动于、欲求某事，才判断此事是善好的"[3]。综合这三条可以得到：1. 情感出自欲望（被意识到的冲动）这一本质。2. 情感服务于人的自保。3. 情感决定了人采取行动做某事。4. 欲求（冲动、意愿）或者说努力的客体就是自身保存，而这就是善好。因而，欲望与情感的关系是：欲望产生、推出了情感，情感服务于欲望的目标——作为自身保存的善好。一切情感是服务于自身保存的。自身保存或者说欲望先于任何特定的情感，在任

---

[1] 斯宾诺莎，《伦理学》第三部分诸情感的界说，p. 151。
[2] 同上书，第三部分命题9附释，p. 107。
[3] 同上。

何特定情感之前已经设定了需要被保存的、尚未被完成的自己。换言之，欲望指向的是同一个自身的尚未存在。尚未存在的自身被充实为实际存在了，这就是被保存，也就是善好。在自我、存在与善这三个古今基本概念之间，斯宾诺莎的安排是，善好无非是自我的继续存在，所有的情感都服从于这个善好。自己的力量增长有助于自保，对力量增长的观念就是乐，反之是苦。苦乐表现的就是努力与否定因斗争的即时结果。

对比情感可以发现，无论身心力量的实际屈伸如何，努力这个层面的力量都是在伸张。换言之，遭遇到痛苦这种力量内强量降低的情感的前提是生命的延展量仍在持续，而这种前提就是努力即便在痛苦情感中也是成功地自我保存了身心。只有将欲望-努力-延展和情感-力量-强度区分开来，才能理解斯宾诺莎在《伦理学》第四部分开篇那个著名的观点——圆满性与绵延毫无关系。[1] 苦乐关乎圆满性程度的消长，而欲望或努力关乎保存的延展量。但这仅仅是区分而已。在第三部分关于欲望和冲动的界定中，情感显然"出自"（ex）努力自保这个本质。换言之，圆满性与保存并不能够割裂。斯宾诺莎明确指出，1. 基本情感苦乐关乎圆满性。2. 情感"有助于"自我保存。以上论述并不存在矛盾，因为斯宾诺莎从来没有把绵延与自我保存或持续存在等同起来。圆满性有助于实存，并不等于圆满性有助于绵延。与其说斯宾诺莎在这里割裂了圆满性与绵延，不如说他自觉地分离了实存与绵延[2]，对自我保存做了完全非时间的理解。

永恒与时间之关系问题是斯氏整个学说的关键。正是这层关系决定了三种认识之间的关系。而欲望、努力以及与之相关的自我保存又是进入永恒与时间关系的关键——因为指向未来的欲望甚至比被当前

---

[1] 斯宾诺莎，《伦理学》第四部分序言，p. 169。
[2] "这里所谓实存并非指绵延而言。"同上书，第二部分命题45附释，p. 85。

化支配的想象更不易摆脱时间关系。[1]谁能对欲望做非时间的考察，谁就能彻底摆脱时间性。在这个意义上，如果说斯宾诺莎与海德格尔代表了哲学的两极，这大体是正确的。真正的哲学家无论站在哪一极，都会处理对立的一极。斯宾诺莎在时间性面前当然不是扭头不顾，但这个问题需要精微的阐释。从欲望和情感的关系入手，可以清楚地看到斯宾诺莎为何能够扬弃时间性，达到永恒。这种通过彻底扬弃时间关系得到自身满足的无限欲望，才是第三种认识——直觉。

黑格尔在批判斯宾诺莎实体概念的僵化性的同时，高度赞扬了斯宾诺莎的"自因"概念："如果斯宾诺莎进一步发展了自因里所包含的东西，他的实体就不是死板的东西了。"[2]同时，他又将样态视为实体的有限回归（近乎否定之否定），虽然斯宾诺莎并未真正完成这一步骤。[3]

我们知道，在斯宾诺莎那里，实体就是唯一自因的东西。而黑格尔的解释则在实体与自因之间打开了一条裂痕。自因要保持其为活生生的东西，只能是非实体但有实体的力量性的东西；只能是既无法完成自身，又表现了通过生产他物而自身生产的东西——这就是样态。黑格尔要论证斯宾诺莎的样态具有他所说的地位，只能赋予他在别处赋予"力"概念的意涵——这就是返回自身与外化的互为条件和统一。[4]在斯宾诺莎那里，黑格尔力（Kraft）范畴的这种特性既不能在无限的力量，也不能在特定的情感之中，而只能在努力中发现。

---

[1] 参见本书第五章对莱布尼茨欲望的时间性解说。
[2] 黑格尔，《哲学史讲演录》第四卷，贺麟、王太庆译，商务印书馆，1978年，p. 104。
[3] 同上书，p. 106。马舍雷指责说，对黑格尔而言，如果斯宾诺莎未能发展或抓住自因概念，那是因为在他那里自因概念就是自我对自我的抽象的、无差别的同一性。这个指责是武断的，应该只是概括了《大逻辑》中对斯宾诺莎"自因"的注释，而未及《哲学史讲演录》中对"自因"的褒扬，完全是不正确的。参见 Macherey, *Hegel or Spinoza*, p. 18。
[4] 参见黑格尔，《逻辑学》II，先刚译，人民出版社，2021年，p. 137。

样态的感发性就是自因在有限性那里的体现。自身生产与生产他物是同一个过程的两个方面，这就是自因。无限者、实体把他物设定在自身之内；相反，有限者则将自身设定在他物之内，直接生产他物（就是斯宾诺莎界定欲望时的"行动"或者"做某事"）并通过生产他物再生产自己，将他物再设定在自身之内。无限的自因是能生的自然，而表现或者追求自因性的有限力量才是欲望。因此欲望拥有两个相互矛盾但不可分离的环节，1. 将自身设定为他物并生产他物。2. 通过生产他物，将他物设定为自己而再生产自己。再生产自己就是自我保存，而自我要保存的总是一个尚未完成的自我。自保总是设定了一个超越当下自我的自我。设定对当下自我的超越，这就是欲望作为时间性对时间的生产。样态只能将这个超越充实为仍有他物的自我，或者与他物相互规定的自我。这就是情感的本原。换言之，只有有限样态才能把自己与他物的力量对比设定在自身之内。这就是用时间化的方式把握自己——这个必有外物的自己处于必有未来的当前之中。情感归根结底就是对身心的时间化表象。但如果将未来的自身充实为无他物的自身，这就是将有限心灵通过无限的因果关系充实为唯一的心灵——无限理智。无他物的自身，或一切他物都在自身之内的自身，就是一切观念都在其中的观念，这就是神的观念，也就是一切持续都在其中的当前。这就是永恒。

自因中的自我设定，与费希特所谓"我是我"的本原行动在结构上可谓一致。[1] 而有限自因中设定他物与自身设定的统一，则必须在原理上突破单纯的"我等于我"。我只能通过努力（不是狭义的道德行为，而是欲望与生命）等于自己、保存自己。这就是说，自我不能将之设定为只是自我，而必须将自我设定为必然设定了非我的自我、有

---

[1] 在这点上，克拉默是正确的，参见 Cramer, *Die absolute Reflexion*, Bd. I, Frankfurt am Main: Vittorio Klostermann, p. 41。

限自我。换言之，这个自我就不再只是行动，也是感动或感发。有限自因的原理就是本原感发。斯宾诺莎与费希特的关键差异，首先在于绝对者的行动无法与其感发分离。实体与样态的区别，不在于有无感发，而在自身感发还是他者感发。其次在于他者感发的原理既属于心智，也属于身体。

作为有限样态的人，其身心原理就是感发或情感。当这情感是孤立的，心智只以此情感为观念，心灵只通过此刻的这一个情感去理解心灵的客体——身体，这就是第一种认识。但一切情感都是两种基本情感——欣乐厌苦的直接体现，是某种交织的力量关系的直接产物。这就是说，情感中包含了自他关系和力量关系。真正的认识就是从直接被给予的情感出发展开其中包含的关系，想象用时间和形象去把握这种关系；理性反之用永恒和概念把握这种关系，但撇去了被情感指示的个别性，因而是不及身的。直觉通过将个别事物——首先是身体——永恒化而非共同化来把握这种关系，因而具有及身的针对性及基于这种及身性的真正的伦理性。这就是第三种认识的殊胜之处。

小　结

现在可以评价贺麟和张祥龙的洞见了。即使张祥龙不再专门解释斯宾诺莎，但从他的全部哲学中可以推断，他的直觉学说只能从情感出发。张祥龙哲学其实指示了这样一条道路：从"感通"和"起兴"去把握本己个别身心与他物的真正的力量关系、气化关系。贺麟的正确之处在于肯定或预示了理学传统对斯宾诺莎学说的亲和性。当然，通过直觉认识到的并非某一个特定的天理，而是包含了一切实在性的力量，也就是具理的一气。

第五章 莱布尼茨与力量现象学[1]

从连续体迷宫出发的研究

现象学与近代哲学的关系是一个令人着迷，但迄今为止没有得到充分研究的问题。[2]这首先是因为，无论近代哲学还是现象学都是一个多音调的复杂传统。要全面处理二者的关系，第一步应是大致清理这两个传统，而这一步的难度非同寻常。这个议题是胡塞尔提出的，他本人的探索当然拥有特殊的权重。胡塞尔意指的"近代哲学"，和他在自己的思想变化中对近代哲学传统的取舍，是清理这两个传统的最佳指南。

从胡塞尔现象学看，占据首位的近代哲学家无疑是笛卡尔和康德，他们的名字也被用来标识先验还原的不同道路。斯宾诺莎是被完全舍弃的。休谟等英国经验论者也在一定程度上受到重视，但无法与笛卡尔、康德相提并论。现象学地位最特殊的是莱布尼茨。笛卡尔式还原之路通向的是无世界、无他者的极化的纯粹自我（Ich）。为解决这个难题，胡塞尔要把自我先验地具体化。他毫不犹豫地将这个拥有世界与他者的具体本我（Ego）命名为莱布尼茨的"单子"（Monade）。这也是他晚期哲学最受关注的一幕。这一方案在《笛卡尔式的沉思》（下文简称《沉思》）的第四、第五沉思中已经公布，在后来整理出版的

---

[1] 本章曾发表于《社会科学》2023年第6期。
[2] 请允许我再次引用胡塞尔的名言"现象学可以说是一切近代哲学的隐秘憧憬"。胡塞尔，《纯粹现象学通论》，李幼蒸译，商务印书馆，1992年，p. 160。

关于交互主体性的大量未刊手稿中更比比皆是。[1]而从出版时间更近的未刊文本看，单子论甚至溢出了"交互主体性现象学"的范围。例如，在出版于2013年的《现象学之临界问题》中，有关单子论的手稿被编入了"形而上学"这个更接近莱布尼茨本人的分类之下。综观这些文本可以发现，先验单子论首先是框架性的而非论域性的。在其他论域——例如"无意识现象学""本能现象学""伦理学"等，这个框架仍发挥着奠基性的作用。这诱使人们猜测，先验单子论或许就是隐藏在晚期手稿中的胡塞尔现象学的完整"体系"。

然而，这个判断会面临几个困难。第一，正如有关研究指出的，胡塞尔现象学是否有一条"莱布尼茨道路"，仍是不明确的。[2]或者说，胡塞尔对单子论的普遍运用恐怕并未经过明确的"还原"阶段。在《沉思》中似乎有一条对"单子"的还原之路，但那里的还原剩余并未在"交互主体性"以外的广阔区域中得到考验，我们只能在未刊手稿中一窥先验单子论的完整规模。但与此规模相应的、更普遍完整的严格"还原"（即严格意义上的"莱布尼茨道路"），并无现成论述可据。第二，先验单子论虽然作为一个框架以不同方式存在于各个领域，但其本身仍是尚待提炼与整理的。这既与上一个困难（即还原道路的困难）有关，又与莱布尼茨体系本身的复杂性密切相关。这一复杂性就是第三个困难——如所周知，解释莱布尼茨体系有多方面的困难，这既与莱布尼茨撰述的丰富、分散与多变有关，更与哲学史对其主旨的不同解释有关。莱布尼茨研究比一般近代哲学研究更麻烦的地方在于，对其基本问题意识把握的不足阻碍了对体系宗旨的准确理解。

从胡塞尔本人的工作看，现象学与近代哲学之间融合的最重要成果就是先验单子论。弄清这个体系很不容易，既要综观胡塞尔本人在

---

[1] 参见胡塞尔，《共主观性的现象学》第1、2、3卷，王炳文译，商务印书馆，2018年。
[2] 参见倪梁康：《知性本身：通向超越论—发生现象学的莱布尼茨道路》，《中国现象学与哲学评论》第30辑《现象学视野中的生活世界》，上海译文出版社，2022年。

已刊文本和未刊手稿中的论述，同时还要梳理莱布尼茨的复杂体系。这两个任务都是异常艰巨的。但如将它们对照起来，或有相互发明之效。本章通过提炼和推进胡塞尔的先验单子论来澄清莱布尼茨研究中的疑难：先从第三个困难入手，清理莱布尼茨解释的症结（第一、二节）；然后通过回应法国现象学第二代代表人物米歇尔·亨利（Michel Henry）对胡塞尔的批评，从晚期胡塞尔现象学中发展出一个比亨利的质料现象学更为彻底的版本——力量现象学（第三节）；最后，在对力量现象学的探索和运用中引出一些结论，从根本上厘清莱布尼茨解释陷入的困境（第四、五节）。本章当然是一种运用胡塞尔现象学解释莱布尼茨哲学（特别是连续体迷宫）的尝试。但这种运用的前提是改造胡塞尔现象学，而这种改造是凭借莱布尼茨的力量学说（动力学，dynamiques），取道力量化了的时间现象学实现的。

第一节　莱布尼茨哲学的基本疑难

作为17世纪的亚里士多德，莱布尼茨的天才几乎覆盖了所有学术领域。这给莱布尼茨研究带来了特别的困难。在那些涉猎广泛、前后不一的大量零散撰述中，莱布尼茨的基本问题意识是什么？主要宗旨又是什么？这应该是莱布尼茨研究的首要问题。遗憾的是，当前的莱布尼茨研究对此无法给出公认的答复。由于各种原因，问题意识久被忽视。作为莱布尼茨晚年定论的"单子论"（或如莱布尼茨本人偏爱的说法"预定和谐"系统），是否其真正宗旨、究竟应当如何理解，也存有巨大争议。

莱布尼茨研究可分为狭义的专业研究与历代哲学家的解释两支。和通常情况一样，这两支当然是相互影响的。但由于莱布尼茨文献的特殊性，其专业研究的门槛更高，这也带来了更强的封闭性。此外，哲学家对于莱布尼茨的解释差别之大，也很难为莱布尼茨研究提供公认的范式。除了某些当代研究如德勒兹的莱布尼茨研究有一点影响之外,哲学家的解释在狭义的莱布尼茨研究中很难找到踪迹。莱布尼茨研究也没有像斯宾诺莎研究那样有力地推动当代哲学潮流。

莱布尼茨的专业研究仍有其不可替代的贡献。这就是通过全面的文献梳理,勾勒出莱布尼茨哲学的复杂面目。莱布尼茨研究的特点和难点是一致的,就是文献和思想上的高度复杂性。历代哲学家的解释之所以多是"一家之言",就在于它们只取一端,有意无意地忽略了这种复杂性。而专业研究的问题在于,仅停留在莱布尼茨哲学的复杂或"矛盾"的表面,给出的哲学解释有些浅薄,对当前的活哲学没有助益。笔者试图结合上述两种研究方式的长处,直面莱布尼茨哲学的复杂性,借助对胡塞尔现象学的推进,尽力给予一个深彻的哲学解释。

历代哲学家对莱布尼茨哲学的整体解释大多一致,即单子论就是莱布尼茨哲学的宗旨,区别仅在于从什么路径解释单子论。在专业研究者看来,这种理解未免过于平滑和片面了。莱布尼茨研究界目前仍据主流地位的观点是,莱布尼茨的哲学历程在中期与晚期之间有明显的断裂。这一断裂导致了哲学解释上的"现象主义"与"单子主义"两个范式的对立。"现象主义"强调中期莱布尼茨的工作重点是将物体、运动和量解释为"现象"(phenomena)。这些解释的原理是力与规律,是"非单子论"的。[1]虽然有不少文本证据支持这一观点,但并不意味着"现象主义"的解读在整体上可以成立。对此,笔者有如下判断。

第一,"现象"并不意味着排斥"单纯实体"或单子。恰恰相反,现象必然预设单纯实体(即使不以"单子"之名)。莱布尼茨那里关于

---

[1] Daniel Garber, "Leibniz and the Foundations of Physics: The Middle Years", in Kathleen Okruhlik, James Robert Brown (eds.), *The Natural Philosophy of Leibniz*, Dordrecht: D. Reidel Publishing Company, 1995, pp. 28–29.

现象的大量探讨并非质疑这种基本预设，而是在纠结如何从单纯实体中"派生"出物体。与其说这些文本在主张"现象主义"，不如说它们是在讨论现象化的不同方式。

第二，"现象主义"的解读也承认，莱布尼茨的"现象"概念是有歧义的。它既可以被解读为纯"观念"的，也可以被解读为"实在"的，两种立场都有文本支持。[1]这对歧义与现象化方式的歧义是交织的。后者指物体、运动乃至时间、空间等，既是被单纯实体（作为理性灵魂）表象或知觉的，也是被它们（作为无广延者）聚合而成的。之所以说这两对歧义是交织而非对应的，乃是因为，被表象者或被知觉者固然是"观念"的，但被实在的单纯实体聚合而成者并不因此就是"实在"的。单纯聚合并不传递实在性。应该指出，"现象的歧义性"本身就是有歧义的。在很多情况下，研究文献其实指的是"现象化"的歧义。这一歧义是更基本的。现象歧义的解决，依赖于对现象化方式的解释。但现象化方式的出发点恰恰不是现象，而是单子或单纯实体。现象化方式的歧义，归根结底是单子"既能表象，又是单位"这一根本歧义。这才是关键所在。[2]

因而，只要深入一步，就会发现"现象主义"论述实际上并未排斥单子论述，而是从单子与非单纯者之间的关系出发，接触到了传统"单子主义"论述多少掩盖的单子本身的矛盾，强调了单子在"表象世界"之外的效应。这些效应有的是以《单子论》与《基于理性的自然与神恩的原则》（下文简称《原则》）为代表的晚年定论没有论及的，有的是语焉不详的，有的是虽有切论但易误解的。在所有这些地方，最值得哲学解释者重视的是"现象主义"者处理物体等问题时所

---

[1] Robert Merrihew Adams, *Leibniz: Determinist, Theist, Idealist,* New York: Oxford University Press, 1994, pp. 220–223, 255–260.
[2] "至于灵魂，则是一种实体或单子，它并无广延但表象着有广延的团块……"莱布尼茨，《人类理智新论》，陈修斋译，商务印书馆，1982年，p. 124。

第五章　莱布尼茨与力量现象学

依据的物理学或动力学背景。从单纯实体到物体,非但包含着"聚合"体现的连续体难题,也包含了单纯实体与物体之间原初和派生的动力学关系。换言之,"现象主义"论述对传统"单子主义"范式最大的警醒,就是提出单子具有不可抹杀的力量维度,因而单子论具有无法抹杀的动力学维度及连续性学说维度。此外,莱布尼茨研究界缺乏拓展单子论的哲学解释以扬弃"现象主义"的兴趣。这一兴趣是本章的出发点。在我们着手这项工作之前,先看一下历代哲学家的解释与莱布尼茨的自我解释。

除个别例外,历代哲学家解释的主流仍是将单子论视为莱布尼茨体系,区别在于如何解释单子。大体说来,单子基本被解释为对世界的表象主体,或世界的"视点"。胡塞尔现象学就是完全扣住作为本我的意识主体讲的。作为这个解释的对立端,海德格尔强调从自然哲学路径发现单子的"活力"性,试图将时间性之"绽出"(Ekstasis)从康德的先验想象力的图形化追溯到莱布尼茨单子活力的"扩展–收缩"结构。[1] 康德、黑格尔处于两端之间,他们确实都将莱布尼茨的成熟体系归为表象主体,但也都注意到了,表象主体的前身就是"力"。[2] 我们甚至可以从中得到这样一个结论:表象性是以某种方式从力的外化结构中转出的。[3]

在哲学家解释的支流中,最重要的是逻辑学进路。其中,罗素抓

---

[1] 系统阐释莱布尼茨是海德格尔完成《存在与时间》后的首项工作。他开始不动声色地将《存在与时间》中的哲学史阐释框架从亚里士多德–康德调整为柏拉图–莱布尼茨。在最后一次马堡讲座的单子论线索中,莱布尼茨的地位至少是德国古典哲学真正的开创者。而紧接着的两个重要文本(《形而上学是什么?》与《论根据的本质》)则主要与充足理由律而非单子论相关,虽然不再囿于莱布尼茨本人的体系了。在单子论那里,海德格尔的兴趣更多地与时间相关;在根据律那里,海德格尔的兴趣更多地与存在相关。参见海德格尔,《从莱布尼茨出发的逻辑学的形而上学始基》,赵卫国译,pp. 125–135。
[2] 参见康德,《纯粹理性批判》,A265/B321、A266/B322,邓晓芒译,p. 239。黑格尔,《逻辑学》II,先刚译,pp. 141–142。
[3] 参见本书第八章《论心性——道体学气论导言》。

住的是莱布尼茨的主谓词理论（包含一切谓词的主词），谢林及海德格尔抓住的是根据律（亦即充足理由律）。在谢林综合斯宾诺莎与莱布尼茨的努力中，逻辑学的这两个基本方面——主词性与根据性——被打通了。

如果我们尊重莱布尼茨作为哲学家的最终一致性，那该如何贯通这些不同解释呢？它们基于莱布尼茨撰述的各理论方案，但没有紧密围绕其问题意识。莱布尼茨并非没有展示过其问题意识，他在晚期著作《神正论》的前言中说：

> 有两个著名的迷宫，常常使我们的理性误入歧途：其一关涉自由与必然的大问题，这一迷宫首先出现在恶的产生与起源的问题中；其二在于连续性和看来是其要素的不可分的点的争论，这个问题牵涉对无限性的思考。第一个问题几乎困惑着全人类，第二个问题则只是让哲学家们费心……然而，如果连续性的知识对于思辨的探索是重要的，则必然性的知识对于实践运用便同样重要；而必然性的问题，连同与之相关的其他问题，即上帝的善，人的自由与恶的起源，一起构成本书的主题。[1]

不管什么背景的解释者都应该重视这段话。但如不加善解，它反而会有一定的误导性，即割裂实践哲学与理论哲学，并将前者置于后者之上。事实上，这部著作对实践性的强调，经过沃尔夫学派的概括，是不折不扣的特殊形而上学问题，也就是宇宙论（包括自由问题）与理性神学的问题。[2]德国唯心论更是将自由问题视为哲学一般因而也

---

[1] 莱布尼茨，《神正论》，段德智译，商务印书馆，2018年，pp. 61-62。本章依据莱布尼茨的通常用法，将关于连续性的迷宫称为"连续体迷宫"。
[2] 参见《小逻辑》第35、36节。黑格尔，《逻辑学》，梁志学译，人民出版社，2002年，pp. 90-92。注意恶的起源与自由等属于"宇宙论"，与"世界"概念相关。

是理论哲学的最高问题。单子论相当于沃尔夫的普遍形而上学,先于关乎自由和神的特殊形而上学。《神正论》贡献了包括可能世界理论与模态神学在内的诸多精义,但其根底仍是"预定和谐系统"。自由必然迷宫与连续体迷宫同属该系统的难题,无非后者是精微的一面,前者是广大的一面。下文将论证,连续体迷宫归根结底与单子自身有关,自由必然迷宫归根结底与世界有关。[1] 而单子就是在自身之内拥有世界的单纯实体。自身和世界都是单子的规定。前者关乎其时间性,后者关乎其世界性。实践哲学是哲学,因而仍是理论,不是实践。实践者可以不理会理论哲学,但实践哲学家必须面对哲学疑难,面对单子论及连续体迷宫。不透彻地理解连续体迷宫,就回应不了现象主义与单子主义的矛盾,最终也无法护持单子论。

就此而言,哲学家的解释是有缺陷的。沃尔夫学派将单子论体系教科书化,切割为理性灵魂论、理性宇宙论与理性神学等部分。自此两个迷宫的平衡被打破,历代哲学家的解释总体上被自由问题主导,康德、谢林、海德格尔皆然。康德、黑格尔那里都有对连续体问题的处理,虽不无精义,但已无法与自由问题分庭抗礼。[2] 下文将示,胡塞尔的内时间意识现象学与连续体难题既近在咫尺,又极易失之交臂。海德格尔则完全没有考虑这个问题。在当代哲学家中,德勒兹出于对量的特殊兴趣,对连续体及其相关问题有精彩发挥,但仍限于"现象"而非单子自身。将单子的自身性、连续体与胡塞尔内时间意识现象学联系起来的极少,W. 克拉默是个例外。[3] 德勒兹偏重微分("差异")

---

[1] 纯粹理性的第三对二律背反是关于自由的。但所有四对二律背反都是关于世界的,也就是宇宙论的。自由只是用到世界整体上的一种原因性。参见康德,《纯粹理性批判》,A444/B472–A452/B480, pp. 374–379。

[2] 参见黑格尔,《逻辑学》I, 先刚译, 人民出版社, 2019年, pp. 173–174。康德,《纯粹理性批判》, A168/B210–A176/B218, pp. 160–165。

[3] 参见 W. Cramer, *Die absolute Reflexion: Schriften aus dem Nachlass,* Frankfurt: Vittorio Klostermann, 2012, S. 97–99。

与空间，克拉默偏重积分（Integration）与时间。在莱布尼茨那里，后者更为根本。

第二节 连续体迷宫与动力学

1

连续体迷宫问题初看起来只是量、物体与运动的问题，是数学与物理学的问题，充其量是自然哲学的问题，但只谈这些是不够的。研究连续体迷宫如不涉及第一哲学，必定屈居自然必然迷宫之下。连续体难题涉及数学与物理学较多，这既是它难解的原因，也是它被低估的原因。但这绝不意味着此问题没有形而上学的层面。相反，连续体问题最困难的地方恰恰是形而上学的。本章将连续体问题分为以下几个层次。[1]

首先是纯量意义上的连续体问题。[2] 这包括运动、空间以及数学意义上的连续统。亚里士多德《物理学》就是把运动、连续性与量（更确切地说是积量）合并处理的。黑格尔也把连续性问题放到量论处理，其中也涉及了亚里士多德《物理学》讨论运动时回应的芝诺悖论。这个层次的基本问题是：单位作为离散量，怎么合成连续量。这在广

---

[1] 一般以不同时期或广狭诸义划分莱布尼茨的连续体学说，本章的划分也可以与之对应。参见 G. W. Leibniz, *The Labyrinth of the Continuum: Writings on the Continuum Problem, 1672-1686,* translated, edited and with an introduction by Richard T. W. Arthur, New Haven: Yale University Press, 2001, Introduction, pp. xxvi-xxxi。

[2] G. W. Leibniz, *The Labyrinth of the Continuum: Writings on the Continuum Problem, 1672-1686*, pp. xxvi-xxvii. 纯数学义的连续体难题。本章的量意义超出那里所谓的纯数学意义，而包括物质（是否原子构成）、运动（是否瞬间的运动趋势组合而成）、空间（点）、时间（瞬间）。我们把运动与空间里的纯数量关系导致的迷宫都放到这里。这就是关于不可分者与连续性的关系。这一层不涉及基于实体性的实在性难题。我们把物体（有形实体）放到第二层，因为这不仅与量相关，而且与实体性相关。

延性上看得更清楚。广延量作为连续量要么无穷可分，从而任何给定的"一个"量都会在分割中转化为"复多"乃至"无穷"。连续体迷宫威胁着量自身的稳定性或存在性（οὐσία）（尚非基于实体的实在性）。正如亚里士多德指出的，"一个"与"存在者"是完全对应的。[1] 保持不了"一个性"的东西也保持不了存在性或实在性。无穷可分者是没有实在性的，甚至连"聚合"而得的准实在性都没有，因为没有聚合的"单位"。要保持连续量哪怕是由"聚合"而来的准实在性，都要设定真正的"不可分者"，亦即无广延或无积量的东西。这在传统数学上就是"点"，在运动学上就是（作为积量的）运动之单位——"瞬间"（moment）静止。但点无法组合为线，瞬间静止也无法组合为运动——这就是芝诺悖论的要害。要么连续体无穷可分，因而不存在实在的单位；要么存在实在的单位，但无法以可理解的方式组合为连续量。在这两种情形下，连续体都只是没有实在性的"现象"。

但这种"现象"只是非实体，而不是常人眼中的彩虹那样的幻影。作为数学家和物理学家的莱布尼茨还是要将连续体证明为"具有良好基础的现象"。换言之，他既然承认了某种实在的单位（单子的希腊文原义就是"单位"），那么就要在数学单位与广延、物理单位与运动之间架起桥梁，正如他在形而上学单位（单子）与世界之间架起桥梁一样。前一类桥梁从单位推出连续体的关键是"无穷小"（"微分"）及其累积的总和（"积分"）；后一类桥梁则是单子本身对世界的"聚合"与"表象"。从莱布尼茨在世的时候开始，就一直有文献指向无穷小和单子之间的对应。这种对应在于单子作为单纯实体没有广延，但能"组成"有广延的物体。不过，单子同时也"表象"着世界，这个特点显然无法在作为单纯数学假设的无穷小那里找到。

---

[1] 参见亚里士多德，《形而上学》，1003b 25–35，吴寿彭译，商务印书馆，1959年，pp. 57–58。

无论如何，单子与无穷小之间真正的深层对应并未得到足够的注意。在17世纪的自然哲学家中，霍布斯用"努力"（conatus/endeavor，也可翻译为"动势"）来表示无穷小（作为广延与运动的分割"结果"）。[1] 莱布尼茨虽然自己创造了术语（"微分"），以表明他承认实无穷。但"努力"及其相关概念（如"欲望""冲动"）的精义乃至术语仍被保留了下来。"努力"或者说某种无穷小的力（例如"死力""微知觉"）贯穿着他的数学、自然哲学和形而上学。不过，对单子的考察一般只看到广延义的无穷小，而缺乏量与力量的其他维度。无论如何，无穷小与单子是否对应？如何对应？如何由此出发解决连续体迷宫？这些问题不是从数学分析出发就能把握的，必须将"努力"乃至"力"考虑进来。这就超出了单纯意义上的"量"，而要进入实体或本体层次。这一解决思路是普遍性的，适用于后几个层次的连续体难题。我们再来看第二层次——物体（corpus/body，或译为"形体"，特指时可译为"身体"）。

物体问题是连续体迷宫的第二层含义。物体问题之所以如此要紧——"物体"是单子之"现象"的主要内容——乃因它是近代自然哲学乃至形而上学的基本问题。笛卡尔与斯宾诺莎都把广延物和物体（包括身体）等同起来，且设想了两个重要特性：一是可被分割为微粒（简单物体、"个体"）；二是与作为非广延物的心灵（灵魂）既有本

---

[1] 参见波耶，《微积分概念发展史》，复旦大学出版社，2007年，p. 188。"努力"这个概念是经院派物理学的常用概念，带有"拟人论"与"心理学"的色彩。在17世纪哲学中，斯宾诺莎的努力概念贯穿了形而上学、物理学与伦理学，遂大放异彩，至今不衰。其实这是个经历数世纪的通用概念，笛卡尔、霍布斯、莱布尼茨都有此概念，但主要用于物理学及数学。霍布斯以此来表示无穷小，对莱布尼茨有影响。唯莱布尼茨较晚于斯宾诺莎，遂已有在形而上学与伦理学上用此概念之先例。参见 Rodolfo Garau, "Late-scholastic and Cartesian conatus", *Intellectual History Review*, 2014, pp. 480–484. 关于笛卡尔与霍布斯之运动观，又见 G. W. Leibniz, *The Labyrinth of the Continuum: Writings on the Continuum Problem, 1672-1686*, Introduction, p. xxvii.

质区别,也有需要解释的联系。特别是心灵与特殊的物体——身体的关系几乎从心物问题中独立出来,成为身心问题。近代哲学关于物体至少有如下几个方面的争论。首先,广延物是否"实体";其次,如何考虑简单物体的实体性与广延性,以及如何设想简单物体与组合物体(广延物)在实体性与广延性上的关系;最后,如何设想物体(简单与复杂、是否有广延、是否本己身体)与心灵的关系。在这三个问题上,相较笛卡尔与斯宾诺莎,莱布尼茨给出了一套极为独特,甚至较为费解的学说。但较少有人注意到,其之所以独特,完全是因为他的连续体学说及基于此说的预定和谐系统。

关于第一个问题,由于连续量只是观念的"现象"而非实在者,则广延物必非实体。[1]莱布尼茨据此以一种不同于斯宾诺莎的方式直接驳斥了笛卡尔派的基本观点。这可以说是量层面的连续体学说对物体问题的第一步回应。第二和第三个问题较为复杂,非但涉及莱布尼茨物体观中与笛卡尔、斯宾诺莎不同之处,更涉及莱布尼茨不同时期的物体观。任何时期的物体观都要遭遇连续体迷宫。但此时迷宫之义已不再偏重于离散与连续之间单纯量的悖论,而是涉及离散与连续不同的实在性与实体性的关系。现象主义范式的合理性在于以下三组概念的不对称性:实体与现象、实在与观念、单纯与复合。单子既是实体,也是实在之物,还是单纯者。这就是"单子主义"那么圆融平滑的原因。但"现象主义"立场的研究者发现,现象与后两组概念是交织的。换言之,莱布尼茨那里有两组区分——"实在现象与观念现象"以及"单纯现象与复合现象"。[2]复合现象的实在性虽然明显弱于单纯现象,但这只是"显得"如此。现象实在性的真正理由并非现象之单

---

[1] "广延不是别的,无非是同时发生的连续性","广延乃是一种属性;有广延的事物或物质并非实体,而是诸多实体"。《莱布尼茨自然哲学文集》,段德智译,商务印书馆,2018年,pp. 366, 374。这里的"诸多实体"就是单纯实体的"聚合"。
[2] 《莱布尼茨自然哲学文集》,p. 33。

纯性，而是一切单纯性的根据——基于实体形式的统一性。但以什么方式"基于"，才是症结所在。物体作为现象，也要被单纯与复合、实在与观念这两组概念交织地认识。这就是莱布尼茨的物体观看起来那么复杂的原因。

概括起来，莱布尼茨的物体观有三层含义。这三层含义与连续体迷宫的三层含义有微妙但并不总是直接的对应。之所以如此，是因为物体既有单纯的量的方面，也有实在性、实体性的方面，还有与心灵相关的方面。这正好是连续体迷宫的三层含义。不同时期或不同语境下的物体观都有这些方面，但是侧重点不同，关联方式也不同。在物体观的第一层，莱布尼茨区分了现象上就是组合物的物体与现象上是单纯物的物体。[1]他进而指出这种区分会陷入连续体迷宫，"在现实的物体中，只存在一种不连续的量，也就是许多单子或许多简单实体……"[2]这层物体观导致的连续体迷宫实际上是通过第一层含义引入了第二层含义，也就是可分性与不可分性的关系不只是离散与连续难题引出的无穷难题，而且涉及离散者的实在性与连续体的观念性。于是离散与连续的相互转换涉及的不只是微积分运算的问题，而是实在与观念的转换难题。这里的症结是"现象上单纯的物体"。[3]它显得离散、单纯，因而显得实在；但又可被无穷分割，从而立刻失去其实在性。这正是莱布尼茨解释中带来最大争议的麻烦概念："实在现象"。

康德对这个意义上的连续体迷宫的解决就是釜底抽薪，区分显象（Erscheinung）与物自体。他指出显象上所与的只能是连续量，消除现象实在性的方式——也就是消除连续体的实在性，把它们转化为复合物（Kompositum）的方式——必然包含单纯者与分割的实无穷，这是

---

[1]《莱布尼茨自然哲学文集》，p. 33。
[2] 同上书，p. 425。
[3] 同上书，p. 33。

把纯粹知性概念运用到显象上了。[1]康德这样固然能保住现象的实在性,但在莱布尼茨那里,这样的实在性只是"有良好基础的现象"而已。这里的良好基础主要指逻辑上的融贯和感官经验的所与。莱布尼茨要论证现象(其中最突出的是"物体")的实在性,但既不从融贯性,也不从所与性出发,而是要从被康德认为是纯粹知性概念的实体性东西出发。这一做法在康德派看来固然是未能区分显象与物自体(这是康德对莱布尼茨体系的根本批评),但在黑格尔的解释中,这恰恰是因为已经扬弃了显象与本质的区分。黑格尔在此扬弃后给出的重要环节有"力"、"实体"与"单子"。但在莱布尼茨那里,这三者归根结底是统一的,区别仅仅在于与物体现象的关系。

第二层含义的物体,是一种不严格的"实体"——有形实体(也可译为物体性的实体)。此术语和"实在现象"一样在表面上看起来是矛盾的。换言之,这本来就是为了从实体出发(而非从康德的道路出发)拯救物体现象的实在性。这一拯救有两条道路:其一是自然哲学的或更确切地说是动力学的道路,从"原初的力"与"派生的力"出发解释有形实体;其二则是从单子出发。这两条道路起点的不同只是表面的,单子和力只是对单纯实体的不同表达。但无可否认,单子论与动力学的各自取径不同,可以互补,均不可被对方取代。例如,动力学路径必须引入"派生的力",这个自然哲学的环节在传统上仅被理解为在形而上学的单子论中是缺失的。而有形实体学说最终还是要推到单子内部。有形实体问题是"现象主义"与"单子主义"之争的最重要战场。有形实体是单纯实体的聚合。单纯实体是无广延的、有实

---

[1] 参见康德,《纯粹理性批判》,A167/B209–A175/B218, A434/ B462–A443/ B471, pp. 159-165, 366-374。注意,《纯粹理性批判》中不仅有第三组二律背反专门处理的自由必然难题,还有未曾明言的连续体难题。康德最终拒绝了莱布尼茨的根本洞见:组成复合物的单纯者就是在自身意识中被给予的单纯者。更犀利和微妙的批评见康德,《自然科学的形而上学基础》,邓晓芒译,生活·读书·新知三联书店,1988年,pp. 61-69。

在性的。任何聚合都会同时带来量（无论是广延，还是绵延，或是动量）的增益和实在性的减损。当组合是堆积的时候（例如多根圆木积为一堆）尤其如此（堆积是最明显的"和合假"，毫无实在性）。但并非任何组合都是堆积式的。现象之所以区分为实在的与观念的，就在于，即便只是基于单纯实体（最严格的统一性）、自身并非实体的东西，也可以有不同程度的"统一性"。一栋房子就比一堆圆木实在。作为自然物体的雨滴又比房子实在。这里的连续体迷宫就超越了单纯的连续量的含义。究竟是什么导致了不同的"聚集"，使得有些聚集物更统一从而更实在？这里先考察动力学路径的解释。这一路径虽未明显诉诸单子，但会比偏于形而上学的《单子论》《原则》等文本更微妙地引出单子——以至于海德格尔称之为单子论的"自然哲学道路"。[1]

2

动力学路径从力量或力出发将物体解释为有形实体。物体现象之实在性的根据就是力。

> 一个有形实体的实在性不在于物质团块，而在于个体性，在于作用和被作用的力量（potentia）。[2]

> 我的动力学著作……在那里面……我把这种有形实体的观念与其说放在广延上，不如说放在作用与抵抗的力上。广延只是一种在先的东西——就是这种力——的重复或扩散。[3]

---

[1] 参见海德格尔，《哲学史：从托马斯·阿奎那到康德》，黄瑞成译，西北大学出版社，2018年，pp. 260–261。
[2] 莱布尼茨，《发现整个自然奥秘的惊人样本》，《莱布尼茨自然哲学文集》，p. 131。译文有改动。
[3] 《莱布尼茨早期形而上学文集》，段德智、陈修斋等译，商务印书馆，2017年，p. 332。

以"力"（vis，Kraft，force）转释"力量"（dynamis，potentia，Macht，power）是莱布尼茨的专门贡献。莱布尼茨"动力学"的字面义就是"力量学"或"潜能学"，但其基本含义则是"力"的学说。[1]动力学建构的是包括"努力""欲望"等概念在内完整的"力"之系统，可同时解释上帝、灵魂、物体（含身体）、运动乃至无穷小算法，故同时有形而上学、自然哲学乃至数学的意义，彼此不能割裂。莱布尼茨既不像康德、谢林、黑格尔那样，把动力学只理解为自然科学的一个门类，与机械学（mechanics）、化学等并列，也不像斯宾诺莎那样，只在形而上学及伦理学领域中，用以解释实体与样态（Modus）。用"力"转释"力量"，这是莱布尼茨对斯宾诺莎及亚里士多德传统的回应与推进，而不是排除了"力量"的问题域。从文本上看，莱布尼茨只讲了"力"对亚里士多德传统潜能（dynamis）概念的纠正，但在其体系内，这同样（或更加）是针对斯宾诺莎"力量"概念的。经院哲学的"潜能"概念偏于机能义，可实现可不实现；其实现，有待于"刺激"。[2]潜能概念的这两条含义是莱布尼茨的"力"要克服的。斯宾诺莎的"力量"是样态存在与持续存在的"内在因"。[3]但存在与持续存在并不相同，而此力量究竟属神还是万物，斯宾诺莎体系并不一致。在笛卡尔派那里，存在相当于被创造之存在，持续存在（保存）相当于不断被创造。[4]前者是莱布尼茨可以同意的，即便"创造"在他的体系中有独特的解释；后者是莱布尼茨坚决反对的。斯宾诺莎在这方面的阐述有深刻的内在矛盾：他一方面明确表示，"神不单是万物开始实存的原因，而且是使万物继续实存的原因"[5]；另一方面则云，

---

[1] 参见莱布尼茨，《人类理智新论》，pp. 156–157。在这个意义上，"动力学"和"力学"的译名都有点误导性。
[2] 参见《莱布尼茨早期形而上学文集》，pp. 278–279。
[3] 参见斯宾诺莎，《伦理学》，贺麟译，pp. 22–23，36，46，105–106。
[4] 参见笛卡尔，《第一哲学沉思集》，庞景仁译，p. 50。
[5] 参见斯宾诺莎，《伦理学》第一部分命题24绎理，p. 26。译文有改动。

万物据其本性必努力保持自己的存在。如不被外因消灭，则某物的努力，换言之借以存在的力量，将永远继续存在。[1]这个矛盾涉及多方，关键在于，继续存在的力量究竟属于实体（斯宾诺莎的实体相当于莱布尼茨的太一单子、神）还是样态自身（包括单子以及物体）。

为了解释样态自己持续存在的理由，莱布尼茨必须单独命名包含"努力"在内的"力"概念，将其与传统的力量或潜能概念区分开来。[2]莱布尼茨动力学的基础就是"力"对"力量""潜能"概念的扬弃。确切地说，莱布尼茨的"力"既是斯宾诺莎的"力量"的单子化或毋宁说持续样态化，又是亚里士多德"潜能"的实现化、无穷阶次化与主被动同一化。这两个本就同源的术语在不同历史脉络中产生的差异被莱布尼茨的动力学再次统合了。这一统合具有如下几方面意义。首先，在亚里士多德哲学潜能与实现的阶次同一性中，第一实现就是第二潜能。但莱布尼茨坚持第一实现义，拒绝其潜能义。[3]其次，坚持主动和被动是同一个力的两个方面。在亚里士多德那里，主动者与被动者在实现时要接触，但并无主动潜能与被动潜能是同一个潜能的观点。再次，非常重要的是，莱布尼茨完全用力的被动方面解释质料。这一点虽亦可从亚里士多德的潜能学说中勉强引出，但如综合第二点，就会得出一个完全超越亚里士多德系统的结论：形式或灵魂与质料无非是同一个力的两个方面。最后，更重要的是，不同于单纯的"力量"，力以其积累努力的活动性本身保证了万物的持续存在，这就是作

---

[1] 参见斯宾诺莎，《伦理学》第三部分命题6-8，pp. 105-106。
[2] 虽然斯宾诺莎偶尔也用"力"（vis）的概念，但往往与"力量"（potentia）混用。参见 Spinoza, *Ethik*, S. 327-328, 388-389。
[3] 实现与潜能在亚里士多德那里在某些阶次上是同一的。参见 Aristotelēs, *De Anima*, 412a20-29, 417a23-418a1; *Ueber die Seele*, Griechisch-Deutsch, Uebersetzt, mit einer Einleitung und Anmerkungen, herausgegeben von Klaus Corcilius, Felix Meiner Verlag, Hamburg, 2017, S. 68-69, 100-105。在《论灵魂》中，第一实现就是第二潜能，但莱布尼茨放弃了第一实现作为潜能的那一面。

为连续体的物体本身的实在性。有了以上四条,莱布尼茨动力学就可以较完备地解决物体义的连续体迷宫了。

纯量义的连续体迷宫涉及了无限与有限、离散量与连续量的矛盾,与基于实体的实在义无关。数学或许会关注无穷小是否现实,但不会追问微分与积分哪个更"实在"。而物体义的连续体,不仅包括了量意义上的无穷分割疑难,而且要在连续体与单位之间区分基于实体的实在性。这就是作为物体的连续体迷宫的主要意涵。实际上,莱布尼茨研究中"现象主义"立场的主要支撑就是这层含义。对这个意义上的连续体迷宫较有代表性的表述可见《新系统及其说明》的附录。[1]这里对迷宫的解决是锚定单位的实在性。《新系统》尚未启用"单子"这一术语,只是用以"力"为中心的一系列动力学概念去描述这一实在单位。[2]这个方案的要害是"物体是具有良好基础的现象"。这个现象作为连续体只是实在单位的聚合,因此不具有实在性。这当然有利于现象主义者。但解释者们应该明白,这个方案是不彻底的,会遇到一系列的批评。

首先是莱布尼茨的自我批评。只要他不满足于论证物体只是"具有良好基础的现象",就必须进一步完善这个通过"力"聚合成物体的方案,研究的核心当然是他对这一现象主义方案的修正。此外,如前所示,最重要的批评来自康德。《纯粹理性批判》及《自然科学的形而上学基础》都指出,被给予者都是连续体,单纯者要预设无穷分割,是知性概念的纯粹运用。连续量属于显象界,单纯者属于智思界。不可统论实在性与观念性,否则必导致二律背反。莱布尼茨全部哲学的基点就是对这两个世界的混同。对康德的这一批评,可以有三种回应。第一种来自黑格尔《逻辑学》的本质论部分。其关键是把莱布尼

---

[1] 参见《莱布尼茨早期形而上学文集》,pp. 317–319。
[2] 同上书,pp. 285–286,305–306。

茨体系的核心概念（力与单子）置于对显象、本质二分的扬弃之后。对这一回应本章暂不处理。第二种是现象学。胡塞尔也用自己的方式消除了显象与本质的二分。这是现象学最根本的原则——但也只是原则，与胡塞尔本人的莱布尼茨解释没有直接关系。下文将基于对莱布尼茨哲学的新解释推进现象学的回应。第三种回应是本章特别注意的，即莱布尼茨本人对现象主义方案的修订。康德的批评恰好倒转了实在与观念的适用范围。在莱布尼茨那里，康德"被给予"的连续体只是"具有良好基础的现象"。与康德不同，莱布尼茨的"现象"与"本质"并不必然排他性地与实在或观念结合。"现象"可以是"观念"的，也可以是"实在"的。这取决于实在单位对连续体的"聚合"方式。实在单位仅仅在量上重复、扩散，那么"聚合"产生的就是广延事物。此事物并不拥有实在单位的实体性与实在性，只能是观念的现象。但如实在单位作为诸原初的力，一致形成主导性、可持续的派生的力，依此得到的"物体"就是"有形实体"，就是拥有实在性的"现象"。

3

修订版的动力学方案的目标是现象作为"连续体"的实在性，其关键在于，并非将"聚合"解释为单纯量意义上的"连续性"，而是解释为"活动"（action/Handlung）的"持续性"；或者说，将"连续体"归根结底不是解释为基于无广延的"单位"，而是解释为基于瞬间的派生力或"努力"的"力的连续体"。这种力的连续体就是莱布尼茨"活动"概念的精义。莱布尼茨的晚年定论《原则》明示，"活动"才是实体的本性，但那里的论述偏于狭义的单子论，要结合其他形而上学尤其是自然哲学的文本群，才能确切了解"活动"概念的动力学机制。《原则》《单子论》一系论著偏重从实体这个形而上学基本概念出发确定活动与单子这个单纯实体的关系。而"活动"概念在其他文本群中首先属于从物理学出发的"力"概念。例如，作为"早期形而上学"

代表作的《新系统》虽也论及单纯实体，但"活动"概念则是在界定"力"概念时出现的。[1]活动性以这样的方式成为力的特性：力不同于能力（潜能），而是一个处于能力（潜能）与活动之间的概念；它只要不受阻碍，就会活动，并不像潜能那样受刺激才活动。这里强调的是力的自发性与欲求持续的努力性。在自然哲学一系的论著中，派生的力与活动的关系被毫不含糊地解释为瞬间和持续的关系。[2]正是通过活动概念的中介，物理学与形而上学最终结合为一。因为活动既是实体的本性，又是物体及其广延与运动的根源。[3]笔者认为，可以将物理学与形而上学这种基于活动概念的综合称为单子论动力学（在其解决物体的连续体迷宫时），或动力学单子论（在其解释单子内部的持续流动时）。莱布尼茨对连续体迷宫的解决方案，有一个从单子论动力学推进到动力学单子论的过程。不过，专业研究者认为，这实际上是把迷宫变成了一个最终的"吊诡"（paradox）。[4]

单子论动力学的方案依赖这样几个步骤：

（1）物体内部只是永恒的运动或流动，每一个"部分"都旋生旋灭地流转，可以替代，因而只是杂多或次级质料（第二阶质料）；而作为整体的物体在质料的流转中保持统一。这种统一性的根据就是莱布尼茨早期依经院哲学传统称为"实体形式"的东西。但在动力学中，物体统一性的根据被赋予了"力"。这与实体形式当然可以相通，但偏重不同，力强调的不是泛泛而言的形式因，而是亚里士多德灵魂

---

[1]"力是活动的原则，那么也就是实体的构成要素，因为活动是实体的特性。"（《新系统初稿》）《莱布尼茨早期形而上学文集》，p. 305，译文有改动，亦可参见同书，p. 300；以及《莱布尼茨自然哲学文集》，pp. 346, 436；《莱布尼茨后期形而上学文集》，段德智、陈修斋译，商务印书馆，2019年，pp. 224–225。
[2] 参见《莱布尼茨自然哲学文集》，pp. 435–436。
[3] 参见《莱布尼茨早期形而上学文集》，p. 332。
[4] G. W. Leibniz, *The Labyrinth of the Continuum: Writings on the Continuum Problem, 1672-1686*, Introduction, pp. ixxxvii-ixxxviii.

定义中的"形式",也就是隐德莱希。更重要的是,只有力才能区分阶次与主被动,而形式无此便利。这双重区分对于单子论动力学至关重要。

(2)就"成物"言,力首先必须区分为原初的力与派生的力。连续体的"实在单位"既是单纯的部分也是原初的力。但正因如此,原初力本身并不能对应于连续体。仅凭原初力解释不了物体,要引入统合所有部分的派生的力。[1]这个方案有两个向度。一个向度是统一物体的各个部分,构成连续体。物体是诸单子的积聚,是诸多原初的力的某种杂多统一关系。这种关系既非纯杂多(因而有形实体仍可算某种"实体"),亦非单纯的统一性(因而有形实体严格地说仍是组合物体,绝非单纯实体)。有形实体的统一性并非外铄,而是来自其中的主导单子。在这个意义上,构成连续体并赋予其实在性的直接根据就是派生的力。但派生的力作为从单纯实体派生出来的东西为何也拥有一定程度的实在性乃至实体性,此问题在这个模式下始终无法解释透彻,除非将之推进到此方案的另一个向度——物体并非单纯静态部分的积聚,而是瞬间的统合。后期莱布尼茨越来越从永恒流动去理解物体内部的"部分"关系。此时,派生的力这个术语并未被放弃,而是仅被理解为一个"瞬间"的统一性。而物体作为连续体的统一性归根结底在于"活动"这一持续体。派生的力与活动的关系就是瞬间与持续的流的关系。[2]在较新的研究看来,瞬间与持续这个向度更加重要,因为流动的统一比静态的构成更能拥有实在性。但流动的机制究竟是什么,何以拥有更高的实在性,仍缺乏进一步解释。[3]因此,必须将动力学推进到单子论。活动概念才是有形实体最切近的实在性根据,活

---

[1] 参见《莱布尼茨自然哲学文集》,pp. 368-371,428,432-433。
[2] 同上书,pp. 435-436。
[3] 参见李鹃,《单子、现象和物体》,《哲学动态》2020年第8期。

动不只是实现和主动性的根据,而且是时间中连续性的根据。下文将显示,这才是彻底解决连续体难题的关键。

(3)力不仅要在阶次上区分为原初与派生,而且要在每一个阶次上,区分为主动与受动。在原初的力那里,主动力是单子和严格意义上的灵魂,而原初受动力则是原初质料。反过来说也一样,原初质料不是什么占据空间的无定型不可入的东西(这些规定都是派生的),而就是原初的受动力,或者原初力的受动状态、收摄状态。原初主动力与原初质料二者不可分割,共同构成了具体的单子。派生的主动力就是主导单子,派生的受动力则具有一般赋予质料的特性,例如无定型、占据空间乃至不可入等。这被称为"次级质料"。在物体中抽掉派生主动力的统合性,剩余下来的就是次级物质。由于物体是诸多单子统合的结果,抽掉统合力剩余的次级质料就是单子的无序堆积,是诸多原初力之间的不断变动的关系,是运动、流动和"流形"。派生力就是原初力的杂多之间的瞬间统一,而活动就是瞬间统一的再统一。这个再统一,就是所谓"永恒流动"的"规律"。[1] 再统一不是外在于堆积的,而是主导单子内在统一活动的结果。

(4)上述原初与派生力的阶次划分不是一次性的,而是重重无尽的,物体可以无穷分割下去。这个观点较少出现于单纯的自然哲学论著,多见于体系性的概述。它虽然也有数学与自然哲学的意涵,且无疑属于动力学的核心部分,但归根结底仍是一个关乎"无限"的形而上学观点。它会带来奇妙的阐发余地,但并非不会威胁体系的其他部分。如果深入就可以发现这一观点的意蕴在于,单子与物质、原初与派生、有机与无机、点与世界、单一与大全、间断与连续,都是相互转化的。真正的实体不是哪一个阶次上的单子,而是无穷的力量阶次

---

[1] 参见《原则》第3节,《单子论》第71节,《莱布尼茨后期形而上学文集》, pp. 228-229, 308。

（Potenz）本身。把这一层意思充分展开，莱布尼茨哲学就会变成以力量阶次为核心概念的哲学形态。中期谢林哲学提供了这一形态的某种值得批评的版本。

4

在动力学方案的四个步骤中，要害是活动；确切地说，是力通过活动对流变的统一。活动既在自然哲学中属于力，是物体持续的根据；又在形而上学中属于实体，是实体的内在本性。让物体的努力得以持续的活动就是实体的内在本性。莱布尼茨说物理学必然指向形而上学，其根本缘由就是物体的活动必然指向实体。同时，相比单纯的单子论，动力学为实体概念提供了更多意蕴。这一路径指示了统合物体之全部、全程的高阶实体，而非仅作为无广延者的单纯实体。动力学虽指向了高阶实体，但这一实体的意涵与结构均非动力学所能笼罩。动力学的贡献是深化了对作为单子论的形而上学的理解，从而为扬弃老套的"单子主义"与片面的"现象主义"提供了条件。动力学的内容必须与单子论的范畴相结合。动力学对单子论的教诲是：首先，单子不仅是表象世界的灵魂，而且是原初的力、被动力；其次，在诸单子之间的沟通中，不仅有表象（或如胡塞尔交互主体性现象学所说的"共现""类比化统觉"）其他单子的环节，而且有这样一层重要含义，即在每一个瞬间都主导其他单子，保持统一以成"持续"；最后，诚如莱布尼茨晚期论著表明，实体内部的活动就是知觉流，但这种流既要从单子论指出的时间关系和能所关系去看，也要从动力学指出的力的阶次去看。前者是莱布尼茨本人的连续体迷宫的终极含义，后者是本章基于动力学的合理推进。

动力学已经将连续体迷宫的含义从物体引向了单子内部。在专业研究者看来，单子内部的流才是连续体迷宫的终极含义，但也是终极吊诡。其他诸义的连续体疑难只是被拖延汇总到这里，但并未被破解。

第五章 莱布尼茨与力量现象学 | 149

"吊诡的是，这种连续的活动性，同时比任何现象性的东西都更实在或更观念。"[1]更实在当然是因为实体能够形成比现象界更实在的连续统。更观念则是因为实体其实立足于瞬间状态，而这一状态和努力、无穷小一样，是以微积分为模范的，是观念性与极限性的概念。但这些观念性的东西又是实在的活动连续统的基础。

笔者认为，破解这个终极吊诡的关键是如何理解单子实体、瞬间与连续体的关系。"更观念"的含义是，微积分模式无法建立单子内部之"流"的实在性。而"更实在"无非在于单子内部的流能够通过知觉构成物体。相互对立的两极围绕着同一个问题，即如何理解单子内部的流及其与物体流的关系。当代研究中实在论与观念论的吊诡无非出于对单子让渡实体性的方式的不解。这一方式涉及双重关系——单子与瞬间的关系、知觉流的自构成与物体流构成的关系。双重关系中共有的一端就是知觉流的自构成。得出知觉流"更观念"的结论，是因为用微积分去解释"努力"与"瞬间"。但这一解释模式既无文本根据，亦无义理根据。如前所示，微积分只是对纯量意义的连续体迷宫的解决方案，解释物体连续体尚且不足，遑论单子内部的连续体？实际上，单子内部的原初连续体现象是解释包括微积分在内的其他一切连续体学说的出发点，而非相反。

无论如何，这个所谓最终吊诡并非不可解决。基于更大范围的文本与更彻底的重构方式，可开辟新的解释方向。当前最值得注意的是两个方向：一是英语学界心灵哲学的莱布尼茨解释，二是胡塞尔现象学式的解释。前者的研究已较丰富，但争议较多，缺乏整合。后者有独到之处，但缺少真正的推进，还只是一个"方向"而非道路。心灵哲学方向下大致有三个方案，能够成功解决连续体迷宫的是方案

---

[1] Leibniz, *The Labyrinth of the Continuum: Writings on the Continuum Problem, 1672-1686*, Introduction, p. ixxxviii.

一：意识或多或少延展覆盖了一切实体，而在被给定的实体中的一切知觉或多或少都是意识。这一方案敉平了知觉与意识，因而可以成功地解释连续体，但不符合莱布尼茨对知觉和意识的明确区分。方案二主张将意识解释为高阶知觉。方案三则主张一阶理论，意识只是知觉的"明白性"（distinctness）这个"变更"（variation）。[1]其中最主流的，因而也被仔细批评的是方案二——高阶知觉理论。对此的代表性批评有：（1）认为特定的高阶知觉（如记忆与反思）完全可以被解释为初阶理论主张的某种"变更"，不必单立高阶理论。（2）高阶知觉是对实存的"突入"（popping into existence）。不同阶次的心灵状态破坏了意识的连续体（所谓连续性难题）。（3）高阶理论针对（2）的批评，可以给出一个调整的版本，即将高阶知觉解释为无所不在的，遍及一切。这样固然可以避免连续体难题，但无法解释莱布尼茨的明确观点，即意识只属于特定的实体而非一切实体（所谓延展性难题）。要言之，"高阶理论"无法同时解决连续性难题与延展性难题。[2]心灵哲学的莱布尼茨讨论自有其贡献，但其中最重要的是对一个老问题的重提，即强度与延展（下文亦称"内强"与"外展"）的张力。统觉作为高阶知觉具有突出或者说断裂性的强度。在通常理解下，这就是对连续体的破坏。因而，从量论考虑，高阶知觉构成连续体是不可能的。强度与延展度的吊诡提供了连续体迷宫的新侧面，这一吊诡虽内蕴于莱布尼茨学说中，但始终未被点破。这个问题下文会处理。此间需要指出心灵哲学的莱布尼茨解释的弱点。心灵哲学方向的根本缺陷是未从莱布尼茨系统的整体及其内在张力进入连续体问题，从而导致许多缺憾，其中最重要者莫如以下几点。

---

[1] 参见 L. M. Jorgensen, *Continuity and Consciousness in Leibniz's Philosophy of Mind*, A Dissertation Presented to the Faculty of the Graduate School of Yale University in Candidacy for the Degree of Doctor of Philosophy, p. 235。
[2] 同上书，p. 236。

首先，莱布尼茨哲学绝非只是"心灵哲学"与"意识理论"。"意识"尤其"知觉"不能只从所谓"心灵哲学"的设定去研究，否则会混淆连续体迷宫的不同层面，而正是这些不同层面的关系才是连续体问题的真正疑难，而这一疑难恰恰集中体现在所谓"意识连续体"之中。意识既不能脱离对单子自身的知觉，也不能脱离对作为他者的物体的知觉，因此真正的焦点在于——意识自身的连续性与被知觉的物体的连续性之间的关系。这种关系既是单子论的，也是动力学的。这才是连续体迷宫的终极吊诡。

其次，这些讨论未能从莱布尼茨系统的全部精义出发，来探索连续体问题的解决方案。例如，单子与世界之间，单一与无穷之间无限的相互转化，这一观点对解决连续体问题有深刻意义，但这并非单纯的连续量学说所能涵盖的。自然主义者简单地套用其他层面的连续性理论来批评意识连续体的构成，而所谓的高阶理论也未能征引阶次转化学说来解释单子内部的连续体。

最后，必须强调，动力学与单子论是相互包含的。意识无非是一种特别的知觉，而一切知觉都服从动力学规律。因而，单子内部的意识及其连续体也要从动力学去考察。实际上，心灵哲学中所谓的高阶理论的版本只是"静力学的"（static）。[1] 此方案的问题出在"静力学"而非"高阶"，因此不适合对单子内部知觉流的讨论。按照心灵哲学界的划分方式，可以说笔者主张用一种动力学的高阶知觉理论来解决连续体难题，但这首先需要在特定方向上推进胡塞尔现象学，澄清上文所说的莱布尼茨解释的第二方向。

此方向之所以需要澄清，泰半由于胡塞尔本人的误导。在一系列论著与手稿中，胡塞尔对单子论的倚重仅限于交互主体性现象学，而

---

［1］ 参见 L. M. Jorgensen, *Continuity and Consciousness in Leibniz's Philosophy of Mind*, pp. 127–128。

非内时间意识及连续体问题。这种运用的前提仍然是对莱布尼茨体系较为陈旧或者说片面的理解：单子是对世界的表象。在这一点上，胡塞尔与黑格尔并无二致，无非前者强调了世界之中的身体与他者。实际上，如果沿着连续体难题的各层次深入单子论，就不难发现单子内部的流才是胡塞尔现象学与莱布尼茨哲学最合适的接榫处。已有哲学家注意到了这点。当代德国重要哲学家W.克拉默明确指出，单子的自身生产就是胡塞尔的持留（Retention），可惜未深入展开。[1]与此相对，现象学界做得就不尽如人意了。例如，滕格义这样活跃的现象学家，在处理现象学与连续体难题时，甚至从未提及莱布尼茨。[2]

拨正当前现象学的莱布尼茨解释方向是一个迫在眉睫的任务。本章的思路是，仍从胡塞尔现象学出发，但首先要对之加以改造，以一种不同于胡塞尔本人的方式，通过连续体难题重解莱布尼茨的全部哲学。关于这一思路的合理性，可提示两点。一方面，上文已示，连续体迷宫真正的终极吊诡是物体流与知觉流之间的关系，这实际上在内时间意识的纵横双重意向学说中有精密的——固然尚非完备的——处理。克拉默的持留、积分解单子内部样态化的思路，也可被收入这一学说之中。另一方面，莱布尼茨动力学的主要支撑是"知觉"而非"意识"。这无疑给一般的基于意识的现象学解释带来了障碍。但近年整理出版的一系列手稿表明，胡塞尔已系统考察了非意识的现象学，包括无意识现象学、本能现象学等。这些探索为我们将现象学的重心从意识推进到力量提供了基础。没有这一推进，现象学对莱布尼茨的

---

[1] 克拉默明确指出了积分式整合（笔者称为统合）的"力"，且区分了创造的时间性与被创造的时间性。当然，他在时间现象学与力量现象学之间缺乏过渡，并且在单子的变化与被创造之间的过渡过于匆忙，但这仍是对莱布尼茨解释的了不起的突破。参见 W. Cramer, *Die absolute Reflexion: Schriften aus dem Nachlass*, S. 97-98。
[2] 参见 László Tengelyi, *Welt und Unendlichkeit: Zum Problem Phänomenologischer Metaphysik*, Verlag Karl Alber, Freiburg, 2015, S. 498ff.。

解释就只能墨守在陈旧的单子主义、表象主义的范式中,无法进入动力学,也无法克服心灵哲学解释的那些缺陷。

贯彻这一思路需要一项前期工作:从内时间意识这个最基本的工作层面出发,将胡塞尔现象学推进到力量现象学。这种明确从内时间意识出发的推进在现象学运动中是有杰出先例的,但所推及的境地并非"力量",而是"质料"或"生命",代表人物就是法国当代现象学家米歇尔·亨利。本章通过扬弃这一范例来建立力量现象学。

第三节 从质料现象学到力量现象学

1

《逻辑研究》与《观念Ⅰ》是胡塞尔现象学不同时期的奠基之作。无论二者的基本框架和术语系统有多么剧烈的调整,意向性这块现象学运动的基石一直是建立在形式与质料的二分之上的。[1] 胡塞尔的卓越贡献在于,他比近现代哲学中的任何一家都更为彻底,几乎在一切意识种类中都考察了形式与质料的相互关系。与康德式的先隔绝后沟通不同(康德的这一沟通更多地在思维形式与直观形式之间,而非泛泛的形式与质料之间),胡塞尔的形式在任何意向体验中都无法脱离质料。即便如此,胡塞尔的出发点还是重视形式超过质料,虽然质料的现象学地位在不同时期和不同层面的工作中有一个超出他本人控制的上升过程。《观念Ⅰ》无疑比《逻辑研究》更重视对质料的单独研究,它不仅在大多数情况下重新用古希腊文ὕλη(中译为"质素")取代了《逻辑研究》中的德文词Stoff,而且专门为之划出了一门质素学

---

[1] "感性的质素和直观的形式之间的这种突出的二元性和统一性,在整个现象学领域之内……都起着支配作用。"胡塞尔,《纯粹现象学通论》,p. 214。译文有改动。

(Hyletik)。[1] 尽管如此,《观念Ⅰ》还是将对意向形式(意向作用与意向对象)的研究视为主要任务。但在内时间意识现象学的层面,这种区分与偏重不得不被撼动。虽然胡塞尔在此层面也坚持对应的意向形式研究,体现为对时间‐立义的各种形态——尤其是持留与前摄——的探索,但从《观念Ⅰ》的工作层面来看,内时间客体毫无疑问对应了质素。哪怕胡塞尔强调,内时间客体是广泛的实项内在内容,包含了体验的行为侧(例如,在内时间中延展的知觉行为本身),但他的经典范例还是各种各样的"感觉内容",尤其是作为原初印象的"声音"。换言之,内时间意识现象学才是《观念Ⅰ》指点的纯粹质素现象学。这一层面处理的正是传统哲学的质料,《观念Ⅰ》中压它一头的意向形式(意向作用‐意向对象)已经消融了。《观念Ⅰ》的还原剩余是作为内时间统一体的体验流或毋宁说纯粹的体验流的本质。《观念Ⅰ》的主要任务是研究这种体验流的意向关系,其主要方面是激活质素的意向作用与意向对象。但体验流作为一种内时间上的统一体是如何构成的,这是内时间意识现象学层面的工作。《观念Ⅰ》对此只能袖手旁观。[2]内时间意识现象学则将体验流在内时间上的统一性还原掉,考察一个体验是如何在赫拉克利特式的流逝中作为"一个"被给予的。无论这种体验是否内蕴意向性(例如,是单纯的颜色体验,还是对有颜色之物的知觉行为),其流逝与变样(Modifikation)已非《观念Ⅰ》层面的立义形式所能笼罩。虽然内时间意识现象学的还原剩余对《观念Ⅰ》而言肯定是非形式的东西乃至质素,但它在更深的层面是否也没有意向形式;如果有,会是怎样的一些形式,这就是内时间意识现象学所要考察的。

这一工作招致了亨利的双重评价。他一方面赞叹《内时间意识现

---

[1] 参见胡塞尔,《纯粹现象学通论》,pp. 217,220。
[2] 同上书,pp. 203-207。

象学讲座》(下文简称《讲座》)是"20世纪最美的哲学作品";另一方面批判其不彻底,认为其最终重蹈了西方形而上学形式压制质料的覆辙。亨利认为"质素"这个术语本就意味着某种不彻底,必须被自己提出的"质料"(matter)所取代。[1]这种双重评价的根源在于胡塞尔对内时间客体构成的考察。《讲座》尤其强调"持留"的作用。[2]在内时间中被给予的东西有两个不可分的方面:一是其内容,二是其时间状态。例如听声音,必定是在某个"现在"听到某个声响。把这个声响进一步立义为一个旋律或是言语的片段,不是内时间意识层面的事情。由于时间性东西的变动不居,现在及其内容必不可得,对现在的意识会直接转成对刚才的意识——持留。持留才是对有时间性的东西的原初意识。但无论胡塞尔的相关沉思多么曲折,持留最终仍被认定是一种"专门的意向性"。[3]单纯的"质素"如同绝对的现在性东西那样必不可得,能抓住的只是在刚才—更远的刚才—曾在—过去……这样一种变样流中的质素内容。在时间中,现在总是直接转变为非现在,转变为刚才等。现在点必定转变成一段绵延(Dauer)。因而,作为有时间性的东西,质素无法在现在点被给予。能够绝对地被给予的不是亨利心仪的纯粹质素,而是质素的绵延——这就是持留。换言之,没有持留这个仍是某种意向形式的东西,一切质素都是无法被给予的。

但这个现象学实情的另一方面就是,持留只是绵延,而不是这段绵延连续体的开端。持留按其本质只是一种对原生内容的滞后性保留,

---

[1] 参见 M. Henry, *Material Phenomenology*, New York: Fordham University Press, 2008, pp. 19-20。
[2] 《关于时间意识的贝尔瑙手稿(1917—1918)》(下文简称《贝尔瑙手稿》)不单重视持留,更重视其与前摄(Protention)的交织。但总之绝不是孤立现在相位上的"原印象"。Retention 通常译为"滞留"(倪梁康、肖德生)或"持存"(李幼蒸)。在仅用于内时间意识现象学时,前一译名仍是合适的。但本章还要考虑莱布尼茨与力量哲学,故译为"持留"。《人类理智新论》中译本将此词译为"保持力",参见莱布尼茨,《人类理智新论》, pp. 118ff.。
[3] 胡塞尔,《内时间意识现象学》,倪梁康译,商务印书馆,2009年,p. 63。

而不是现在相位中的原生内容。胡塞尔强调,绝对现在中的原初者是原印象(Urimpression),它必然先于持留,正如"现在"必然先于"刚才"。[1] 亨利对胡塞尔的纠结态度源于持留本身的被给予方式。持留一方面必定"预设"原印象的原初存在,或者原印象的预先被给予;另一方面真正被给予的只是在"刚才"这个变样意向中的内容。在场的东西只能在持留中被真正给予。用亨利的话说,这就是存在者只能作为"非存在"(nonbeing)被给予。[2] 这样看,持留就是在场与缺席、存在与不存在、自身与他异的直接矛盾。有的当代哲学家例如德里达和德勒兹将这个矛盾当作原初生产性的东西(延异或者差异)接受下来并加以发挥,更早的哲学家如黑格尔把这个矛盾的自我消灭当成第一个共相("这时存在"或者"否定之否定""自我相关的否定")。[3] 最早正面处理时间难题的哲学家甚至将之与时间的本质密切关联("区别"现在)。[4] 而现象学家,无论是胡塞尔还是海德格尔,都只将之当作时间的实事(Sache)来考察。无论是否以矛盾视之,上述哲学家都将之当作原初性的东西或至少是积极的东西。但亨利不是这样,他在内时间意识现象学里要的不是时间,而是存在。持留将存在变成了非存在,而持留被当作"绽出"[5] 的基本方式,也就是被当成了形式。原初印象是质料或纯粹内在者的承受(pathos)或感发(affection),持留对原初印象的取代就是形式对质料的压制。在这个意义上,立足于原初印象或承受的现象学才是真正的质料现象学。而被各种意向分析主

---

[1] 参见胡塞尔,《内时间意识现象学》,pp. 61–62,65–66。
[2] 参见 M. Henry, *Material Phenomenology*, p. 29。
[3] 参见黑格尔,《精神现象学》,先刚译,人民出版社,2015年,p. 63。黑格尔,《自然哲学》,梁志学等译,商务印书馆,1980年,p. 48。
[4] 参见亚里士多德,《物理学》,张竹明译,商务印书馆,1982年,pp. 123–124,218b25–219a。
[5] 参见 M. Henry, *Material Phenomenology*, p. 30。亨利把这个海德格尔的术语嫁接到了胡塞尔的内时间意识现象学上。

导的内时间意识现象学仍然属于希腊哲学的形式主义传统。[1]亨利对胡塞尔的批评精密犀利,是法国现象学运动的一步重要推进。不过,其中尤须注意的有三点。

首先,质料现象学其实是对内时间意识现象学的进一步还原——在内时间意识层面排除一切意向性,即排除一切时间意识(甚至包括对"现在"这个相位的意识),而只将原初印象及其质料性还原为剩余。对于这种现象学结论,亨利立即加上形而上学的转语,暗示质料也就是生命乃至力量。[2]

其次,就以上彻底还原而言,亨利将原印象这个充满近代(充其量是中古晚期)的概念相应地转变为古意盎然的承受,以与质料相应;同时也将感发作为承受的同义语使用。[3]将承受单独建立为原初的东西,这暗示了一切主动性都会引入非质料的原理。

最后,就胡塞尔现象学来说,亨利批判的主要时间意识方式就是持留,且将时间意识转名为"绽出",以便包含海德格尔哲学。虽然结论相反,但亨利与克拉默对持留的重视程度是一样的。亨利特别重视胡塞尔区分持留歧义的《讲座》第39节,认为那里混同了被给予者与给予方式,表明胡塞尔全部工作的失败。[4]

2

本章对亨利的回应分为两个步骤:第一步是哲学史的,第二步是现象学的。这两步围绕着一根主轴,就是如何在现象学中将质料概念推进到力量概念,从而将质料现象学(material phenomenology)推进为力量现象学(dynamical phenomenology)。

---

[1] 参见M. Henry, *Material Phenomenology*, p. 42。
[2] 同上书, p. 30。
[3] 同上书, p. 2。
[4] 同上书, p. 31。

第一步针对的是上述前两点。质料及其承受是亚里士多德哲学的基本概念。但这里的"承受"概念不是物理学的，而是灵魂论的。事实上，全部胡塞尔现象学都可以——通过布伦塔诺——回溯到亚里士多德的《论灵魂》，意向作用–意向对象（Noesis-Noema）这对术语在字面上就源于努斯（nous）。《论灵魂》最重要的贡献就是区分了被动努斯（或译为承受性的努斯）与主动努斯。亨利的pathos概念暗示，意向性的被动一面或者说被动努斯就是质料。说得更彻底些，在努斯、意向性层面上的根本质料并非被意向性激活的"感觉材料"（这就是亨利批评的质素），而是一切体验发生于其内的"内在因"。内在性、质料（偶尔也被亨利称为生命或力量）、承受，这三层含义在亨利那里是密不可分的。换言之，亨利的真正推进是对胡塞尔现象学提出了一个斯宾诺莎式的问题，又给了一个亚里士多德式的回答——作为承受的原初印象的内在因是什么？就是作为被动努斯的质料。将被动努斯对应于质料，在亚里士多德的原文中并非不可成立，尽管是通过类比表示的。[1] 问题不在这里，而在于这样彼此密切相关的两点：（1）力量（潜能）与质料的差别；（2）承受性（被动性）的"内在因"及其现象学追问的合法性。

关于（1），质料形式与潜能实现可以对应，但不能等同（否则后者就没有必要专门研究了）。潜能是处于与"实现目的"的关系中的质料。抽掉这层关系，潜能自在地就是质料；赋予这层关系，质料为他地就是潜能。因此，在亚里士多德那里，在定义上，实现必定先于潜能，但不能说形式必定先于质料。这样一来，如果实现活动有不同的阶次，潜能也就有不同的阶次。亚里士多德在《论灵魂》中考察努斯的主导论式是潜能实现及其阶次关系，而不是质料与形式。亨利这里所提的质料，必须转为潜能或力量，而不是孤立的质料。亨利虽然偶

---

[1] 参见 Aristotélēs, *De Anima*, 420a10–20; *Ueber die Seele*。

尔也把"力量"（power）当作质料的同义语来使用，但那只是一个名称，其含义不过是内在因。在当代法国哲学斯宾诺莎热潮的背景下，与其说亨利强调激进内在性是批评胡塞尔现象学未能兑现自己的承诺，不如说他在努力用亚里士多德的术语去对接斯宾诺莎的概念。这一工作不是不能做，但必须是潜能对接力量，而非其他。而亨利对他要联结的两端，给出的都是片面的解释，因此，整体工作不能算成功。斯宾诺莎的"力量"，绝非只通过承受和感发就能引出，还有努力的维度；努斯的被动性也不同于一般质料的被动性，并非只有"被打上印记"这层含义。亨利的基本贡献是从原初印象通过承受性还原出质料。原初印象问题我们在现象学步骤讨论，现在讨论承受性与被动努斯。

关于（2），"承受"在亨利那里被当作"触发"（Affektion）[1]的同义语，但在胡塞尔那里，后者非但需要做进一步区分，而且无论如何都须以内时间意识的构成成就（被胡塞尔不甚确切地称为联想）为前设，它并非"纯粹的被动性"，而是主动性中的被动性。[2]即使胡塞尔在一些亨利没有涉及的未刊稿中将触发与原印象（也就是亨利据之主张纯粹被动性的原理）比在《讲座》中更紧密地联系起来（在《讲座》中触发这个术语几乎消失了），他还是发现，"处于内在中的原初流根本不可能是一个触发的特殊成就，而是一种原初的连续融合。这种原初的连续融合必然发生……流动的质素的情况也必然如此……作为相继的融合，质素的融合必然依时间的构成……的僵硬的必然性进行，而且还是没有任何触发的成就"[3]。这就是说，原初的东西不可能是触发或印象，因而也不可能是亨利意义上的纯粹的被动性。原初的东西

---

[1] 本章一般将此概念译为"感发"。当特指胡塞尔现象学的Affektion时，随顺胡塞尔文献的中译，也考虑到文本原义，译为"触发"或"激发"。
[2] 参见胡塞尔，《经验与判断》，邓晓芒等译，生活·读书·新知三联书店，1999年，pp. 96–99。
[3] 胡塞尔，《被动综合分析》，李云飞译，商务印书馆，2017年，pp. 191–192。译文有改动。

也不是亨利意义上脱离时间构成形式的质料。如果纯粹被动性指没有时间构成形式，那么原初的东西也就同样不可能是亨利意义上的"受动性"或"自我感发"。亨利的贡献是抓住了被动性和质料，同时敏锐地指出内时间意识现象学并非像胡塞尔本人宣称的那样达到了纯粹的被动性。但其理由不仅仅是亨利依据《讲座》发现的东西：持留作为意向性构成了质素（原初印象）的原初连续性，更重要的是，被亚里士多德类比为质料的努斯，其被动性的原初含义是：容受与习惯。[1]如果说，亚里士多德那里的容受性（蜡板接受印记）尚有亨利主张的被动性之义，那么亚里士多德努斯被动性的其他含义则非亨利所能笼络。第一，努斯的容受性是含藏，乃至能生万物的潜能。未发的潜能就是力量，而非纯粹质料。第二，努斯被动性的重要一面在于，被动努斯具有习性，带有时间中的记忆内容，因而是时间之物、可朽之物。换言之，被动性本身既体现为接受印象（触发），也体现为习性。同时研究这两点，并赋予它们更深刻联系的是胡塞尔的无意识现象学。这看起来是不同于内时间意识现象学的另一个领域，但胡塞尔把习性与触发联系起来的关键概念就是《讲座》阐释的持留。本章从贯穿内时间意识与无意识的持留概念出发，进入对亨利的最主要回应——力量现象学。

3

质料现象学对胡塞尔的正统解释者们的刺激在于，它穿透了《讲座》的工作层面，直接从内时间意识指向其无时间性的原理。这个层面的尖锐性甚至神秘性是在与《讲座》隔了不止一个时期的晚年手稿中才慢慢浮现的。即使像克劳斯·黑尔德这样堪称最权威的研究者努力尝试运用胡塞尔自己的莱布尼茨解释去接引这一原理，也仍只是从

---

[1] 参见本书第六章。

唯我论的自我迈向单子大全式的交互主体性的自我而已。在这种范式下，即使考虑到神，也不外是作为单子大全的太一。[1]毋庸指出，这种对莱布尼茨的解释仍是陈旧的单子主义。此外，最新的莱布尼茨与胡塞尔的对照研究，充分注意到了前者那里的力量维度，同时明确指出二者的主要差别就是胡塞尔"缺乏"力量与力的形而上学。[2]新旧研究在关于莱布尼茨的解释上有重要差别[3]，但它们都没有注意到，胡塞尔最接近莱布尼茨的地方不是他受莱布尼茨解释陈旧范式支配的"形而上学"沉思（一般研究者会认为这才是作为现象学家的胡塞尔出人意料的一面）或交互主体性现象学，而是他那些没有单子论名义的现象学探究，尤其是内时间意识现象学与无意识和本能现象学所代表的"临界的现象学"。

笔者认为，意识现象学从纯粹意识，到内时间意识，再到前意向、前意识乃至无意识等，抵达临界之后即转进为力量现象学。在这种不断的跨界推进中，扮演关键角色的就是持留，其重要性甚至超出了亨利与克拉默的设想。

持留首先当然是内时间意识现象学的基本概念之一。如贝耐特概括的，胡塞尔在内时间意识现象学方面的工作可分为三个阶段。[4]首先是《讲座》代表的1905—1911年时期。此阶段确实将作为持留的"刚才意识"作为内时间意识现象学的基石。亨利依赖的主要文本就是《讲座》，他只能抓住此阶段的持留学说批评胡塞尔偏离了纯粹的内在性。其次是《贝尔瑙手稿》代表的1917—1918年阶段。这一阶段不

---

[1] 参见黑尔德，《活的当下》，肖德生等译，商务印书馆，2020年，pp. 200-201，207-208。
[2] 参见Kern, *Phänomenologie der Intersubjektivität und metaphysische Monadologie: Zu einer Synthese von Husserl und Leibniz*, Schwabe Verlag, 2021, S. 213-229。
[3] 耿宁显然受到了海德格尔的莱布尼茨解释的影响，尤其在形而上学基本问题和重视单子论的动力学维度方面。这是胡塞尔本人的解释所欠缺的。
[4] 参见胡塞尔，《关于时间意识的贝尔瑙手稿（1917—1918）》，贝耐特、洛马尔编，肖德生译，商务印书馆，2016年，pp. 1-3。

只重视持留,而且更为重视前摄(对紧接着的即刻的意识)与持留的交织。最后是《C手稿》代表的20世纪30年代。这一阶段不仅重视以原初印象、持留、前摄共同交织的活生生的当前(lebendige Gegenwart,"活的当前"或译"活的当下")境域或者说原初的流动,而且实际上展示了内时间意识现象学向无意识现象学、本能现象学等"临界的现象学"的过渡。因而,也许超乎贝耐特的预料,这个被三个阶段标出来的系列应以编为全集第42卷的《现象学之临界问题》为终结。

这些简单的回顾只是为了表明,持留及其相关概念勾勒出了一个复杂深微的问题域。对此,抓住以下头绪是有益的。

首先,即使在《讲座》中,持留也不是单义的。上文已经指出,亨利特别重视第39节。但他的概括并不准确。这节的基本任务是区分持留中的两个意向;换言之,给出了亨利和克拉默都未注意到的歧义。对意识流的自身构成称为纵意向,对"同一个"相位的构成称为横意向。[1] 前者的构成产物是从现在、刚才的连续体出发的"流"。后者最终的构成产物是由时刻合成的"客观时间"。亨利所谓被给予者与被给予性的混淆,主要是指原印象被"混淆"为"刚才"、知觉被"混淆"为持留。但这就是内时间意识自身的工作,并不是现象学家的理论混淆。在这种工作中,被给予者在不同的被给予方式(印象、持留等)中作为最原初的"同一者"被给予。原印象犹如连续体的界限,只是一个抽象的、不可能独立的"存在"。[2] 持留不是把存在的东西变成不存在,恰恰相反,被持留的东西才谈得上存在。[3] 持留的主导性甚至

---

[1] 参见胡塞尔,《内时间意识现象学》,pp. 115–117,431–434。
[2] 同上书,p. 379。
[3] 因而亨利犯了与德里达一样的虚无主义错误,把"曾在"(持续存在作为"是其所曾是"包含曾在,或就是曾在,从而升阶为本质)称为"非存在"。实际上,他们所谓的点状"现在存在"才是直接的不存在。这里重温一下黑格尔的教诲是有益的:"时间就是那种存在时不存在,不存在时才存在的存在。"黑格尔,《自然哲学》,p. 48。

延伸到《贝尔瑙手稿》。这一文本的贡献当然是提出了持留与前摄的"交织"。但正如黑尔德准确概括的,时间现象学的反思必须从持留开始,持留的结构是阐明前摄的准则。[1] 原印象必然会在自身的前摄趋向(Tendenz)中直接被"保留"为被持留者。原印象、持留、前摄无法分割的一体就是所谓"活的当前"。

其次,原印象与持留在"活的当下"中非但无法割裂,甚至可以相互转化。一方面,时间流逝本身就是将原印象直接转化为持留;另一方面,胡塞尔也指出了持留向原印象、刚才向现在逆向转化的可能条件。"第一个原感觉在绝对的过渡中流动地转变为它的持留……但同时随着第一个滞留而有一个新的'现在'、一个新的原感觉在此,它与第一个滞留以连续-瞬间的方式相联结,以至于这河流的第二相位是这个新的现在的原感觉……"[2] 这就是说,"持留实际上是一个新的原印象"。[3] 这是理所当然的——否则持留的持留、持留的套接和升阶是如何可能的呢?

这一点尚未引起解释者们足够的重视。这种随时可进行的逆向转化肯定会对亨利提出挑战。从持留向原印象的可转化性论证了自身激发与激发一样属于"现在意识",但其随时可实行的自由性则取消了激发与被动的严格同义性。事情的关键还不是原印象与持留的相互转化。如果只在这二者之间争论哪个是"原初者",就偏离了胡塞尔的原意,落入亨利或德里达"在场性"批判的预设了。这一预设就是,原初的东西、在场者是作为"点"的现在或原印象,而非活生生的、流动着的"当下"境域。这是对胡塞尔的根本误解。必须再次强调,在胡塞尔那里,原印象只是当下这个原初连续体的界限,是一个抽象之物,仅凭原印象是不可能解释原初流的。而无论像《讲座》那样单独强调

---

[1] 参见黑尔德,《活的当下》,p. 51。
[2] 胡塞尔,《内时间意识现象学》,pp. 115–116。译文有改动。
[3] 黑尔德,《活的当下》,p. 34。译文有改动。

持留，还是像《贝尔瑙手稿》那样强调持留和前摄的交织，无非是对这个原初流的不同解释。在这个问题上，黑尔德甚至都接近了法国现象学的片面性。他强调原印象是当下的"源发点"，是当下的生动性的来源。[1]这固然是正确的，但不完整。一刻也不能忘记，正如黑尔德成名作的标题"活的当下"所显示的，生动性（活性）描述的不是现在点，而是当下这个境域、这个原初连续体。最原初的东西不是点，是流。严格来说，源就是原初的涌现流动，没有流就没有"源"。任何作为点的"源"都是对"流"的抽象追溯的结果。对于连续体难题来说，这里的问题在于源发点的强度在原初流中衰减但仍保持着"新鲜"——持留的强度高于回忆，回忆的延展量则大于作为新鲜记忆的持留。关于这个问题，本章最后一节再处理，这里只须明白，至少在《讲座》中，是初阶持留而非原印象才是原初的流，才带来了活生生的当下性。因为原印象的存在就是持留；持留也总是源发点本身的持留。存在就是原初的绵延，是必然拥有强度的原初延展。

最后，持留问题会带来更深微的探究。即使在内时间意识现象学的范围之内，"活的当前"也隐约指向了更究竟的东西，但这对内时间意识现象学来说几乎是一个谜。黑尔德认为，胡塞尔从未明确对原初流"之前"的东西（前-时间化着的，但本身尚未被时间化的、最终起用的"让流出"）提问，因为后者警告过，这种"前-存在"（Vor-Sein）一旦被指明，就会立刻被"存在者化"（ontifizert）。[2]尽管如此，黑尔德还是从活的功用化（fungierende）当前的"内部出发"，把这个谜设想为极化的"驻立"（Stehende）和流化的漂浮（Schwebende）的难以统一。[3]这种设想也许并未切中"活的当下"的要害。很显然，

---

[1] 参见黑尔德，《活的当下》，pp. 28–29。
[2] 见 Husserl, *Späte Texte über Zeitkonstitution*（*1929-1934*）; *Die C-Manuskripte*, herausgegeben von D. Lohmar, Springer, 2006, S. 269；黑尔德，《活的当下》，p. 120。
[3] 参见黑尔德，《活的当下》，p. 157。在那里，他立刻将驻立-流动转语为静止与运动。

胡塞尔对时间意识最终之谜的设想主要关涉显隐（"极"在场与否，是否存在者，是否落入名言），而非动静（"极"是否"驻立"）。上面的《C手稿》引文清楚地表明了这一点。较早的《贝尔瑙手稿》说得更清楚，"它（自我极）是超乎一切可把捉者的无名，超乎一切，非驻立者，非漂浮者，非存在者，而只是'起用者'（Fungierende）"[1]。换言之，自我极对于流来说是完全超越性的，对其的论述只能是动静双遣（甚至无法从流动的对立面——驻立去肯定它），唯一能肯定的就是起用，而此所起之用就是"活的当下"，即黑尔德所谓"功用性当下"。所有那些名相都属于时间与意向，"前-意向""前-时间"者只能通过否定这些名相来指示。但这种堪称"否定自我学"所指示的并非太一式的绝对者或虚无，而是隐身于原初流之底、超然于原初流之上的无意识。黑尔德高度依赖的《C手稿》并未将自我极作为最后的东西；或者说，并未将从时间意识道路显露的自我极当成最究竟的东西，而是探索了从时间意识进入无意识的各种途径。《C手稿》的基本任务就是内时间意识现象学向无意识现象学的过渡。在后者那里，"自我""主体"即便可以保留，也早已不是"意识"（哪怕其最原初的形态：时间意识）所能笼罩的。

　　然而，尽管超越了意识领域，持留仍起到了独特的、不可替代的作用。实际上，意识与无意识是相通的。这种相通在莱布尼茨那里正是用连续律来论证的（在沉睡与清醒之间的知觉流不可能中断）。自明的是，这种相通性的原理肯定超越了意识。无意识与意识共有的东西固然可以被意识到，但它之所以成立，并不基于它被意识构成。本章区分无意识与意识相通的方式与原理。相通的方式是胡塞尔的现象学竭力发现的——虽然仍不全面。相通的原理是本章这一节要明确建立的。力量现象学将基于无意识与意识（首先是时间意识）的相通方式，

---

[1] 胡塞尔，《关于时间意识的贝尔瑙手稿（1917—1918）》，p. 339。译文有改动。

还原其相通的原理。

4

无意识与意识的相通就是关于意识的临界现象：既可以从意识过渡到无意识，也可以从无意识过渡到意识。无论如何过渡，只要承认意识与无意识在基底上的同一性，现象学就肯定会指向意识边界的突破，发现比意识更深的原理。前一种过渡在胡塞尔那里仍然是持留——在这个意义上，持留已经超越了单纯的时间意识。黑尔德非常重视第10号手稿（C10）。此文本的主题是原初流动之上的隐匿自我极，但胡塞尔在其中插入了一个越出了时间意识和流动经验的例子——"无梦的睡眠"。面对这种不再有意识或意向的经验，如果要保留"自我"，就只能放弃意识一系的概念，引入力量一系的概念。睡眠无法用意识解释，也不能用纯粹的物质现象解释，而只能解释为感发能力、活动能力活跃程度为"零的样态"（Null-Modus）。无意识不是虚无，而是一种较低层面的潜能"活动"，无非没有上升到意识阶次。为了解释无意识，只能将意识与无意识都黜为活动性的某种程度、黜为活动能力的某种样态与阶次。换言之，必须在自我中预设一种自身具有程度性的力与权能（Kraft, Vermoegen）。胡塞尔已经观察到两种"过渡"状态：从无意识到意识是"唤醒"（Weckung）或者感发（Affektion），感发力越大，活动就越"新鲜"，感发的境域与范围也就越大[1]；从意识到无意识则是更深的持留，在内时间意识讨论的对原印象的即时保留、滞留之外，感发经验会沉淀到更远的过去，乃至丧失"过去"这个时相，而成为意识长河下的沉积物，被积淀（sedimentieren）为无意识。

胡塞尔在这个问题上是有摇摆的。他一度认为，在遥远黑暗的过

---

[1] 参见 Husserl, *Die C-Manuskripte*, p. 199。

去，仍然有和意识流中一样的推移式持留，无非比较缓慢，后来他放弃了这个假设。[1] 按照之前的假设，意识的无意识化仍然只是持留这种时间意识（更确切地说是纵意向意义上的持留）的激进化。但实际上这种持留换了方向，明确用积淀、沉积义取代了记忆义，用无意识扬弃了过去意识。落到意识流的河床上的功能仍是持留、摄持，这符合近代哲学赋予此概念的"保持"义，也与胡塞尔之后当代哲学提出的"第三持留"相通。[2] 讨论睡与醒、无意识、本能等，已超出了内时间意识现象学，乃至一切意识现象学的范围，但持留仍然起着作用。如果说在内时间意识现象学中的持留包括了纵、横两重意向的话，那么无意识现象学中带来积淀物（Sedimentiertem）的持留过程（retentionaler Prozess）其实是持留的第三意向[3]，本章将其命名为"深意向"。这种持留是感发力（affektive Kraft）的反面，不是习气（Habitus）的现行，而是把现时的感发积淀为习气与兴趣。

但习气只是特定的习惯。习惯性（Habitualität），或者说保留、摄持一切习惯的习惯，才是力量、潜能或者权能。胡塞尔虽在正式出版物中对习气与习惯性有所区别，但并未贯彻到底。[4] 如果说纵意向意义上的持留，是当前意识的潜能化（其产物是过去），那么深意向意义上的持留，就是整个意识长河本身的潜能化，其产物就是作为摄持性的无意识，或毋宁说与其发用脱离的能力本身。持留的深意向通向无

---

[1] 参见胡塞尔，《被动综合分析》，p. 210。

[2] 严格地说，斯蒂格勒提出的"第三持留"是"第三记忆"（图像意识）。与之对立的不是持留的纵、横意向，而是第一与第二记忆。他有意模糊了三种记忆的界限，混同了持留和记忆。但他说的第三持留归根结底是把作为技术产物的时间客体潜能化，这种技术产物的本质是再现产物包含的"时间历程"。我们说的第三持留在潜能化的意义上与之相通。对斯蒂格勒基于技术哲学的持留观的清算留待他日。参见斯蒂格勒，《技术与时间》第2卷，赵和平等译，译林出版社，2010年，p. 257。

[3] 参见 Husserl, *Grenzprobleme der Phänomenologie, Texte aus dem Nachlass (1908-1937)*, Husserliana（下文简称 Hua）XLII, von R. Sowa und T. Vongehr, Springer, 2013, S. 39。

[4] 参见 Hua I, S. 100–101。

意识，而无意识不是别的，仍是一种亚里士多德式的潜能或莱布尼茨式的力量——无非比意识阶次低。这就是力量现象学从持留那里引出的结论。当然，胡塞尔本人只是在同这个结论兜圈子。他有明确的拓宽持留概念的意图[1]，但在他那里，持留的深意向得到的只是某种暗夜式的未发虚境（Nullhorizont），或者至多是作为"最深预设"（unterste Voraussetzung）的"原初被动性"（Urpassivität）[2]，他从未像力量现象学那样宣称这个持留性的"零强度之境"（retentionales Null）仍是一种力量阶次。要得出这一结论，必须在胡塞尔本人的无意识现象学的基础上再推进一步。

可以说，胡塞尔已经在敲力量现象学的大门了，但始终没有破门而入。他明确实行了对"质素-动觉"（das Hyletisch-Kinaesthetische）的还原。[3]这个还原专注于"感受"和"生命"，是排除了所有层次的自我主动性的产物。这个还原的剩余比亨利的质料-感发结构深刻的地方在于，看到了兴趣的转变性、感发与无感的一体性。这两点出自原初经验的流动性与境域性。感发与无感的一体性是说，自我总是被处于背景下的前景所激发。激发的完整结构就是背景或境域的某种感发与强度更大的前景感发。[4]但激发-注意现象会随着不同兴趣的发用不断转移。

胡塞尔在这里走到了力量现象学的大门口。这有若干显著标志：（1）明确将清醒状态下流动着的注意称为"力的转移"与"力的提

---

[1] 参见 Hua XLII, S. 63。那里指出，与深度持留相应的"印象"概念乃至"当前"概念的含义必须加以拓宽。其实，这些都是持留含义拓宽以后的题中应有之义。
[2] 同上书，S. 62, 64。
[3] 同上书，S. 39，即对"色蕴""受蕴"和"行蕴"的还原。
[4] 正如下文所示，境域（而非境域中的某物）对自我是否也有激发，在胡塞尔那里不是毫无疑问的——虽然他的晚年助手兰德格雷贝在协助他编订《经验与判断》时，坚持周遭环境也有感发。这通向经验结构中的世界之"预先被给予性"。参见胡塞尔，《经验与判断》，p. 45。译文有改动。

升"。（2）把唤醒力、感发力解为"作为力量源泉的自我"（Ich als Kraftquelle）。（3）用权能解释了理智（努斯）自身（intellectus ipse）或者说全部的自我主动性。[1]（4）甚至认识到了自我主动性与理智之外的力量，胡塞尔明确指出，质素中的"感受"（例如某种让人醒来的不适感）这个词指引到"性情领域"（Gemütssphäre），指引到"作为努力的兴趣及其与性情的关联体"。[2]（5）胡塞尔走得最远的地方，是在承认生命中也有"持续的遗忘"，也有"积淀未曾发用、未曾苏醒的持续状态"的基础上，指出了亨利渴望但未窥全貌的"先验内在性"——"将我的总体内在存在与生命构成为清醒状态与睡眠间歇的链接（Kette）"。[3]这个沉睡与清醒的同一内在性，就是力量现象学还原的剩余——包含了质料、习性、无意识等阶次在内的一切力量阶次。

然而也就是在这里，胡塞尔最终错失了进入力量现象学的机会，没有达到对这个总体内在性的真正还原。他从来没有清楚地认识到，所谓"无力样态"（Modus der Kraftlosigkeit）[4]——沉睡状态下的心灵、没有现行的习惯、作为原初被动性的"白板"（tabula rasa）——不是真的丧失力量，而只是较低阶次的力量。下面用胡塞尔的论据来证明我们的结论。

在《现象学之临界问题》的无意识现象学部分，胡塞尔特别依赖沉睡和唤醒的范例。在"单子论"部分，他在自我的主动性、理智自身这个"必然权能的总和的另一面"（andererseits der Inbegriff notwendiger Vermögen）给出了质料。这个与亨利完全相同的术语，被胡塞尔用来指白板。作为白板的质料在他那里不是权能，而是权能的"另一面"，正如沉睡不是力量的起用，而是"无力"一样。胡塞尔不

---

[1] 参见 Hua XLII, S. 170。
[2] 同上书，S. 43。
[3] 同上书，S. 47–48。
[4] 同上书，S. 36。

仅用一种比亨利更自觉的现象学还原给出了作为白板的质料，而且作为这种还原的结果，他全面描述了质料的多层含义：（1）激发或刺激自我的感性与料（Sinnesdaten），这种与料是从背景中凸显的，因此，只是白板上的字迹，尚非真正的白板。（2）这种被凸显的感性与料在时间中被构成为绵延。（3）作为特定刺激背景的感性领域整体，这个无分别的、未发的自在整体是一种极限情况。胡塞尔追问：这整个领域（作为毫无字迹的白板自身）能否凸显？能否作为整体而非某物激发自我？由于超越了任何存在者，这种极限情形堪比虚（Null）、寂（Stille）、玄暗（Schwarz）乃至死亡。[1]

可以看到，亨利的发现与批评建立在（2）与（3）上，他用（3）来反对（2）。然而，他既没有看到境域激发与特定激发的关联，也没有看到激发与持留在时间构成上的关联，更没有看到胡塞尔最后的犹豫——对白板的现象学还原本身就是临界性的。如果现象以"激发"（这也是亨利的核心概念）为源头，那么作为一切激发的条件就是玄暗，就是非现象。

然而，在这个问题的关键部分，胡塞尔与亨利的失误其实是一样的，即没有看到，所谓自在的质料、总体的内在性就是潜能或力量。他们都没有看到激发与持留在感性领域整体上的关联。换言之，感性领域整体、"权能的另一面"不是别的，就是持留深意向的产物，是习惯性的潜能总体。因而，在无意识现象学还原中，被胡塞尔称为"内在存在"和"生命"的东西，在单子论部分又被比为死亡。对于这个明显的矛盾，应该如何理解呢？让我们回到两处论据的共同源头——亚里士多德的被动努斯学说。

"白板说"出自亚里士多德对被动努斯的类比——"蜡板说"。在《论灵魂》3.4与3.5中，无字迹的蜡板被认识为含藏万物，甚至生成

---

[1] 参见 Hua XLII, S. 170–171。

(wird)万物的质料。[1]但这种质料不是无能,而是潜能。为了表明具有潜能与运用潜能的区别,亚里士多德用了两个类比——睡与醒、具有知识与使用知识。这两种情形都是实现(隐德莱希),但有阶次之别。[2]这就是说,白板显示的是"第二潜能"或"第一实现"。它是一种力量,只是没有发用。莱布尼茨在这个问题上比亚里士多德更彻底,他从根源上打通了潜能和实现。他认为白板同样在低阶上发用,这就是他改动传统potentia概念的基本理由。在批判洛克的"白板说"时,他强调了白板的"倾向、禀赋、习性与自然的潜能"。[3]这本就是被动努斯阐释史中的常识。[4]但莱布尼茨天才地重释了睡与醒这个范例,指出在睡与醒之间必须有单子活动的连续性,这就是知觉。[5]换言之,质料或白板的实现阶次就是先于统觉的微知觉。也正是在连续律与实现阶次这两点的支撑下,莱布尼茨认为死亡其实也只是假象——这就彻底解决了上述胡塞尔白板解释中的矛盾。

综上,力量现象学的还原的剩余就是那个睡与醒的共同基底,那个无论有印记与否的同一块蜡板,也就是胡塞尔看到了但错失的"总

---

[1] 参见Aristotélēs, *De Anima*, 429b30–430a15, 417a23–418a1; *Ueber die Seele*, S. 182–185。

[2] 参见Aristoteles, *De Anima*, 412a20–29, pp. 68–69。

[3] 参见莱布尼茨,《人类理智新论》, pp. 3–8。莱布尼茨在这里犯的唯一错误是把亚里士多德与洛克的"白板说"等量齐观了。他对洛克的批判所依据的本来就是亚里士多德的意思。

[4] 例如,"作为习气的努斯"。参见 *Antike Interpretationen zur aristotelischen Lehre vom Geist*, Texte von Theophrast, Alexander von Aphrodisias, Themistios, Johannes Philoponos, Priskian (bzw. >Simplikios<) und Stephanos (>Philoponos<), hg. von Hubertus Busche und Matthias Perkams, Felix Meiner Verlag, 2018, S. 167。

[5] 参见莱布尼茨,《人类理智新论》, pp. 8–12。又见莱布尼茨,《单子论》第23节。参见《莱布尼茨后期形而上学文集》, p. 270。这个例子用胡塞尔的术语也能解释清楚。唤醒之所以会发生,乃因沉睡时感发能力仍在活动,能听到声音、感到寒冷,才会被叫醒、冷醒。这个感发能力是连续的,绝非睡时本无,醒后方有(否则就不存在被刺激苏醒这回事了);区别只在醒后进入了意识阶次。因而,胡塞尔与莱布尼茨的一个最重要的相通处是,胡塞尔所谓的无意识状态下的活动,就是莱布尼茨所谓的未被统觉的微知觉,也就是处在特定力量阶次下的被动努斯。无意识与意识只是同一个力量的不同实现阶次。

体的内在存在与生命"、摄持一切习惯的习性或性情;或者我们也可使用胡塞尔本人征用的莱布尼茨术语——单子。[1]它在最高阶次上的发用才是意识或统觉。这也就是本章沿用斯宾诺莎和莱布尼茨传统强调的东西。反过来说,只有从意识现象学出发推进到力量,而非沿用陈旧的独断的推演方式,才能真正解释莱布尼茨体系中那些最微妙、最困难的地方。

习性可以通向不能被意识、只能被力量解释的地方。但这个地方究竟是什么呢?是否只能用意识现象学的术语否定式地称其为"无意识"呢?我们要的不是与意识割裂的力量,好像力量只统治着无意识,意识有另外的原理似的。恰恰相反,意识或感发的不同状态(非睡眠)也会被胡塞尔用力或无力来说明,虽然这些术语正确地表示了意识是(某些阶次上的)力的实现状态,但尚未贯通意识与无意识的统一原理。

如果说,在胡塞尔那里,用力量学说能够相对清楚地讨论无意识,那么笔者认为,力量作为原理,也应适用于时间意识。但胡塞尔在内时间意识现象学中,仍沿用意识的基本术语(作为刚才意识的持留、原印象、前摄、再回忆等),从而掩盖了意识的力量原理。下面我们尝试用力量解释时间意识,以解决连续体问题——这是我们解释莱布尼茨的关键。

第四节 力、量与时间

1

近现代哲学留下的一个麻烦是,未能彻底澄清意识与力量的关系。

---

[1] 参见 Hua I, S. 102。

依靠意识或自身意识的哲学漠视力量；发现力量的哲学则贬低、否认意识。尼采堪称后者的代表。他认为意识本质上完全不是主动力。[1]这无疑忽视了意识之内彼此交织的复杂的主被动关系——对这层本源关系的发现是胡塞尔的贡献。笔者糅合斯宾诺莎、莱布尼茨等人的学说，主张如下：第一，力量是意识与无意识的同一者。换言之，意识与无意识，乃至无心灵可言的物体，都只是力量的特定阶次。第二，意识或单子作为力量的殊胜样态，是对力量本身的表现。第三，正如意识表现的那样，力量是主被动的统一，而非二元化的力量之间支配与反支配的斗争。这本就是莱布尼茨动力学的核心主张，但从意识动力学出发能得到更坚实的证明。第四，太一单子或绝对实体意义上的无限力量，哪怕作为超意识者，也只能在意识之内被设想。设想方式的分歧——例如贯彻到底的充足理由律、先验理想、无限者溢出无限的观念等——是第二位的。

意识是力量的阶次、表现和样态。这是本章解决莱布尼茨连续体难题的基本出发点。莱布尼茨动力学已对物体义的连续体做了解释，但单子之内的连续体仍是一个谜。胡塞尔的内时间意识现象学对作为时间现象的连续体顺便做了一点讨论，但没有将之与连续体难题联系起来，更没有在力量现象学的层面重构这个问题。本章尝试把这两个方案结合起来，既通过力量解释意识这个阶次，也运用意识现象学的成果解决力量一般以及单子内部的连续体难题。

连续体的第一义是量。关于量有两种学说：一是逻辑学，一是数学。逻辑学通过把量范畴化，将数学置于其下。斯宾诺莎明确区分了出自理智的实体的量与出自想象的表面的量。[2]谢林将力量阶次（也就是"幂"）当作绝对，沿袭了斯宾诺莎的说法。黑格尔批评谢林用阶

---

[1] 参见德勒兹，《尼采与哲学》，周颖等译，社会科学文献出版社，2001年，p. 62。
[2] 参见斯宾诺莎，《伦理学》，p. 18。

次这个属于量范畴的概念述谓本体，无视"质"的区别。问题在于，作为"范畴"的量，当然与质"范畴"并列，一并适用于显象，但力量阶次并非显象。关于力量也还有质的规定，德勒兹对尼采有过纠正。虽然德勒兹与尼采都定位于力量而非精神，但他们之间的差别在某种意义上可以视作谢林、黑格尔之争的继续。尼采在还原论的意义上理解量，反对将力量的质——在他看来最重要的是洋溢，是趋向支配和趋向丰富的努力（权力意志）——归结为量。哪怕作为一个尼采派，德勒兹还是取消了质的独立性，将之归为量的"差异"。[1]当然量的差异本身是本源的，不能被进一步还原。因此，德勒兹在力量中看到的最重要的关系，不是质与量，而是本体量之内的同一与差异、统一与杂多。他对形而上学传统的颠倒概言之就是抓住差异（在数学上就是"微分"）与杂多（在数学上就是"流形"）。既然只能用这样的量来表现，那么对于德勒兹来说，关于力量只能有数学（而且是"平滑"的数学），不可能有逻辑学。《千高原》可以被解读为关于力量的非常规数学，与《逻辑科学》这部关于绝对精神的非常规逻辑学抗衡。在一个不引人注目的地方，德勒兹指出，"平滑空间"（更出名的"游牧"之类是对这一空间的隐喻）只是对"纯粹单子论"的纹理式空间的非欧几何的变形。[2]这就提示了德勒兹同样将单子论看成对力的数学表现。哪怕这种数学在他那里是老套的，或就是一切老套数学的原型——所谓"有纹理的"，本就是莱布尼茨用来比喻天赋观念的（"有纹理的大理石"）。单子是努斯与空间的统一。对纹理的否认，不只关乎空间，而是驱逐了一切先天性，将努斯牢牢地绑在了被动性上。撇开德勒兹对数学的狂想，可以确认的是，连续体就是对力本身的量的

---

[1] 参见德勒兹，《尼采与哲学》，pp. 65–66。
[2] 参见德勒兹、加塔利，《千高原》，姜宇辉译，上海书店出版社，2010年，p. 712。同样，德勒兹认为，单子论本身也可被改造为"游牧学"。我们不妨将德勒兹的一些探索视为非欧几何化了的莱布尼茨式哲学。这也是对他早期斯宾诺莎式哲学的推进。

表现。对意识流同样当作如是观。

作为"想象的量"的连续体,涉及的无非是连续与间断的关系。正如黑格尔揭示的那样,连续体之所以成为有限与无限之间的迷宫,首先由于量这个概念自身的矛盾。[1] 但是,与黑格尔的设想相反,从实体量或者说本体量出发的解释,与黑格尔基于量范畴的推演并不相通。在与所谓的想象的量区分时,本体量当指太一、单一(作为单纯者)、无限,也包括幂次(力量阶次)。样态的量则首先是作为知性范畴的量中的一、多与全等。但还有一组量概念,在作为知性概念的量范畴之外,又不属于本体量,而是在本体与样态之间,属于尚未被概念规整的直接被给予性本身,它们就是杂多、内强量(intensive quantity)与外展量(extensive quantity)。如果可以在黑格尔逻辑学之外探索对连续体问题的解决,那么就应该绕开作为知性概念的量(单一与复多),从直接被给予的量或者本体量出发,相互奔赴对方。德勒兹是从前者出发的,斯宾诺莎和谢林是从后者出发的。莱布尼茨之所以陷入连续体迷宫,是因为他既无法确定本体量(例如,无穷在莱布尼茨那里基本只是狭义的数学概念,不像斯宾诺莎和谢林那样首先是形而上学概念,虽然他偶尔也道出上帝的无限性),又不满足于直接被给予的量(例如,他基本回避了内强量与外展量,虽然用程度去界定内强量他的贡献甚大)。

力量现象学尝试从知觉流的构成中提炼出力量阶次的交织性统一原理,进而依据该原理解释直接被给予的量(强度与延展)、知性的量(从"一个性"出发)乃至量论涉及的全部矛盾。

2

对强度、外展和个体性的研究,恰恰是胡塞尔内时间意识现象学

---

[1] 参见黑格尔,《逻辑学》I, pp. 173–175, 178。

的杰出成果。但由于缺乏相应的问题意识,几乎没有研究者涉及这些。本章就此提出三个观点:首先,胡塞尔现象学与莱布尼茨哲学的精微对应甚至超出了胡塞尔自己的设想。其次,胡塞尔的内时间意识现象学对于澄清莱布尼茨单子论有莫大的帮助。最后,反过来说,莱布尼茨哲学中现成的动力学前提也有助于将胡塞尔现象学推进为力量现象学。下面将分述这三个观点。

首先,晚期胡塞尔明确将交互主体性现象学解释为先验单子论,且在未刊手稿中将单子论的形而上学维度纳入了沉思。这一解释仍然基于单子与世界及其他单子的关系,至多在形而上学部分涉及了一点创世。这一关系固然是莱布尼茨单子论的重要内容,但它既不是其出发点,也不是其归宿,更非其微处。恰恰在单子论的另外方面,我们可以发现莱布尼茨哲学与胡塞尔现象学更精妙的对照,这超出了胡塞尔与大部分研究者的设想。与他们一样,我们也以莱布尼茨《单子论》与《原则》为基准,但发现了其与胡塞尔现象学更丰富确切的对应。这一对应甚至体现在单子论与内时间意识现象学完全一致的关键术语上。知觉、表象、统觉是其中的荦荦大者,但更精微的还有样态与变样、感发、趋向。[1] 单子论与现象学的对应更体现在这些关键术语所支撑的义理上。为了阐明这点,笔者对《单子论》及《原则》的结构略加整理。

这两个文本都可分成"单子论"与基于神学的预定和谐学说两大部分[2],这也是莱布尼茨成熟体系的两个方面。这两部分的接榫处是充足理由律的提出和对存在者全体的根据的追问。胡塞尔现象学主要涉

---

[1] 前三个概念在发生现象学与时间现象学中出现得非常频繁,不必举证。趋向的重要出处之一见胡塞尔,《关于时间意识的贝尔瑙手稿(1917—1918)》, p. 75。
[2] 莱布尼茨手稿中将《原则》分为两章。对照后可以发现,此划分也适用于《单子论》。参见《莱布尼茨后期形而上学文集》, p. 238。虽然单子论也是预定和谐系统的组成部分,但在文本结构上,前者相对独立,以至于后来的解释者可以完全不顾后者。

及的是前一部分,而海德格尔的解释尤其注重根据律部分。胡塞尔、海德格尔乃至哲学史主流的莱布尼茨解释都注重单子对"世界"的表象。但"世界"或"大全"在完整的单子论体系中,既指单子所表象者,也指存在者全体。后者必然涉及创世问题,这两者的关系,就是海德格尔所谓"急转"(μεταβολή/Umschlag)。[1]但前者可以相对独立,不必引出形而上学(神学)。胡塞尔公开著作中的"先验单子论"也只是莱布尼茨体系前半部分的现象学推进,没有也不可能有那种通向形而上学的"急转"。虽然都悬置了世界现象,但"急转"与先验还原最大的区别在于前者没有"自我"或单子这个剩余。胡塞尔现象学的基本气质更接近于一种没有模态神学的狭义单子论。

但即便以表象、知觉与意识为主干的狭义单子论,其出发点也不是先验哲学的主体论,而是形而上学的实体论。和笛卡尔、斯宾诺莎一样,莱布尼茨首先是从实体出发的。但单子这一实体直接包含的却是立刻可以转化为先验主体学说的那个"单子论",而不是作为形而上学基石的神学。这一点清楚地揭示了莱布尼茨哲学"在现象学与形而上学之间"的特殊性。

作为单纯的实体,单子是如何引出与现象学有极高亲和度的主体哲学内容的?这里涉及的恰恰是存在与意识之间,乃至存在与时间之间的关键。即使没有神学,单子论道路也是从形而上学出发才转入"主体"哲学的。或者说,知觉与表象此类被现象学当作"意识"与"主体"把握的内容,在单子论那里首先具有存在论与太一论的意涵。从普遍的形而上学问题引出单子论的特殊内容,在莱布尼茨那里需要四个步骤。如果这对于纯粹意识现象学来说几乎是不可思议的,那只能说明一般的意识哲学确实遗忘了意识的存在论前提。

第一步,单子作为单纯实体,同时具有严格意义上的"一性"

---

[1] 参见海德格尔,《从莱布尼茨出发的逻辑学的形而上学始基》,pp. 217–222。

（unity）与"是着性"（entity）。可以说，单子这个概念直接开启了对存在问题与太一问题的回应[1]，但系统的回应仍需要后续步骤才能完成。

第二步，虽然单子以不同方式"聚合"而成的"复合物"有产生和灭亡，但这恰恰因为后者不是真正的存在者（实体），而只是被实体聚合而成的观念性的东西。单子作为单纯的存在者，只能变化，而不会以自然的方式生灭。这里必须注意单子存在论规定的微妙性，即就"自然的原则"而言，单子是存在者，是一切变化的充足根据；但就"神恩的原则"而言，单子仍有生（从不存在到存在）与灭（从存在到不存在）。而"神恩的原则"是通过彻底化的充足理由之问（"为什么有事物而非一无所有？"）才能出现在体系的第二部分中，换言之，"神恩的原则"的前提是单子作为根据的"不充足"。只有经过针对一切存在者而言的"急转"——与之相比先验还原无疑不够彻底——单子乃至一切存在者的充足性才会消除。正如海德格尔解释的，这个"急转"的前提是"超存在论"（Metontologie），是对存在者大全的"超越"。[2] 要之，单子作为存在者，其存在有双重含义：一是作为海德格尔所谓的"被创造存在"[3]；一是作为质或样态。或者说，这里Êtres的意义首先为"是者"而非"实存者"。[4] 正是这层含义的存在才引出了知觉、表象及意识。

第三步，既然区分了单子的变化与单子的实存，那就要进一步区

---

[1] 只有海德格尔敏锐地注意到了这一点，参见Heidegger, Seminare: Kant-Leibniz-Schiller (GA 84, 1), Vittorio Klostermann, 2013, S. 394。
[2] 参见海德格尔，《从莱布尼茨出发的逻辑学的形而上学始基》，p. 220。
[3] 参见海德格尔，《存在与时间》，陈嘉映、王庆节译，p. 31。此概念虽针对笛卡尔的我在，但也适用于神恩意义上的单子存在。
[4] 参见《单子论》第8节，"不过单子必定具有若干质，否则它就不是'是者'了。'质'是'是'的某类谓词，'是'的一种基本方式"。G. W. Leibniz, *Monadologie und andere metaphysische Schriften*, Franzoesisch-Deutsch, Felix Meiner Verlag, 2014, S. 112。

分变化的根据与实存的根据。莱布尼茨明确区分了根据、原则与原因。严格地说,根据针对存在("是"或"实存"),原则适用于变化,原因适用于变化的规律。变化在"是且非是"的意义上也可说是"存在方式";也有一个"充足"的源泉——这就是单子自身。[1]单子这个实体只存在于样态及其变样之中。换言之,单子作为被创造的存在者不是依自或自因的存在者,但不失为持续的存在者。

持续存在就是持续变化。然而讲存在,通向形而上学;讲变化,通向自然学。作为自然原则的单子论,首先略去存在义,而是对变化本身加以追问。这里问的不是根据,而是"原则"与"细则"(detail)——就单子自身而言,在单子之内为什么会有变化?变化的东西究竟是什么?莱布尼茨对前一问题的回答是"欲望",也就是"从一个知觉到另一个知觉的趋向"。[2]对后一问题的回答就是知觉。在内时间意识现象学中,趋向是从时间性上把握的意识本质,对某某的意识就是对某某的趋向或前摄。[3]同样,趋向在莱布尼茨这里表示知觉的流动本性。从内时间意识现象学来看,欲望与知觉的区分就是单纯的绵延历程与绵延者的区分。[4]换言之,变化与变化者两个原则可以合并为一个——欲望着的知觉或知觉着的欲望,亦即作为流的知觉。从存在到变化再到知觉流,这就是单子论从形而上学内容引出"主体内容"的主要步骤。除了知觉流,单子没有别的存在方式。

第四步,也就是这条道路的终点,则是在单子论光芒下的知觉学说。这条道路可两面观之,一方面是从存在到变化,另一方面是从单一到复多。单子作为存在者必然是单一者,而变化必然是复多。单子

---

[1] 参见《单子论》第18节,G. W. Leibniz, *Monadologie und andere metaphysische Schriften*, S. 116。
[2] 《原则》第2节,G. W. Leibniz, *Monadologie und andere metaphysische Schriften*, S. 152。
[3] 参见胡塞尔,《关于时间意识的贝尔瑙手稿(1917—1918)》,p. 75。
[4] 参见胡塞尔,《内时间意识现象学》,pp. 56-57。

构成自然的基本思路是从单一聚合为复多。但在那些具有不同实在性的"聚合"方式（如组合、堆积等）中，具有原初实体性的"复多化"方式就是知觉。这是单子这个纯粹单一者的存在方式中必然包含的复多。"在一个单一体或单纯实体中折叠并表象多的瞬间状态无非就是人们称为知觉的东西。"[1] 与一切先验哲学不同，知觉在单子论中的地位首先是太一论的，其次是存在论的，与所谓认识论毫不相干。知觉就是单一与复多之间的原初状态。这一状态必然内在于单子，且是单子唯一的存在状态。研究者们抱怨莱布尼茨在单子论中迟迟没有说出"时间"这个关键词。[2] 殊不知，时间在单子论中是第二义的东西，是被一多关系所规定的东西。时间就是瞬间状态所包含或折叠的"多"之展开，反过来说，单子作为瞬间状态就是时间性。

瞬间状态所包含的"多"必然被展开，以至于让知觉从一个过渡到另一个，连续不断地成为知觉流，这个变化原则被称为"欲望"。知觉归根结底起于对大全的欲望，但这种欲望本质上无法满足（只有神才能在一个瞬间中清楚分明地直观大全、创生大全），只能被新的内容所充实，生产出"复多"。这种复多有两个方向，既带来知觉流，也

---

[1] 本章把 l'état passager 译为"瞬间状态"，而非通行的"过渡状态"；同时也调整了译文的语序。法文 passager 同时有"瞬间"的含义。《原则》第2节与《单子论》第14节相应，前者所用的相应术语就是 le moment，更不必说自然哲学中的通用词就是 moment。从莱布尼茨学说看，passager 这个词兼有过渡、瞬间之义，但仅译为"过渡"，突出不了最小单位的意思。不过，即使译为"瞬间"，也要注意，这是一种"活的当前"，而非点状当前。流变的最小单位仍是流变。流变本身不能再被分割为存在或静止，否则会导致芝诺悖论；也不能再被分割到点状现在，否则会导致连续体迷宫。这个"瞬间"概念的用法直接针对传统的"现在"概念。后者虽然是不可分的，但内部又是同时因而"静止"的，且是点状的。瞬间内部有变化趋势，并非僵硬的同时性单位，避免了"现在点的序列"这种时间观导致的一切悖论。因此，作为瞬间状态，知觉直接就是知觉流。参见 Leibniz, *Monadologie und andere metaphysische Schriften*, S. 114, 152;《莱布尼茨后期形而上学文集》, p. 262。

[2] 参见 Leibniz, *The Labyrinth of the Continuum: Writings on the Continuum Problem, 1672-1686*, Introduction, p. lxxxvii。

带来知觉的内容，也就是世界。[1]换言之，作为单子瞬间状态的知觉，随着两种展开方向，既是时间化的根本，也是世界化的根本。用胡塞尔的术语说，单子必然地共同具备纵横两重"意向性"，因而既是时间性，又是世界性。从单子来看，欲望着的知觉和知觉着的欲望就是单子的存在方式。从时间和世界来看，它们就是时间性与"在世界之中"这个基本机制。原初知觉流因而是其他一切意义的连续体的前提。知觉是一种必然表象外部的内在存在，也是一种必然永远在自身之内表象未来的当前存在。

3

因而，作为单子瞬间状态的知觉才是理解《单子论》出发点的恰当方式。在不止一个形而上学文本中，莱布尼茨都将"活动"视为单子这一实体的基本规定。但只有在自然哲学文本中，我们才能清楚地看到，活动与努力的关系相当于流与瞬间的关系。[2]如果我们承认单子及其活动在自然哲学与形而上学之间的一致性，那么自然哲学中活动、瞬间-努力的整合性也就是形而上学中活动、瞬间-知觉的整合性。换言之，知觉就是单子内部的努力。海德格尔从自然哲学中提炼出来的"努力着的表象"或"表象着的努力"[3]，在单子论那里就是我们所谓"欲望着的知觉"或"知觉着的欲望"，也就是知觉流。单子的活动就是对知觉流的统摄式聚合，也就是每一瞬间的努力-知觉的"积分"（克拉默语）。

此间出现了莱布尼茨体系中最吃紧、最困难之处——如何理解构

---

[1] 参见《单子论》第15、16节；Leibniz, *Monadologie und andere metaphysische Schriften*, S. 116。又参胡塞尔关于有限意识与神的意识之区别。胡塞尔，《关于时间意识的贝尔瑙手稿（1917—1918）》，pp. 82-83。
[2] 参见《莱布尼茨自然哲学文集》，pp. 435-436。
[3] 参见海德格尔，《从莱布尼茨出发的逻辑学的形而上学始基》，p. 129。译文有改动。

成知觉流的统一活动。康德、费希特用统觉或意识的统一性去理解这种活动（亦即费希特的行动）。这一理解固然偏离了莱布尼茨的本意，但这也与莱布尼茨不时用狭义的统觉概念作为范例去揭示知觉的一多关系有关。[1]两个阶次的统一性的复杂关系已经预示了康德、费希特研究中的微妙之处。[2]解释德国古典哲学的基本困难在于既要超越意识范式，又要在一个更基本的范式中保留与解释意识与自身意识的原理。这是谢林、黑格尔乃至黑格尔的批判者们的共同方向。笔者认为，解决这个困难的关键在于回到莱布尼茨，区分康德、费希特搅到一起的行动与统觉。[3]行动的统一性、知觉流的统一性才是根本原理，统觉的统一性是这个根本原理的高阶表现。在莱布尼茨那里非常清楚，知觉流的统一性在于前意识与前统觉的行动；而统觉自身的统一性则与反思有关。我们要补充的是，统觉的统一性是对一种更根本的统一性——活动的或力量的统一性的表现；反思也不是亨利希（Dieter Henrich）之流指责的什么错误解释模式，而是对力量自身关系的表现。显然，这里的关键在于以一种非意识哲学的方式解释单子内部的知觉流，并且将被统觉与反思发现的意识流的特征追溯到前意识的知觉流上。

第一，要在动力学而非意识哲学的意义上确认知觉流的统一性。统觉作为高阶的知觉是必然可被反思的意识，如同康德那里的必然可伴随"我思"的表象。莱布尼茨的知觉与表象则是前意识、前统觉的。但正如知觉先于意识，知觉流的统一原理也先于统觉的统一原理。如

---

[1] 例如《单子论》第16节。参见 Leibniz, *Monadologie und andere metaphysische Schriften*, S. 116。
[2] 无论费希特是否有某种"原初洞见"，即本原行动的统一性突破了反思模式，但这种行动对于他来说，出发点仍然只是意识的事实，而不是前意识的深处。
[3] 费希特的行动概念仍出自康德的先验演绎。康德的表象概念也出自莱布尼茨，但实际上已是意识之内的东西，而不像莱布尼茨那样是前意识、前统觉的。

果说康德、费希特仅从意识哲学中发现了统一性并将之归为统觉的话，那么莱布尼茨的自然哲学则清楚地提供了前意识的活动统一性的原理——作为瞬间-努力之聚合的活力。胡塞尔现象学则处于这两个传统之间，后期未刊手稿中有一个逐渐发现前意识活动的过程。胡塞尔的特殊贡献在于注意到时间意识本身在意识与前意识或无意识之间所起的作用。这就以一种比单子论更精确的方式发现了知觉流的时间性。

第二，可以确认，单子的知觉流有一种固有的、前意识的时间性。莱布尼茨在不同领域文本中的"欲望""趋向""努力"，乃至"变样"都指出了这一层含义。与内时间意识现象学相比，虽然莱布尼茨对时间结构的揭示并不完备，但在将时间性首先归于前意识的力量原理这个问题上，他比胡塞尔要坚定、清晰得多。力量现象学糅合两家之学，将胡塞尔在时间意识中发现的时间构成方式追溯到前意识的知觉流。换言之，与统一性一样，时间性并非意识专属的东西，归根结底属于力量的本性与结构，清楚深刻地看到这一层的只有海德格尔。他将单子作为冲动（Drang）暗示为时间性的绽出机制。[1] 我们在这里随顺莱布尼茨赋予单子论的多重含义，不急于将力量的结构与存在论相贯通，而是首先贯通太一论与动力学，将力量视为统合复多的原理、单一性将自身杂多化的原理，而非存在者之存在。因而，本章依据胡塞尔的基本术语用持留-前摄而非海德格尔的"曾在""将在"等来刻画力量化、时间化的基本方式。如前所示，胡塞尔已经触及前时间、前意识的力量概念，同时用持留这个原来的时间意识术语解释潜能的积淀。这就为力量现象学开辟了一个方向。

此间推进胡塞尔的工作，将持留、当前化、前摄这三种时间化方式都从时间意识推进到意识之下的力量。对于莱布尼茨解释而言，这一步就是糅合动力学以补足单子论中前意识的"知觉"的时间性。

---

[1] 参见海德格尔，《从莱布尼茨出发的逻辑学的形而上学始基》，p. 130。

持留、当前化与前摄是力量作为时间性的起用方式，是时间意识对前意识或者说非意识的时间性之表现。单子作为活力单元的基本活动或起用方式有三种。动力学文本主要指出了收缩与扩展，这也是海德格尔抓住的两种。但单子论文本通过"活动"概念实际上指出了第三种，即把各瞬间统一起来的自身统合。在前意识层面，这就是知觉流的构成（知觉中"多"的展开，一与多的原初统一）；在意识层面，这就是统觉之统一性。力量现象学认为，持留是对收缩的表现，前摄是对扩展（或努力）的表现，当前化是对力量的自身构成、自身持存的表现。换言之，当前化同样是对力量起用方式的表现，这点不容忽视。海德格尔的莱布尼茨解释极精微，既看到了单子对杂多的统一，也看到了力量的收缩与扩展。其缺憾在于未将三者并置，也没有深入研究它们不同的交织方式，以至于无法在单子论那里找到时间化三种方式的完整对应。德国古典哲学在莱布尼茨那里继承的出发点显然是统觉。如要像海德格尔那样，为德国古典哲学在莱布尼茨那里再次寻找动力学与时间性的开端，那么首要的任务就是用这个新开端去清理统觉。这是海德格尔几乎忽视的。胡塞尔的有关工作也不充分。有鉴于此，笔者认为，会通德国古典哲学与现象学的关键是在力量哲学层面考察统觉及其与三种时间化方式的关系。

4

首先要给统觉一个恰当的位置。不管怎么解释莱布尼茨，在他那里统觉都没有康德赋予的首要地位。但统一化行动是单子的内在本性，哪怕这种行动是前意识、前统觉的。非本源的东西一定以某种方式包含在本源之内，否则后者就谈不上本源了。统觉不是意识的本原行动（Tathandlung），而是对力量的本原行动的意识表现。换言之，统觉的结构就是力量的结构。如果在本源层面研究力量结构遇到困难，也就可诉诸统觉的结构。在莱布尼茨那里，时间性并不专属意识，而就是力量的结构。那么从时间性去考察统觉，就是一个发现统觉所表现的力量本性的有效方法。胡塞尔实际上已踏上了这条道路。这里先从统觉一般的条件和结构出发。

统觉在莱布尼茨那里首先是对知觉的知觉、高阶知觉。这种高阶知觉必须与单纯知觉区别开来，而与意识和反思同阶。[1]这种说明还是留下了三个难题：首先，意识本身的结构（对某物的意识）并无反思性。如要将意识的统一性归于统觉，仍需进一步解释。这就是先验演绎面对的难题。其次，莱布尼茨又将单子视为表象与反映世界的"活的镜子"[2]——这是他最著名的学说，但表象首先属于初阶知觉，因而，反映的结构并非只出现在统觉亦即高阶知觉之中。换言之，知觉自身也有某种初阶的反思（反映）结构。这怎么理解？最后，单子的统一性原理在单子的活动（行动），而这是前统觉、前（自身）意识的。非统觉的统一性，这又怎么理解？

单就自身考察，统觉有这样几个特点。统觉是对知觉的知觉。这个结构本身就是一种特殊的统一性。自身知觉是一种作为阶次提升的统一，也就是把初阶知觉包含在高阶知觉的所知觉之中。如《单子论》第14、16节所示，知觉自身本来就包含了"多"，这个"多"既指世界也指"其他的知觉"。那么统觉对知觉的升阶式统一，也就是统一杂多的某种方式。但这里出现的不是康德那里的"反思"模式，而是知觉流的模式。在莱布尼茨那里，知觉与其他知觉的关系就是不同瞬间的关系，那么统觉——作为一个殊胜的知觉——就是将单一瞬间的知觉中所包含的"多"展开为不同瞬间。这不是时间化，又是什么呢？统觉作为时间化，既是复多化（一个瞬间中折叠的多个瞬间之展开），又是统一（统觉把多个瞬间收入相对最高阶的那个最后知觉中）。这

---

[1] 参见 Leibniz, *Monadologie und andere metaphysische Schriften*, S. 115, 120, 122。
[2] 同上书，S. 154。

样,统觉的统一性就不是那种仅仅属于意识的统一性,而是知觉流的统一性。当海德格尔在他对单子论的动力学解释中力图找到"统摄"的机制时,他设想的就是这样一种不同于康德及费希特哲学的统一性。作为折叠之多的开展,莱布尼茨统觉的统一性同样是杂多的原初生成机制。这种机制就是本源的时间性。

因而,当统觉作为头号遗产被交付给德国古典哲学时,这个统觉就既有统一性,也有复多性;既有反思性,也有时间性;既有高阶性,也有持续性。但当德国古典哲学力图用本原行动、思维去清洗统觉,提出更彻底的原理时,就开始了统一吞没杂多、反思吞没时间的哲学史进程。这里的重要一关是对"反思"的争夺。它既可以将反思扬弃为本原行动、推进为自我设定,也可以不抛弃其时间性。被反思的东西既是通过反身化、对象化被意识到的,也是通过一个新瞬间被把握和保留的。换言之,反思完全可以不牺牲时间化、杂多化、差异化。在总是生产新瞬间、总是溢出差异的意义上,反思也可以是自身激发。正如胡塞尔揭示的,反思也可以被解释为对先前杂多的保留。往这个方向解释的反思和统觉,最适于知觉流的统一构成,而非概念化的统一——对先后差异、原初时间差异的消除。[1]胡塞尔走的本来就是《纯粹理性批判》A版先验演绎的道路。康德在B版演绎中完全排除了统一活动的时间性,而胡塞尔发扬光大了先前的道路,把反思与内知觉解释为"持留",这个解释实质上扭转了推进统觉的方向。如果说康德的推进是强调先验反思,费希特的推进是强调前反思的自我设定的话,那么胡塞尔式推进则是认为,统觉对知觉流的持留才是第一义的,其他只能退居其次。

---

[1] 正如康德揭示的,"概念中认定的综合"的成就是,前后两个瞬间所思维的是同一个东西。但这也意味着,前与后完全等值,可以交换。换言之,先后性或者说原初的时间流逝,对于思维而言毫无意义。参见康德,《纯粹理性批判》,A103, p. 117。

沿着这个方向就能发现，统觉的首要特性是通过持留保持知觉流的持续存在，而不是构成与保留意识。意识本身是高阶知觉的产物，但阶次的提升只能来自最本源的东西，来自前意识的力量原理。否则，要么意识是一个独立的原理，我们只能退回以意识为第一原理的立场，这是笛卡尔派的立场，不是莱布尼茨的立场；要么需要不同于单子的知觉流的"另外原理"来解释意识。这样单子就不是充足的内在理由了，知觉流也不是单子唯一的存在方式了——这同样不是莱布尼茨的立场。我们的回答是，深意向的持留，乃至前意识的时间自身就是包含阶次的，因而，知觉流自身就必然是有阶次的。初阶力量自身包含阶次但尚未展开，如同单一知觉包含诸多知觉但尚未展开。换言之，知觉包含的"多"本身不是点状并列的，而是如持留结构般"套接"的。原初的东西就具备阶次——这就是知觉也有"反映性"的根本理由。如果正像胡塞尔现象学反复揭示的那样，时间的构成在于持留与前摄的彼此交织；同时又像我们论证的，时间性就是力量自身的特性，那么通过阶次化统一自身，这就是力量本身的特性，而不只属于意识。统觉与知觉流的统一性都是对力量的这种原初自身关系的表现。

5

在这个意义上，力量现象学遵循的是海德格尔提出的现象学三重方法（还原、建构、解构）。[1]此处已将作为意识原理的统觉解构并还原到力量上。我们将在给出力量原理的基础上，解释力量所构成的东西，从而彻底解决连续体迷宫。

上文已示，统觉的原理归根结底属于力量而非意识或自身意识。其统一的方式不是"我等于我"，而是持留、感发与前摄的活生生的交织性统一。这种统一方式既是根本的，也是完备的。因其根本，德国

---

〔1〕 参见海德格尔，《现象学之基本问题》，丁耘译，pp. 27–29。

古典哲学从统觉学说出发建立的那些"原理",都可以不同方式从力量原理中推出来。因其完备,单子论及动力学要处理的具有不同程度实在性和观念性的各种有形实体、复合体和连续体,归根结底都是持留、感发与前摄的不同交织统一方式。这些方式就是对力量阶次的时间性阐明。其义略陈如下。

首先,力量的统一性就是自身关系。我们在他处解释了Potenz(力量阶次、潜能阶次)这个概念的自身关系含义。[1]这里要给出自身关系的不同方式,这就是持留、前摄与感发之间的不同交织关系。自身关系既包含无条件的、直接的自身设定(将自身设定为当下的行为,这个行为要与"将之发现为已经存在的东西"区别开来),又包含将自身当作实存或已在的确定之物和基体,也包含自身的外部化、差异化。第一种就是所谓费希特的"原初洞见",对本原行动的非反思理解。第二种就是统觉的反思模式,将自身把握为已经凝固的、过去的东西乃至基体性的自我。第三种则是作为自身否定的自身关系,自身就是向外部敞开。从力量之本源的时间化看,第一种就是自我感发或活生生的当前化,第二种就是持留,第三种就是前摄。

其次,这个研究的关键不在于通过时间化的不同方式区分力量自身关系,而在于这三种方式是如何彼此交叠、套接的。这种多重一体的交织性才是具体的自身关系。胡塞尔内时间意识现象学的精髓是对三者之间复杂交织套接关系的研究。力量现象学可以将这些成果运用到力量自身关系上,其运用方式大体可分为三种:(1)持留为主,其中包含前摄和当前化。(2)前摄为主,其中包含持留与当前化。(3)当前化为主,其中包含持留与前摄。德国唯心论研究中对统一原理的自身设定与反思之争,本质上就是(1)与(3)之争。此外,海德格尔重前摄,法国现象学传统重持留。有从不同进路批评持留者

---

[1] 参见本书第八章《论心性——道体学气论导言》。

（德里达、亨利），有阐发持留者（斯蒂格勒）。斯蒂格勒提出"第三持留"，以解释时间意识自身的物质化与对象化，但对象化可以是本己的，也可以是异己的。前者是时间意识本身成为一个内含时间性的客体（例如，斯蒂格勒站在技术立场重视的音像录制产品）；后者则是一个站在意识对立面的他者、对象。说得更确切些，前者是可延展为一段"历程"的时间客体的对象化；而后者则是有时间属性但被凝固在当前性、现成性中的对象化。对象化的真正秘密是力量，而不是意识。异己对象化的范例是马克思分析的劳动。劳动产品是劳动力的外化，而对这种力的外化量的衡量方式就是力的时间性（有强度的外展量及其在持留中的总和）。同样，笔者提出的第三持留实质上是意识流自身的力量化与潜能化。在深意向的积淀中，意识流把自己持留为作为质料的潜能和力量，而非活生生的意识。第三持留是主体（作为意识的力量）的潜能式质料化，而劳动作为前摄主导的持留才是对象化的质料化。这里无法详论这些问题，只提出这个观点：力量自身关系能解释物质、意识与对象这些德国古典哲学关注的最基本的难题。

最后，力量现象学怎么看"当前化"或"在场化"？这对于重新理解统觉的丰富含义，赋予其力量现象学的定位非常重要。无论谢林还是海德格尔，为了在康德、黑格尔之外另开一路，都是紧扣莱布尼茨动力学中的收缩与扩展，而没有将单子对各瞬间的统合活动与这二者贯通起来。在他们的体系中起主导作用的只是绽出与成己、成物的冲突，只有刹那的一翕一辟，完全排斥第三方：传统哲学倚重的存在稳固性与确定性。尤其是海德格尔，他把当前化与"非本真状态""现成存在"紧紧联系起来——"源始而本真的时间性的首要现象是将来"。[1] 这种贬抑态度也通过德里达对"在场化"的解构，影响了当代哲学对全部形而上学传统的判摄。为了更准确地理解莱布尼茨，本章

---

[1] 海德格尔，《存在与时间》，p. 390。

拟用胡塞尔现象学中细密的三种时间化交织方式纠正海德格尔的唯绽出偏向。这就是说，不能只看到莱布尼茨自然哲学中主张的收缩与扩展，而看不到他在形而上学中首先强调的"活动"（行动）及其统合性（Integration）。

此前似乎只有克拉默注意到了这种统合性。他指出："假设没有积分式统合，那就既不可能体验到时间性的东西，也不可能有时间意识。"[1]本章在这一环节推进的就是克拉默的工作。在单子内部，活动就是对诸瞬间的努力的"统一"。统觉同样是一个当下的知觉，这个知觉与一切知觉一样包含了"多"。但统觉中的"多"是已经过去了的"知觉流"展开的"多"，是已被展开的"多"，而非单纯包含、尚未展开的"多"。因而统一活动的产物是一个包含了知觉流的知觉，但这个活动仍在不断进行，不断向未来扩展，向过去收缩。扩展就是前摄，收缩就是持留，但统一活动不只是这两者的单纯联合。统一与扩展、收缩的关系就是当前性与前摄、持留的关系。从内时间意识现象学那里可以看得非常清楚，当前化具备双重性：一重是努力的瞬间，是与前摄、持留相并置的、作为感发强度来源的狭义当前；另一重是一个有着灵活"幅度"（Breite），把前摄与持留和狭义当前包含在自身之内的"活的当前"。[2]单子的首要规定——活动的秘密就在这个"活的当前"。在三种时间化各自的主导之下，这个"活的当前"就被带入不同的交织关系中，单子的活动就带来了不同的产物。如果像《讲座》那样，将持留当成主要的时间化方式，那么活的、有幅度的、与过去和现在并置的当前会被持留为一个活跃性和幅度性同步降低的，逐渐"点"化、僵化因而与其他时刻并置、对立的当前。正因如此，哲学史上关于"现在"的讨论的所有迷雾要么混同，要么割裂了这两种当前

---

[1] W. Cramer, *Die absolute Reflexion: Schriften aus dem Nachlass*, S. 98.
[2] 参见黑尔德，《活的当下》，p. 37. 译文有改动。

性,甚至海德格尔与奥古斯丁都在所难免。

单子论最精妙和最费解之处就是,表象一切的单子就是组成一切的单位。笼罩大全的东西就是大全的一个部分。只要明白统觉与知觉在构成中的关系,此难题即迎刃而解。作为高阶的知觉,统觉是对知觉流的一个知觉。作为知觉流,是统合活动;作为仍然要被持留着流入知觉流的一个瞬间,就是流中的一个瞬间。康德在先验演绎与谬误推理中的反复纠正,从侧面表明了,莱布尼茨-沃尔夫学派的统觉并非康德那个具有"数目同一性"的纯粹统觉,而是既为统摄时间之流,又是进入时间之流的新"瞬间"。这就是活动的"持留"性必定给两重当前性带来的关系。单子的唯一存在方式就是瞬间状态,这就是说单子唯一的立足点就是当前性。单子作为唯一理论前提要解释的所有复杂关系——一多关系、一全关系、内外关系、单纯与连续关系等,都是通过当前性展现的。无视当前性与当前化是无法真正进入单子论的。

要之,只有同时把握以上三点,特别是在当前性中全面把握单子活动的不同方式(即统一杂多化与杂多统一化),才能从时间性出发抓住力量的全部原理,才能将时间化的各种方式把握为力量活动或者起用的方式,这些不同活动的功用或效果(Wirkung)与现实(Wirklichkeit)就是意识、质料、物体与世界。连续体的所有不同含义都没有在力量的起用效果之外。

第五节 力量现象学如何解决连续体难题

1

综上,力量现象学有如下基本观点。

第一,作为力量现象学还原的剩余,力量就是力量之自身关系,亦即有阶次的自身交织。

第二，对意识现象学研究的时间化方式进行力量现象学的还原和推进，就可得到力量交织统一的不同方式。前摄、持留与当前化表达了力量的收缩、扩展与活动（或者说翕、辟与统合）。针对海德格尔的莱布尼茨解读，笔者强调统合活动。针对德国古典哲学的统觉和行动学说，笔者强调统合原初的阶次性、与翕辟的交织性及前意识的力量性。如果时间化的不同方式可被称为时相性（Temporalität），那么力量交织统一的方式就可称为力相性。[1] 时相在胡塞尔那里是意识之相；在我们这里是对力量之相的表现。在康德那里是表象物的先天方式，是概念与直观的中介；在我们这里是意识与无意识、自我与质料的同一本原。

第三，全部实在领域都是不同交织方式的产物。实在性是物性，或事情本身之性；而现实性、力用性（Wirklichkeit）则是成物性。这就是说，实事本身或诸实在领域就是力量起用的效果。研究实事性就要研究成物性（现实性），研究成物性就是研究力量自身交织的各种方式。这是力量现象学最关键的内容，也可据之判摄近现代哲学各大传统。

第四，要全面把握力量自身作用的方式。交织统一并不意味着三个力相一定是彼此均衡、均无遮蔽、一时俱现的。力量自身关系的三种样态有均衡、主导、独大、分裂乃至彼此隔绝等诸多关系。统筹地研究这种关系的学问可以说既是力量现象学，也是力量逻辑学。作为力量逻辑学，这门学问并不是一种空洞的概念思辨，而是不离被给予性或被给予方式的呈现——隐藏式"思辨"。作为力量现象学，这门学问也不是一种单纯的还原和直观，不但要像先验现象学那样将"给

---

[1] 在不同语境下，我们曾将Temporalität译为"时态性"。参见海德格尔，《现象学之基本问题》，p. 449。

予"与"被给予性"的经验本质化与纯粹化，同时还要将之本原化或原理化，要在"现象学"中研究"未呈现"者是如何表现，如何时相化、力相化的。依据时相-力相原理，也可综合不同传统。近现代哲学已经提出了若干独立的原理，但彼此排斥，尚未真正糅合到一个本原之内。康德的先验想象力与图型、黑格尔幽灵一般的"当前者"（Gegenwärtige）、海德格尔的绽出、费尔巴哈与青年马克思的对象化或劳动，乃至亨利的"质料"、德里达的"延异"及斯蒂格勒的"第三持留"等，都是时相性-力相性的原理。从莱布尼茨的收缩与扩展、谢林的阶次和两种意志、斯宾诺莎的感发（affectiones）与努力那里，可以发现一些契机统合这些孤立的力相性的原理，但仍需要批判性的推进。本章仍然遵循新莱布尼茨主义的道路。

第五，哲学史已提出了不同的力用性方案，力量现象学对此有三层补充。首先是虚静性与力用性的相即关系，这也就是道体学中的"即虚静即活动"层面。这一层涉及《单子论》通过根据律提出神学的部分，笔者不予深究，只想指出，这一层与时相性-力相性有微妙关系，这就是海德格尔的"急转"所触及的。其次，力量现象学的出发点是力量自身关系的不同成物方式，时间现象学已经给出了这些方式的引导线索。针对后黑格尔哲学的总体倾向，力量现象学再次重申当前性这一时相，但赋予其与黑格尔不同的意涵。通过这一重申，力量现象学可以将力量自身关系的不同方式交织地统一起来。最后，不同的成物方式可以展开不同的实事领域，这相当于道体学的"即活动即存有"层面。本章对连续体迷宫的最终解决，依据的就是力量的成物性。

2

基于以上论述，这里尝试以时间性为引导线索，给出力量起用的方式，特别推演力量现象学的量论，以解决连续体难题。

连续体迷宫归根结底就是莱布尼茨的成物难题。自由与必然的迷宫归根结底就是莱布尼茨那里本体的起用方式、根据化方式的难题。用他自己的术语,可说是理由之"充足性"的难题。因而,力量现象学的思路就是从力量起用诸方式的交织关系出发说明各层次的实事及其连续性问题。预先说明,力量现象学的"成物"是广义的,就是作为实事性的现实性,不与"成己"相对。作为彻底的后主体性哲学,力量现象学的"物"概念更倾向于"道物"关系,而非"己物"关系。狭义的"成物""成己"不过是不同层次的实事性。单子的自身("己")与有形实体、堆积物一样,都是现象学上的实事。连续体难题就是广义的成物难题。前文已示,连续体也有阶次之别。莱布尼茨研究界已经发现单子内部就是原初的连续体,但仍然将之视为一个"吊诡"。只有借助内时间意识现象学和力量现象学,像胡塞尔那样将"存在"本身在时间意识中样态化,并像谢林那样将观念化与实在化看成力量在各阶次起用的两种基本方式,才能突破这个由于坚执观念与实在的对立性导致的佯谬。

简单地说,本章解决连续体难题的方案就是一句话:连续体是力量自身关系产生的"活的当前"的阶次性变样。用莱布尼茨的术语来说,这一自身关系在知觉中的表现就是"活动",在意识中的表现就是统觉。

力量现象学的立足点是"当前性"自身的活动。与内时间意识现象学不同,力量现象学主张,"当前性"自身的辩证法意味着:完整的、彼此交织的各种"时间意识"的统一性表现了力量起用的统一性。换言之,我们同意把时间现象学发现的"活的当前"作为起点,但不同意将之孤立化。"活的当前"自身在时间意识中的各种变样同样是本源性的。真正的本源是"活的当前"变样的完整方式。我们对这个基于意识现象学的结论再推一步:这种变样表现了力量的自身关系。"活的当前"之包含与展开都是力量之自身关系。当前性包含了自身(作为当前性境域的核心的当前触发、自身触发）与自身的另他样态（刚才与即刻）。这是本源的阶次性，表现了本源的力量自身关系。这就是"活的当前"的力量现象学（而非内时间意识现象学）的含义。阶次或力量的自身关系本就是初阶即具的原理。力量就是力量的持存与活动，而力量的持存与活动就是力量的自身阶次关系。

力量的自身关系就是单子的活动。在莱布尼茨那里，这种活动就是瞬间与高阶瞬间的关系——这就是连续体的最后秘密。活动就是"活的当前"的辩证法，是活性与当前性的矛盾的展开。活性扬弃这一个当前，这就是前摄表现的力量扩展。当前否定活性，将自身凝固、收缩就是力量的保留、沉淀或凝为质料。但力量的收缩不只是质料的起源，同时也是时刻乃至量范畴的起源。或更确切地说，量与质料同源。量范畴的首要标志就是"无限"（ἄπειρον）化。阿派朗既是量上的无穷，也是质料。绽出或力量的扩展同样是本源性的阶次关系。绽出之本不是否定自身，或自身的他者化、对象化。这些洞见都没错，但并不透彻。自身在绽出中并未失去，而是升阶了。没有这一层，前摄是不可能被当前化的。但每一个被直接前摄的东西都立刻被当前化乃至持留了。前摄必然能够被当前化，自身在绽出的同时就回到了更高阶的自身。正如胡塞尔的精细研究所揭示的，前摄是与其他时间化方式交织在一起的。但他没有强调，交织不是平等的相互关系，而是有主导的。如果前摄被持留主导，发生的就是对象化。对象化并非缺少确定性的单纯绽出，而是成物，成为"一个对象"驻立在自身之前。如前摄被当前化主导，这就是统觉、反思结构。这就是为什么任何前摄都会产生一个新的、高阶次的当前。只有当前摄被前摄主导，即永远保留一个无法被还原为当前或持留的前摄，才是海德格尔阐明的"绽出"。这就是真正的形而上学剩余，即对永远不可能出场的无限性的指示。但不被当前或持留主导的前摄意味着交织性或力量自身性的丧失。

这是一种极端的时刻。这正是莱布尼茨的彻底根据之问与海德格尔的"畏"要揭示的。在单子论内部，知觉表象大全的欲望固然无法全部满足，但毕竟能够部分满足，这也正是知觉流或单子持续存在的机制。力量单纯的、彼岸般的前摄与扩展是对自身关系的否定、是对力量自身的单纯否定（并非成己、成物）。但正如动力学提示的那样，扩展的同时就是收缩。在单子论之内，力量的自身关系是被虚无所限，而非自己转变为虚无。

3

力量的自身关系是最根本原理。心物、身心、自然与历史、醒觉程度不同的事物，皆作为不同领域和阶次的实事在其中构成。本章第二节已示，莱布尼茨研究的难点是知觉与统觉（高阶知觉）的关系问题，这一困难无法避免，因为知觉与统觉之关系集中了量论的主要困难。传统的量论主要包括了四对矛盾：第一对是间断与连续，第二对是单一与复多，第三对是内强量与外展量，第四对是有限与无限。当我们只在有形实体意义上讨论连续体迷宫时，涉及的只是第一对矛盾，主流研究如黑格尔《逻辑学》中也是这么处理连续性的。但当莱布尼茨研究界正确地将连续体难题追溯到单子内部的知觉流时，就要首先面对第三对矛盾。高阶知觉难题揭示的就是第三对矛盾。从力量自身关系出发，就是从第三对矛盾出发。第一、二对矛盾能依之推演并解决。自在的力量（Macht an sich）与其所成诸实在之间就是有限与无限的矛盾，也就是中国哲学所谓体用、道物、气物之间的矛盾。换言之，作为成物性、力用性的力量自身关系本身就是力量的自我限制及扬弃，就是有限与无限这对矛盾的解决。但这也将步入自由与必然的迷宫，不再为连续体迷宫所囿。此间从第三对矛盾出发，研究前三对矛盾。

在单子内部的连续体难题中，第三对矛盾体现如下：知觉流如果

第五章　莱布尼茨与力量现象学

是统觉（高阶知觉）参与其中的连续体，那就是单纯的外展量，与内强量无关，或内强量应已被敉平。但统觉的发动是一个当前的反思行为。任何当前或现在都具有突出的强度，因此，统觉反而会破坏连续体，而非构成连续体。

本章依内时间意识现象学解决这一矛盾。原初外展量就是持留意识造就的绵延。内强量与外展量的矛盾就是现在意识与刚才意识，或者说触发与持留的矛盾。[1] 作为现在意识，触发或知觉的首要特点就是突出的强度。[2] 换言之，强度的突出性就是触发性的相关项，也就是"活的当前"的活性源头。知觉及其所知觉的必然被持留，与之伴随的是强度的急剧弱化和敉平。需要注意的是，对于内时间意识现象学而言明证的是，原初连续体就是持留性的绵延，并且它也是不可分的东西。这一连续体立刻被套接在新的连续体上，伴随着"新鲜性"（强度）的不断降低。随着持留的深入，"活的当前"之活性的降低，"当前性"的"幅度"也同步收缩，直至成为一个没有外展量的点。这里可以得出几点结论：第一，原初的"当前性"的强度与其不可分割的延展（"幅度"）正相关。感知的活性甚至可以传递给最初的持留，以至于将后者伪装为感知。例如，人们现在听到的音符其实总是刚刚过去的、被持留的。第二，原初的连续性本身就是一个不可分的活的"单位"。这种连续性是被持留以及前摄直接设定的，是被构成的而不是被组合而成的。第三，次生连续体可以有两种产生方式：首先是原初连续性在高阶持留中不断变样，逐渐失去幅度与活性。不同时刻的"当前性"在逐渐套接的持留中获得了齐一的强度。其次是以上方式的彻底化，被持留到远方的"当前"完全消除了强度，"缩拢"为不可分

---

[1] "当一个声音减弱时，它自身带着特殊的充盈（内强量）而被感觉到，而且与之相衔接的是内强量的迅速消减……我们注意一下刚刚响起的汽笛声：每个点上都有一个外展量在此……"胡塞尔，《内时间意识现象学》，p. 64。译文有改动。

[2] 参见胡塞尔，《被动综合分析》，pp. 180-181。

的点，但它们之间仍然保留着作为彼此相邻的"活的当前"的融合性。这些点融合成（而非像离散量那样堆积为）真正的连续量。这就是对连续体迷宫的彻底解决。

因为连续体迷宫的根本麻烦在于，要么从不可分的东西出发，但这样无法组成连续的东西，只能带来离散东西的总和；要么从有某种连续性的东西出发，可以组成更大的连续体，但这个出发点既然是连续的，那就是可以继续分割因而没有实在性的东西。而内时间意识现象学的最重要结果之一就是发现了一种既是连续的，因而可以彼此之间"无缝衔接"（套接）的原初绵延，又是被持留意识直接设定，因而像离散单位那样不可分的东西。[1]

要之，作为时间意识构成物或时相交织统一体的原初连续体本来并未陷入"迷宫"，而从这一连续体出发的次生连续体：时间点构成的单子内部的知觉流，只是原初连续体在高阶持留中构成的。"单位"的变样（从"活的当前"到点状当前）并未导致"单位"之间连续性及本源性的丧失或削弱。持留保留了原初的连续性并将之拓展到整个知觉流，进而也可通过横意向拓展到有形实体上，这才是胡塞尔现象学对莱布尼茨研究的最大贡献。

所谓统觉对知觉流的介入破坏了知觉连续体，实际上是持留与感知相互转化的先天可能性带来的表面矛盾。正如胡塞尔观察到的，一切过去点在自我感发最后都可以被设定为新的现在。[2]换言之，反思或持留可立刻被转化为内知觉。反之亦然，这个从过去转化而来的现在立即被持留为"刚才"，一个瞬间的统觉行为立即被新瞬间的统觉把握为上一个瞬间的知觉，从而加入了不断延伸的知觉流中，直至产生

---

[1] 胡塞尔甚至用了"回忆点就是一个连续体"这样更强的表述。在他那里，可以说，点与连续体的相互转化是原初时间现象的基本规律。参见胡塞尔，《内时间意识现象学》，pp. 379–381。

[2] 同上书，pp. 115–116。

由时间点构成的连续不断的内时间。这就是说，强度和外展的矛盾是在被持留或统觉构成的知觉流中自行解决的。现象学家不是灵机一动找到了什么聪明的方案，只要如实观察知觉流与时间自身的构成，就能发现这一矛盾的自身扬弃。

在这一观察中，我们同样可以找到离散与连续、单一与复多这两对古老矛盾的解决之道。这两对矛盾是密切相关的，我们以《纯粹理性批判》中的量论为例。[1] 先验分析论对于量的处理有两处，分别是范畴论和知性原理论。前者讨论思维形式，后者考察思维形式对直观内容先天规定的结果。从逻辑机能出发的量论只涉及了单一、复多及作为二者综合的全体。知性原理论中则处理了更为传统的连续与离散、内强与外展这两对矛盾。康德观察到，"一切显象一般来说都是连续的量，要么按照其直观是外展量，要么按照单纯的知觉是……内强量"。[2] 连续性不只支配了量范畴对应的知性原理，也支配了质。作为强度的连续性就是"唯一的质"。[3] 可以发现，从康德的量论可引出这样三个基本观点：第一，量非但先于质（这是与黑格尔范畴学说最明显的差别之一），甚至质范畴在知性原理论中可以被收入量范畴——连续量、内强量。但仅从判断的逻辑机能出发当然是看不出这些的，只能把量与质范畴割裂开来。第二，从知性原理论出发，作为显象的经验对象先天地有质有量，因而都是连续体。连续性是量论的出发点，是两对矛盾——连续与离散、内强与外展——中的关键。内强与外展都是连续量，因而这一对矛盾只是两种连续量之间的矛盾，而前一对矛盾的主要方面是连续。第三，从范畴学说看，量论的出发点是"单一性"。单一性范畴的正确运用当然也是经验对象。但从单称判断、特

---

[1] 黑格尔《逻辑学》对康德的范畴学说虽有重大修正，但并未摆脱这一框架。
[2] 参见康德，《纯粹理性批判》，A170/B212, p. 161。译文有改动。
[3] 同上书，A176/B218, p. 165。

称判断那里通过"计数"抽取出来的单一性与复多性范畴毫无疑问是离散的，且不说是有限的。[1]康德论证连续量的优先性所举的例子是一个作为单位的经验对象（如一塔勒硬币），这当然是离散的。如何扬弃第一观点与第三观点的矛盾呢？很清楚，作为经验对象（非本体、非点状）的单一性、个体性、一个性，既是连续的（可分），也是离散的。这才是康德量论真正的出发点。但当康德试图因袭莱布尼茨，将单一与离散式复多的关系称为聚合（aggregat，康德在这里用的就是莱布尼茨的术语）时[2]，就犯了两个错误：首先，莱布尼茨那里的aggregatum指的是聚合为连续性，而非积累为离散量的总和；其次，莱布尼茨的聚合由以出发的东西，并非可继续分割的"物理单位"（例如一个塔勒），而是被康德视为只属于本体界的纯粹单纯者，亦即单子。[3]但无论如何可以确认，康德使用"聚合"概念意味着，显象之间的关系首先是一种离散关系，而非积分式的无限关系——这就与范畴学说的一多关系融贯起来了。这就是说，康德对量论各种矛盾的处理正确地显示了，成物性的前提就是作为连续性与离散性统一的单一性。那么回到力量现象学的原理，成物的难题，即走出连续体迷宫的第一步就是，如何从原初的连续性造就那种统一了离散性和连续性的单一性。

这种单一性是一种被限制了的连续性，而以持留与前摄的开放性

---

[1] 关于如何从特称判断中抽取离散量（自然数），参见胡塞尔，《经验与判断》，p. 428。
[2] 参见康德，《纯粹理性批判》，A171/B212，p. 162；《单子论》第2节，G. W. Leibniz, *Monadologie und andere metaphysische Schriften*, S. 110–111。
[3] 有文本显示，莱布尼茨有时也说，有形实体聚合为物质（mass）。参见 R. M. Adams, *Leibniz: Determinity Theist, Idealist*, pp. 241–242。但即使这些例外也无法与康德的论点相容。一方面，莱布尼茨总是会强调，有形实体自身又是单纯实体的聚合；另一方面，"物质"绝非离散量的总和，而仍是某种有连续性的东西。总之，这种说法只是方便，聚合的相对性只是分割的相对性的另一面。正如前文所说，莱布尼茨那里的不可分割与无限可分其实是可以相互转化的。这是莱布尼茨研究的著名难点之一。

为标志的原初连续体是无限的。这就在连续体问题的语境中再次回到了有限与无限之矛盾。我们这里不像黑格尔那样从有限与无限的单纯概念出发进行推演,而是直接从康德提示的量论枢纽——单一体概念出发。

作为连续体与离散者统一的单一体有三重含义:首先是知觉流自身;其次是所知觉的对象;最后是高阶的对象,从诸共同体直到这个宇宙。[1] 作为非连续体的单一体,康德意义上本体界的单纯者,有双重含义:首先是受造的单子自身;其次是太一,作为万有(包括诸多单子)根据的神。

这种单一体就是被黑格尔与胡塞尔以不同方式与共同术语指出的个体性。黑格尔说的个体性就是单子自身,但胡塞尔说的个体性可以是知觉流的同一性、具体本我,特别是其对象的个体性。

这里涉及的首要难题就是单子与知觉流。单子的个体性是单纯的不可分者,知觉流则是原初连续体。单子与知觉流的关系本身是连续体迷宫的真正第一难题。在这里,必须区分单子与知觉流的关系和单子与有形实体的关系。单子与有形实体的关系就是康德所谓本体与显象,或数学与自然哲学中绝对不可分的单位与连续体的关系。但单子的单纯性与知觉流的连续性不是本体与显象的关系,而是实体与样态的关系,或作为当前瞬间的统觉与其所含所展的知觉流之多的关系。这是一切的关键。

知觉的"源流"(Urstrom)之所以是原初的连续体,就因为它不是单子以数学单位的方式积累而成,而是以力量-时间的方式自身作用而成。明白这一点,就可以明白黑格尔解释的莱布尼茨单子的"个

---

[1] 如黑格尔说,国家也是一个"个体"(Individuum)。参见黑格尔,《法哲学原理》,范扬、张企泰译,商务印书馆,1961年,p. 342。斯宾诺莎也暗示了"全宇宙"是一个个体。参见斯宾诺莎,《伦理学》,p. 61;斯宾诺莎,《斯宾诺莎书信集》,洪汉鼎译,商务印书馆,1993年,p. 248。

体性"已经扬弃了不可分与连续性,或者个体的单一性与世界的大全性的矛盾。力量现象学可以接受——固然并非追随——黑格尔的单子论解释,但认为黑格尔缺少了单一与世界大全的中介——知觉流。作为连续体的知觉流是可以通过纵意向把自身构成为数目上的同一者的。知觉流的连续体与单子的关系完全不是其他连续体(物体、世界)与单子的关系。正如胡塞尔精细地揭示的,其他连续体的单一性、离散性,是作为知觉对象的同一性被知觉流的横意向所构成的。在这两种意向的构成成就中,有持留、前摄和当前化的复杂交织关系。例如,知觉流自身的个体化,是当前化对持留以及前摄的不断主导造成的。这是单子被认为具有本质上的封闭性的根本缘由。闭合者不是没有自身之外的内容,而是要让流逝最终回到不来不去的当下一念,而这只能是当前意识的主导成就。这就是力量的收缩对扩展的主导、(高阶的)翕对辟的主导。不断的持留是收缩的收缩,是收缩本身的扩展,收缩本身的高阶化。

力量的阶次化,或力量自身关系的交织及破裂,是原初连续体造就自身和诸次生连续体的基本原理。作为这些连续体的单一体,是内强与外展、连续与离散、单一与复多的矛盾的统一,是无限的、斯宾诺莎式实体力量限制自身的各种方式及其产物。

4

力量现象学是对莱布尼茨单子论"自然原则"部分的推进和转化。我们知道,这个部分在莱布尼茨那里仍是不彻底的。自然的原则与神恩的原则之间的过渡并不那么平滑,是从单子的收缩-扩展机制或此在的时间性急转到对存在者大全的超越。力量现象学是建立在对单子论的时间现象学解释之上的。那么,能否从力量的自身关系及其时相性表现解释这个"急转"呢?这一提问归根结底涉及了根据律及其无限化。限于篇幅,我们只能指出如下三点。

首先,《单子论》以及相关文本在表面上无法打通自然与神恩的原则。例如胡塞尔现象学借助莱布尼茨也抵达了某种形而上学,但那归根结底是把神当作理念(Idee),由设想理想化的自我引出;单子才是一切世内根据与结果的最终效果根据(Geltungsgrund)。[1]堪称一切因果皆用,唯此"我"是体。这与其说接近莱布尼茨,不如说接近康德、费希特。前者的精义是,神这样的无限者才是包括单子在内的一切存在者的充足根据。所以力量现象学的难题仍然是,如果单子可以被解释为力量的自身关系,那么能否从这种自身关系出发以某种方式给出"无限者"?

本章的这种考虑和海德格尔在《存在与时间》之后的问题意识完全一致。他的应对也是借道莱布尼茨,但不再是马堡时期注重的单子论或动力学,而是根据律及与之相关的"形而上学基本追问",海德格尔在这里保持了发问本身的超越性与无-根据性。而莱布尼茨提出这个问题,是为了给出回答:终极根据就是上帝。无论他们对此问题的最终回应有多大的区别,都可以追溯到不同的时相性上。超越性是孤立化的、与持留和当前化割裂的前摄或绽出;而神作为根据,是无所不包的绝对当前性——不仅包含了这个现实世界,也包含了无数可能世界,因而是大全的大全。

其次,单子作为理性灵魂,必然会提出大全的根据的问题,提出无限者的问题。这就是说,单子非但是黑格尔和胡塞尔所解的"表象大全",而且还不满足于此,还要追问"大全"之外、之上的根据。这种超越单子的根据又是单子的最高阶次必然包含的。而这种被包含的"太一"(l'unité primitive)是在瞬间中闪耀地创世的。[2]这种对绝对超

---

[1] 参见 Hua XLII, S. 172-175。胡塞尔在那里认为自我是主动努斯(在亚里士多德哲学中一般被认为是神圣努斯)的主体。又参《笛卡尔沉思》第11节,Hua, S. 65。

[2] 参见《单子论》第47节,Leibniz, *Monadologie und andere metaphysische Schriften*, S. 130。

越者的"包含"是如何可能的？即使我们尊重莱布尼茨的理路，把无限力量显示的"创世"与单子自身的活动方式严格区分开来，我们仍有理由提出作为力量自身关系的单子与无限者的关系问题。单子如何通过力量的交织关系表象或构成无限者？有限者如何造就无限者？时间性如何"产生"（zeitigen）"永恒"的东西？通过无限的当前化，还是无限的前摄，或者是彻底否定时间性的超越性？

这就是上文为什么说，要考察有限与无限的关系，首先不能局限于成物性意义上的量论。狭义单子论是下行之路，考察的是单子与自身及其对象的关系。形而上学基本发问开启的是上行之路，引向了太一或无限者与诸单子的关系。对前者，正如莱布尼茨指出的那样，连续性难题是关键；对后者，关键是自由与必然迷宫。但这迷宫其实就是作为大全根据的无限者与有限单子的关系，两者都会引出单一与复多这对基本矛盾。在前者那里，单一者作为无穷小的无限聚合，是阐释连续体意义上的复多的关键——无非我们认为的无限聚合，首先要在时相性-力相性上解释，而不在微积分上解释。但在后者那里正好相反，单一者作为太一自身是无限的力量，单子及其世界哪怕包含了量上的无限性（无穷小及其积分），也是有限的。无疑，这里无限性与有限性首先不再是量的含义，而是是否有根据或条件——这就是自由与必然概念要表达的东西。

让我们重温斯宾诺莎的教导，无限者作为力量，不能从表象上的量去考量。如果可考之以量，那么无限者就是无量甚至无逻各斯的。康德在第一组二律背反里似乎说了类似的东西，但仍有关键的差别。这就是，在斯宾诺莎及谢林那里，绝对与相对、无限者与有限者，不是无量与有量的区别，而是两种量的区别。现象量中的一切对反、两极都不能用在无限者上。当黑格尔指责谢林用量的概念（Potenz）去表达绝对时，他已经用康德式的量范畴去笼罩一切了，包括斯宾诺莎归给实体量的东西。有鉴于此，本章最后的问题是，在成物性上、力用性上所涉及的所有量论矛盾，可否也能从力的本体与物的根据上看？在这里，我们直接面对有限与无限的矛盾，但不是将之作为"表象的量"之内的矛盾，而是首先将之作为实体量与表象量之间的矛盾。

在形而上学史上，并非没有用量去表述绝对的努力，"无限"与"太一"是其中最著名的述谓。力量现象学之前的工作是，如何从力相性与时相性入手推出物性与成物性。物物者非物。因此，本章留下的最后任务就是，如何从力相性与时相性"推出"只能用无限与太一命名的非物性。这种"推出"是逆推，即对单子自身根据的设定。无限的持留构成习性与质料（质料作为无限者，阿派朗）。无限的前摄指引纯粹的超越性。无限的、回归自身的当前化要么造就作为绝对者的单子自身（莱布尼茨、费希特以及作为二者中介的胡塞尔），要么造就上帝。它们都是力量自身关系时间化的产物。但无限的前摄与持留都是孤立的，是交织关系的破裂。无限的当前化则包含了一切时相性。将这种包含的复多展开，就是单子的变化和自我的各种设定。而在太一单子的直观之中，包含与展开、潜能与实现是没有区别的。当莱布尼茨将神设定为大全的最终根据时，他就从变化的诸多单子回到了现在存在的唯一实体。单一性始终被当前化所主导，正如开放的复多性被前摄所主导一样。用斯宾诺莎的说法，始终主导的当前化就是"观之以永恒"。在这种观照之下，无限的、无所不包的单一性就其单纯与无所变动、无从展开而言，就是太一。

第六章 | 亚里士多德"被动努斯"说发微[1]
基于《论灵魂》3.4、3.5 的研究札记

在《论心性——道体学气论导言》(下文简称《论心性》)一文中,笔者依据近代哲学的资源,从样态、属性和实体的理论框架出发,推进了斯宾诺莎,尤其是莱布尼茨的哲学,得到力量这个绝对者,再通过改进谢林的潜能阶次学说,以力量阶次学说解决心性论疑难。[2] 莱布尼茨对力的"灵魂""隐德莱希"的解释及谢林的阶次学说都发端于亚里士多德。说得更确切些,这些论旨都与《论灵魂》密切相关,但又不能从中直接引出。其中的转折首先是哲学上的,如果有人想用"古今之变"之类去概括,而又有足够的哲学理由,我们也由他去。本章尝试补上亚里士多德的灵魂学说和近代哲学(以及主要转用近代哲学的道体学心性学说)之间的环节,其中最重要的是力量与阶次这两个基石性的概念。

《论心性》是依据《形而上学》第五卷"力量"(δύναμις)章解释"阶次"的。《论灵魂》中有另一套阶次学说的论述,二者当然可以糅合,但需要一些论述。更重要的是,《论灵魂》在其表面论述中,是反过来将"力量"灵魂论化的。换言之,那里固然说灵魂是身体的隐德莱希,但并未像莱布尼茨主张的那样,一切形体(身体、物体)都有作为隐德莱希的"力",因而灵魂就是对力的最确切思辨。在斯宾诺莎、莱布尼茨以及德国唯心论和现象学那里纠结最深的力量与思维及

---

[1] 本章曾发表于《古典学研究》2023 年第 1 期(总第 1 期)。
[2] 参见本书第八章。

表象之间的难题,在亚里士多德这里集中于努斯问题上。对在哲学史中得到深广开展的哲学活动(而非仅仅对亚里士多德本人)而言,努斯难题及其魅力大约体现在以下几个方面。

首先,努斯是人类特有的"灵魂",与动植物(如果古人有相关的知识,也会将此序列一直推到有机物)特有的生命原理——隐德莱希有关。这种实现(隐德莱希)同时就是某一阶次的潜能。另一方面,当然并非所有阶次的灵魂或潜能都有思维与表象活动。从灵魂顺推出努斯固然不易,但从努斯逆推出作为灵魂的力量,则更为困难。前者是《论灵魂》文本的论述顺序,在丰富的现象学洞见之下,起作用的实际上是某种从普遍到特殊的亚氏定义秩序。逆推则不止一种方式,也会得到不同的结论,或毋宁说,得到对于"力量"(既是潜能,也是隐德莱希)的不同理解。

其次,如果考虑到亚里士多德第一哲学中努斯本身的第一实体地位,那么从宇宙而非人身出发,将努斯归入某种统一的力量,这对亚氏传统来说就是过于激进乃至不可接受的。但如果《论灵魂》中的努斯可以逆推到灵魂(力量),同时这个文本的努斯学说和《形而上学》中的第一实体学说之间确实存在着不可否认的通道,那么在第一哲学中从努斯逆推到力量,的确可以一试。实际上,新柏拉图主义者——尤其是普罗提诺——对亚里士多德努斯学说的扬弃包含了层次繁复的"逆推"环节。在从太一流溢出努斯的"顺衍"道路之前,新柏拉图主义者要取消逍遥派坚持的努斯的绝对第一性,就只有从努斯中推出更高的条件。在他们那里,这种条件虽然不能用比努斯更低的"灵魂"去命名,但并不拒绝——甚至也许只能——用权能(潜能、力量)去述谓。

第三,在近现代哲学中,一直存在着努斯与力量之间对于第一原理的争夺。但由于前者对后者的压倒性优势,这一争夺过程本身都是被掩盖着的。即便如此,我们还是可以在斯宾诺莎、莱布尼茨、谢林、后黑格尔哲学一直到晚期胡塞尔的探索中看到不止一条从努斯返回或前进到力量的线索。《论心性》一章只是借助斯宾诺莎与莱布尼茨勾勒了这条线索上的几个环节，回应了努斯吞没力量的黑格尔脉络。真正艰难而有意义的工作不是撇开努斯，而是从努斯出发逆推出力量。如果从黑格尔大全一体式的努斯出发，这种对力量的逆推主要就是谢林的道路。如果从笛卡尔、胡塞尔式"我思"式的努斯出发，这种逆推就是斯宾诺莎、莱布尼茨及晚期胡塞尔的道路。

但为什么不直接从努斯传统的真正体系化源头——亚里士多德灵魂学说及相关的第一哲学沉思——出发呢？这样出发会面临着怎样的歧途与出路呢？这些道路与上述那些道路会如何纠缠、交织、相互误导或殊途同归呢？

以上就是这篇札记在自己的问题学与方法学上的考虑。不要指望札记提供什么最终的结论，但它毕竟展示了一大片陌生疆土的草图。没有这些草图，开辟与耕作都是不可能的。

第一节 《论灵魂》中努斯学说的疑难

在《亚里士多德的神圣努斯》中，迈尔斯·本恩耶特颇有风度地论证了亚里士多德《论灵魂》3.5 中的主动努斯就是《形而上学》第十二卷中的神圣努斯，乃至就是神。[1] 这一显然追随了阿佛洛狄西阿斯的亚历山大（Alexander of Aphrodisias）的解释[2] 将《论灵魂》中的努斯概念区分为属人的与属神的。在有关文本中，这一区分即使成立，也被掩盖在被动努斯与主动努斯的区分之下，因而在注疏史上极具争

---

[1] Myles F. Burnyeat, *Aristotle's Divine Intellect*, Marquette University Press, 2008, pp. 33, 42.

[2] 本恩耶特将亚历山大的评注视作"最好的，也是最纯正的亚里士多德派的"，当然这一点肯定有争议。参见 Burnyeat, 前揭, p. 42。亚历山大的解释更强，更坚决地认为主动努斯是由外而至的、神圣的，甚至就是第一因。参见 *Antike Interpretationen zur aristotelischen Lehre vom Geist*, S. 179, 185–187.

议。这里本恩耶特的基本依据是古代注疏家麦西纳的阿里斯托克勒斯（Aristocles of Messana，阿佛洛狄西阿斯的亚历山大的老师）的洞见——驱使亚里士多德提出神圣努斯学说的有两件事情，首先是努斯与感知的类比；其次是实现对潜能的在先性。[1]似乎有了这两条就能平滑顺畅地从《论灵魂》3.4导出3.5乃至《形而上学》第十二卷的神圣努斯学说。[2]

然而，《论灵魂》第三卷这两章之间的平滑性并不是毫无疑义的。其中最关键乃至牵涉努斯学说整体的，是此两章的"被动努斯"（另译"被影响的努斯"或"承受作用的努斯"，笔者从旧译）之说。第四章对照了被动努斯与感知的同异，指出前者可与身体分离。[3]而在第五章又将被动努斯与主动努斯对照，指出前者是可朽的。[4]"与身体分离的"与"可朽的"是有差别的。无论是否矛盾，至少需要解释。但这个表面的抵牾还不是真正的麻烦所在。第五章最有利于"神圣努斯"解释的，是这样一段话：

> 在事物的每一类别中，如同在整个自然中一样，一方面存在着某种质料（它潜在地是万有），另一方面还存在着原因和制作者，它制作了[引者按：也可译为"起用于"，即主动作用；或做成了]万有。两者的关系就仿佛技艺同承受作用的质料的关系一样。灵魂之中必定也有这一区别。一方面，努斯恰是这样，它生成万有；另一方面，努斯制作万有；正如某种状态，就像光一样。

---

[1] M.F. Burnyeat, *Aristotle's Divine Intellect*, p. 36.

[2] 同上书，p. 33。

[3] 参见亚里士多德，《论灵魂》（*De Anima*，下文简称 *DA*）429b6。本文所引《论灵魂》参考的版本是 Aristoteles, *Über die Seele*, Griechisch-Deutsch, Übersetzt, mit einer Einleitung und Anmerkungen, herausgegeben von Klaus Corcilius, Hamburg Felix Meiner Verlag, 2017, pp. 180f.。下文引用《论灵魂》古希腊文原文皆以此版为准。译文据原文，参考德英中诸译本自行译出。除个别地方，不再一一说明。

[4] 参见 *DA*，430a25。

因为光以某种方式把潜在的颜色做成［引者按：此词为 ποιεῖ，即上文主动努斯的"制作"。但几乎各语种译本都无法保持这个词在字面上的一致性，除了都用 make 去翻译的本恩耶特］现实的颜色。这样的努斯是可分离的、不被动［引者按：或译"不被影响的""不受作用的"］的、不混杂的，既然它按其实体性（οὐσία）就是实现（ἐνεργείᾳ）；盖因主动者［引者按：还可译为制作者、主动者、作用者、影响者］总是比被动者［引者按：还可译为受作用者、被影响者］尊崇。本源比质料尊崇。[1]

必须指出，这里以及整个第五章，固然基于感知与努斯的类比（但对这一类比的偏重端与上一章不同，下详）以及实现对潜能的优先性，但居于首位的（不仅在字面上，同时也在论证上）毫无疑问是自然与灵魂的类比。自然与灵魂虽然是不同学科的主题，但类比关系架起了桥梁。在自然问题上，对立是作为原因的制作者（主动者）与质料；在灵魂问题上，对立是作为原因的制作者（主动努斯）与被动努斯。既然类比（依比例）的四项（一比二等于三比四）中，一、三两项是完全相同的（制作者），那么结论只能是，二、四两项也完全相应：被动努斯不是类似于，而就是质料，正如主动努斯就是制作者那样。那么，如果被动努斯可朽，难道自然的质料也是可朽的吗？这个问题一时无法解答，让我们将这个类比看得更仔细些。

主动努斯是万物的制作者，但正如本恩耶特与克立斯托弗·希尔茨（C. Shields）都强调的那样，这是一种状态（希尔茨甚至将 ἕξις 译为 positive state），而非运动过程。[2] 制作万物就像光将颜色照亮，使

---

[1] *DA*, 430a10–20. Aristotélēs, *Über die Seele*, S. 184f.
[2] 参见 Burnyeat, *Aristotle's Divine Intellect*, pp. 37f.。又，Aristotle, *De Anima*, translated with an introduction and commentary by Christopher Shields, Clarendon Press, Oxford, 2016, p. 61。

潜在的颜色变成现实的颜色。主动努斯制作万有（πάντα），被动努斯生成万有。

这是关键的一段，值得注意的有三点。首先，这里在第一个类比（自然与灵魂的类比）中嵌入了第二个类比（感知，或确切地说，视觉感知与努斯的类比）。其次，这里的感知类比所对照的是柏拉图《理想国》的日喻。这是研究界已经注意到的。[1]并且，在视觉-日喻这个例子中，感知-努斯类比与实现先于潜能实际上已合为一事。但此间最重要的是第三点——这里主动努斯制作的乃是万物，也就是宇宙。如果此章的主动努斯确如古今注疏者所云，等同于《形而上学》第十二卷第7及第9章的神圣努斯，那么它也应该与后者一样，是宇宙的制作因。而被动努斯所生成的"万物"，其义必须与主动努斯制作的万物保持一致，换言之，也是宇宙。这样一来，自然与灵魂的类比就会显示其另外一面的含义：自然与宇宙的质料，就是被动努斯。我们要问的是，这层意义的被动努斯，是与灵魂中的被动努斯一样"可朽的"吗？

要解答这个问题，注疏家们对勘柏拉图对话的建议值得借鉴。但对照的文本不应当止于《理想国》及其日喻，必须同时将《蒂迈欧》考虑进来，主要理由有两点。

第一，《理想国》的日喻只是表明了主动努斯（在柏拉图那里是善的理念）的实现性，但努斯对宇宙的制作性则是《蒂迈欧》的主题。无须强调，《蒂迈欧》与《理想国》在柏拉图对话那里——无论就情节还是义理而言——本就是一脉相承的。

第二点也许更为重要。历代注疏家多未见及，《论灵魂》中对举以分说努斯的"神圣的""可朽的"这组限定词，是《蒂迈欧》里对举以

---

[1] 参见 Myles. F. Burnyeat, *Aristotle's Divine Intellect*, pp. 37f.。又，Aristotle, *De Anima*, translated with an introduction and commentary by Christopher Shields, Clarendon Press, Oxford, 2016, p. 61。

分说两种灵魂或灵魂的两个部分的。[1]将《蒂迈欧》的灵魂、努斯论述与《论灵魂》的灵魂、努斯论述对照，可以同时阐明二者。《论灵魂》3.4提及，有一学派认为，灵魂是"形式的处所"（τόπον εἰδῶν）。[2]这一说法亚里士多德大体同意——除了一点：不可泛言"灵魂"，而应限制在努斯上。或者说得更确切些，柏拉图的宇宙灵魂（大全灵魂）本来就是努斯式的东西。[3]概括地说，这段文本是我们提出3.5应该同时对勘《蒂迈欧》的基本理由。因为《蒂迈欧》69c-e对于灵魂的区分，与《论灵魂》3.5对于努斯的区分完全相同，只不过后者把灵魂限制到了努斯之上，而这一限制，恰恰是《论灵魂》3.4提及"形式的处所"学说时主张的。

确认《蒂迈欧》之于《论灵魂》的重要性，其意义甚至超出一般研究者的预料。

首先，这对理解3.4那段文本所指的学派有帮助。一般研究者都认为这里指的就是柏拉图派，但也都表示无法找到确切的文本关联。[4]晚近的希尔茨注疏本猜测，也许与《巴门尼德》132b5、133c5、134a10或《美诺》80e-86d有关。[5]但那些地方都只含糊说形式在灵魂中，并未出现亚里士多德表述中的关键词"处所"。这一关键词对确定《论灵魂》的文本关联，乃至解读被动努斯学说，有重要的帮助。"处所"是《蒂迈欧》的制作宇宙论中第二条道路（基于被努斯说服的必然的论证）的关键概念。与完全用通种（例如同、异）与数（特别是数之间的比例）推出宇宙和人的努斯道路不同，第二条道路尤其

---

[1] 参见 Platon, *Timaios*, 69c-e。Platon, *Werke in acht Bänden, Griechisch und Deutsch*, Band 7, bearbeitet von Klaus Widdra, Deutsche Übersetzung von Hieronymus. Mueller und Friedrich. Schleiermacher, Darmstadt: WBG, 1972, S. 142-145.
[2] 参见 *DA*，429a28。
[3] 参见 *DA*，407a4-5。
[4] 参见亚里士多德，《灵魂论及其他》，吴寿彭译，商务印书馆，1999年，p. 148注1。
[5] 参见 Aristotle, *De Anima*, pp. 303f.。

强调了前一条道路中没有的"容受者"（ὑποδοχή，亦译"接收器""载体""承受者"，也有"假设"之义）。第二条道路有三个原理。第一是生成的东西，第二是在其中被生成的东西，第三是生成者模仿的东西。第二种就是容受者，又可喻为母亲；第三是模型，又可喻为父亲。第三种就是前一条道路所据的通种、理型等。第二条道路新增的就是这个犹如万物之母的"玄牝"。然而除了"容受器"之外，柏拉图还用空间（χώρα，也有译者译为"处所"），乃至处所（τόπος，也有译者译为"地方"）命名相同的东西。[1]

在亚里士多德看来，容受器所指的显然就是自然的质料。柏拉图论述此概念时用的一些阐述（如"黄金"无论做成何种金器，都是黄金）支持（但并非仅仅支持）这一理解。制作自然必须通过质料，而柏拉图的唯一错误在于混同了质料与空间（χώρα），如果不算混同了空间与处所（τόπος）的话。[2] 对于柏拉图的这几个关键概念及亚里士多德的批评，下文另行分析，这里先做一个阶段性的小结：有两条明确的线索指向了《蒂迈欧》与《论灵魂》的关联。一是神圣努斯与可朽努斯的区分及努斯与灵魂的混同，二是"处所"概念。虽然《蒂迈欧》并无"形式的处所"的明确表达，但它显然比希尔茨提出的那些既同样没有明确表述，又缺乏"处所"这个关键词的文本与《论灵魂》有更密切的关系。

对我们的研究而言，这一发现的意义绝非只是学术考证上的。换言之，我们的兴趣并非确认《论灵魂》3.4针对的是哪个学派的哪些文本，而是"形式的处所"这一被亚里士多德赞许的观点，对于理解《论灵魂》努斯学说有何帮助。这里可以暂时确定三点。

---

[1] 参见 Platon, *Timaios*, 50c-d、52a-b。Platon, *Werke in acht Bänden, Griechisch und Deutsch*, S. 90f., 94f.。

[2] 参见 Aristotelēs, *Physik*, 209b10-20, S. 154f.。

首先，在亚里士多德看来，"形式的处所"就是对努斯（或更确切地说，被动努斯）可以采纳的表述。提出者的瑕疵只是将此表述泛用于灵魂，而没有专用于努斯而已。[1]

其次，对参上引《蒂迈欧》之说，可知形式的处所在自然学上对应于自然之质料，这点是亚里士多德所认可的。而柏拉图将质料当作空间则是亚里士多德所反对的。由于亚氏认为柏拉图也混同了空间与处所，那么也可以推出，柏拉图将质料混同于处所。在这种混同之下，"形式的处所"甚至相当于"形式之质料"。

第三，对勘《论灵魂》3.5的自然-灵魂类比可知，即使最弱的主张，也可断定被动努斯"相当于"自然的质料，进而与柏拉图的空间乃至处所概念有特别之关联。

这里出现了几个关键概念：被动努斯、质料、空间（以及处所）。理顺它们之间的关系乃是厘清《论灵魂》3.4、3.5的关键。学界对这两章的研究兴趣固然在于主动努斯，但主动努斯不可能在被动努斯意义模糊的情况下被单独澄清。另外，对被动努斯的研究还会呈现出另一些可能性，启发我们重新思考灵魂及努斯学说的整个研究框架。

第二节　被动努斯与感知

可以确认，如果可将自然的质料对应于被动努斯，那么，后者就是与宇宙意义上的主动努斯对应的宇宙之被动努斯，而非属人意义上的狭义的被动努斯。二者的最大区别在于，前者是不朽的，而后者并非如此。只有前者才能在严格的意义上"生成万物"。说灵魂内可朽的被动努斯能生成本身不朽、不殆的宇宙，只有援引新柏拉图主义的解释，将这里的"灵魂"理解为"宇宙灵魂"，除此之外，没有其他的可

---

[1] 参见 DA, 429a28–29。

能。无论是亚里士多德意义上自然的原初质料，还是亚氏所不同意的、将质料理解为处所的柏拉图观点，都不会让质料进入生灭。由于"生成万物"的努斯显而易见的不朽性，它与属人的被动努斯只能是同名异义的。但这里的"异义"，不是外在的歧义，而是属人与神圣，或用后世哲学的术语——有限与无限的内在的（或者不如说"思辨的"）区分。

宇宙的被动努斯也就是宇宙灵魂的"形式的处所"，即可以接受形式的受动潜能与基底质料。为了让这个无疑超出了注疏传统的结论得到理解，要比传统更深地进入所谓"感知与努斯之间的类比"。此间预先提出两点。

首先，这一类比其实并不单调，其中至少交织了蜡板说与光照说两层，这两层都既用于感知，又用于努斯，且正是二者类比的精髓。就努斯那一面而言，蜡板说最终落实到被动努斯上，光照说落实到主动努斯上。就此而言，实现对潜能的在先性已包含在感知与努斯的类比中。

其次，蜡板说可运用于一切感知，而光照说独见于视觉。被动努斯同时出现在这两个类比中。这一情况表明了被动努斯的"之间性"，即处于感知与主动努斯之间，同时与二者有所同异。而主动努斯看起来与感知有绝对的差异。换言之，感知与被动努斯的本质都是潜能与实现的关系，而主动努斯作为光，只是纯粹现实。不过，光仍然预设了透明的介质。在两个类比中，介质所喻的潜能与蜡板所喻的潜能并不一致。二者关系尚需深入研究。

从感知类比看被动努斯，观其同异，首先可以得到一个明显的结论，即感知与努斯中的共形而不同质。如指环形式印于蜡板，形式在指环、蜡板皆同，但指环与蜡板其质不同，主受动关系也不同。[1] 感知与被动努斯皆共此喻。文本中看似偏题的"点"运动，即就此实现

---

[1] 参见 DA, 424a18-24；并 412b1-10、417a15-22。另可参见《论生成与消灭》1.7 的观点：主动者与受动者必在种上相同，在属上相异。参见苗力田主编，《亚里士多德全集》第二卷，中国人民大学出版社，1990 年，pp. 424f.。

形式在自身"为一",又分别属于两物(如指环、蜡板)的"为二"的立论的。[1]必须指出的是,这一层涉及的并非只是感知与被动努斯的共同性,而是灵魂一般与感知、努斯的共性。甚至是一般变动中接受与主动关系的共性。因此这点虽然重要,但并非思感类比的要害,无法突出被动努斯的别义。

上文已示,被动努斯居于感知与主动努斯"之间",与两端皆有同异。上述第一层考察的是亚里士多德所举思感之同(确切地说,是变动、灵魂、思、感四项之同)。不能否认,亚氏也明确举出了思感之异。重要的有两点,第一,感知对于所感的接受,有强度的范围。如过强的颜色无法被看到,过强的气味无法被嗅到。而被动努斯思形式,没有强度限制。[2]第二,被动努斯与感知不同,没有对应的肉体器官(这个观点犹如唯识学说,前五识皆有粗色根,但意识等没有)。这两点有内在关联,其实一也。正因为被动努斯与身体分离,故不带有肉体器官,而能接受感官无法接受的强度。这层差别尤其值得深思。其要害在被动努斯之"思"的界限。单从感知看,似乎"思"没有如"强度"那样的界限,但这是个明显的误解。被动努斯的"之间性"要求我们同时与主动努斯对照。如不虑及与此有关的古今哲学议题,上述两点不易澄清。此间试提三条。

首先,所谓强度,当是形式本身所有。在一定强度限度内,感与所感能共有形式,如热(过热过冷,身体皆不可感)。故形式有其强度。但视觉在感知中极为特殊,乃至殊胜,因为诸感知与努斯虽可类比,但唯视觉与努斯最为接近。柏拉图明示此义,亚里士多德亦顺用之。唯视觉所感者过强而不可感,此例只是光线,而非单纯颜色。柏

---

[1] 点既是一,又是二。在自身为一,不可分割。但被数了两次:前半线段的终点,后半线段的起点。这也是通过区分现在定义时间的理由。区分现在就是区分了过去与未来,引入了时间。参见 DA, 427a10–15。
[2] 参见 DA, 429b1–5。

拉图早就描绘过以目视光之"晕眩"。但见洞穴之火之晕眩可克服，见太阳本身之晕眩，似不能完满克服。注意，这个事实表明，强度只是形式之实现性。实现性与形式本身在一些情形下等同，但在另一些情形下要区别，例如颜色与光。

其次，一定要注意感知（尤其是视觉）与努斯相似性的适用范围。换言之，视觉在过于强烈的光线下的晕眩乃至失明[1]同样类比一种努斯状况：被动努斯无法不经过学习直视光明所比的东西——神圣努斯乃至于神。在柏拉图脉络下，这个问题更清楚，被动努斯不经过从洞穴底部上升这个艰难的学习历程，没有进入最高阶的实现活动，就无法凝视太一，哪怕它能够凝视其他形式。正如视觉能看太阳下的颜色，但不能看太阳本身那样。长时间地直视光源是超乎视觉的限度的；同样，凝视太一也是超乎被动努斯的限度的。实际上，在亚氏提供的类比中，被动努斯和感官一样也是有限度的。这个限度既是他明言的持续量上的限度，也是他未曾明言的强度上的限度。沉思光的努斯已是参与到神圣性中的努斯了，不再是被动努斯。正是在这里，出现了亚里士多德传统与新柏拉图主义传统不可消除的区别。在后者那里，凝视太一的只能是神圣努斯，亦即主动努斯。被动努斯自身，正如亚里

---

[1] 从经院哲学和近代哲学对于强度量和延展量的区分看，似乎亚里士多德在这里只涉及前者，即感官和属人努斯的力量在强度上的有限性。但在《论睡眠》第一章，以及更有名的《形而上学》第九卷第八章、第十二卷第七章中，他论及了属人努斯和感官在延展量上的有限性。"觉醒"本身既是有强度的（内包的），也是有延展的。这二者绝非毫无关系，亚里士多德将睡眠或昏沉界定为"由于过度觉醒产生的无力状态"。这里的"过度"，同样既是内包的，也是延展的。这对于从"量"上认识"力"（潜能及其实现）以及力与无力的悖论具有重要意义。力是有阶次的。这种阶次不仅包括了努斯与动物灵魂的区分，同样包含了力与自身的关系、力的力。能睡着就是能够无力的能力。睡眠只是高阶的力量的无力。但失眠同样是一种无力，即不能无力的无力。神的永恒不是人的失眠。这不是个别问题，亚里士多德指出对于有灵魂的地方来说，"睡"与"醒"是普遍的（参见 DA, 2.1）。又参见苗力田主编，《亚里士多德全集》第三卷，p. 149。

士多德在蜡板比喻里所说的那样,只能显示形式,不能显示光本身。光作为实现状态,指的就是主动努斯。

第三层,不止强度这一点,还有两点同样可以把被动努斯拉回感知而非主动努斯那端。被动努斯无法一直持续地思考万物,也无法同时思考万物,这当然更接近感官,而非主动努斯。强度是内包量,一直持续是绵延量,同时思考万物近乎广延量。换言之,以上得到的所有结论都是,人的被动努斯的实现只是有限的、短暂的和局部的,而主动努斯的实现才是无限的、永恒的与大全的。在这个意义上,主动努斯与被动努斯的区别,就是近代哲学理性与知性的区别。[1]

第三节 潜能与实现的阶次

以上我们考察了被动努斯"之间性"的一端,揭示了被动努斯作为有限努斯更近乎感知的那面。现在我们考察被动努斯"之间性"的另一端。但这个两种努斯共有的微妙处与其说是被动努斯的"主动性",毋宁说是主动努斯在某种意义上的"被动性"。这个主张并不像听上去那么惊人。被动努斯在类比上的对应物是蜡板,主动努斯在类比上的对应物是光。但光预设了它穿越于其中的"透明介质"。蜡板与介质的异同能够说明什么呢?

如果努斯确实能以自身为对象,那么尚未呈现任何字形的蜡板自身也是可被智觉(思、智思)的。如暂不承认这一智觉(因为它至少未被亚氏详论),那么可比作光洁蜡板的自在被动努斯仍然可借助潜能与实现的阶次学说确定。在《论灵魂》2.5及2.1,亚里士多德区分了相互对应的多阶次潜能。2.5更多地说"潜能"(如有语法知识)的差别。按2.1的说法也可是多阶次"隐德莱希"(如有语法知识和用语法

---

[1] 例如在德国唯心论中,努斯可翻译为"理性"乃至"精神",也可翻译为"知性"(Verstand)。

知识)。[1]这一学说的要点是,潜能与实现不相割裂,甚至在确定的阶次关系中就是同一的。例如成人会说希腊语这个潜能,就是婴儿会说希腊语这个更低潜能的实现,又是正在说希腊语这个更高实现的潜能。因此未显示字形的蜡板也是一种实现,无非低一阶次而已。正如大理石作为潜在的赫尔墨斯同时也作为石材本身现实地存在着,自在的被动努斯作为潜能也现实地存在着。但这样一种存在方式不同于任何存在者(与"说希腊语"的比喻不同的是,阶次的差别在这里就是存在方式的差别),正如蜡板潜在地是任何字形乃至一切字形(但作为人的被动努斯的喻体不可能同时是一切字形),但本身不同于任何字形。换言之,被动努斯自身只是形式之"境域",而非任何形式。

在潜能学说中引入"境域"这个现象学概念是必要的。"境域"就是作为现实性边缘(也是被现实性预先规定的)的可能性(潜能)大全。[2]与非现象学哲学的区别在于,现象学是通过对经验的先验化观察(而非概念思辨)抓住这一活生生起作用的"可能性"的。亚里士多德通过类比要呈现的,也是这样的"经验"。[3]"境域"概念的长处是能说明可能性作为潜含"万有"者对特定形式的现实性的超越。这点适合被动努斯,但不适合并非在时间中逐渐智思"万有"的属人的主动努斯。

另一方面,亚里士多德的潜能阶次或实现阶次学说,是对现象学境域学说的重要推进。换言之,现象学只揭示了意识经验境域作为可

---

[1] 参见 DA, 412a20–29, 417a23–418a1。

[2] 参见 Edmund Husserl, *Cartesianische Meditationnen und Pariser Vorträge*, Hua, BD. I, hrsg. und eingeleitet von S. Strasser, Hague: Martinus Nijhoff, 1973, S. 81f.。胡塞尔,《笛卡尔式的沉思》,张廷国译,中国城市出版社,2002年,p.60。

[3] 黑格尔与海德格尔都赞扬过亚里士多德对概念与经验的统一。黑格尔在这种统一中赞扬的是概念化(思辨),海德格尔赞扬的是经验化(现象学)。但既然是"统一",他们看到的地方其实是一致的。换言之,思辨同时比知性形而上学和经验主义更加概念化和经验化。现象学更非不要概念,而是抓住了概念活生生的所与性——经验。

能大全的一面，但按照亚氏的潜能－实现阶次之说，境域在其自身仍是现实性，且必定存在着更深一层的、前意识的潜能。在亚氏的灵魂学说那里很清楚，先于被动努斯活动着的，还有动物灵魂与营养灵魂。但无论是亚里士多德研究，还是当代哲学研究，都没有走出最后这一步。这些撇开努斯理解的"灵魂"，就是现象学及当代哲学一些其他学派所谓的"无意识"、身体乃至生命本身。古代哲学研究界的当前主流很像以前大户人家小姐失足，往往在无关紧要的细节上非常谨慎、保守，但在根本的思想洞见上宁可轻率委身于那些轻浮平庸的东西。论证"灵魂"，尤其是比努斯更加基本的"灵魂"，仅仅依靠对亚氏原文的疏证，终究是隔了一层，最终需要的是对前努斯、前思想、前意识的"灵魂"的现象学还原。当胡塞尔那些未刊手稿在现象学运动中开始浮现的时刻，这一工作便已开始，但尚未取得显著的系统成就。

不过，即便没有成熟的真正哲学方法，在前努斯的灵魂中寻找努斯的条件这层洞见，也足以使文本研究别开生面。更不必说，亚里士多德是一个真正基于经验（不是基于经验主义）的现象学家。亚氏本人的许多论点可以看成无方法论自觉的现象学论述。其中潜能－实现阶次学说尤其可以在根基处战略性地推进现象学运动——这一层意义尚未被当前的哲学研究充分呈现。抓住被动努斯论题切入是有效的。被动努斯只是心识未用之状态。在亚里士多德看来，未用是"知（识）"，用是"观（照）"。[1] 用与不用皆是心识，故是否发用，条件在于前心识。例如由于昏沉、劳累或疾病无法沉思。被动努斯无法持续发用（实现），并非灵魂毫无实现，而是回到了较低的潜能阶次中。甚至阶次之间，可再有主次关系（这就是《理想国》灵魂正义的实质）。如理性并非不活跃，但受低于理性的部分主宰。如人固未沉睡，但受情绪、欲望摆布，此时灵魂中的最高实现仍是动物灵魂，与做梦没有

---

[1] 参见 DA, 412a10-12。

实质区别。所以柏拉图说"僭主式人物就是那些醒着做别人只在睡梦中所做事的人"。如沉睡而无梦,情绪欲望皆未发动,则此时的最高实现是营养灵魂。

这就是说,不管努斯是否发用,无论努斯的最高实现定于主动努斯还是被动努斯,在灵魂中一以贯之的只是潜能与实现的阶次。按照阶次学说,任何阶次的实现活动(包括主动努斯)都预设了低一阶次的潜能或实现,一如"正在说希腊语"预设了"会说希腊语"。所谓纯粹实现,并不是说没有对应的预设潜能,而是没有更高的实现阶次,自己不再是任何意义上的潜能。成人"会说希腊语"是婴孩语言能力的实现(第一实现),但同时又是成人的语言潜能。在这个例子中,第二实现(正在说希腊语)就是最高的实现阶次,本身不再是潜能了。

真正麻烦但也是最重要的问题在于,阶次是否有原初与终点?亚里士多德是不可能允许无始无终意义上的"无限"的。那么让我们把问题提得更加尖锐些:主动努斯——哪怕是神圣努斯——是否能真正的最后实现?灵魂乃至一切事物的原初潜能阶次是什么?我们先考察主动努斯的问题,原初潜能阶次的问题会在这个考察过程中慢慢呈现出来。

神圣主动努斯与人的被动努斯的发用有本质区别。前者是不落入时间的状态,永恒在场,但并不是充满时间轴意义上的"永久"与持续。主动努斯的实现作为状态,与例如天体的永久运动必须区别开来,前者是后者的根据。永久运动必在时间中。时间是过去现在未来。每一现在都有未来,也都会变为过去,也就是都有潜能。如果主动努斯的实现指的是在时间中持续沉思,那么时间中任一瞬间的沉思都指向未来的沉思,而未来的沉思在下一瞬间即从潜能转化为实现。换言之,任何一瞬间的沉思都伴随着更高阶的实现,因而不是最高实现。这意味着,作为最高沉思的实现,不能在时间中、在瞬间中。在我们看来,这就是亚里士多德强调主动努斯的实现是"状态"而非"生成"的基本理由。反过来，被动努斯的沉思"不能持久"，这意味着被动努斯是被"能持久"，亦即在时间中衡量的，使在其实现状态下，也包含着指向未来亦即潜能的维度。这如同说，"正在讲希腊语"并非真正意义上的纯粹实现，因为谁也不可能同时讲出所有按照语法成立的希腊语句子。正在讲一个句子的瞬间，总有要说未说或刚被说掉的音节或单词，这些都并没有被"正在讲"，仍然只是成人的"语言能力"。这个分析也可用于蜡板喻。字形是在蜡板上，也是在蜡板中。蜡板在字母缝隙之中仍然存在，作为境域，底板与字同时存在。被动努斯之发用就是这样，潜能永远伴随着实现。至于这个潜能在别的系统中还有什么意义，我们下文处理。

第四节　高阶的被动努斯

与被动努斯的蜡板之喻对照的，是主动努斯的透明介质之喻。光类比主动努斯。但如将视觉学说对光的研究引入，则可知光是有条件的。这个条件就是允许光穿过的透明介质。即使光被亚里士多德解释为透明性本身的实现，光与介质的区别仍然不可抹杀。亚里士多德有时把尚未实现的透明介质本身说成"黑暗的"，有时又说成黑暗与透明共同的潜能或本性。[1]必须注意，感知学说在《论灵魂》中有双重意义，第一重是独立的感知理论，但这方面更专门的讨论恐怕是《论感知与所感知》($Περὶ\ αἰσθήσεως\ καὶ\ αἰσθητῶν$)；与之相比第二重意义更为重要。感知学说的存在完全是为了类比努斯——全部《论灵魂》的终极因就是努斯。在视觉经验中，眼睛本身对应于被动努斯，光明对应于主动努斯。但这个比喻包含了一个最微妙的问题——在其中介质类

---

[1] 参见 DA, 418b4–20, 419b31。又参见《论感知与所感知》, 439a20–25, 苗力田主编，《亚里士多德全集》第三卷, p. 104。

比着什么？主动努斯或神圣努斯自身，难道仍需要一种条件，正如光明也需要介质那样吗？

提出这个问题，意味着超出了亚里士多德哲学现存的论述。但接住他的问题，推进他的观点，这恰恰是对亚里士多德作为一个哲人（而不只是古典学研究对象）的最大尊重。用哲学（而非专业学术）回应哲学，这就是哲学史如长河一般连绵不绝的秘密。一旦强调"精确"性的专业学术压倒了真正的哲学回应，那么哲学就只能作为被解剖的历史对象死去。在亚里士多德坚实完整的表层论证中，神圣努斯作为神，就是最初的、最终的、最高的东西，不可能是什么有条件的东西。但光在柏拉图学统中的地位就是引出超出努斯与存在的最高的东西——善的理念或曰太一。太一如日，只是流溢，并无思思之思的结构。亚里士多德在视觉研究中将视觉只追溯到光，既不提光源，又将光解释为使所见者被看见的实现状态。在努斯学说中以光喻神圣努斯，虽然先于、高于被动努斯，但仍然与之同名。这就是，一方面让神圣努斯取代了太一在柏拉图统绪中的地位（作为光，神圣努斯是最高者），另一方面以努斯的智觉结构与实现状态为最高原理（神圣努斯仍与被动努斯同名），拒绝流溢。

不管是光源，还是介质，指的都是光之上还有更高"条件"。这一洞见，首先来自柏拉图统绪。新柏拉图主义强调太一对神圣努斯的在先性。这种"在先"的方式，既不是存在上在先，也不是作为实现先于潜能，也不是逻各斯上在先。换言之，这已超出了亚里士多德传统对本原及其作用方式的理解。但太一流溢对主动努斯的"在先"，在光源"先于"光明的意义上，仍是非常明显的。我们这里指出的是更隐蔽的那一层——透明介质对光明是否也"在先"，并且这种在先也不是上述三者呢？这点在柏拉图统绪中，并非毫无征兆。例如，海德格尔顺着柏拉图日喻逼问形而上学的条件，充分注意到了"唯有透过光，显现者才能显示自己……但从光方面说，光又植根于某个敞开之境，某个自由之境；后者能在这里那里、此时彼时使光透出来。光在敞开之境中游戏运作，并在那里与黑暗相冲突……我们把这一允诺某种可能的让显现者显示的敞开性命名为空明（Lichtung）"[1]。这个 Lichtung，就是光喻中相当于介质的这层。甚至，普罗提诺提出的那个看似悖谬的概念——可智觉质料（一译可理知质料），指的也是这一层。因为，神圣努斯是思有、思形同一的。可理知质料，只不过是形式的逻辑基底（不是可感基底）——绝对主词而已。这里并非指述谓中被形式表述的东西。而是说，作为柏拉图主义对形式（理念）的理解，在逻各斯（陈述）中处于谓词地位的东西本身必然被当作主词表述（如美自身，正义自身）。但这些谓词原先并非主词，而只是被主词化了。可理知质料则是主词的主词、主词本身，绝非从谓词中转化而来的东西，即一切主词中抽掉来自谓词的成分后剩余的东西。这种一切作为主词的理念的那个最初基底，也就是黑格尔所谓思有同一下作为"自在"状态下的概念（der Begriff nur an sich）的存在范畴。存在只能作为系词或谓词使用，但与思同一的存在，就是最接近可理知质料的第一个被主词化的谓词了。

  这一层意思是否柏拉图传统的过度解释呢？我们的意见是，亚里士多德文本对此固然没有明示，但亦非毫无端倪。在《形而上学》第十二卷第七章中可以指出两点。第一，"如果神总是处于一种我们偶尔处于的如此善好的状态，这是值得惊异的。如果神处于更善好的状态，那就更值得惊异了。而神正是处于更善好的状态"[2]。这为新柏拉图主义高于神圣潜能的太一解释留下了余地。第二，更为重要的是，"因为努斯对于所智思者和实体是接受性的［潜能］。当努斯拥有（ἔχων）所

---

[1] 海德格尔，《面向思的事情》，p. 67。译文有改动。
[2] Aristoteles, *Metaphysik*, 1072b24–26; *Aristoteles' Metaphysik*, Zweiter Halbband, Griechisch-Deutsch, Neubearbeitung der Uebersetzung von H. Boniz, Griechischer Text in der Edition von W. Christ, Felix Meiner Verlag, 1991, S. 256f.

智思者和实体，它就实现（ἐνεργεῖ）。因而后者［拥有］比前者［接受］更是努斯看上去拥有的神圣性东西"[1]。原文很清楚，"拥有"与"实现"有关，"接受"与"潜能"有关。"拥有"的比"接受"的"更神圣"，即实现的努斯比潜能的努斯更神圣。《形而上学》12.7 中所举神圣努斯的实现活动，就是"观照"（θεωρία），与《论灵魂》2.1 中被赋予比"知识"（通常被不严格地译为"具备知识"）更高阶的隐德莱希（通常被不严格地译为"使用知识"）的用词完全一致。换言之，从《论灵魂》2.1 逆推《形而上学》12.7，可知后者谈论的努斯的未发状态（等待接受、潜能）其实也是一种初阶的隐德莱希。作为未铭刻字形的蜡板，被动努斯不外如是。这里留下了一个悬而未决的问题：神圣努斯是完全没有这种未发的"接受性"，还是具有这种接受性但永远处于发用、观照（通常译为"沉思"）的状态？

从文本上看，无可否认的是，神圣努斯既然是努斯，也必定"拥有"其所（智）思。关于一般的"拥有"概念，《形而上学》第五卷第二十三章有如是解释："拥有某物，就是某物呈现于接受者之中；例如青铜拥有雕像的形式，身体有疾病。"[2] 按照这一解释，拥有的前提是接受者。在神圣努斯那里，这一接受者不可能是可朽的被动努斯，而是神圣努斯内具的、形式必定预设的东西。这就是光喻中的"透明介质"对于努斯所意味的东西，但充满吊诡。

不同于属人的被动努斯，神圣努斯之受体乃是形式化了的质料、实现化了的潜能。因此，亚历山大在对《论灵魂》3.4、3.5 的注疏中，别开生面地在作为机能的被动潜能和主动努斯之间插入了另一种努

---

[1] Aristoteles, *Metaphysik*, 1072b22-24, *Aristoteles' Metaphysik*, S. 256f.。
[2] Aristoteles, *Metaphysik*, , 1023a12-13; *Aristoteles' Metaphysik*, S. 236f. 此章关于"拥有"，给出了四种含义。其他三种分别是占据（霸占）、（如容器般）包含、承受。显然都不合乎努斯拥有所思之义。

斯——"质料性努斯"。[1]这种努斯不会随前者朽坏，而是只在智思实现中（因而随同主动努斯）呈现。换言之，这种解释将可朽的被动努斯与分离的被动努斯区分为两种努斯。将亚历山大注解回扣原文，固然仍会面临进一步解释的困难。首先是可朽与分离都被亚里士多德称为"被动努斯"。其次更重要的，即使"可朽"义的被动努斯也是有质料的。反过来，不朽的神圣努斯就其接受性而言也是潜能的。所以亚历山大对被动努斯做出更精细的区分是正确的，但区别不在潜能义努斯与质料义努斯之间，而在不同阶次之间。属人的可朽努斯与神圣的不朽努斯都是有质料的。要将质料区分阶次，这是亚历山大注解的疏漏，但他开辟了在神圣努斯中确定了质料性、接受者的解释方向，这无论如何是一个重要的贡献。

由此，普罗提诺接着亚历山大看到了所智思者的质料，同时发现了其吊诡性。但他只是列出，而没有深入其中，因而未曾看到，可智思质料的这种吊诡性实际上是一个更普遍问题的投射，即太一、神圣努斯、宇宙灵魂及人类灵魂在不同阶次上都包含着各自的"被动性"，而真正的绝对者不是处于本原位置的太一，而是这个唯一的阶次整体；不是"最尊贵者"，而是"最普遍者"。第一既然在一个序列整体中才有意义，那第一就预设了整体。整体既然先于第一，那么整体就是真正的第一。"最普遍者"才是真正的"最尊贵者"。如果像普罗提诺那样将太一视为真正的最高本原，那么阶次变化立刻就会被理解为流溢。但另一方面，亚里士多德的实现 - 潜能的阶次学说只在"说希腊语"的例子中透露，且只有三阶。我们要同时结合与推进柏拉图与亚里士多德之统，在柏拉图统绪中的太一、努斯、宇宙灵魂及人类灵

---

[1] 参见 *Two Greek Arsitotelian commentators on the intellect. The De Intellectu Attributed to Alexander of Aphrodisias and Themistius' Paraphrase of Aristotle De Anima 3.4–8*, Introduction, Translation, Commentary and Notes, by F. M. Schroeder and R. B. Todd, Pontifical Institute of Mediaeval Studies, 1990, pp. 47f.。

魂等的完整领域中运用亚里士多德的实现 - 潜能阶次学说——这才是"被动努斯"疑难真正把我们引向的地方。

第五节　处所、空间与质料

上文讨论了人类被动努斯与另一端——神圣努斯之关系。结论是，与其说被动努斯可被神圣化，不如说神圣努斯也包含其特有的被动性，即对可思形式的容受。即使可思形式永恒持续地呈现（这是主动努斯与人类被动努斯之实现活动的本质区别），也无法排除可思形式之下神圣努斯内隐的被动性。换言之，人类努斯与神圣努斯的区分是永恒与否，而非有无容受性。

按照柏拉图统绪，三个本体或者本位（ὑπόστασις）分别是太一、努斯、灵魂。灵魂复区分为宇宙灵魂与物身灵魂。其中能与亚里士多德统绪做明确对照的是努斯以下。太一先于、高于努斯，这是新柏拉图主义同亚里士多德争辩的首要问题。努斯特征是二氏之所共。所争者在于：有此特征之努斯是否有更高条件，从而不是第一性的。故从努斯出发进行对照，是进入柏亚之争的最重要契机。可以说，这就是新柏拉图主义的基本入手处。

神圣努斯的受体如透明介质般变现形式。在神圣努斯中，此形式并无自身之外的载体。因此神圣努斯中并无（结合载体与形式才能生成的）万物与宇宙。而作为宇宙的制作者，神圣努斯需要在自身之外的、能够接受形式的载体。这一载体，在柏拉图那里，就是接受器（玄牝）、处所。在亚里士多德那里，就是原初质料。载体是形式的接受者，没有载体与形式的结合，就不能有万物（或至少不能有形成万物的初始元素），这一观点是柏亚二氏共同的。分歧在于，亚里士多德认为载体只是质料，不是空间及虚空，二者有分别，而柏拉图误将二者混同了。作为柏拉图最伟大解释者的普罗提诺，在这个问题上倒是追随亚里士多德的。[1]

本章在这一观点上,追随柏拉图,而非亚、普二氏。普罗提诺区分虚空或空间与质料的基本理由同样来自亚里士多德,故我们只需回应亚氏有关论证即可。

亚里士多德认为,柏拉图的功绩是探索认识"空间"(τόπος)[2],而其他人还在努力论证其存在。柏拉图的错误是两个混同,首先是混同了空间与处所,其次是混同了处所与质料。[3]换言之,在亚里士多德看来,柏拉图把空间、处所、(原初)质料三者混为一谈了。作为破斥,亚氏主要辨析了空间与形质的区别,但没有辨析空间与处所的区别。不过研究者可以从前一区别推定后一区别。

亚里士多德认为,空间可与事物分离,因而不是形式。可包容事物,因而不是质料。[4]所谓在某处的存在者(ὄν),总是被理解为自身是某个东西,而在自身之外还有某个另外的东西。[5]这三点是亚里士多德从事物考察空间本性的最重要结论。第一是分离性,第二是容受性,第三较为复杂,看起来是事物彼此之间的外在性,但这句话的重点在于:事物的彼此外在性是随同空间各部分的彼此外在性而来的。

---

[1] 在《九章集》2.4.10里,普罗提诺引用了柏拉图《蒂迈欧》关于质料是靠着"虚假推理"把握的说法。但《蒂迈欧》里根本没有"质料"这个概念。在下一节中,他完全用亚里士多德在《物理学》中批评柏拉图的口吻说,"曾有人把质料等同于虚空(κενόν)"。亚里士多德《物理学》4.7明确指出,把质料等同于虚空的人也正是把质料等同于空间(χώρα)的人。参见 Plotinus, *Ennead*, II, with an English translation by Armstrong, Cambridge: Harvard University Press, 1966, pp. 126f., 132f.。

[2] 上文我们随顺《论灵魂》中"形式的处所"的译法,将 τόπος 翻译为"处所",从而将 χώρα 翻译为"空间"。在《蒂迈欧》中,二者虽然并用(亚氏甚至认为柏拉图混同了二者),但以 χώρα 为主。而在《物理学》中,亚里士多德讨论的主要是 τόπος,在此处(只在此处)我们讨论亚里士多德《物理学》,既随顺《物理学》主流中译文,同时更照顾到后学将同一个问题总是称为"空间"而非"处所",故将 τόπος 翻译为"空间"。

[3] 参见 Aristoteles, *Physik*, 209b10-15。

[4] 同上书,209b30-35。

[5] 同上。

康德在解释概念上完全同一的两个个体之间的差异时，追溯到的就是作为直观的空间形式的部分彼此的外在性。[1]但在这里我们要推进一步，这个彼此外在性不只是空间的部分之间，而是一切连续量的既分部分之间。换言之，亚里士多德的上述三条，第一与第三指的都是作为量的空间。如果说在《范畴篇》中，量作为一个属性范畴，与"处所"一样必须依附于个体事物的话，那么空间与处所的区别首先就是分离性上的区别。随着空间本身的量化，"量"范畴一样拥有"空间与处所"之间的区别，这既被古典时期的几何学所支持，更被近代物理学与哲学所支持。其中最重要的例证是康德对空间先天形式性的论证（可脱离物体被表象）。

但亚里士多德对空间的定义仍然是从与事物的关系出发的。拒绝虚空的基本理由就是"事物"在先。认识空间预设了认识事物。空间就是可被占据性。对虚空的拒绝归根结底就是对与现实性脱离了关系的纯粹潜能的拒绝。但如确从与事物的关系界定空间，那么空间最重要的本性是上述第二点——容受性，亦即空间的可被占据性。即此本性就是通过事物界定空间。据此即可引出拒绝虚空的结论。

可被占据性仍然包含着疑难。首先，可被占据固然可说是一种受影响（被动）的潜能，但并没有一个主词（主词都是个体事物），乃至无法述谓"是什么"在被影响。其次，亚里士多德特地用"容器"来阐明空间的容受性——"容器无非是可移动的空间（τόπος）"。[2]但可被占据的含义恰恰是位置静止而外物运动（占据是一种运动）。亚氏强调容器的可移动，即为凸显空间位置本身的不可移动。故空间位置在其"虚"（可被占据）之外，亦有"静"（不可移动）之义。但所有的事物其实都与容器一样，非但被外在空间包围，同样也包容了其内部

---

[1] 参见康德，《纯粹理性批判》A263/B319。
[2] 参见 Aristoteles, *Physik*, 209b29。

的空间——事物本身的形状，事物无法脱离这个形状存在、运动。换言之，事物的运动并非抽象点的运动，而是一个被充满的空间形状的运动。当其形状可变动但不可取消时，我们就得到了近代哲学用笛卡尔式思想实验还原出的质料概念。质料作为"广延物"的含义是它必须占据一处哪怕边界始终变动的位置。

位置可以没有事物、没有质料，但质料必须拥有位置，无论在外还是在内。这就是空间（位置）、处所、质料三者的先天关系。当强调位置的虚静性可以与质料分离时，这就是"处所"或"接收器"[1]。当强调必有位置随同质料存在、运动时，这就是"空间"。注意，无论物理学、灵魂论还是形而上学，关键都是事物。空间只是事物存在与运动的条件。空间的所有这些特性都是锚定事物特别是质料讲的。质料有实质边界（哪怕经常变动），即有不可入性。换言之，质料已有抵抗特定制作行为的"不受影响的潜能"[2]。无论柏拉图，还是亚里士多德，在质料那里强调的都是（对形式的）接受性。亚里士多德为了说明人类灵魂中被动努斯的接受性，还特地将之与质料相比。在这一点上，柏拉图比亚里士多德更透彻，纯粹的接受性来自空间的虚静性，而非质料本身。质料已有不可入性，故已是第二阶次的接受性了。初阶是虚静接受质料；次阶才是质料接受形式。就空间位置可被质料占据，而质料又内具那个作为被充满位置的处所而言，空间、处所、质料三者是统一的。如果质料性归根结底首先是容受性，那么这就是来自位置的虚静性。这就是被亚里士多德及普罗提诺所指责的柏拉图"混同"质料与位置的缘由。进而，被动努斯本身并非宇宙论意义上的质料，但也是形式的容受者。在这个意义上，它被称为"形式的处所（位置）"，并无丝毫不妥。只不过，与宇宙论的质料不同，人类被动努

---

[1] 前者是柏、亚共同用语，后者是柏拉图独特的用语，更为准确。
[2] 参见 Aristoteles, *Metaphysik*, 1046a13。

斯只是形式的呈现境域,并不参与到被形式述谓的主词中去。

上面我们研究了处所、空间、质料的统一性。指出处所的虚静性与(在量那里体现的)外在性这两个根本特点。这两个特点在处所与质料那里可以统一。处所的虚静是有限的,与东方哲学的彻底的虚静与空性不同。一处容受了 A,就无法同时容受非 A。换言之,处所被充满和实现(潜在的处所可容万物,被实现的处所只能容一特定之物)之后,就呈现拒绝他物的外在性。不同于处所的虚静性,真正的空性是可容一多相即之事的。在空性中,事物彼此相入。在空间中,事物彼此不可入。

这里是通过诸类比解释"被动努斯"难题的最关键地方。处所类比是对努斯的视觉感知类比中最重要的一层,是"光喻"中隐微的那面。与物理学中的处所一样,灵魂论中人类被动努斯作为形式的处所也是有限的。它不同于神圣努斯,只能逐个与逐次地呈现形式,所呈现之形式彼此外在,需要间接运动,而不能直觉地呈现"一即一切"的理念总体。哪怕外在性最终被扬弃,也需要运动的间接性。在黑格尔《逻辑学》(特别是本质论部分)中概念最终互入,但这也需要反思(反映)这个"运动"(互入更重要的不是状态,而就是反映这个运动),需要逻辑学内部的"时间过程",而非直觉地顿成。这也是普罗提诺在坚持神圣努斯与人类努斯之别时强调的区分。

新柏拉图主义传承并发扬了亚历山大对亚里士多德努斯学说的解释。这一阐发不仅为神圣努斯与属人努斯划出了鸿沟,更重要的是为神圣努斯本身带来了张力。新柏拉图主义带来了亚里士多德传统排斥的太一维度,这就开出了神圣努斯对太一的转向论域。而在亚里士多德那里,更为明显的是神圣努斯本身具有"转向自身"与生成宇宙万物这两个维度。在生成宇宙的基本原理中,亚里士多德与柏拉图有一个首先必须强调的大相同处,即二子均以努斯本身为本原。在这共同性之下,关键差异则可提示两点。

首先，亚氏以神圣努斯之转向自身为生成万物的原理，故神圣努斯就是宇宙努斯，不必单立不同于努斯的宇宙灵魂。[1] 神圣努斯的自我认识不是单纯的能所同一，而是通过分裂的统一，故必须激活质料，将之卷入隐德莱希的统一活动。神圣努斯的自我认识不是孤立、封闭于自身之内的，它依其自身性的成立方式必然同时就是宇宙生成原理。对这一理路的发扬光大就是黑格尔体系。虽然《形而上学》第十二卷个别地方暗示了有高于神圣努斯的东西，但那种微妙缥缈的神同宇宙生成毫无关系，与神圣努斯自身的生成（如果可以这么说的话）的关系也从未被明确表述过。但在《蒂迈欧》那里，努斯必须借助凝视更高的善，才能制作宇宙。换言之，生成宇宙的原理高于宇宙，且它们之为本体，根本无需宇宙。宇宙的生成方式并非努斯转向自己、认识自己，而是转向高于自己的东西。

其次，在亚里士多德那里，主动努斯制作宇宙所需要的、在这一努斯之外的东西，就是质料。但上文已示，对于《论灵魂》3.5 的较强解释可以主张，原初质料也是一种被动努斯。但我们立刻要加以限制，被动努斯是有阶次的，原初质料只是作为宇宙制作者的神圣主动努斯对应的被动努斯，既不同于人类的被动努斯，也不同于神圣努斯内具的被动努斯。神圣努斯即便只作为自我沉思而非宇宙制作者，也有内蕴的被动努斯。

第六节 依据力量学说解释被动努斯

如果对亚里士多德的某种解释允许将宇宙制作者对应的原初质料也称为被动努斯，我们就可以在原理的一本化上得到两步重要的推进。

---

[1] "宇宙（大全）灵魂显然是某种类似努斯的东西"，参见 DA, 407a5。无疑亚氏这里的努斯不可能是属人的努斯。

第一步是用潜能－实现的阶次贯穿从太一、努斯、灵魂乃至万物的一切区域。这是纵贯的一本化。第二步是，在任何一个阶次，形质的二元对立都可以被主被动这个一本内部的对立所取代。在万物生成这个问题上将质料名为被动努斯，是亚里士多德式进路的最大贡献：质料只是外在化的主动努斯自身。但如上所示，质料的外在性与容受性归根结底在于"处所"，这又是亚氏所未见，而为柏氏所揭示者。我们的解释既是对柏、亚的糅合，也是对二子的扬弃。所谓宇宙的被动努斯就是主动努斯之外在化。与其称之为质料，不如称之为"处所"，甚至"玄牝"。作为主动努斯的对方，被动努斯首先并非"物质"，而是作为"物质"根本规定的"广延"。广延无非是同一者的自身外在性。广延性就是主动努斯的外化，外在于自己的主动努斯。只要将"外在性"贯彻到底，就能得到质料、宇宙中事物的一系列规定。主被动的这种一体关系，在每一个阶次上都存在，这可以称为横通的一本化。

上文已示，每一阶次都有对应于"被动努斯"的东西。阶次就是纵贯的一本化的阶次。这个一本的原理，就是潜能与实现的统一。所谓"阶次"，指的就是潜能与实现这个原初统一的区分方式。例如，在"说希腊语"这个例子中，第一实现就是第二潜能。如果这一统一方式可以普遍化，那么第 N 实现就是第 N+1 潜能。换言之，实现与潜能实是一事，只在不同阶次下才区分为潜能与实现。应当把这个拥有不同阶次的纵贯一本提炼出来，它才是至关重要的东西。一般而言，它可以称为潜能（Potenz）及其阶次，但同样可以称为实现及其阶次。因为按照亚里士多德给出的范例，每一阶次的实现同时是另一阶次的潜能——除了开始与结束。

我们要从这个"除了"追问那纵贯的一本。所有的潜能－实现的阶次关系，是像亚里士多德所提范例那样只有三重，还是在开始与终结处都可以推溯？从范例看，的确只有第二潜能与第一实现之间是同一的,第一潜能与第二实现都不处在这种同一关系中。但我们仍然可以提出两处推进。

首先,这个范例的提出只是为了说明"努斯"在什么意义上既是一种潜能,也是一种实现。但整部《论灵魂》研究的是"灵魂"。努斯、感觉与其他生命性处于灵魂这个更大的统一性之中。在努斯区域中作为第一潜能的东西,在灵魂整体上看,实际上已是某种实现了。就那个范例来说,婴儿有说希腊语的潜能,在于其发声器官、听觉器官等均发育良好,而这些器官又是例如胎儿中某些潜在雏形的实现。处于潜在状态的努斯是动物灵魂的实现。在亚里士多德偏爱的沉睡例子中,动物灵魂甚至会以 φαντασία 的方式实现自己。当代"心理分析"的任务无非就是获得作为努斯第一潜能的动物灵魂之实现。而神经科学的任务就是作为动物灵魂第一潜能的植物灵魂之实现。潜能与实现的这种阶次纠缠将突破灵魂、身体、物体、元素,一直到"原初质料"层次。上文已经证明,原初质料仍是一种"实现",就是处所之"可被占据性"的实现。而处所本身是作为宇宙制作者的主动努斯之外在化的实现。

这是"向前追溯"更深的潜能是否也是实现的情形。那么向后追溯,更远的实现是否也是潜能呢?作为亚里士多德那里第一实现的神圣主动努斯,是否有更高的现实性呢?我们暂且留下这个问题,先给出一个结论:在各阶次间活跃着的就是统一的力量。它是同一个普遍的活力,被称为潜能还是实现,取决于定位在哪一阶次。

其次,如果把讨论局限于努斯,事情也许会看得更清楚。在"说希腊语"这个范例中,潜能与现实虽然统一,但仍可以阶次对应的方式相区别。例如所获得的语言能力虽然是同一个东西,但它在不同的关系(不同的关系决定了不同的阶次)中仍然分别是潜能与实现。换言之,这种同一性只是相对的,虽是"同时",但仍拥有"不同关系""不同方面"。不过,亚里士多德本人仍然点出了贯穿在潜能与实现中的同一者——"学习"。是"学习"让潜能转化为现实的。[1]显然，学习是贯穿在第一潜能与第一实现（第二潜能）中的东西，它在两个阶次中都是实现着的，因而不落在潜能与实现的分别之中。对学习而言，没有什么阶次，只有过程。婴孩状态和获得语言能力的状态，只是同一个统一的学习活动的不同过程。因此学习是始终在活动的能力，在任何一个阶次中都同时、在同一个方面是潜能与实现。而且，在任何一个阶次中，学习作为同一个不可分割的东西，都既是被动潜能的实现（习得，被照亮），也是主动潜能的实现（去学，照亮）。换言之，在努斯之内，学习既是纵贯的同一者，也是横通的同一者。

于是，在"说希腊语"这个范例中，真正重要的东西还不是潜能与实现依阶次的差异与同一，而是隐藏在其下的，既跨越阶次也跨越主被动的"学习"。它是唯一的，始终在活动的努斯能力，始终通过活动作为自身存在的能力。

此间立刻要澄清两点。

首先，学习不是一种特殊的、狭义的努斯能力，而就是努斯能力本身，是一切具体努斯能力作为第二潜能被实现的条件。因此这里的学习不只是亚里士多德用来与"教授"对立的那种接受性的潜能。[2]正在学习时，被接受的是学到的知识，而不是学习能力本身。学习能力是学习的前提，而不是被学到的现成东西。学习能力是接受的前提，是接受知识时始终在作用着的。更有意思的是，恰恰在"学母语"这一最重要的"学以成人"（人就是会说话的动物，说得更确切些，是会说母语的动物）过程中，不存在那种明确的教授环节。存在于语言世界中就是学习本身。

其次，学习也贯穿于"第二实现"中。一方面，使用语言仍是一

---

[1] 参见 *DA*, 417a30–417b15。
[2] 参见 Aristoteles, *Physik*, 202b1–25。

种学习（即使排除在获得第一实现过程中牙牙学语意义上的"使用语言"），即将语言运用到语境上，同时获得新的经验。有获得物就是学习。同时，在一些极端情况下，例如长期不使用语言，发声器官与语言能力会退化。也就是说，随着第二实现的长期缺席，第一实现也将退化。第二实现（使用）就是对第一实现（能力）的保持。换言之，第二实现同样也是学习。

学习这一范例是在努斯中呈现的一种超越了潜能与实现的区分、主被动的区分与阶次区分的力量。我们这里发现的是一具有普遍结构的、超越了努斯的东西。如果仍然用亚里士多德以及柏拉图的术语称呼，这就是力量（δύναμις）。通过以上的澄清，我们可以明白，对此术语不能只理解其潜能一面，它同时就是实现与隐德莱希。力量就是最原初的外化。[1]说得更确切些，就是活动着回到自身，而自身就是正在外化的东西。换言之，力量性就是潜能的实现化与实现的潜能化之统一。这一结构，在近代哲学关于力的思辨中看得比较清楚，但由于近代哲学对灵魂与力量的割裂，灵魂与努斯的这一结构反而被遮蔽了。[2]上文用"学习"这个范例，恰恰是想在灵魂与努斯中发掘出真正的力量结构。不过，用亚里士多德的既定学说，虽仍能阐发这一微言，终究不如全面研究心性的唯识学来得清楚。

我们说的"学习"是广义的，更好的术语是唯识学的"熏习"。习气熏习和种子现行在同一刹那。种子就是功能、潜能，但只在现行时方成熟，现行同时即灭。即灭即熏为习气。故潜能实现的同时就是实现的潜能化。唯识学所谓心，虽有多义，根本义是第八种子识。种子识转变存续的方式，与上述力的外化回归方式，如出一辙。[3]唯识学

---

[1] 参见本书第八章《论心性——道体学气论导言》。
[2] 同上。
[3] 此义对西学突破意义巨大，对唯识学之当代诠释亦不无裨益。不知后世几人识得，一叹。

式的原理，就是即现行即熏习、即熏习即现行，种子非断非常，相续如流。彻底的力量学说原理，则是即外化即返已，即返已即外化的自身存在。种子与力量皆通于潜能、功能。无非唯识种子说不执常一，而力量的这一结构，最终回归自身、增殖，可执为常一。这个差异绝不可抹杀，且非常重要。但当前更重要的是，这两条原理都是去目的论的一元化的原理。唯识学本身当然不是一元论的，但从王船山到熊十力的各种各样的新唯识论，都留下了将之转化为一元的、哲学"外道"的方案。就唯识而言，我们只在一切种子的"流"而非"常"的意义上主张"一"及其相应的"一元论"。但究其极义，唯识型原理与力量学说所共之"一元化"，是指因果同体、体用一如。唯识不执"自身"，然如权立自身，习气因与现行果，并非二事，只是同一事的潜伏状态与发用状态。一事异熟，因缘并非他力。熏习者亦非他物，能熏即"一类相续"之习气而已。一元化的力量即外化即自身，外化不由他力"诱导"。力量全部表现在样态中，并无盈余与超越，或曰并无分离的潜能状态。样态所表现者即全部力量。这也是体用一如、因果一如的"一元论"。此即便同"目的因"、主被动及一切阶次区分（潜能与实现之区分）有大分野。略论如下。

首先，唯识只立平等因，绝无以独立分离的、更为"尊贵"的主动实现为因。即潜能即实现，即实现即潜能，一类相续，非常非断。绝无其上之超越者，故种子现行熏习之理，并非"目的因"之隐德莱希。力量即外化即自身，确乎是实现活动。莱布尼茨之"活力"说强调的就是这一面。然而，此实现并非一可理解为理念的目的之实现，而就是力量自身的活跃。力量的外化所返回的归根结底就是自身，而不是其外化的样态——只是这自身不可能分离地存在。或者说，力量在样态那里，就是在自身那里，但其间仍需一"转"（反-映），而不能将样态直接等同于力量自身。

其次，力量学说在其最彻底的形态那里必定拒绝超越因，以表现于全部样态之内的全部力量为唯一正因。唯识学的平等更多地在因果之间，力量学的平等更多地在果果之间。两者并非不可沟通。此间且略之。因果平等，则归根结底并无主动被动；果果平等，则归根结底并无力量阶次。这是唯识传统对无论柏拉图传统还是亚里士多德传统的努斯学说的根本颠覆。

札记的主题是被动努斯，出发点是《论灵魂》3.4、3.5 对被动努斯的阐释。札记尝试动摇的不是亚里士多德所揭示的属人被动努斯，而是他用形质、最终用潜能－实现学说对被动努斯的解释。动摇不止一途。新柏拉图主义不满意这一解释，在终极问题上废黜隐德莱希，改以"流溢"解释神圣努斯。流溢虽不同于目的实现（但这个问题确实会引起混淆），其为超越因、不平等因也同。这里不是全面检讨隐德莱希与流溢说的地方，但糅合唯识、力量两个传统，以解被动努斯，还是可以一试的。

努斯即思者，思必有所思。所思即现形。属人之努斯，其思不可持续、其所思并非大全。如"属人之努斯"可被称为"心"（更确切地说，应该按中国学术传统称作"人心"，以与"道心"区别），则此心并不永恒、整全，有危有殆。在西学求知传统，此危殆就是思的可中断性（偏离也是一种中断）。对可中断性的解释，在亚里士多德就是潜能与实现之区别。既然沉思潜能是固有的，而实现不是持续拥有的，那么其实现如有原因，必在此潜能之外。此潜能不能据自己就实现，是为"被动"，其字面义是被作用、被影响。"主动性"直译固然是"制作性"的，但按 3.5 的比喻，只是说赋予形式的东西，即决定一物脱离质料而"是什么"的原因。被动努斯自在地就是潜能，可以是一切，现实究竟"是什么"，不取决于被动努斯，而是取决于形式，归根结底取决于赋予形式者。《论灵魂》3.5 有明显转用《理想国》第六卷日喻处，赋予形式者就是"光"。赋予形式者也可以理解为太上形式，形式之形式，被柏拉图称为善的"形式"（然而此转释甚精微，涉及无限有限间关系，亦涉及"强度"量，且待他日研究）。亚里士多德之转用在于废日喻留光喻，赋予形式者只是光。亚里士多德对光的解释是：实现状态。光就是形式的实现状态。换言之，就是成为目的因的形式因自己，是形式的隐德莱希（也就是"达成目的"这个状态）。

然而，亚里士多德对光作为实现状态的解释，可以有两个含义。第一就是事物的形相，第二是透明介质本身。依前者，最终原理就是形式或理念的隐德莱希；依后者，可通向更高的本原，通向流溢说。透明介质是事物形相呈现的条件，故形式之实现、呈现仍有条件，即自在的神圣努斯。神圣努斯在其自身就是光，并非为了照亮形式。所以神圣努斯的"主动性"，只是对属人努斯的被动性而言的。就其自身而言，只是光的自然放射，无所谓主动被动。换言之，亚里士多德对柏拉图分离的"善的理念"的批评无法消除光对形式而言的分离性。光表示的东西并非形式本身的隐德莱希，而是这个隐德莱希的"条件"。更不必说，在某些不那么主流的诠释传统中，"介质"或"空明"本身还是光的条件。

努斯是最高的理解力，因而努斯只能通过自己来理解自己的条件。完全实现的条件只能是原初的完全实现。这与原初的潜能无法区分开来。故黑格尔有言，"纯粹的光明与纯粹的黑暗是两个相同的空无"[1]。这就是说，隐德莱希的条件是光明与黑暗的同一，是"既……又……"的双运。而介质，作为光明与黑暗的共同条件（亚里士多德发现了这一点），则是既非潜能亦非实现，是"既非……亦非……"式的双遣。双遣与双运孰为究竟，不同体系有不同推演，最终取决于"性具"（一就是全）与"性起"（一高于全）之关系。[2] 但从努斯学说中柏拉图、

---

[1] Hegel, *Wissenshaft der Logik, Hauptwerke in sachs Bänden*, Band 3, Hamburg: Felix Meiner, 1999, S. 80.
[2] 此处"性具""性起"是转用佛学术语，其义已偏。特此说明。

亚里士多德传统看，双遣比双运更为原初。而"性具"的"内在"形而上学是不以"更原初"为"更真实"的。

努斯从自身出发，既有潜实之别，也有主受之分。且此两组分别，往往对应乃至混同。也是既受动又主动的。它只是容受光明，是绝对的受动。但它又先于主动，是主动之条件，也是原初的主动。

在以上梳理中，已经出现了"被动性"的不同阶次，有的阶次低于努斯，从动物灵魂一直到元素。但有的阶次超越了被动努斯。在最后给出我们对被动努斯的解释之前，我们先要区分被动性与努斯。即从贯穿一切阶次的同一者那里先行确定主被动与潜能－实现的一般关系，然后再聚焦于努斯。上文合引的《论生灭》《论灵魂》的相关内容，表明亚里士多德本人已开始这样做了，但没有得到那个贯穿一切阶次的"同一者"。努斯只是这个同一者的阶次，但任何阶次都有潜能（是否任何阶次都有实现，可以争议。至少在第一实现就是第二潜能的"说希腊语"范例中，不能这么说）。换言之，如以"原初"观之，这个贯穿所有阶次的同一者就是力量（潜能）。但如以"最终"观之，这个同一者则是隐德莱希、努斯及其理念。力量是为了努斯的存在。

小结：被动努斯的心性论解释

无论什么理论传统，出发点都至少包含了（如果不是"只有"的话）对人心思维现象——无论狭义的智觉，还是广义的思虑——的解释。在通过文本确定了亚里士多德的被动努斯"学说"之后，对被动努斯现象——这正是亚里士多德的被动努斯"学说"开启的东西——的彻底研究应该有这样几步：首先抓住被动努斯这个"原初现象"，其次概括从这个现象出发的各种解释路径，最后回到这个现象。我们这里的研究方式是，通过亚里士多德的学说（而不是以自己的方法）去抓住被动努斯的原初现象——这是上文已经完成的。下一步，我们概括各种解释路径，尝试损益折中。

围绕被动努斯这一原初现象，除亚里士多德本人的隐德莱希说之外，还可有如下解释：种子现行熏习说、力量表现说或力外化说[1]、流溢说。后三者之间有一种光谱式相关。三者的一贯性是外现、出离。区别是，外化的彻底性依次递减，而自身性及合目的性依次增强。习气在现行位方成熟为种子，故现行者必是种子全部，不容有余。接续潜伏者只是相似者。熊十力以为护法割裂潜在（体）-实现（用）为二，其实是没有看到，习气与种子的差别、相续与同一的差别。习气与种子、种子相续之流不能笼统整合为"全"或"自身"意义上的"体"。种子现行，日生与日成是相互牵连的。种子现行后习气未断，并非外现不彻底，反而是彻底外现方能再熏习故。再熏习者是前因能变之相似态，并无一"自身"可得。

据力量表现说，无限者全部表现于样态，然而并非全部外显地表现于唯一样态，而是表现于样态的大全中。此大全是开放的无限性，不断的差异化的过程。由于力量执为常一，大全又是开放的无限性，则不可能有"彻底""完全"的表现。全体与大用的这种差异才是作为世界历史的样态大全的运动机制。[2]但据其所表现观之，力量既不可离所表现，亦不等于所表现。力是通过无限开放的样态总和即外化即返回地构成"力"的自身的。力的自身是即无限运动即常一不变的。就其常一不变性言，其"自身性"较种子说为强。就其必定表现，表现必定流变言，其"自身性"较流溢说为弱。

流溢说中的三本体逐阶流溢，也逐阶衰变，前一本体必非完全、彻底在后一本体中。流溢说的"自身性"较前者更强。第一本体就是"一"。第二本体努斯，也是所有理念之处所，而理念就是万物之"自

---

[1] 表现说与外化说之关系，参见本书第八章《论心性——道体学气论导言》。
[2] 参见本书第七章《心物问题与气论》。

身"。"自身"之执起于巴门尼德－柏拉图传统，目的之执起于亚里士多德传统，二者在柏拉图传统看来有别，自身性的原理是一，而一超乎自身乃至目的。但在亚里士多德传统看来无别，一之精义就是隐德莱希[1]，隐德莱希就是真正的自身性（自成性）。目的成为原因的方式就是自身（das Selbst）通过他在或者否定的回归，就是黑格尔所谓作为合目的的行动的"主体性"。[2]神圣努斯的结构是隐德莱希，而属人努斯的上升（即《理想国》出洞囚徒学习观照光明的历程）也有目的论结构。故流溢说之最高宗旨与隐德莱希学说虽并不相同，但较种现、外化诸说，仍是自身性、目的性最强者。

至于隐德莱希学说，与上述诸说相比，则可谓外化最彻底，回归之自身性、目的性也最强。大否定而后大肯定。其所谓实体即主体学说，外化同样彻底。最后所回归的自身（das Selbst），不是一个现成的目的，而是返回目的之所有历程。

那么，所有这些解释传统会如何看待被动努斯呢？在亚里士多德那里，努斯只是阶次之一，而被动性则是所有阶次上都可被考察的存在方式。虽然亚里士多德并未提出贯穿所有阶次的绝对同一者，但他的学说中完全可以引出这一蕴含着的原理（如果我没有弄错，莱布尼茨就是在这个方向上推进亚里士多德的）。被动性是原理本身、遍及各阶次的一系列环节，被动努斯只是努斯阶次上的这一环节。主被动范畴在各阶次的普遍性并不意味着它们不可被更彻底的原理解释。在这方面仍需进一步的探索。

《论心性》一章提出，"本原感触"较"本原行动"（即费希特的"事实行动"，"本原"是中译文意译）更为"本原"。[3]其基本理由在于，本原的自身感触是一与二的统一，是阴阳相感之二与太虚一气的

---

[1] 参见 DA, 412b8-9。
[2] 参见黑格尔，《精神现象学》，先刚译，p. 14。
[3] 参见本书第八章《论心性——道体学气论导言》。

统一[1]，其中涵摄不一不异之义。而本原行动只是一个单纯的主动性原理。为了表示"相感"（在康德、费希特脉络中叫作"交互行动"），这条原理是不够的，必须另立两条原理。本原触发说（乃至被此原理扬弃的力之外化说）既是对本原行动的倒转（让感触先于行动），也是对基于本原行动的诸原理的综合。但此说只是将主动性与被动性安顿在唯一的（一本二元的）最高原理中，并没有彻底扬弃主被动范畴。值得注意的是，在本原触发原理中，"被动性"的含义有两层。第一义是本原义。从自身性传统看，触发本身同时是被动性。但此被动性是本源性的，只是被"强说"为被动性。何以如此？"主被动"的前设是自身性之建立。本原行动义为，设定（建立）自身的行动（可以像黑格尔体系那样有比费希特体系更为丰富的环节）就是唯一的自身。在其中自身存在于他物且为他物所动时，方有"被动"。本原感触实为依他而起，感发前并无自他，亦均无"自身"可言。"他者"并非实有自性者，只是一个原初的否定性，即对感发者"自身"性的常、一（费希特所谓自我）的本原否定。故只能勉强称为"被动性"。本原触发之后，依不同阶次假立自身，遂有自他之别，有自他交互作用，则第二义之被动性现矣。《论灵魂》中最表层的那可朽的"被动努斯"，就是第二义，但仍有余地通向第一义强说之"被动性"。这就是本章完成的工作。

征用船山"新唯识论"的术语来说，第二义的"被动性"就是"坤顺"，在唯识学对应第六识。与之同起的主动性就是"乾健"，在唯识学对应于第七末那识。此解固非唯识本义，但颇能判摄西学。本原行动、思维、自身意识等，皆见于末那识，无外境而执有我，依末那执为原理，故从思量、造作立论。意识境界则执实有外境。外物、他者主动，此心被动。唯识立第八识，无始以来恒转如流，无常一自身，

---

[1] 参见本书第七章《心物问题与气论》。

不过现行熏习。本来无始，始点只是相对的。执种子，特别是本有种子为始点，则偏主动性。但第八识毕竟深于第七识，此主动性是力量（潜能、功能、种子），不是思维、行动（思行不是二事，非但唯识，黑格尔、费希特乃至康德皆窥此理。以为"我行"取代"我思"能开新者，误矣）。执熏习为始点，则偏第二义之被动性。前者可演为力量外化说，后者可演为一般的感触说。然而第一义的"被动性"，只是依他起性中所含者。第八识能摄持、收藏种子，则其必有容受性。第八识体性本空，于真如不一不异。此皆道体学所谓"虚静"义也。即虚静即活动即存有，在唯识学无非第八识与真如不一不异之义，及种子现行之义。

唯识学是最彻底的心性之说。归根结底第八识是心，真如是性。如允许转用唯识学立论，则如船山所云，真如转出第八识，第八识转出第七识，第七识转出第六识。[1]此在唯识学自非正义，然合乎同一力量阶次之说。大抵初阶为性，次阶为心。每一转皆涉初、次二阶。潜能为性，实现为心。如第八识是心，则真如是性。如第七识是心，则第八识（种子识）是性。执第六识为心时，第七识为性。亚里士多德的费希特、黑格尔阐释传统，大抵以第六识为心，第七识为性（自身、真理）。而对亚里士多德传统的新柏拉图主义的扬弃，则以第七识（思思之思，努斯）为心，太一潜能（生成努斯的被动性）为性。

生之为性。[2]性就是生成之因。此因可以是含藏的，也可以是主动的。含藏者为大地、坤之元（如熊十力之解，坤之元是本原之坤，非坤卦）。在普罗提诺解释的希腊神话中，太一相当于天神乌拉诺斯，

---

[1] 参见王夫之，《相宗络索》，《船山全书》第13册，岳麓书社，1996年，pp. 569f.。王恩洋对此说的批评见 pp. 598f.。
[2] 我们在这里依从"性"的古义，而不直接采取《论心性——道体学气论导言》中以"属性"释"性"的道路。虽然"生之"与阴阳相感、相继完全相通。

努斯相当于克罗诺斯，宇宙灵魂相当于宙斯。[1]普罗提诺似未察及，这一神话解释会说出比他想要的更多的东西。据之太一（天神）既是地神所生，又与地神结合。盖亚的双重位置，就是"被动性"的双重位置。既是产生太一的潜能（坤之元），又是生成努斯的、被太一包含在自身之内（天神完全拥抱着地神，泰卦变为损卦）[2]的潜能（坤卦）。这个原初潜能（力量）既是生成努斯的被动性，与乾所对之坤卦，又是生成太一本身的被动性、虚静性，无对之坤、本原触发、坤之元。普罗提诺对努斯的解释基本限于神圣努斯，这一解释范式应该而且可以推进到亚里士多德《论灵魂》的主题上。换言之，和希腊神话中的盖亚一样，神圣被动努斯与太一潜能的同一性可以延伸到神圣被动努斯、人的主动努斯和被动努斯这个阶次上。初阶力量的被动性同时是次阶力量的生成因与含藏因。神圣被动努斯生成了人的主动努斯，并且将自己神圣的容受性生成为人的可朽的接受性——被动努斯。

在这个意义上，《论灵魂》中的主动努斯是心，生成这个主动努斯的神圣被动努斯（不必说太一潜能了）是性，而人的被动努斯就是在与心的关系中的气质之性。努斯是灵魂的一部分。灵魂本身就是"生之为性"，是独立、完整而内具不同阶次的气质之性。上文已示，被动努斯同时是努斯的最低实现（第一实现）与动物灵魂的最高潜能（第二潜能）。这里的第一与第二、最低与最高是重重无尽的，其要旨可见于近代最伟大的亚里士多德推进者莱布尼茨的体系。单子论就是一个

---

[1] 参见 Plotinus, *Ennead*, 5.1.7, *Plotinus Ennead V*, with an English translation by Armstrong, pp. 36–39。

[2] 参见赫西阿德，《工作与时日·神谱》，张竹明等译，商务印书馆，1991年，pp. 177–180, 31。据虞翻，泰卦初九上行为上九，变为损卦，是为"损下而益上"，于是才有"天地化醇"之说。据船山，损卦"有天包地之象；阳运乎外，阴处乎中，天地之化机于此而著"。参见李道平，《周易集解纂疏》，中华书局，1994年，pp. 373f.。又王夫之，《船山全书》第1册，p. 345。

将灵魂（力量之隐德莱希）无穷阶次化的体系。顺着这一体系的大要，可以证明，实现与潜能的阶次关系，就是心与性的阶次关系。从心到性既是向根本处的还原，也是向崇高者的上升。胡塞尔现象学对习性和本能的发现走的就是前一条道路，这符合亚历山大传统对被动努斯"被动性"的疏解。海德格尔对 Lichtung 的发明走的是后一条道路，暗合于新柏拉图派的"出神"之理。

第七章　心物问题与气论[1]

近年来，中国哲学界对"中国性"的自觉可谓方兴未艾。讨论不止一种视角，但无论如何入手，中西哲学的关系是绕不过去的难题。这方面影响最大、堪为表征的当数"反向格义"说。此说的范例之一是气论之难以定位。这个麻烦牵涉全局。气论非但是中国哲学最重要的一个传统，也是中国思想最鲜明的特征之一，是中华文明自我理解的关键一环。在中国思想的现代转型中，气论一方面仍然发挥着深远的影响，另一方面在现代哲学中始终没有找到合适的表述与位置。重写中国哲学史必然面临一项艰巨而光荣的任务：重新解释气论、拨正反向格义。

这个任务面临着直接的困难。如果按照精神与物质这一基本分类，会发现"气"通向"质"，但又包含"神"这一维。另一方面，如果完全拒绝西方哲学的架构，那么就只能在古学内部解释这一传统，气论就无法作为活的东西进入当前的思考。针对这一困境，学界已有某种折中性尝试。例如船山学者早有摆脱"质"，转用另一西学概念（"能"）来把握"气"的洞见。[2]但这仍属空谷足音。本章尝试从晚明气论出发，系统推进这一努力。

晚明气论是气论传统的巅峰。它最重要的理论对手是传统心学的

---

[1] 本章曾发表于《中国社会科学》2022年第6期。
[2] 参见王夫之撰，严寿澂导读，《船山思问录》，上海古籍出版社，2000年，p. 8。

顶峰——阳明学。此间有一个极为重要而又被学界忽视的问题：晚明气论是如何从阳明心学中翻转出来的。通过处理心物问题、扬弃唯心论，气论的特性在这一翻转道路中得到了最清楚、最深刻的显示。本章采取从心学到气论的论述线索，以晚明气论为范例，并参照中国现代哲学的相似道路，探索气论解释的新方向。[1]

第一节 阳明心学与晚明气论

"心"与佛家的关系极其密切，以至于程子将"本天"还是"本心"当成儒佛的最大差别。经过心学洗礼的明儒，则力图为儒家本身保留"心"的一脉，在广义的心学内部划清儒佛界限。儒家心学与佛学的这种微妙关系，既是儒门的焦虑，又是理学不断推进的动力。无论儒佛在此问题上有多大差异，它们与"唯心论"的关系，全都比 Idealismus 更为直接与深刻。"心"不同于"观念"（Idee），但中国哲学中完整全面的心学系统，包含了对"观念"的不同处理。相反，Idealismus 的主流传统其实并无对"心"的完整研究（用唯识术语说，至多触及部分的"识"及其自证分、部分"心所"）。因此，用"唯心主义"述谓中国哲学中的某些传统，比用在西方哲学史里，反而贴切得多。

与之相反，"唯物"一词虽仿佛典汉译而造，却不见于旧典。不过，强调"物"倒是中国哲学，尤其是理学的重要面向。这一脉络越来越与心学密不可分。正因为"心"（不等于"观念"）与"物"（不等

---

[1] 从 20 世纪 30 年代开始，"唯气论"与"气一元论"、"气论"、"气本论"等并行于世，但使用频率不高。张岱年偶用之，但以"气论"为主。丸山敏秋用"唯气论"，以为借此可在"唯物论""唯心论"之外提示一种不落两边的立场。参见张岱年，《中国哲学大纲》，江苏教育出版社，2005 年，p. 23。又，杨儒宾主编，《中国古代思想中的气论与身体观》，台北巨流图书公司，1997 年，p. 159。

于"质")在中国哲学内部密切相关,当 Idealismus 被译解为"唯心主义"时,作为对方的 Materialismus 就可相应译为"唯物主义"。让这对译名确立的,是中国思想史内部的心物问题。

当然,心物问题在理学中并非基本问题。理学基本问题关乎心、理、气三者间的关系。佛学内部心识与法(特别是色法)的关系,更接近于心与物的问题。不过,对明儒而言,心物问题虽不根本却堪称尖锐,因为这关乎《大学》的解释权。严格地说,在当时通行的儒家原典中,心与物的相关性只见乎《大学》。其他典籍,谈"心"处虽然不少,亦有说"物"处,但彼此并举成对,实属罕见。朱子将《大学》定为儒学入门第一书,并将《大学》的"格物"立为学问宗旨。陆王、程朱之争的要害当然是心理关系。但在对原典解释权的争夺上,特别在工夫论上,争论首先集中于《大学》的心物问题。此篇心、意、知、物的关系始终纠缠着明代中晚期思想界。心物对扬,实际上是朱陆之争这个近世学术思想史基本张力的体现。用唯心主义与唯物主义去对译 Idealismus 与 Materialismus,这并非单纯偏差,而是这个诠释学真相的呈现:宋明理学——尤其是阳明学——是晚明、晚清以及东瀛译解西学的基本境域。

既然心物问题是中国思想的内在问题,那么就可开启一个新思路,即不去纠结"唯心""唯物"的西学对译背景,而是去考察理学及佛学内部的"心""物"问题及其各种解决方略。从这一路向可以更清楚地理解心学的理由和气论的针对性。

明儒大抵以解释《大学》处理心物问题。心物关系在阳明及其后学那里,是依意识哲学解释、依《孟子》甚至禅宗的某些洞见做工夫的。阳明说:"心之所发便是意。意之本体便是知。意之所在便是物。"[1]意是体之发用。意必有相应者("所在")。物就是意的相应、相

---

[1] 陈荣捷,《王阳明〈传习录〉详注集评》,台湾学生书局,1983 年,p.37。

关项。心通过意与物相关。体用的统一是（良）知。这里的说明紧扣一个"所"字，是以意识的能所结构为框架的。"物"尽管可以转义为"事"与"理"，但首先是意识之所向，是被心所显明者。心可以统说（包含狭义的心以及意与知），也可只就体上说。心既是体，意就是用，物则是意之所在。心意之间是体用关系，意物之间是能所关系。阳明"致良知"的教诲字面上重"知"，或亦以"感应"解心物关系。但这些都是即用显体，摄所入能，心、意、物的基本结构并无根本变化。由这种体用不二、能所相应的结构，可予《大学》以融贯的解释，致良知既是格物，又是正心诚意。可谓即用即体，即感即寂。

这种中国式的唯心论，被牟宗三称为比西学的 Idealismus 更为纯正的、"彻底的唯心主义"，甚至也是彻底的实在论。[1]此说有正确处，心、意、知、物的结构，确较仅从"观念"出发的 Idealismus 更为全面。然而彻底性与实在性，均无从说起。若智如不一，则两者成对，皆非"绝对"，不可谓之彻底。若智如为一，此是真常唯心论精义。然真如当是二空所显之"圆成实性"，并非世间法的"实在性"。阳明学固然是唯心论，但既不彻底，亦无足够的实在性。向彻底性与实在性的挺进，在西学就是斯宾诺莎哲学在笛卡尔之后的出现、在康德之后的复兴。在晚明就是阳明之后刘宗周、王夫之、方以智的探索。此时最重要的事件是气论的复兴。如果说，德国古典哲学以彻底、绝对的观念论为终结的话，那么明代理学，甚至整个宋明理学则是以绝对的唯气论为终结的。后者既探索了一种比阳明学更为彻底的唯心论形态，又从中翻转出了不同于宋儒气论的新形态。其中最重要的是刘蕺山与王船山的气论。

黄梨洲以明季理学超越宋代而自豪，他笔下的理学史终结于其师刘蕺山的气论："盈天地气间皆气也。其在人心，一气之流行，诚通诚

---

[1] 参见牟宗三，《中西哲学之会通十四讲》，上海古籍出版社，2008 年，pp. 219–221。

复,自然分为喜怒哀乐。仁义礼智之名,因此而起者也……"[1]后人极为推许的王船山,更是集气论传统之大成。二子有一相通处,都借重唯识学批判、深化了阳明心学,再从中转出气论。[2]如此可以既借助心学的某些成就跳出理本论,又能借助气论扬弃心学,上接濂溪、横渠,将整个宋明理学完成于绝对唯气论。从中国哲学看,这个版本的气论跳出了程朱、陆王之争。从西方哲学与现代中国哲学看,它其实也跳出了狭义的所谓唯心、唯物之争。刘、王的这种双重跳出,有一个共同的特点,即作为明代唯心论的扬弃者,它们内具的心学论述虽有欠圆熟,却较阳明学更为深刻。这个特点是其他形态的气论不曾具备的。

明末气论的这个形态及其殊胜极易被误解。下文将做系统的澄清,这里先提出三个预备观点。

首先,仅仅依靠传统的理气论范式,或心学、理学范式,无法恰当地把握明代哲学的主要争论。实际上,正如张岱年指出的,宋明理学处于三个而非两个基本概念的问题域中,这就是心、理、气。[3]宋代理学的基本问题是理气问题。这表现在程朱一系对张载的批评与吸收上。宋代当然也有关于心气关系的讨论,但并非当时的基本问题。以阳明学为代表,明代哲学的基本问题首先是心与理的关系问题。"心即理也""无心外之理"才是阳明学的根本宗旨。阳明心学的批评者固然有秉持朱子学立场的,但最有力且开新说的批评者,来自气论。自此,明代哲学的基本问题就包括了心气关系。明末气论不能只在理气论上把握。缺失心性论,无由见其特性。[4]晚明哲学对心与气的认识

---

[1] 黄宗羲,《明儒学案》卷62,《黄宗羲全集》,p. 890。
[2] 参见戴景贤,《王船山学术思想总纲与其道器论之发展》上编,香港中文大学出版社,2013年,p. 40。
[3] 参见张岱年,《中国哲学大纲》,p. 3。
[4] 参见高海波关于蕺山气说的讨论。高海波,《慎独与诚意》,生活·读书·新知三联书店,2016年,第三、四章。

都加深了，故对心气问题的处理大不同于宋儒。晚明气论是从心学转出的，既是比阳明学更彻底的心学，也是比横渠学更彻底的气论。下文将分别提示这两层。

其次，晚明气论通过对唯识学的资取，提出了比阳明学更深细的心学论述。"释氏本心"之说，过于含混。真正系统提出"唯心论"的，并非所有佛学派别，而是唯识及其他相关宗派。[1]唯识学主流将识分为八种：眼、耳、鼻、舌、身（合为前五识）、意、末那、阿赖耶识。泛泛地说，意识、末那识、阿赖耶识都可称为心。在这个意义上，"唯心主义"是有阶次差别的。严格地说，第八识才是"心"。在有的唯识系统中，末那识可被称为"意"，其他各识合称为"识"。[2]对中国哲学有深远影响的《大乘起信论》，其根本见地不同于主流唯识学，属于真常唯心一系，但对心识的分析范式，大体上仍遵照唯识学。

无论从主流唯识还是真常唯心的系统看，阳明心学只达到了"意识"意义上的心，并非彻底的唯心论；或者说只有意识与物的一重体用。主流唯识系统虽然主张离心无境、离识无法。但这个心的根本义不是"意识"，而是阿赖耶识。变现万物的本非意识，故仅凭意识是不能转物转境的。阳明"观花"发挥的"心外无物"之理，不必诉诸唯物主义，在唯识学就是不成立的。有佛学家指出，阳明学只是"主观唯心主义"（依意识），尚未达到唯识今学的"客观唯心主义"（依阿赖耶识）与《起信论》系统的"绝对唯心主义"（依如来藏自性清净心）。[3]总体而言，阳明心学对禅宗的化用较多，阳明学的批评者，以蕺山、船山为例，对唯识学的引用、改造较多。二子的心学论述可谓

---

[1] 如中观应成派论师月称就专门破斥过"一切唯心造"。
[2] 参见释印顺，《摄大乘论讲记》，《印顺法师佛学著作全集》第3卷，中华书局，2010年，p. 31。第七识与第六识名同实异。末那是意之根。心意识关系问题在部派佛教和瑜伽行派的历史中比较复杂，本章予以简化处理。
[3] 参见释印顺，《大乘起信论讲记》，同上书，pp. 121–122。

某种"新唯识论",都已超越了单纯的"意识"层面。他们都明确批评阳明学人只在念头上做功夫,都要追问意识、念头意义上的"心"的根据,都在这个意义上超越了阳明学形态的"心学"。这种根据在唯识学那里是第七、第八识,在刘、王那里,将这些深于意识的心识翻转、推进,就是气论中的天道与人性。他们的"新唯识论"是唯气论能够扬弃阳明心学的重要凭借。

第三,明末唯气论是从心性论中转出的,其形态与素朴宇宙论意义上的气论有深刻差别。近年已有学者见到这一层,如杨儒宾将两种气论分别称为道体论气学(有超越论面向)与自然主义气学(素朴的宇宙论),并将张载、王夫之与方以智列为前者的代表。[1]笔者赞成这一区分。但关于区分的依据以及两种形态的范例,有不同看法。杨氏对于道体论气学的超越性与本体性的界说,归根结底还是依据牟宗三的先验道德主体与道德化宇宙论之学。这固然能够区分两种气论,但无法区分所谓道体学气论与明代心学统绪中的气论。笔者试图表明,晚明气论的殊胜之处恰恰是用"实体"(船山本人用语)扬弃了心性。本章不主张将横渠列入这个统绪。船山、横渠之别在于前者批判且借鉴了有宗,开出从心学转出气论之路。后者固然也要辟佛,但对佛学的了解不深入,且以空宗为对手,既对付不了程朱,也对付不了陆王,实际上也对付不了佛学。横渠之说就被朱子讥为"大轮回"。方以智本人的佛学资源,更多地来自华严与禅宗。对阳明心学的批判,反而主要借助朱子学。方氏固然有超越心学之偏的"绝对""相待""一而二"的立场,但这个"一而二"的绝对者并不是"气",恐仍近于佛家心性学说。他的独特性实已溢出了宋明理学,以至无法以完成者目之。故本章用刘宗周代替方以智。刘、王都有他们的新唯识论,方有的恐怕是新华严学。新唯识论转入唯气论之路更加清楚。

---

[1] 参见杨儒宾,《继成的人性论:道体论的论点》,《中国文化》2019年第2期。

当然，并非所有对唯识学的改造都会引向绝对唯气论，也可能像现代中国哲学那样，推进到华严（章太炎），或退转到儒家心学（梁漱溟、熊十力）。同时也应看到，所谓"自然主义气论"，对明末气论仍有深刻影响。笔者以为，刘、王与"自然主义气论"的区别并不在于所谓"气一元论"或以气为"道体"[1]，而在于能够通过扬弃唯心论达到唯气论，从而可为气这个"道体"赋予统一"物""我"的含义。[2]这不是说，在刘、王那里通向"气一元论"的道路只有新唯识论一条。而是说，只有他们开出了气论的心性之路，从而将气论传统提到了绝对性层面。

这条道路可概括为三个步骤：从工夫论进入心性论，用唯识学重述心性论，用唯气论转化唯识学。明代心性论从来不是空头理论，而是工夫论的所依与所证。心性论引起的争论，包括对《大学》朱注的争论，首先是工夫论上的。抓住这一点，才能从刘、王迷宫般的系统中找到头绪。下面分述蕺山和船山。

第二节　晚明气论的"新唯识"之路（上）：蕺山学

对蕺山学比较权威的概括来自牟宗三所谓"以心著性、归显于密"。[3]学界一般认为前四字将蕺山学断为阳明学工夫论所衍出者。批评者认为这个判断没有点出蕺山学的独特性。即使牟氏的辩护者，也认为应补上唐君毅的观点（"纯情自运、一气周流"），高看蕺山的"情"与"气"。[4]笔者认为，这两个概括大可统一。唐所提就是本章

---

[1] 杨氏道体之说，无法与他对气论的自然主义与道体论的区分协调。他所谓自然主义气学的代表人物王廷相尝明确表明气是"道之体"。参见陈来，《诠释与重建》，生活·读书·新知三联书店，2010年，p. 493。

[2] 参见王夫之，《张子正蒙注》，p. 147。

[3] 牟宗三，《从陆象山到刘蕺山》，p. 320。

[4] 参见陈荣灼，《刘蕺山的生命现象学》，《鹅湖月刊》2009年第2期。唐君毅，《中国哲学原论·原教篇》，中国社会科学出版社，2006年，pp. 310-318。

所云从心性论到唯气论的步骤，牟所提就是从工夫论到心性论的步骤。这两个步骤的衔接处就是意根。意根说是对唯识学的运用；从意根、纯情到气论，则是对唯识学的转化。

蕺山的"以心著性"与阳明的"心即理"完全不同。"以心著性"的立足点，是隐微的意根。这一点确实为牟氏反复强调。不过，以心著性的同构的另一面，就是"以气著理"。牟氏对此基本无视。蕺山学在心、理、气之间，有更丰富的统一关系，绝不同于阳明学的"心即理"。首先，心与气、性与理之间有对应性。气凝在人就是心，理凝在人就是性。蕺山以此强调了天人的一贯不间断。这是一重同一性。心与气的同一性，比心学强调的心与理的同一性更为直接与基本。其次，心学的"心即理"，在蕺山学那里调整为"以心著性"。这是更高阶的统一性。气与理凝为心与性，纯是天命之谓性，与工夫无关。但以心著性，则是率性修道事，是工夫所证。以气著理是这一工夫论的义理学基础。换言之，"心与理（性）"的同一性的基础，是气与理的统一性，这是单纯心学脉络罕见的。第三，以心著性的关键，是在意根上用工夫，这就叫诚意，也是慎独。[1]心性衔接统一处在隐微的"意"，不在觉知念头。这是蕺山在工夫论上与阳明学（特别是现成良知派）最大的不同。

与工夫论相应，《大学》的"意"，蕺山不解为浮动的"意念"，而解为"意根"："意根最微……禅家所谓向一毛孔立脚是也。"[2]这当然是唯识名相，蕺山并非不知："佛氏视意为粗根，然根尘相合，以意合法，可知佛法都括在意中……"但他又指责佛学"遗却意"。[3]这种

---

[1] 关于诚意与慎独关系，林月惠主慎独，唐君毅主诚意，其实一也。解意为意根，就是独体。参见林月惠，《刘蕺山"慎独"之学的建构》，王正编，《儒家工夫论》，华文出版社，2018年，pp. 339–384。
[2] 黄宗羲，《明儒学案》卷62，p. 915。
[3] 吴光主编，《刘宗周全集》第3册，p. 310。参见《黄宗羲全集》第八册，p. 893。

入室操戈的用法与船山对第七识态度类似。在唯识学，第六识是"意识"，第七识音译"末那识"，是第六识依止的"意根"。[1]如果"已发"的意念在唯识学对应第六识，那么"未发"就对应第七、第八识。蕺山及船山又更重视第七识。《大学》里的"意"，在阳明学与通行注疏那里，相当于以第六识解释，在蕺山学那里则相当于以第七识及第八识解释。[2]就其是意识之微根，且恒存不随四情而转，具第七识义；就其是四情之所"存"的含藏义言，具第八识义。

蕺山之"意"统一了未发之中与已发之和，这固然是对理学的一大贡献，但同时也是对唯识学的改造，即相当于把第八识（种子、"未发"）与第七、第六识（现行、"已发"）统在一个"独体"里。这个独体兼有诸义，但以意根与中气为主。关于蕺山学宗旨到底是"慎独"还是"诚意"的争论实颇无谓，因为意根就是独体。偏于《中庸》的"慎独"说，可以叫"独体"；偏于《大学》的"诚意"说，就是意根。大抵"意"有显隐中和之义，工夫细密，兼带心性，故本章仍借重唐、牟的提法，以意为主。它是工夫论的着力处，也是心性论、理气论的搭挂绾合处。

意根上用工夫，如何"以心著性"呢？为何就是"以气著理"呢？此间关键在于，与阳明学不同，蕺山学的义理架构并非只有"心与理"一层关系，并非只有一重体用与能所，而是有心气、气理两层关系。就第一层而言，喜怒哀乐四情，直接就是春夏秋冬（元亨利贞）四气。就第二层而言，气之流行，自成条理。理凝于人，就是仁义礼智四性。这两层区分只是对浑一工夫（"慎独"，在意根这个本体上用力）的义理性分析。这一架构的基础是心与气的直接同一性，四情对

---

[1] 参见释印顺，《摄大乘论讲记》，p. 35。
[2] "如前日妄起一念，此一念便下种子……"这表明蕺山对种子新熏之说并不陌生。《黄宗羲全集》第八册，p. 892。

应于四气,心之情实就是气之情状。四情归根结底是好恶,心之好恶就是气之屈伸。唐君毅对蕺山学的概括,围绕的就是心气同一这个基本洞见。但这个概括未及心、气各自的体用显隐关系,这些又是牟氏论述的精义。"著"就是彰著显明,这就是说,心性关系的根本不是能所,而是显隐;用当代西方哲学术语说,不是"表象",而是"表现"。如果偏重在已发意念上用功,在工夫上就易流入释家无念、不住之说,在义理上就自然会走向唯心论。蕺山学则强调在意根上用功,意根非但是未发之中与已发之和的统一,也是心与气的同一。作为中体,意根有喜怒哀乐;作为中气,它有元亨利贞。致中与致和是同一个工夫,能所心性统一在意根之中。正因为意根包含气,气之流行能昭著性理,抓住意根才能以心著性。意本身是显隐之间的"几",是"渊然定向",即在意识、意念之先的深层倾向性。这层倾向既是心又是气,没有内心外物的区别。心气性理都是统称,本身都各有体用的区别,但在蕺山学那里,这些区别在义理上本就统一,在工夫上都当统一。这当然是理学中并不罕见的"体用一如"见地,但蕺山对体用的处理自有其殊胜之处,这在"意"与仁义礼智四性(喜怒哀乐四情)的关系中能看得更清楚。

意既是四情之所存,又作为中枢运转四情。蕺山心性学的特出之处,就是主张性情一如:性情相应、理气相应,或者说理、气、心本来就是统一的——仁义礼智、元亨利贞、喜怒哀乐三者本来就是一回事。不过,学界殊少注意,性情并不那么若合符节。性是五常,而气与情只有四项。性比气、情多出一个"信"。蕺山的解决是:在气之状态上,以之对应于中气,这本乎《易传》。在情之状态上,对应于"未发之中",这本乎《中庸》。无论如何安排,未发之中与已发之和,当有区别。实际上蕺山举不出一个与性上之"信"对应的情之名称。如果要维持性情一如这个基本论点,那么只能将未发之中理解为原初的、非特定的"情"——无论解之为情实,还是情感。此情的原初性、整全性与"信"是相应的。

关于"信"的殊胜，《中庸》比《易传》讲得更显豁。后者的信就是前者的诚。诚有两层意涵，为其他性理所不具。首先，诚能够统摄知、仁、勇等性理、德目。这与蕺山赋予"信"的"性体"地位相应。其次，诚有实义，因而性理皆是实理，可对抗佛学。宋儒重视《中庸》，盖缘乎此。在蕺山那里，后一层意涵极其重要，保证了他在运用唯识学的同时即进行了改造。实际上，"情"的古义就是"实"，与信、诚相通，但喜怒哀乐诸情，都只是特定的实在状态，而未及实在性本身。在这个意义上，只有"信"对应的"未发之中"、原初之情，才指涉世界本身（而非任何特定事物）之实在性，可谓一种原初的"世界信念""实存信念"。这是所有想从佛学中斩关而出的儒家必备的利器。区别仅在于获得这一信念的道路。下文将示，明末的王船山，现代的梁漱溟、熊十力，都将以自己的方式回到实在性。这里要强调的是，"意根"所含之"实在信念"，正是心物统一的关键。实在性在理学那里主要针对空性。在西方哲学那里，Realismus 源于 res（物），针对的就是"观念主义"（"唯心主义"）。

第三节　晚明气论的"新唯识"之路（下）：船山学

有关研究指出，船山对"志"在工夫上的提撕与蕺山对"意"的重视可谓同调，二子之学的基本架构都有取于唯识，都有双重体用意蕴。[1] 此观点虽仍有争议，但"意"与"志"在二子工夫论上的地位确实差相仿佛，且针对的都是阳明唯心论。同时"意""志"在唯识学上的对应物也完全相应。这给笔者提供了一个船山学的入口。下面仍然按照工夫论、心性论、唯气论三个步骤，从"志"出发考察船山学

---

［1］蕺山也明确以意、志互训，参见吴光主编，《刘宗周全集》第 3 册，p. 309。

的架构与精义。

与蕺山类似,船山也处于程朱、陆王长期争论的关键时期,他既要追溯到这一争论之前去探索另外的可能性(他找到了横渠,一如蕺山找到了濂溪),又要对阳明学做针对性更强的回应。两项任务是一体的,回应阳明学,一定要从工夫论入手才能带出心性论,从而重建唯气论。主流的船山研究多直接摆出天道论、理气论,笔者以为,如不抹杀船山与明儒的连续性,那么不妨从明儒最重视的工夫问题入手。

宋明儒的工夫论原典,重中之重是《学》《孟》。牟宗三说,朱子与《孟子》不相应,真有体会的还是《大学》,陆、王纯是《孟子》血脉。不过,正因为《大学》注是朱子学正统地位的基石之一,阳明学反而更重视《大学》的解释权,重视《孟子》与《大学》的贯通。关于此二书在工夫论上的一贯性,船山与明儒并无二致,但他找到的一贯工夫,则与阳明学有深刻差异。

船山在《孟子》中择取的并非"良知良能",而是《知言养气》章的"志"。这可用于解释《大学》的"正心"。持志与正心就是船山工夫论之本。[1] 此心恒存恒持,恒为意主,并非本无善恶、体如太虚。作为"志",心趋向道义、实而不虚。如此既可保留明儒在工夫上的积极成果,又能避免心学把孟子学带向佛老。如像阳明四句教那样仅围绕良知,则要么仅在意念起灭上下工夫,难免脚跟打滑,随境而觉;要么所证的本体,就是无善无恶的虚体。

但这只是船山工夫论针对朱王之争所显示出来的一面,还不是其全部。《知言养气》章的要点不是孤立的心志,而是"以志帅气",是心与气的统一。这个统一体从心方面说是趋向道义的志,从气方面说就是至大至刚的浩然之气。此章精髓是在工夫论上讲心气统一、心

---

[1] 参见王夫之,《读四书大全说》上册,中华书局,1975年,pp. 8-9、28。又陈来,《诠释与重建》,pp. 62-63。

理统一。阳明对此章也很重视，但只看到心与"事"的统一。[1]船山抓住了精髓，以此既接续心学，也转进到了气论。《知言养气》章讲"志"、讲"道义之心"不是为了阳明的致良知（这是《大学》语式，不是《孟子》语式），而是为了养"至大""至刚"的浩然之气。"至刚"从"道义"固有的正确来（"以直养而无害"），那么"至大"从何而来？孟子只说了"集义"。至于如何"集"，莫衷一是。船山依心气统一解。心气既一，气至大，心亦必至大。既然"志至气次"，则必先大其心而后可以大其气。强调大其心，船山得自横渠。[2]心气皆能至大，则心气必能同量。船山将横渠的"太虚"解为气之量。至于心之量，在船山对唯识学的批判性叙述中，就是第八识（阿赖耶识）应该说的东西。[3]

工夫论的境界能进一步支持心性论与天道论的见地。在船山那里，天道与心性不能断开，但亦非通常所谓的"凝成"，而是"函受"。这在理论上属于贯通天道论与心性论。就工夫论而言，心气有异而可一，才是《知言养气》章之精义。船山反复强调，如果脱离养气讲心的工夫，就是告子之学，只有个昭昭灵灵的心，把气当成"客感之媒"以接受万物。换言之，心只属于主观，与万物脱离。唯气可感万物，但心与气可接可脱。告子的不动心通过摆脱气以摆脱万物。[4]船山的见地是，就心而言，其虚灵并非空无所涉，也不是只面对阳明强调的"事"，而是必然作为志趋向道义。所以既非单纯主观的东西，亦非后天经验的东西。气则不仅可以应物接物，且必然与心统一（非如告子

---

[1] 他只表彰此章"必有事焉"在致良知修养上的作用，没有点出此章的目的是养气。偏于有事，这就是偏于已发。参见陈荣捷，《王阳明〈传习录〉详注集评》，p. 266。可对照船山："孟子吃紧工夫在气上。"王夫之，《读四书大全说》，p. 528。
[2] 参见王夫之，《张子正蒙注》，p. 145。
[3] 参见王夫之，《船山思问录》，p. 80。
[4] 参见王夫之，《读四书大全说》，pp. 530–531。

学那样可合可分），则心所趋之理义，必能主宰气所接之物。

从心与气的这种统一，亦可解船山所谓"性"。[1] 人性是天地正气所凝所成，则性又是天人相继的统一体。船山"性"概念与"气"概念的复杂关系，学界讨论颇多，且集中于天人之间、人之成形凝质前后。[2] 这里的复杂性源于同时围绕着两个问题轴，一个是天人之际，另一个是气性之间。这两个问题轴都属于天道、心性问题。如果从船山工夫论出发讨论这些问题，那么在气性之间加入"心"是完全必要的。

工夫论上的"志"，是心、气、理三者的统一。理与气在工夫论中的统一与在天道论中不完全相同，并非只有"不能舍气言理"这一种方式，而需要心与理的统一、心与气的统一这两层中介。后一种就是《孟子》的"以志帅气"。前一种方式也不是心学的"心即理"，而是"志"对道义的趋向性。"性"概念是心、理、气三者的统一，"志"概念同样如此。因而工夫论上的"志"即对应于天道论与心性论上的"性"。

对船山的"志"同样应该"高看"，如同对蕺山的"情"那样。"志"较诸泛泛而言的"心"，有如下优点。一，志恒在，无论意发或不发。[3] 二，实而不虚。三，能与气合；不能舍气言志，如同不能舍气言理。此心之源，统乎性而为性之所凝。[4] 这三个层面是统一的。在这些层面，船山都对唯识学有所资取与翻转。[5] 船山对阳明学心性论的扬弃，乃至于对天道论的开展，皆有其"新唯识论"之路，且较

---

[1] 心是性之用。但不可说气是性之用。性就是气质中之性。参见陈来，《诠释与重建》，pp. 250–252。
[2] 参见陈来，《诠释与重建》，pp. 153–155。又田丰，《王船山的体用思想研究》，中国人民大学出版社，2020年，p. 254。
[3] 参见王夫之，《读四书大全说》，p. 8。
[4] 同上书，pp. 9, 531, 532。
[5] 见严寿澂为《船山思问录》所撰导读，王夫之，《船山思问录》，pp. 21–22。又康自强，《王船山气化生命论研究》，博士学位论文，台湾师范大学国文研究所，2019年，pp. 108–118。亦可参见吴立民等，《船山佛道思想研究》，湖南出版社，1992年。

蕺山更为显白、系统。如果说，心志是其工夫论、心性论的核心，那么相应地，第七识就是其新唯识论的核心。

船山反复强调志（同时就是《大学》之"心"）对于意的恒在恒主性[1]，这当然是回应阳明及其后学。但在经典的教证上，这需要贯通《孟》《学》，以志释心，不那么直接。但从唯识学看就非常清楚。"释氏所谓六识者，虑也；七识者，志也；八识者，量也。不守其志，不充其量，则人何以异于禽哉？而诬之以名曰'染识'，率兽食人，罪奚辞乎！"[2] 按照唯识学，第七识（"末那识"）对第六识（"意识"）的恒在恒主性是其基本特点之一。[3] 对第七识的高度重视，是船山唯识解释的一大特点，甚至颇得佛学界嘉许。[4] 但船山也是入室操戈，即用此唯识名相转而批判佛家以第七识为染根。第七识在船山所据的护法玄奘一系中其实是染净依，并不一味为染。[5] 但主流释义，确实强调其染污一面。《摄大乘论》甚至说第七识只是杂染依。船山反其道行之，创造性地释为趋善之志，乃至性善在心上的体现。

对船山而言，第七识更重要的意涵属于天道论。船山新唯识论最重要的一段话是："释氏以真空为如来藏，谓太虚之中本无一物，而气从幻起以成诸恶，为障碍真如之根本，故斥七识乾健之性、六识坤顺之性为流转染污之害源。"[6] 王敔说，乾健之性指为仁由己，坤顺之性指诚意慎独。[7] 意思是第七识乃我执（"己"），第六识含通常的"意"。

---

[1] 参见王夫之，《读四书大全说》，pp. 9，23。
[2] 王夫之，《船山思问录》，p. 80。
[3] 第七识的特点是恒审思量。前六识不恒，第八识恒而不思量。参见韩清净，《唯识三十颂诠句》，《韩清净唯识论著集》，崇文书局，2019年，p. 43。
[4] 参见吴立民，《船山佛道思想研究》，pp. 33-35。
[5] 参见王恩洋对《相宗络索》的订正。王夫之，《船山全书》第13册，岳麓书社，1996年，pp. 526，528。
[6] 王夫之，《张子正蒙注》，p. 117。
[7] 同上。

这当然不错，但未涉根本。船山的理由当是强调第七识"恒审思量""恒内执我"，无间断而有转易的特点[1]，符合乾卦的"自强"（执我）、"不息"（恒）、乾道变化、各正性命。第六识依托第七识，有顺从之义。这些虽然是创造性的误解，但意蕴丰富，提供了理解船山天道论的新入口。

　　这段话字面上没有涉及第八识。但既说第七第六，则第八识必已同含。据唯识学，第七与第八识恒俱，前者执后者见分为"我"。第八识是诸识的根本依，第七识是诸识的染净依。船山用一个比喻说二者的相依：第八识好比府库，诸识染净好比铜铁。存储铜铁固然要依靠库房。但既藏铜铁，库房也只能依之叫铜铁库。[2]第七识有所依、有所出，那么"志"（"心"）也有所出。戴景贤认为，船山没有将心之所出直接追溯到太极之体，而是通过其唯识论述，追溯到了第八识。后者即人所受于天命的"量"。[3]此说不确，《正蒙注》明确将心所从来，追溯到"太虚氤氲之气升降之几"[4]。尽管如此，戴氏迂回唯识纾解性命关系的方法仍是可取的。确实，在船山那里，第八识提供的不只是心之量，同样是气之量。《思问录》里第八识当然首先被解释为心之"量"。但考虑到《正蒙注》中，第七、第六识已被解释为气的健顺之性，则没有理由不从气论上考虑第八识的"量"。实际上，"量"同样用于解说横渠的"太虚"。"虚者，太虚之量。实者，气之充周也。""虚空者，气之量。"[5]

　　不宁唯是，太虚有两个基本特征与第八识相同。首先，太虚即一气。此不从阴阳之分说，而就二气合一，为氤氲之本体言，太虚不可

---

[1] 玄奘译，韩廷杰校释，《成唯识论校释》，中华书局，1998年，pp. 287, 303。
[2] 参见王夫之，《船山全书》第13册，p. 564。
[3] 参见戴景贤，《王船山学术思想总纲与其道器论之发展》上编，p. 40。
[4] 王夫之，《张子正蒙注》，p. 145。
[5] 同上书，pp. 89, 91。

见闻。而在船山的唯识论述中,第八识亦无相状可言。[1]其次,更重要的是,"太虚者,阴阳之藏,健顺之德存焉"[2]。阿赖耶识诸义之中,能藏之义居首,以至第八识可被称为"藏识",种子皆存乎其中。[3]

笔者主张,"太虚即气"概念,对应于第八识,正如第七、第六识对应于乾、坤。这是船山对唯识学的系统翻转中最重要但也是最隐蔽的环节。从唯心论到唯气论的根本转折存乎其中,而对第八识的翻转是其顶层。船山强调,对第八识之量当加之以"充"。[4]必须注意,"充"就是孟子及船山本人用来说气的关键词。即此之"充",心之量乃能转为气之量。第八识转为清虚一大之后,才有第七识的乾健、第六识的坤顺可言。合此可谓船山新唯识论的大纲。

从新唯识论可以迂回地理解船山天道论、心性论的难点——对于克服唯心论,这一迂回是必要的。如从整体上将船山唯气论理解为对唯识学的一种翻转与扬弃,或能为船山研究的几个全局性难点贡献新的思路。

首先是太虚与气的关系。这个船山气论的首要问题很不好把握。如唐君毅认为,船山把横渠学的太虚之义去掉,只取其"气",且以之为"实",与汉儒相同。[5]这当是误解了船山所云"太虚即气"。船山此义与横渠并无二致,区别在于论证之路有取于心性论,绝非如唐氏所云纯是"客观现实的宇宙论进路"。唐只看到船山主张"太虚即气",未看到与太虚所同之气,不是阴阳二气,而是一气。[6]这里的问题首先还不在于太虚,而在于船山的气概念本身就是思辨的,是一与二的

---

[1] 参见王夫之,《船山全书》第13册, p. 538。
[2] 王夫之,《张子正蒙注》, p. 94。
[3] 参见王夫之,《船山全书》第13册, pp. 564, 574。
[4] 参见王夫之,《船山思问录》, p. 80。
[5] 参见唐君毅,《中国哲学原论·原教篇》, p. 334。
[6] 参见王夫之,《张子正蒙注》, p. 94。

统一。气在本体上是一(就是太虚,无迹象可求),从用上、迹象上说,则是二。[1]气既然是一与二的统一,那么它与太虚的关系,可谓不一不异。不异,就是说气之本体即太虚;不一,就是说气流行、显现,具阴阳二端,这些都是太虚所无。不一不异,在《楞伽经》《起信论》系统中,就是如来藏与第八识的关系。第八识就其流转如瀑流言,近乎气。《起信论》也指出,如来藏极易被误解为"虚空"。与这些经论微有不同的是,船山气论实际上含有双重的不一不异关系,第一重是太虚与气之间;第二重是一气与二气之间。由后一重,才有前一重。船山将第八识所含的种子义部分转让给了第七识,这在佛学上当然是误解,但能据此理解,船山所谓阳变阴合,实亦带有功能现行之义。[2]末那识相当于乾元,实自含体用。[3]

其次,船山有著名的"性日生日成"之说。"夫性者生理也,日生则日成也……气日以滋,理日以成;方生而受之,一日生而一日受之……故天日命于人,而人日受命于天。故曰性者生也,日生而日成之也。"[4]这在理学史中确实独特难解。[5]但如勘以唯识种子现行之说,实不突兀。

太虚既有阿赖耶识(种子识)义,性即可有种子义。太虚可含藏性故。太虚在船山学有天人二义。在天为一气,在人则如"心":"其在人,太虚者,心涵神也",而"人之有性,函之于心而感物以通"。[6]性函于心中,如种子存乎第八识之中,"性发"如种子之现行。种子乃

---

[1] 参见陈祺助,《王船山"阴阳理论"研究》,花木兰文化事业有限公司,2019年,p. 79。
[2] 参见戴景贤,《王船山学术思想总纲与其道器论之发展》上编,p. 42。
[3] 王恩洋批船山"末那变六识"之说在佛学上不成立。但这在船山易学上相当于乾变为坤。《周易内传》虽主乾坤并建,但不否认乾卦自有体用。参见王夫之,《船山全书》第1册,p. 43。
[4] 王夫之,《尚书引义》卷3,《船山全书》第2册,pp. 299-300。
[5] 参见田丰,《王船山的体用思想研究》,pp. 228-229。
[6] 王夫之,《张子正蒙注》,pp. 93-94。注意,"心"于唯识学即第八识。

功能义,是万法因缘。万法待缘而起,是为"现行"。与性日生日成说一样,护法一系的种现说也有其独特处:果现行而旧种因刹那灭;被现行新熏的新种刹那生,藏于第八识中。这样种子才如瀑流,不断捐故生新。[1]儒学自古有"日新"之说,但从未有性理日生日成的学说。此学说之原型当在唯识种子现行、新熏之说。种子现行,相当于性之日成。熏成新种,相当于性之日生。[2]借用转化唯识,才能将生生不已解释得具体、精密。与此相比,熊十力不解护法此说的妙用,转以泛泛而论的"不断不常"为其恒转说背书,较船山笼统汗漫,详见下文。

最后,船山同蕺山一样肯定了"理"的地位。有学者据此以为他们均非唯气,只是主气。笔者以为,单就船山言,其"理"同时具有不可割裂的两个特点,主宰性与依附性。理固然是气化的主宰者、主持分剂者,但同样也是气的附丽者。换言之,理必依托气,不可离之独存。仅凭此条,即可言其"唯气"。因为"万法唯识"的含义之一,就是"不离识"。至于主宰与主持,亦非不可解为唯识学的翻转。"主宰"一词固理学常用语。如程子说五经"帝"字表理之主宰义。但理学史罕有主持与主宰同用者。这个特点或可在唯识的翻转中发现。《成唯识论》开篇就破法我二执。"我谓主宰,法谓轨持。"[3]理之兼有主宰、主持义,不无兼取"法我二执"之义。

对心物问题而言,船山学最重要的切入点是问"心之所出"——心的根据。这一追问对于将心视作最终根据的纯粹唯心论而言是不可能的。对于更高意义的唯心论——唯识学来说实际上也不可能。但船山唯识论述的特点就是用唯心论克服唯心论。上文已示,船山最重视

---

[1] 参见《成唯识论》卷2,玄奘译,韩廷杰校释,《成唯识论校释》,pp. 115–116。此论区分本有、始起两类种子,亦可解决学界关于船山性日生日成说的困惑。此惑可参见田丰,《王船山的体用思想研究》,pp. 246-247。
[2] 严寿澂即持此观点,惜乎过略。参见王夫之,《船山思问录》,p. 22。
[3] 玄奘译,韩廷杰校释,《成唯识论校释》,p. 1。

第七识,归根结底只将第七识解为心。第八识则被翻转为"太虚即气"。在唯识学,第七识之根本依是第八识。则心之所出在气,其论证可从唯识学中挪用。因此,船山对唯识的翻转可以说紧扣第七、第八识而来。将第七识由染转净,萃取为体现性善之志;同时将第八识由妄转真,将真如由空转实,即此成立太虚之实气以及心性。这里要注意,太虚之实,指实在性(不是空性),但它仍是无质碍的清虚一大。实在性不等于质碍性。"唯物主义"之"物",本就是实在性,不等于有广延的不可入性。

综上所论,明末哲学有不止一条通过新唯识论抵达唯气论的道路。此二途当然也有所参差。其中最微妙处在于,是从性上到天,还是从性下到情。蕺山更偏《中庸》,主张即性言情。船山更偏《易传》,主张乾道变化,贞定其情。《易传》中的"性",本含贞定之义,则蕺山所谓性体,相当于船山所谓定体。差别只是后者隐含了天道之贞定,而蕺山之性体只对心体确立。要之,蕺山学是中和架构,尽精微而后致广大。船山学是贞元架构,乾道变化而后各正性命。二子所趋既同,取径互补,大体可算一路。与他们形成鲜明对照的是现代中国哲学的"心学"。

第四节　现代中国哲学的"心学"与新唯识论

无论现代中国哲学的处境与明末清初有多大差异,二者之间仍有哲学基本问题上的连续性。现代哲学甚至不无返回明末诸家的自觉。[1]心物问题作为朱陆之争的重要标识,在古今中西之争的处境下,非但没有离去,且以不同的方式、不同的形态持续在场。冯契正确地指出,佛学特别是唯识宗的复兴对现代中国哲学有很大影响。但他仅就形式

---

[1] 参见冯契,《中国近代哲学的革命进程》,华东师范大学出版社,1997年,pp. 5–10。

逻辑说，未免过于狭窄。[1]实际上，康有为、谭嗣同、章太炎、梁漱溟、熊十力思想中的佛学性都远非单纯的逻辑学兴趣。后三子都运用并改造唯识学建构自己的哲学体系，可以说都有自己的"新唯识论"。梁、熊被冯友兰归入现代哲学"心学"一系，这给了我们充足的理由将之与明儒对照。实际上，唯识学就是作为心学的义理资源对他们发用的。刘、王用唯识学清理并走出了陆王传统，梁、熊反而用唯识学"接着陆王说"。后期熊十力虽然试图超越单纯的唯心论，但与船山相比不可谓成功。由于无法从心学中彻底转出，现代中国哲学里便缺少唯气论这一系，甚至气论都无法得到恰当理解。下面分述梁、熊二氏。

冯友兰对梁漱溟概括了三条。首先，梁与熊同属心学。且心学一系冯只列此两家。其次，梁对陆、王是接着讲，而非照着讲。主要理由是梁用直觉、情感解说孔子的仁，其清楚超过前人。[2]第三，梁、熊虽同属心学，但冯对两家写法有别，梁被放到新文化运动一脉，与李大钊、胡适等同观。这样区隔的理由是，梁的主要贡献在于文化哲学与历史哲学，而熊则有宇宙论、体用论等。这些概括大致不差，但仍有必要推进。

对梁漱溟的"接着讲"要做更精细的辨析。从梁氏一生看，这有三层含义。第一层是冯友兰点出的用直觉、情感去解说"仁"。第二层是梁氏以此为原理，衡定东西文化差异。后一层冯氏亦看到，但没有将之与第一层联系起来。这两层是不可割裂的。冯先生为论证第一层所引的文本，就是《东西文化及其哲学》。第二层次的工作，更是在现代思想处境下，把心学直接推进到了文化与历史哲学层面。与之可对照的是，熊十力推进到了本体论与宇宙论。更重要的是第三层，梁氏与古代心学家一样重视工夫，且有其"工夫论"。梁之所以不像熊那样

---

[1] 参见冯契，《中国近代哲学的革命进程》，pp. 9–10。
[2] 参见冯友兰，《中国现代哲学史》，广东人民出版社，1999年，pp. 83–84。

讲"性与天道",只讲伦理、礼制、社会,与他工夫论的见地分不开。

梁氏在以上三层对心学都有接续。其中,义理架构与工夫论尚在心学可以理解的范围。文化哲学则与其说是推进,不如说是开拓,是心学之全体在现代处境下的大用。与明末诸儒可对照的是,梁学的义理架构并非直接取自"陆王心学",而是来自唯识学。其工夫论则别有师承,对朱子、阳明都有吸取有批评,不期然更接近蕺山。

正如冯友兰正确指出的,梁漱溟心学的基本概念是直觉、情感。此一系列概念后演变为理性,但与之所对立的始终是冷静计算、关涉物理之理智。但冯氏未曾点出,此一系列概念之所出,是唯识学;之所归,一方面是梁氏独有的文化哲学,另一方面是他的工夫论。其成名作《东西文化及其哲学》的义理架构并非陆王心学,而是唯识学。

梁通过唯识学的"非量"概念,转出"直觉""情感"。[1]这项工作对于梁漱溟至关紧要。柏格森的"直觉"只是其唯识学突破的转语。梁指出,唯识家只主张现量(他解为"感觉")与比量(他解为"推理")。[2]"非量"是那些既非现量亦非比量的伪似认识,在唯识学中是要排除的。梁氏此间对唯识做了重大修订,肯定了非量在认识与生活中的作用。既然取其积极面,也就不再使用"非量"之名,而改用"直觉"。仁、情感,包括中后期的理性概念,其渊源都是"非量"。此一系列基本概念源于对唯识的改订,可以说这就是梁漱溟的"新唯识论"。

唯识家讲"非量"时,往往以"瓶"为例。对瓶子本身"实存"的断定,就是非量。它是似现量,也就是看起来被前五识感觉到的,实非如此。例如,眼识的现量只有"白",身识的现量只有"硬",其中均无瓶相可得。瓶只是意识所执的共相,不是真正的现量。但同时它也不是真正推理的结果,所以又是似比量。唯识学对非量"似

---

[1] 参见《梁漱溟全集》第1卷,山东人民出版社,2005年,pp. 399–400。
[2] 《印度哲学概论》中还提了圣教量,《东西文化及其哲学》中未言及。

现""似比"的区分非常重要，提示了直觉、信念、情感之类与感觉和推理的区分和联系。梁氏所云的意味、情感（包括仁），都以唯识学所说的非量乃至遍计所执性为前提，大大拓展了非量的范围，虽然没有突破非量在感觉与推理之间这一认识论性质。梁漱溟对认识论的最大贡献是，没有非量，单靠感觉与推理，实际上不可能有任何科学认识、伦理生活与审美判断。必须注意，这就是梁氏论衡东西文化的心学前提。简单地说，印度文化偏重现量。西方文化的科学，偏重比量，但同样需要承诺实在性的非量。梁氏实际上认为，以儒家为主干的中国文化偏重非量。

梁漱溟对非量的运用虽然偏于伦理与审美，但其基础仍然是实存或实在判断。最基本的非量、最普遍的遍计所执，就是对实在性一般、世界整体乃至宇宙实体的断定。儒学与佛学论战的哲学关键是在本体论上建立诚体、实体。这就要求在认识论（量论）上肯定实在性。这当然不是以经验的方式去逐个肯定事物，而是要先于诸法、先于经验肯定最基本、最普遍的实在性。这才是真正的"遍计"。上文提到船山的"大其心"，蕺山的"信"，都是如此。梁漱溟直接拨转量论，在认识论与本体论的关系上，比这几家表达得更加明确，而立意更近蕺山。与蕺山一样，梁氏的这个见地同样可在工夫论上得到印证。

学界多不注意梁之工夫论，即上文所说的第三层。他在《东西文化及其哲学》中主张孔子的"仁"与"刚"时，特别强调虚静为本，这实际上接近周濂溪、刘蕺山"静立人极"的脉络。其后为伍庸伯的《大学》解写导读，对朱子、阳明皆有批评，以为工夫要在"意"上做。离开了意，谈不上心。工夫论的核心是诚意慎独。以留心于身、留心于隐微之意、近"几"为工夫次第。[1] 强调在"独"中用功，就是在"几"先用功，"几"就是在本体上言用，甚至此"独"就是宇宙

---

[1] 参见《梁漱溟全集》第4卷，p.121。

生命的无对本体。[1]凡此种种，皆与蕺山不约而同。

与明末大儒有别的是，梁氏虽也从唯识学转出，但只是抓住了实在性，借之从佛家心学转到儒家心学，并未以气论为归。梁学的几处关键——情感、身心关系、伦理、文化政治、历史兴替，在明儒都有必要从气论探讨。当然，气论在本体论与宇宙论方面的优势更大。如果说，偏于工夫论、文化哲学的梁漱溟未涉气论不无理由的话，那么以本体论、宇宙论为主要关切，十分重视船山的熊十力哲学何以也是如此，就颇可玩味了。

在迄今为止的哲学史论述中，仍属冯友兰对熊十力体系的概括较为精到，正好借之追问。首先，冯氏分明知道，心物并非熊氏之学的最高范畴，但又将其体系评为心学，是何缘故？其次，冯氏认为，熊氏哲学的中心思想是"体用不二"，意思就是"现象就是本体"。但又说，熊氏在体用不二之外，又主张性相一如（本体与现象一如）[2]，两处说法，如何协调？第三，冯氏在讲了熊氏体用论之后，又单辟一节讲宇宙论，但内容还是全体大用，这是怎么回事？这些问题的关键是，熊氏的"心学"（冯友兰语）或"唯心主义"（冯契语）与体用论、宇宙论的关系是什么？

对此，笔者以为，冯友兰的大判断不可动摇，熊学的一贯精义就是体用论，只不过前后期形态有不同。体用论的最高概念是实体或本体，不是心。本体之被述为心，应归咎于《新唯识论》（简称《新论》）的偏向，《体用论》的意图之一就是矫正这个偏向。体用论对心物问题的解决及其与唯气论的关系，才是本章的关切。

心物范畴不是最高的，并不意味着心物问题不是最基本的。对此问题熊氏前后期在表述上有调整。在《新论》中，此问题大略有"心

---

[1] 参见梁漱溟，《人心与人生》，上海人民出版社，2005年，p.130。
[2] 参见冯友兰，《中国现代哲学史》，pp.221，224。

境"或"识境"、"心色"、"心物"三种表述，前几种更带唯识学色彩。但对此问题的解决，前后期仍有一贯性。在《新论》中是"恒转"，虽仍出于唯识学，但被赋予了新的意涵——这就是所谓"新唯识论"的字面意思。此概念后期被实体所取代。性相一如也被体用不二取代，但基本含义是一致的——性只是体的佛学对应名相。如要用一句话概括熊学的前后之变，那就是恒转的实体化。此实体即乾坤相关性之一元化。从明末哲学特别是船山学看，这个一元实体应该就是气，但熊十力始终在回避这个解释。让我们说得更详细些。

《新论》宗旨是从唯识学中化出的。就本体言为"恒转"，就动势言为"转变"，熊简称为"变"。[1]变则必具翕辟。恒转与转变，就是《新论》的体与用，但在名目上仍因袭唯识。恒转之名出于《唯识三十颂》。《成唯识论》释为："阿赖耶识……非断非常，以'恒转'故。'恒'谓此识无始时来，一类相续，常无间断……'转'谓此识无始时来，念念生灭，前后变异，因灭果生，非常一故，可为转识熏成种故。"[2]大意是说，旧种（因能变）现行（果）时即灭，现行（果能变）复熏新种。这既解释了唯识系经典《解深密经》的"一切种子如瀑流"说，也解释了般若系论典《中论》的"非常非断"说。此间要害就是种现关系。熊十力不取种现学说，唯取"非常非断"义解释变化之体。这是他的创造性误解之一。

转变，原是现起之义。非但"转"是此义，玄奘所译之"变"，亦是显现义。[3]熊氏去"转"留"变"，又释变以翕辟，实际上已经用变生、变成替换了显现义。这是他的创造性误解之二。恒转、（转）变的原义就是种子现行关系，也就是熊氏眼中护法系统的体用关系，这就

---

[1] 参见《熊十力全集》第2卷，湖北教育出版社，2001年，p.53。
[2] 玄奘译，韩廷杰校释，《成唯识论校释》，p.171。
[3] 参见周贵华，《唯识通论》下卷，中国社会科学出版社，2009年，pp.410–412。

是《新论》要摧毁的主要目标。

熊十力攻击护法实不见体,有两个理由,第一是立了真如、种子双重本体。这个批评涉及中国佛学史的老问题,在唯识家看来未免混淆了圆成实性与识体,不必多说。第二个理由则是《新论》的要害:熊氏不许因与果,隐与显,种子与现行为两个世界。立两个世界就是体用断裂。唯识学主张识体变现相分等,识境不平等,一有一无,一真一妄。但此不对称基于因果,功能(种子)就是因缘。熊氏只以功能为体性,不立其为因缘,遂以(本)体(势)用替代了因果。用西方哲学说,好比用实体范畴偷换了原因范畴。这是他改造唯识学的基本出发点。

在佛学议题上主张境识同体,本无内外,这就是从唯识无境翻转出来的性相一如,即此就是"新唯识论"了。但他还有下一步。既然种现不二,现象就是本体,那也就无所谓呈现,而只有变化。这就从性相一如推到了体用不二。这已超越唯识,进入易学了。这与术语上废转存变是一致的。这样一来,心物问题就不再限于识境与心色。越乎"唯识",进入"唯变"之后,心物问题也就从如何体物推到如何主变成物了。这就是《新论》与后期哲学的相续之处。在本体论上解决心物问题,就是将之推到变化。于是心与物各解为辟与翕,既刹那不住,又彼此相系、不可割裂。公允地说,《新论》的本体就是翕辟之恒转,而不只是心。但熊氏又说,心更能代表、表现本体。[1] 心物虽皆非本体,但并不平等。这确是唯心论、乾一元论的残余。学界据此称之为心学,并非空穴来风。从这一点看,《新论》可谓从佛家心学转到儒家心学,与梁学同一地步。

不过,此偏心倾向到后期有明显改观。无论《新论》,还是后期的主要著作,都有回应佛学和西学(哲学、科学,乃至政治)的双重意图。这与梁漱溟的成名作也是一致的。越到后期,熊十力回应西学的动

---

[1]《熊十力全集》第2卷,pp. 80、86。

机越明显。彼时他谈的心物，基本脱离了佛学语境，而通乎精神、物质。

如果说《新论》依托唯识学，那么熊氏后期代表作显然依托易学，其主旨从唯识之变（现）转为易学之变（易），唯识之"相"遂转为易学之"象"。问题在于，传统易学家无论理派还是象数派，都不太可能绕开气学。横渠、船山这样的唯气论者更是主要依据易学立论。熊氏虽回佛向易，却完全没有接受气论，而是更欣赏心学的《己易》之类。这是熊氏易学的独到处，也是本章检讨熊学的入手处。

熊十力后期哲学的要义不外这样几点。

首先是体用不二。实体完全"变成万有不齐的大用，即大用流行之外无有实体"[1]。这里讲的是变成，不是变现。"现象"是"用"，不再是"相"，而是万有（万物）、宇宙。对于体用一如的本体来说，本体论与宇宙论也是一如的。体用不二，就是实体与万物不二，本体与宇宙不二。万物之外，没有独存的实体。这是反对用"有物混成，先天地生"的生起论解释体用，与蕺山、船山一致。

其次，实体是一元，但并非独一。一元实体就是宇宙变化之自身，变化是因为有内部矛盾，即乾坤。到这一步，体用论就非成为易学不可。乾主导、开辟，坤承变、成物。乾坤是二性，不是二体。船山易学主乾坤并建，熊氏讥之为二元论。熊氏以为二性相合，一翕一辟，乃绝不可分之两面。乾就是心，坤就是质与能（力）。故心物只是本体之二性，各自均非本体。唯心论与唯物论皆是割裂乾坤，未见真元实体。与《新论》相比，其晚期著作加强了对唯心论的批评。但心物并非如思维物与广延物那样漠不相干，外在结合于绝对实体上，而是有乾健坤顺的内在关系，也就是心主导、物顺承。但因物质只是实体之翕，方翕即辟，故其质并不僵死，而是与能力统一。

第三，一元藏于万物、遍在万物，故万物皆如一元实体那样，有

---

[1]《熊十力全集》第 7 卷，p. 15。

乾坤两面，刹那刹那，不断生灭。此本乎华严理遍于事之说，而熊自谓来自《系辞》"显诸仁藏乎用"。[1]

熊十力解《易》，必定会遭遇气论传统。熊氏对元气等绕不过去的易学概念，一概以坤道也就是物质或质力解释，晚期甚至解为"气体"。这就带来了不少混乱。例如《新论》将蕺山的独体做了心的解释，且拔高为实体，丝毫不顾蕺山独体中的气论内涵。《体用论》又反过来批评蕺山受到明代"唯物论"的影响，丝毫不及蕺山的心学内涵。《体用论》里说，郑玄主张《乾凿度》的"太初"（气之始）是坤道。且不说郑玄并无此意，《乾坤衍》里又说，《乾凿度》的"太素"（质之始）是坤道。[2] 熊氏不顾《乾凿度》对气与质的明确区分，把质与气都统合到坤里去，这与他反对的学派把气等同于质料，把唯气论看作唯物论，毫无二致。

比这些更严重的是佛理与易理上的问题。关于前者，佛学界已经指出不少，但最重要的是两个，一是混同真俗二谛，认为事物一概刹那生灭，毫无稳定性。[3] 二是把华严法界观门的较高境界当成现成的东西，这点虽然掩藏在其易学解释之下，但后者本身也不无问题。对此，学界涉及较少，但恐更加致命。这与熊氏绕开气论，是同一件事的不同方面。

熊氏易的最大问题，是说万象（万有）都有乾健坤顺两个方面，都是乾辟坤翕、心主导物。这在易学上说，是把乾坤与其他六十二卦混淆了。后者是都有阴阳两个方面（而非都有乾坤两个方面），未必都是阳主导阴。这就合理解释了万有之"不齐"。熊氏在哲学上，承认万物之不齐，承认矿物、生物与精神存在之不同，但按其"一元实体含

---

[1] 参见《熊十力全集》第 7 卷，pp. 592–593。
[2] 同上书，pp. 111–112, 620，又参见林忠军，《易纬导读》，齐鲁书社，2002 年，p. 81。《新论》又以"实体"为"太易"（未见气），同上书，第 2 卷，p. 22。
[3] 参见陈来的批评，《仁学本体论》，生活·读书·新知三联书店，2014 年，pp. 68–71。

藏于万物"的学说，无法圆满地解释这一"不齐"。万物本体都是一翕一辟，同一刹那，方有凝翕势用（名之曰物），便有开辟势用（名之曰心）。试问万物都如此，如何"不齐"？万物都如实体一般，心的方面主导物的方面，怎么可能有无机物与精神物的差别？熊要么只能说前者已含藏了心的一面，只是没有显现；要么说万物之自身才是实体（如沤的自身是海水），而非万物直接等于实体（即万物并不等同于其自身）。这两种遁词实际上都重新恢复了他不断攻击的现象与本体、潜在与显现的区别，摧毁了自己体系的出发点。

简言之，熊氏只要说实体是心主导物，又承认作为大用的万物是不齐的，并非都是心主导物，那么他的体用一如论必破。熊氏对护法与船山都有取有批，但他们的体系都不会出现这个问题。护法学说在熊氏眼里就是体用断裂的，不必多谈。船山是如何同时主张体用一如与万象不齐的？这就要回到船山易学。

与船山相比，熊氏只有"乾坤衍"，没有完整的易学。除了乾辟坤翕，他无法解释其他不齐的六十二卦。因为正如船山指出的，其他六十二卦的义理不是翕辟，而是阴阳的相感、氤氲。与乾坤二卦的健顺关系相比，这些氤氲、相感有其本质上的不确定性，其原理不是"一"，而是阴阳这对"不定的二"。由"不定"或者说"气化"，才有"不齐"之万有，乃至"未济"之流行。正如研究者指出的，被熊十力指摘为二元论的"乾坤并建"说——在笔者看来，这就是气化之源——才是船山能恰当解释万物不齐的根源。[1]

显然，二元论是熊氏对船山的误解，也是他回避唯气论的重要理由。上文已示，船山在本体论上既非二元论，亦非单一本体论，而是气本体之一，与气流行之二的统一。乾坤并建、阴阳相感不是船山易的全部原理，还要加上"太虚即气"。有学者以二重体用解释这两条原

---

[1] 参见郭齐勇，《熊十力思想研究》，天津人民出版社，1993年，p.276。

理，本章则将此二重再次统合。真正的本体是一与二的统一，如此方能真正体用一如，遍在万物，既可解万物的同一性，又可解其不齐性。熊十力的本体只有"一元"层次（这一元即使内含翕辟之矛盾，仍过于确定，仍是"执一"），缺少真正的"不一"层次，无法抵达万物的不同阶次，无法解释宇宙气化与心性工夫的必要性。万物在本体论上承担实体如此容易，故能导致工夫论上的现成良知论与外王学上群龙无首的无政府论。

只有统合"不一"这层，"一"才能在本体上就是动态的，才能在本体论上就承诺"气"，才能开出宇宙气化、历史变化、心性秩序。大全作为过程与万象作为环节当然有区别。就前者而言，方可说乾健坤顺、一辟一翕、生生不住。只有全体与大用之间、体性与总相之间、性理与道心之间才是真正一如、完全相应的。体用一如不是一个现成状态，而是扬弃体用差异的生生不息的过程——这就是自然的化生，历史的兴替与工夫的修习。

这里的关键是要彻底转到唯气论的见地，认识到乾健坤顺首先是气之性状，而不是心性物性。船山把心识转为乾坤之性，解决了心物问题。熊十力反其道行之，把乾坤收到心学中去，以号称超越了心物的实体——其实就是心物的翕辟关系——来解决心物问题。这与其说是解决了问题，不如说是重复了问题。于是，与梁漱溟一样，熊十力从佛家唯心论中翻转出来，但未能走向唯气论，不能真正摆脱儒家唯心论。他虽想糅合阳明、船山，声称找到了超越心物的无对实体，其后学仍不免回到心性之学的老路上。

小结：心与气

现代"心学"一系虽然错过了气论，但仍有可能重启通向新气论之路。现代中国哲学也完全可以激活气论传统，以回应当代西方哲学。

这不但是重写中国哲学史，更是对中国哲学本身的续写，是当代中国哲学为理解当代中国所提供的最重要准备之一。

上文已示，从心学到气论的契机，在熊十力那里不无踪迹可觅。熊氏易学的吃紧处是乾元与坤元的同一性，但他未像船山那样将之理解为气自身的统一性，而是解为心与物（质与力）之间的一元性。但在解坤为质力统一的同时，他也将解乾为生命力。换言之，熊十力不自觉地说出了正确的东西——乾坤的原初同一性就是"力"。乾坤、辟翕乃至心物，只是同一力的不同性状而已。

对力的这种绝对化见地，就是明末唯气论对气的理解。熊十力使用"力"概念，本就包含会通中西的意图。在西方哲学的诸概念中，"力"或"能"，确实是对"气"最贴切的译解。"气"概念的外文译名中，最早的德译为 Wirkungskraft[1]，其字面就是作用（活动）之力。此译名有明显的莱布尼茨哲学色彩。莱氏形而上学与自然哲学的基本概念为 vis actva（活动的力），此概念与 Wirkungskraft 若合符节，后者几乎可充作德译名。[2] 活动的力具有冲动或排除障碍的结构。海德格尔将其解释为存在者的统一性所必需的伸展－收拢关系。[3] 从熊十力哲学看，这正是所谓一辟一翕。莱布尼茨认为物质内部充满这种活力，而不是僵死的。这也近乎熊十力对质力统一的看法。但在海德格尔看来，莱氏还有更重要的洞见，即可把作为心灵基本活动的"表象"（vorstellen）也追溯到原初活力的伸展－收拢。这就非熊氏所能见，而近乎船山对心（第六、第七识）的气论转释了。

需要强调的是，莱布尼茨哲学及他所针对的斯宾诺莎哲学，实际

---

[1] 参见小野泽精一等编，《气的思想》，上海人民出版社，2001 年，p. 509。

[2] 参见 Martin Heidegger, *Metaphysische Anfangsgründe der Logik im Ausgang von Leibniz* (GA 26), Frankfurt am Main: Vittorio Klostermann, 1978, S. 95, 100f.。

[3] 参见 Martin Heidegger, *Metaphysische Anfangsgründe der Logik im Ausgang von Leibniz* (GA 26), S. 111f.。

上是当代西方哲学最重要的思想资源。非但法国哲学的活力源头之一就是对斯宾诺莎及莱布尼茨的细致阐发，当前英语哲学中进行着的泛心论与物理主义的争论，其实也以某种方式重启了莱、斯之争。心物、身心问题在近代哲学中始于笛卡尔。斯、莱二氏对这些问题的解决与气论有高度的同步性与耦合性。糅合斯、莱之学，对在当代语境下把握气论很有帮助。同时，激活气论传统，也完全可以对当代哲学的重要争论做出中国思想的贡献。

斯宾诺莎哲学的基本贡献是，扬弃笛卡尔式的"心学"传统，区分实体、属性和样态，通过唯一与绝对的实体，彻底扬弃心物对立。斯宾诺莎的当代解释者比前人更强调其实体的"力量"（potentia）意涵。这个概念与上文的 Kraft 意义可通，比"物质"更接近气。属性表现实体的本质，斯宾诺莎只指出两个属性，即无限的思维与无限的广延。样态则是被他者规定的东西，唯具有限的属性。把这个架构彻底化，就能清楚地概括唯气论对心物问题的解决：气是唯一实体，神与太虚是气的属性，心与物都是气的样态。

但正如黑格尔指出的，斯宾诺莎哲学的缺陷在于无法说明从绝对实体到有限个体的演替。这一工作是莱布尼茨的单子论完成的。如果斯氏的实体可以做"一气"的理解，对单子的理解也应该首先从"力"，而非"灵魂"或"心"去看。这就是上引海德格尔解释的深意。从气论传统看，单子首先是一气的自身限制、曲折与凝成，是兼有神用的气质之性。单子及一切事物，都反映全世界，兼有翕辟、心物的属性，无非比例不同——在这个意义上，单子就是一本与不齐的统一。

第八章 论心性[1]

道体学气论导言

《道体学引论》(下简称《引论》)问世以来,最大的思想挑战来自心性哲学。这倒不是因为心性哲学在当下尤其活跃。心性与道体之间的紧张是本质性的,可带出哲学问题的整体。两者之间的中介应当是广义的现象学,心性哲学方提出最积极质询的也是中国的现象学家们。[2] 但从心性和道体出发的并不是同一种现象学。道体现象学也不只是心性现象学的"转向"那么简单。

心性之学无疑是一个谱系复杂的伟大传统,即使限制在儒家哲学中,也要面临着不同时期、诸多宗派。但当前的心性哲学在某种程度上简化了局面。这个走向不一的运动有一共通之处,就是重"心"轻"性"。或者说,"心性"的实质内容就是"心","性"只是修辞性后缀,而不是问题标志。当代心学的失语清楚点出了古今心学传统的共同难题:如何认识与安顿"性"。对于"心性与道体"而言,这一点尤其关键:在儒学传统中,性本来就是心与道体之间的中介。如忽视这一枢纽,那么心学与道体学都不可能成功。

心学的缺陷也是心性现象学的缺陷。后者的主流基本把"性"看作"心"的本质(Wesen),看作纯粹现象学中"本质看"步骤的相关项[3],

---

[1] 本章曾发表于《哲学研究》2022年第5期。
[2] 也包括可被纳入"大心学"范围的佛学传统。参见李猛等,《新中国的形而上学》,《开放时代》2021年第5期。
[3] 参见胡塞尔,《纯粹现象学通论》,李幼蒸译,pp. 170f., 181f.。

而完全不顾"性"在中国哲学史、"本质"在西方哲学史中的复杂意涵。本章的重点在近代哲学。胡塞尔说:"现象学可以说是一切近代哲学的隐秘憧憬。"[1]这也许只说明,恰恰是现象学运动憧憬着近代哲学,一厢情愿地把它看成自己的史前史。问题在于,"近代哲学"是高度异质化的。既然笛卡尔的"我思"是现象学运动与近代哲学的共同出发点,那么这两大传统完全有理由相互对照校正。笔者认为,近代哲学最重要的异质性并不在康德前后,而是在笛卡尔的我思、斯宾诺莎的实体与莱布尼茨之间。这层关系最有助于理解心学与道体学之间的微妙。斯宾诺莎的出现扭转了近代哲学的方向。大抵近代德国哲学对笛卡尔只是发展,对斯宾诺莎则是回应。莱布尼茨、康德/费希特、谢林/黑格尔呈现了德国哲学对斯氏的三代回应,至少五种方案,其一以贯之的主线就是我思与实体(相当于心与道体)之间的紧张。

由此可知,自觉对标近代哲学的现象学运动——至少在其德国阶段——存在着巨大的缺陷:它憧憬的只是半拉子近代哲学,只是以更精致的方式澄清和发展了"我思",而没有回应"实体"(海德格尔除外)。胡塞尔推进的只是笛卡尔、康德与莱布尼茨。而斯宾诺莎则是法国现象学及其他学派的隐秘导师。斯宾诺莎在德国现象学运动的缺席是意味深长的。这是性与天道在心学初级阶段的必然缺席。斯宾诺莎哲学从观念出发,用最明晰、合理的方式提出实体,可以说专克那种初阶的心学。现象学要证明自己可以超越初阶心学,除了埋头学习唯识学、阳明学等伟大传统之外,在西学战线无论如何绕不开斯宾诺莎的绝对实体。一旦心性现象学开始这样做,它就迟早会转向道体现象学。

在自己的方法论成熟之前,道体学离不开对中外哲学史的征用,如同新政权的建军始于改造旧军队。从近代哲学史看,与"道体与心性"最相应的是斯宾诺莎的实体与莱布尼茨的单子——德国古典哲学只是以

---

[1] 参见胡塞尔,《纯粹现象学通论》,李幼蒸译,p.160。

自己的方式再现了二者间关系。笔者将通过重新梳理两家之学，探索心性与道体之间的难题。大体上斯宾诺莎相当于从心性到道体的环节；莱布尼茨对应于从扬弃了心性的道体再回到心性的环节。莱布尼茨解释在这里是道体与心性的交会处，是心性现象学与道体现象学的汇合处。形而上学史与现象学运动对莱布尼茨的共尊，是这一点的最好象征。

《引论》指出在理论上只可能有心学、理学、气论三个方向。心、理、气只是充当道体，是对道体的强名之。征用西学也可随顺这三个方向。胡塞尔现象学传统与心学相应，黑格尔传统与理学相应——对这两重相应，中外哲学界长期以来的多种研究已有揭示。笔者要强调第三重相应，即斯宾诺莎力量学说与气论的相应。气论与理学、心学的复杂关系在近现代西方哲学中同样能看得清楚。这里的关键仍在斯宾诺莎、莱布尼茨之间。征用前者能让我们得到道体学气论的一个方案。胡塞尔对莱氏的解释几乎完全是心学的；黑格尔对斯、莱二人关系的解释，又被纳入绝对理学。从力量学说出发，能清楚地看到道体学三个方向之间的关系。

本章尝试借助近代哲学提出并检验道体学气论的两个方案，回应"心性与道体"之问。第一方案借鉴斯宾诺莎，莱布尼茨哲学则被征用到改进方案中，笔者将把莱布尼茨从理学与心学的解释中解放出来。篇幅所限，本章主要回应黑格尔理学的解释。当然一切的出发点是斯宾诺莎，他为心性与道体之争提供了最初步的概念工具。

第一节　心、性与道体

严格地说，本章处理的不是心性与道体二者间的关系，而是心、性与道体三个义项间的关系。"性"必须单独提出来，作为心与道体之间的中项。这个主张有充分的文献根据。在"四书"中，《论语》讲"性与天道"；《中庸》讲"天命之谓性"，全篇无"心"字。《大学》

重心意知物，不谈"性"。唯《孟子·尽心》篇贯通心、性、天。在《论》《庸》，性与天（道）的关系更加密切。《孟子》的殊胜即在从心出发通达性与天（道）。这是孟子的体系性贡献，其工夫与义理都凝结在《尽心》篇两章中。当然对这两章，换言之，对整个孟子学的解释，也是理学史上争议最大的难题。但无论程朱、陆王之间有多少争议，性还是被一同解为"理"；性与天道之间的同异也被心、性之间的同异所掩盖。与此相反，在当前的讨论中，心性与道体之间，而非心、性之间的同异，才是最突出的问题。

针对上述倾向，本章有两点考虑。首先，当合古今之长，全面解释三个义项间的关系。尤其要注意心与性之间、性与天（道）之间的区别。其次，要同时从顺逆两个方向理解三义项间关系。既要解释《孟子》从心到性、天的工夫方向，也要解释《中庸》及《易传》从天到性的义理方向。在义理上统合这两个相反相成的方向——目前的心性哲学与《引论》中的道体学分别代表了这两个方向——可以把哲学讨论推进一大步。基于这些考虑，笔者权立气本，将道体解释为气，将三个义项间关系解为原初的心、理、气关系。

将道体解为气，在中国哲学史上并不突兀，明儒主气者已做此解。影响所及，甚至向欧洲传播中国学问的耶稣会士们也如此理解。近来研究界也有区分自然主义气论与道体论气论的尝试。[1]笔者赞成这一尝试，但不主张割裂所谓自然主义与道体论的"一气"。差别只是阶次上的。

---

[1] 明代气本论者王廷相将气称为"道之体"。明末传教士也将道体解为"质体"（又作"体质"，即当时亚里士多德"质料"概念之译名），与灵魂等"神明"之体、"灵明之体"有别。在哲学上，刘咸炘力主"一气"就是道体。《引论》虽批评其论证，但此洞见不可抹杀。笔者即以一种不同于鉴泉之方式演证道体之为一气。杨儒宾近年开始区分自然主义气论与道体论的气论。参见陈来，《诠释与重建》，p. 493。龙华民，《灵魂道体说》，黄兴涛、王国荣编，《明清之际西学文本——五十种重要文献汇编》第一册，中华书局，2013年，p. 439。杨儒宾，《继成的人性论：道体论的论点》，《中国文化》2019年第2期。黄曙辉编校，《刘咸炘学术论集（子学编）》上册，广西师范大学出版社，2007年，p. 56。

不过，与历史完全相反，被收入唯物论的气论在现代中国哲学中实际上是失声的。对气的"质料"解释不满者，有用"能"取代的尝试。"能""力"这一系概念确实与"气"更为相应。[1]虽仍不无差异，但阐释余地比"质料"大得多。在当代解释中完全可以借鉴力量学说，重新激活气论传统——前提是先得把力量学说从西方形而上学的各种歧路中领出来。

在近代西方哲学中，彻底把"力"或"能"作为第一原理提出的，首推斯宾诺莎体系。与气论一样，斯宾诺莎也极易被解为"唯物主义"。由于同德式思辨传统的纠缠比唯物论化的气论解释弱一些，斯氏哲学的基本概念更适合"心性与道体"。他最清晰地区分了实体、属性、样态三个义项。如果讨论"性与天道"一定要使用现代哲学的概念工具，那么这一套是最合用的，尤能显示"性"与"心"、与"道"的双重区别。

在斯宾诺莎那里，属性（在知性看来）构成了实体的本质，表现了实体的无限性。但属性只是特定类的无限——在这个意义上其实是有限的无限，实体则包含了无限个类的无限，是无限的无限。属性与实体之别，举其大者，首先是本质与依其本质必然实存者的区别。其次是初阶无限与高阶无限者的区别。最后是谓词与被述说的主词之区别，或者多与统摄之一的区别。属性与样态之别，就是无限与有限之别。由于样态（Modus）与实体的根本区别（在存在与概念认知上）是被他者规定[2]，而规定不仅是黑格尔特别重视的对实体的否定，首先是在某个属性上被限制。对于实体而言，属性虽然可以有无限个，但正如黑格尔指出的，斯宾诺莎本人也只举出思维与广延这两个。人的心

---

[1] 参见王夫之撰，严寿澂导读，《船山思问录》，p. 8。又小野泽精一等编，《气的思想》，p. 509《附论：西洋文献中"气"的译语》，该书指出，在西洋文献中，有着将中文的"气"翻译为"力"的传统。尤其是德语和英语的译语：Wirkungskraft (Otto Franke), Lebenskraft (Helmut Wilhelm), material force (Burton Watson)。

[2] 参见斯宾诺莎，《伦理学》，贺麟译，p. 36。Modus，贺麟译为"样式"。

灵，在斯宾诺莎那里是就思维属性被规定的样态；身体（物体）则就广延属性被规定。

斯宾诺莎哲学18世纪末在德国复兴，当时重要的德国哲学家都有对斯氏的处理。历史上最权威的解释来自黑格尔——这点从20世纪法国的斯宾诺莎研究把黑氏当头号论敌就能看出。贯穿黑氏解释的是绝对者的辩证法，是无限与有限，肯定、否定与否定之否定的关系。斯宾诺莎的根本缺陷是没有抵达作为个体性之绝对，后者是莱布尼茨的贡献。[1] 从斯宾诺莎的实体到莱布尼茨的单子，是《逻辑学》本质论的完成阶段。换言之，所谓"黑格尔的斯宾诺莎解释"是其体系必不可少的部分，权威性来自逻辑学的基本架构。不触及黑格尔逻辑学的整体，无法真正撼动这个解释。因而，在20世纪的斯宾诺莎研究者中，德勒兹最可注意。与马舍雷等不同，他没有点对点地批评黑格尔的解读，而是给出了另一个基本架构——表现学说。用一个虽出自斯宾诺莎本人，但极易被忽视的概念——表现（exprimit）[2] 全面处理了同一个论题——斯宾诺莎体系及其与莱布尼茨的关系。

通过德勒兹的阐释，表现概念从斯宾诺莎体系的边缘进入了中心。此概念上有哲学史的渊源，下开莱布尼茨自觉的表现（表象）学说，但这些都无法掩盖斯氏特出的贡献：以力量为出发点，实体、属性、样态彼此具有三重表现关系，每个都是一种三重性。[3] 以表现概念为中心实际上就是以作为内在因的力量（potentia）为中心。斯宾诺莎明

---

[1] 参见黑格尔，《逻辑学》II，先刚译，pp. 157f.。黑格尔对斯宾诺莎的另一个指责"无世界论"，与没有达到个体性是同一个缺陷的两面。这不只是说世界是作为个体的样态的总和，更是说世界就是作为单子的个体化实体的内在反映。

[2] 这里引动词义。德译本作 ausdrücken，亦即"表达"。贺麟译本作"表示"。下文通用"表现"，有时也用"表达"。参见 Spinoza, *Ethik*, S. 78f.。又斯宾诺莎，《伦理学》，贺麟译，p. 36。

[3] 实体、属性、样态中的每一个概念都与另两个内在相关。正是以力及其表现为中心，才让德勒兹得出这种互入之义，与黑格尔的"反映"解释竞争。

确区分了内在因与超越因。实体力量是万物实存的内在因。绝对的力量并不作为超越因以流溢的方式逐层生成事物,而是作为万物的内在因无中介地表现万物。神的本性就是表现性的,内在地就是展开性的。表现就是神全部的生命。[1]各样态也平等地通过属性表现绝对力量。表现有包摄隐含(complication)与外显开展(explication)之别。样态隐含属性,而属性外显实体。属性无法跨类交涉,彼此平行、平等。样态都是绝对力量及其属性的表现,同样彼此平等。德勒兹对黑格尔解释的根本回应在于,首先将作为无穷小的简单物(个体)解释为力直接的强度性表现[2],答复了斯氏缺乏个体性的批评。其次将实体解为必然表现出来的绝对力量,答复对斯氏实体僵化、"无世界"的指责。第三,反对发展与扬弃的逻辑。表现论主张万物都是权力之面具,直接平等于实体。表现概念直接将力量与万物联结起来,无需形质、动力、目的之类西方形而上学底色的范畴。这对重解气论,乃至整个心性与道体问题有很大的帮助。

第二节 斯宾诺莎与道体学气论第一方案

气论的关键是解释成物,就是如何把纷繁复杂的物解说为一气的"表现形态"。"通天下一气",成物且齐物。一气既要成万物,又不被

---

[1] 参见 G. Deleuze, *Spinoza et le Prolème de L'Expression*, Les Édition de Minuit, 1968, p. 87。中译见德勒兹,《斯宾诺莎与表现问题》,龚重林译,商务印书馆,2013年,p. 89。译文据法文版改动,不一一标出。

[2] 德勒兹拒绝了通常的原子式解释,指出斯宾诺莎的简单物体(样态的本质)在广延上固然是无穷小,但既非潜在的无限,亦非现实的无限,而是权力或力量的强度(力量的部分),可积聚为有广延的样态之实存。参见德勒兹,《斯宾诺莎与表现问题》,pp. 202-207。莱布尼茨在这方面称赞了斯宾诺莎对数学的贡献,可知样态之实存就是样态本质的可积性。在哲学上,这当然是一个真正为尼采式权力哲学奠基的洞见,但同时也首次为现代哲学解释"气凝成物"这条古老命题开辟了道路。

万物间的分限所隔。在这个意义上，万物平等。但物作为多中之一，如要包含作为大全的太一，则非取道华严式的理事关系学说不可。华严式解释固然是对一多相即相入的最高明解决，但代价是，基本范畴不再是气物，而是理事。依一气解齐物平等，只有把气之一散到万物之中。一既散裂，万物所含者如何是一？如非一，如何齐？一如不散，如何有万物？这是气一之说通常面临的成物、齐物两难。[1]气论最堪用的哲学框架固然是力量学说，但如缺乏表现概念，则或无限力量不能表现、外显为样态；或力量作为万物的内在因，依其强度不同，只能导致不齐，齐一性不彰。这与气论之两难完全相同。只有将样态解为同一无限力量的无限差异的表现，才能在样态中区分隐含的无限同一性与外显的无限差异性；才能沟通样态与实体，让无限者自身有限化，让有限者内具无限性。这也是德勒兹对黑格尔的斯宾诺莎解释的回应。

　　对于我们的任务而言，德勒兹式解释有三个贡献特别值得注意。首先是区分表现与表象。这实际上是同时赋予万物（样态，包括人心）有限的外在关系与无限的内在关系，为区分心识的体用做了准备。其次，在表现中复区分隐含与开显，样态隐含实体，而属性开显实体。这为本章区分心、性提供了依据。第三，其解释中最激进，以至于脱离了文本的地方在于这样一条线索：把绝对实体解释为兼具无限主动性与无限受动性的无限力量。万物、样态就是无限力量的自身感触（affectiones）。这是力量论的各种形态中最接近传统气论的一种，但也会面临与气论同样的困难，因而仍须改进与批评。

　　第一条批评主要针对德勒兹而非斯宾诺莎。这里首要的是根据（包括原因）问题。这既是莱布尼茨、黑格尔推进斯宾诺莎的着力点，也是斯宾诺莎本人提出实体、力量概念的基点。莱、黑二氏的推进方

---

[1] 参见丁耘，《道体学引论》，pp. 98–100。

向看似不同（一个开展出同一律与根据律，另一个据内外关系），其实可以统合。黑格尔在本质论里就是用反映（Reflexion，旧译反思）的逻辑贯通这两个方向的。斯宾诺莎从样态方面对实体的解释，完全基于内在因。[1]所谓单义的表现概念，其实就是对内在因的表现。换言之，表现问题本就是根据问题不引人注意的另一面。从莱布尼茨对同一律与根据律的划分去看，也会忽视或误解这一点。根据律的"根"虽可有其他指向，但在哲学史的解释上，基本被外在因或超越因主导。这样，对事物原因的追问，就会越出此物，指向他者。对大全根据的追问，就会指向超越性的太一或无本渊基（Abgrund）。超越因也可以不是效果因，而是表象的根据——意向性。按照斯宾诺莎的原因学说，事物的原因是双重性的。本体是内在因，是无限者。超越因是属性自类中的他物，是另一个有限者。无限的本体不可能是超越因。这点立刻推出对流溢因（作为超越因的本体）的拒绝。换言之，对流溢因的"表现"是不可能的，这是依根据问题对德勒兹表现学说的推进。下面马上会显示这有多必要。

第二，德勒兹虽清楚地看到，内在因与流溢因在哲学史上是可以结合的[2]，但是语焉不详。实际上，被他称为"斯宾诺莎主义者"的谢林所致力的，就是这两种原因的结合。其入手处则是莱布尼茨的贡献：同一律与根据律。谢林大抵以同一律为内在因的逻辑学根源，根据律为流溢因的逻辑学根源。二律通于主词，绝对约同一律为本体、约根据律为本源，其实一也。[3]只是这个统一，有阶次与过程。这里缺失的基本环节是与内在因统一的流溢因（最高根据）的"表现"问题——这就是道体现象学的基本任务之一。

---

[1] 参见斯宾诺莎，《伦理学》第一部分命题18、34、35，pp. 22f., 35f.。
[2] 参见德勒兹，《斯宾诺莎与表现问题》，pp. 171f.。
[3] 参见谢林，《论人类自由的本质及相关对象》，先刚译，pp. 18, 33–36。

第三，另一个德勒兹看到但同样未曾深入的观点是：表现（exprimé）与指示（désigné）密切相关，但有微妙深刻的区别。[1]从逻辑学与认识论看，这相当于意义与对象，概念与名称的区别。在斯宾诺莎哲学中，则相应于作为无限属性的（原则上是无限个）本质与独一实体的区别。区分概念表达与名称，确实回应黑格尔对斯宾诺莎属性学说的暗讽："神有无数个名字"。这个看法和斯氏吞没一切的实体一样，在黑格尔看来都是东方的。[2]正确的说法应该是神有无限个表现，但只有一个名字。属性只是表现，不是命名——但这还是未能把属性与实体之间的"同一性"讲透彻。表现（表达）本身无非就是无限多与独一、概念与名称的这种"同一性"。德勒兹的更大失误在于，没有注意到"指示"让"表现"概念变得紧张，以至于无法维持他嘉许斯宾诺莎的"单义性"。对于道体学来说，这对术语最清楚地展示了，道体自身只能以玄名指示，而不能被确定完满地述说（表现）。《道德经》云："……吾不知其名，字之曰道，强名曰大，大曰逝，逝曰远，远曰返。"[3]这里的"字之"与"强名"就是指示，"曰"就是表达（表现）。"大"等就是无限属性。只是这里的属性并不平行。毋宁说，真正的表现性属性，是"曰大"到"曰返"的那个唯一运动。只要表达"大"，就一定会带出完整的运动。这点更接近于黑格尔。

第四，仍然与属性学说有关，中国哲学应充分注意斯宾诺莎对属性与特性的区别。在他看来，例如思维与广延是神的属性，而无限公正、仁慈等，只是"特性"，甚至还不是真实的特性，而只是拟人论（Anthropomorphismus，又译"神人同形同性论"）的类比。这一层能直

---

[1] 参见德勒兹，《斯宾诺莎与表现问题》，p. 50。
[2] 参见黑格尔，《小逻辑》，贺麟译，pp. 98f.。关于斯氏"无限属性"学说，《大逻辑》仍解为"无限多个属性"，《哲学史讲演录》则解为属性自身是无限的，数目只能有两个。参见黑格尔，《逻辑学》II，p. 156。《哲学史讲演录》第四卷，贺麟、王太庆译，p. 121。
[3] 王弼，《老子〈道德经〉注·第二十五章》，见《王弼集》，pp. 63f.。

接适用于仁义礼智信等"性理"。站在一般气本论的立场,所有这些"性"都只是拟人论的特性,而非真正的属性。气本论的神与虚,比理学的"性理"更接近斯宾诺莎式的属性,乃至可解为思维与广延的彻底化与气论化。但斯宾诺莎哲学在此仍有致命的缺陷——所谓"思维"与神的"理智",哪怕是无限化的,其起点难道不也是人的心智现象,因而仍是拟人论的吗?以实体的本质属性为意志是拟人论,以之为思维难道就不是拟人论了?

对此只有两条出路。一条是彻底,另一条是拓大。彻底,就是把"思维"乃至"广延"排除出去,只立扩张与收缩或阴与阳为属性。这是彻底的唯力论、唯气论道路。但斯宾诺莎哲学的起点仍然是笛卡尔的我思,气论也要面对心与意。我思是既予的,这一点毋庸置疑。区别仅在于,它——可以通过无限化——就是第一原理,还是第一原理的"表现形态"。把我思无限化,认为这就是第一原理,这就是费希特主义、西方的纯粹心学。让我思停留在样态、有限者那里,这就是彻底的唯物主义。拓大就是综合,可以有中道式的综合,也可以有大全式的综合。斯宾诺莎哲学取的是中道,即把思维无限化,但仍不是实体与第一原理,而只是无限个无限属性之一。思维既不是人心,也不是天道,而只是"性"。广延(物质性)同样如此。这是同时扬弃了一般唯物论或唯心论的绝对哲学方案——只是无法完全排除拟人论。换言之,拟人论不像看起来那样容易克服。[1]如果拟人论是指直接设定从人那里提炼出来的东西为第一原理,那么这是应该而且可以排除的。如果拟人论指沉思的起点必定与人有关,那么这是不可排除的。实际上,不仅思维如此,广延乃至所有感知世界,也与身体的基本触发、原初感受相关。这是一个现象学的原事实。问题不在这里,而在于"如何相关",在于第一原理是否仍是此类东西。拟人论问题上的中道,

---

[1] 参见谢林,《论人类自由的本质及相关对象》,p. 99。

就是同时尊重起点的属人性与终点的属天性。性与天道之分绝对大于心与性之区分。因而,斯宾诺莎哲学虽然有力拒绝了关于绝对者的拟人论,但也并不像法国人解释的那样彻底地去拟人论。

从思辨立场看,现象学或全部心学就是把起点当成了终点。斯宾诺莎从我思进到无限力量与无限思维的步骤,不是围绕显现的传统现象学能够提供的。在思维中显现的东西当然只是所思,是意向相关项,是有限性。力量与无限性不是在观念中作为"客观本质"(意向内容)显现出来的,而是表现出来的。如亨利所说,意向性就是超越性或绽出性,胡塞尔现象学一直无法还原到真正的内在性上[1]——这里的内在要从斯宾诺莎哲学理解,正如海德格尔的"形式指引"的"形式",也要从经院哲学的"形式本质"上去理解。这都超越了单纯的意向性。"还原"到作为存在者内在因的力量,需要不同于狭义现象学的方法。现象学运动一直不乏这样的尝试,但在方法论上仍然缺乏系统的总结。斯宾诺莎式的拓大之所以是中道,不是囊括,因为他仍持存在与表现的"单义性"立场,坚持力量与心性、表象与表现的本质区别。囊括式的出路可以在莱布尼茨与黑格尔那里看到,下文详论。这里先综上给出道体学气论第一方案并考察其得失。

无论什么方案,道体学对于心性论的回应不外乎处理心、性、道体三者之间的关系。前文已示,斯宾诺莎哲学提供了这样一种理路:一方面用样态、属性、实体区分三者,另一方面用表现概念联系三者。就第一方面而言,其优长处首先是将人心样态化,缺陷是对于这个样态的始点性与"拟人"性的认识远远不足。始点是生命现象的全部或本性,包含思维、原初伦理事实(亲子关系以及直接的自他关系等)、身体、原初情感等。在中外的现象学运动中,都已触及了完整生命现

---

[1] 参见 M. Henry, *Material Phenomenology*, pp. 16f., 40–42。

象的不同侧面，但罕见贯通者。[1]换言之，出发点的问题不在于"拟人论"，而是没有真正认识到，作为"拟人论"原型的"人"，本身就包含着丰富的差异。例如，中国哲学中的"心"，在孟子学那里首先是伦理世界的事实，而不是意识事实。唯识学与近现代西方哲学触及的"心"，则主要是心识事实。无论如何，心在诸基本现象与万物中的殊胜、特出同样是无法抹杀的。这是道体学对心性论的起码尊重。德勒兹对斯宾诺莎表现概念的阐发有助于理清三个义项之间的关系。心只是隐含了性，而性则开显天道。心只是性之端倪，这就是尽心才能知性，知性才能知天的缘故。

此间关键在于如何安顿"性"。属性的范围是通过始点的范围确定的。这是尽心知性所隐含的更普遍关系。从孟子式的"心"出发，所知之性就是性理。从我思与身体出发，所知之性是思维与广延。道体学气论是从生命的气化本质出发，这虽也可与心相关，但那既非孟子式亦非笛卡尔式的心，而是从虚室生白之心出发。如此所见之性，唯是神与虚。如所见之生命现象完全不再与心相关，而只是彻底的气之样态，则所见之性，唯是一阴一阳。从性见道，就是"一阴一阳之谓道"。严格地说，是借表现以"指示"。一阴一阳之谓道，但道不等于一阴一阳[2]，道体不可表现，唯借表现强字之而已。这就是道体学气论的第一方案。

此方案的缺陷在于从开端就抽掉了心固有之性。没有从心到气，而是直接从气的样态出发。这对应于斯宾诺莎哲学的缺陷：既然都是力量的表现，那么心与万物的区分不可能是最根本的。心自身的观念性与表象性，作为力量本身的表现，必不同于其他样态。换言之，力

---

[1] 只有海德格尔的此在学说是贯通性的，但其形式显示方法无法用于法国与当代中国现象学处理的那些具体现象。
[2] 参见丁耘，《道体学引论》，pp. 242–245。

量与表现不能停留在所谓"单义性"中——不必说实体的自身表现与对样态的表现、样态对实体的表现，更不必说隐含、外显、指示等所有这一切，早就破坏了表现的所谓"单义性"。如果要保留力量与表现学说，那就必须引入力量的阶次性与表现的广谱性。这就是始于莱布尼茨的德国哲学对斯宾诺莎的推进。下文基于这些推进，考察道体学气论的第二方案。

第三节　力量阶次与"表现模式"

斯宾诺莎哲学为道体学气论提供了首要借鉴。不过，单纯的斯宾诺莎主义无论对它自己还是对道体学而言，都有必须克服的缺点。其中最严重的缺陷关乎样态（万物）。要么样态根本没有被设定（黑格尔所谓"无世界论"），要么确实被设定了，却是独断地如黑格尔所云"冒出来的"。[1]对于道体学气论来说，"心"是一种殊胜的样态。如样态的地位有这样的缺陷，那么气论是无法回应心性哲学的。道体学气论的心性学任务是，从气论的立场合理地推定心性，是为道体学气论第二方案。对此的合适借鉴是莱布尼茨哲学。

这首先面临着解释上的困难。海德格尔说过，解释莱布尼茨的难度甚至超过斯宾诺莎。[2]需要重申，必须统筹斯宾诺莎与莱布尼茨的解释。这不但要像黑格尔或德勒兹那样指出二者之间的联系，更是强调，如果斯宾诺莎的实体被解释为无限的力量，那么莱布尼茨的单子就不能仅解释为"灵魂"，而首先应该被解释为力量的殊胜样态。关于两家的联系，黑格尔《逻辑学》有"反映"学说，德勒兹提出了"表

---

[1] 参见黑格尔，《逻辑学》II，p. 156。
[2] 参见海德格尔，《哲学史：从托马斯·阿奎那到康德》，黄瑞成译，西北大学出版社，2018年，p. 251。

现的逻辑"与之抗衡。下文将阐明,黑格尔与德勒兹的解释之间并不像法国人认为的那么不共戴天。无论用什么逻辑,任务都是肯定样态(单子)的绝对性。但黑格尔的解释掩盖了单子的"力量"性,这是道体学气论要与之争辩的。只有将单子理解为力量的殊胜样态,才能以高阶的力量学说保留斯宾诺莎哲学的精义。

　　单子论是对斯宾诺莎哲学最切近的回应。这点在哲学史上并无异议,问题在于如何理解这一回应。经典的范式是黑格尔式的,即斯宾诺莎哲学的主要缺点是无世界、无个体,而单子是表象世界的个体性。这个解释的理由就是带动全部本质论的"反映"学说。斯宾诺莎的绝对者(实体)仍是外在反映的环节,世界(万物、诸样态)并不存在于实体之内,而只是实体的外在反映。而绝对的单子则是自身反映,将世界作为内容反映在自身之内。显然,黑格尔解释的基本特点是,把实体与单子都作为逻辑理念的内在环节,这两个环节的联系主线是基于镜喻的反映学说。换言之,黑格尔把偏于气的斯宾诺莎的"力量",与偏于心的莱布尼茨的"单子",都以反映的方式摄入理之中。他处理力,抓住的是外化(Äußerung);处理单子,抓住表象。无论外化还是表象都是反映的环节,于是力与心就只是本质论的环节。"主观逻辑"的起点、看起来是绝对主体的"心性",恰恰是客观逻辑的终点。换言之,解释斯宾诺莎与莱布尼茨不是通常意义上的哲学史研究,而是理学驯服气论、心学的最重要一步——心与气只是性理、天理的环节。

　　对于黑格尔的解释,历史上的回应不止一种。较重要的有两条道路,一条仍然停留于广义的"表象"传统(归根结底是意向性)。虽然还原到单子,但不触及"反映"的逻辑含义。这就是现象学传统或立足于意识的心学传统。另一条道路重申力量传统,对应于"气论"。这条道路虽然有谢林、海德格尔与德勒兹等人的贡献,但尚未真正糅合为一。本章着重考察这条道路,用更高阶的力量学说回应黑格尔的莱布尼茨解释。下面采取两个步骤。首先考察黑格尔逻辑学与力量学说的关系，揭示力量表现的逻辑在其中的隐秘作用。其次糅合诸家，给出自己的单子论解释，为道体学气论的第二方案打下基础。

黑格尔对斯宾诺莎及力量学说的处理，不像初看那么平滑。首先，黑格尔同时区分了力与实体、力（Kraft）与权力（Macht）。[1]前一组区分是范畴性的，可以在无论哪个时期的逻辑学中清楚地看到线索。后一组区分则溢出了其体系。在大、小逻辑中，黑格尔都将实体偶性乃至因果关系呈示为自身联系与反映着的权力。[2]换言之，他非常清楚实体与权力在斯宾诺莎那里的不可分割性，但他从未专题考察权力，以至这概念像个幽灵那样到处游荡，几乎获得了和辩证法的主体一样的普适性，而非仅束缚于"实体"范畴。例如，在讨论比实体范畴更高的目的性概念时，黑格尔指出：理性被认为既是有权力的，也是有狡计的。而所谓理性的狡计，就是理性权力的自身保存。[3]这与他对"力"（Kraft）的处理形成了鲜明对比。至少在大、小逻辑中，力范畴的逻辑位置和意涵都有明确的限定。然而，无论在逻辑还是历史上，"力"概念及其结构出于莱布尼茨对斯宾诺莎及笛卡尔等人的扬弃，恰恰是对"权力"概念的推进。力是单子论的精髓，绝不只是物理学概念。割裂力与权力的后果就是，既看不清楚前者对于整个体系的原理性意义，也看不清后者的基本结构。

好在黑格尔著作的生成史中有一些端倪，让我们抓住权力与力的原初同一性。《精神现象学》第三章中的力范畴比逻辑学中的更为普遍和原初。逻辑学中先于力范畴的规律辩证法，在这里都从力而来；

---

[1] 即本章的"力量"（potentia）。为随顺中译，本章在提到黑格尔及尼采时将此概念称为"权力"。在斯宾诺莎与莱布尼茨那里，都称为力量。虽然莱氏在术语上有沿革。
[2] 参见黑格尔，《逻辑学》II，p. 179。《小逻辑》，p. 316。
[3] 参见黑格尔，《小逻辑》，p. 394。译文有改动。

乃至后于力范畴的实体，同样以某种方式被归于力。此章之后就是自身意识章。在逻辑学中，自身意识被明确对应于克服实体范畴的"概念"。换言之，只要对照现象学与逻辑学，即可明白力、实体、权力三者的原初同一性。《精神现象学》中出于力的自身联系的无限者，对应于《逻辑学》中作为权力的自身联系的实体。[1]这一对应使我们同时赢得了力的原初性与权力的结构。力就是展开与收敛的运动，而作为绝对性雏形的、内核与外观同一化之原型的就是力及其外化。[2]《逻辑学》里的力范畴虽然先于斯宾诺莎的实体与莱布尼茨的单子，但其内容其实已是莱布尼茨对斯宾诺莎权力学说的扬弃。那里在正确道出实体与单子的逻辑意涵的同时掩盖了最重要的维度：无论实体与单子，都是力量或力。实体是无限的力，单子的表象就是单子内部的力。换言之，实体与单子的"绝对性"恰恰首现于力与其外化的同一性。对此，逻辑学有意识地抬高实体与单子的绝对性以贬抑力。大逻辑说力尚不是真正的本质与实存之后的第三者[3]，但还是承认了力与其外化的同一性。小逻辑用一种大逻辑——更不必说现象学了——里没有的严厉态度贬抑说，这种同一性只是潜在的，因而力仍是有限者[4]，且力范畴的根本缺点是没有进入合目的性——这点是对力范畴最重要的批评。

我们对此回应如下。首先无可争辩，绝对性之基本结构来自力。可以像黑氏那样认为力只是雏形，将绝对之名只赋予实体和单子。当然可以倒转此论，将实体、单子当作力及其不同阶次。斯宾诺莎，特

---

[1] 参见黑格尔，《精神现象学》，pp. 86, 91, 98, 99, 105。又《逻辑学》II，pp. 205, 207。《精神现象学》第三章之力，作为显象之根据最终与之同一，实具实体性权力之义，绝不限于物理学。其他传统亦能摄此，如华严宗有"力用相收"说。
[2] 参见黑格尔，《精神现象学》，pp. 86, 91。
[3] 参见黑格尔，《逻辑学》II，p. 131。
[4] 参见黑格尔，《小逻辑》，pp. 284, 286。

别是莱布尼茨及谢林就是这样做的。其次,关键的问题在于合目的性。如果承认斯宾诺莎所谓实体意义而非样态意义上的量[1],那么力归根结底只是无限的量,无论提升到什么阶次与环节,力作为力只是自我保存与增殖。不难理解,几乎所有伟大的黑格尔批判者,抓住的最重要武器就是力、权力及其无目的性。例如马克思的生产力概念从来不包含唯心史观赋予的合目的性。生产力只是以不同的样态无限增长,其他什么都不是。德勒兹依据尼采强调权力之表现性,反对黑格尔的反映与发展逻辑,也是为了从根本上废黜目的论。

但我们要提醒反对者的是,黑格尔本人只是隐藏而非放弃了力量及其表现之维。在强调理性的狡计亦即合目的性时,他从未忘记理性作为权力只是保存自己。[2]甚至可以把整个逻辑学理解为斯宾诺莎意义上的力量(不是狭义的力范畴)的逻辑学。谢林哲学中显白的力量阶次那一面,在黑格尔哲学中始终存在,不过是隐藏或转化了。限于篇幅,这里只给出极简的证据。要看清一个体系的底细,首先不是陷入细节,而是观其始终来去。在全部逻辑学体系的开头("科学必须以什么作为开端"),黑格尔多次提到了表达(Ausdrucke):"绝对者、永恒者或上帝……无论那些表达蕴含着多么丰富的东西……"[3]而在逻辑学的终结处,绝对理念作为逻各斯(圣言)拥有与力一模一样的术语——外化(Äußerung)。[4]理只有作为力才能外化为自然,走到自己外面去(Außersichgehen),以至有了外延(Ausdehnung)。[5]时空乃至整个自然因而都围绕着外在性(Äußerlichkeit)。这里谈论的外化,孤立地看起来属于逻辑学的最后一环——绝对理念,但外化术语的明确提出

---

[1] 参见斯宾诺莎,《伦理学》第一部分命题15附释,p. 18。
[2] 参见黑格尔,《小逻辑》,p. 394。
[3] 参见黑格尔,《逻辑学》I,先刚译,p. 56。先刚在这里译为"表述",他处或译为表达式。
[4] 参见黑格尔,《逻辑学》II,p. 440。
[5] 同上书,p. 455。

乃至内外同一这一绝对性的雏形，在《逻辑学》中无疑始于"力"的环节。"力的活动在于外化自己（äußern sich）。"外化概念本身就意味着，外在性与内在性是同一的。力的外化与在外在性中无限的自身回归是一回事。[1]

需要强调的是，对于黑格尔而言，和斯宾诺莎那里一样，"表达"同样是关于力（也就是力量）的术语（如"力真实地表达无限性"）。《大逻辑》里这个术语和权力一样退居幕后，但在耶拿逻辑学关于力的部分，此概念与外化一起被频繁使用。[2]这个事实不只表明黑格尔十分熟悉斯宾诺莎、谢林的力量表现学说，更是一个提醒：必须注意这条线索在成熟时期的逻辑学中是如何被掩盖与转化的。

正如德勒兹指出的，表现概念本基于力量概念，与作为内在因的绝对实体密切相关。表达（表现）这个术语出现在《大逻辑》开端，显示的就是这层意思。而此术语在耶拿逻辑学中正面用于狭义的力范畴。这表明，力范畴完全是对斯宾诺莎力量（potentia）概念的片面概括，而在耶拿逻辑学中与之同样重要，且在逻辑学本质论中得以保留的"外化"概念，又改头换面出现在逻辑学的出口，保证绝对理念通向自然哲学。所有这些处理赋予了全部逻辑学力量的底色。用斯宾诺莎的概念说，让绝对理念外化的，不是这个理念（观念）的"客观本质"，而是其实在本质，亦即表现在这个理念中的无限力量自身。力必然外化，这点已经得到证明。理念的外化说从谢林开始就遭到持续不断的攻击。但如果把逻辑学解释为绝对力量在其属性（诸范畴）中的表现，绝对理念的外化就可得到坚实的论证。换言之，经过我们的解释，黑格尔非但也有"表现难题"，而且比被德勒兹称为"斯宾诺莎

---

[1] 参见黑格尔，《逻辑学》II，pp. 141f.。
[2] 参见黑格尔，《耶拿体系1804—1805：逻辑学和形而上学》，杨祖陶译，人民出版社，2012年，pp. 78–81。"外化"，杨译本作"表现"。

派"的谢林更为隐蔽深刻。这里的关键是将斯宾诺莎的实体首先解为无限力量,而非像传统那样首先抓住自因。力量及其表现才是一个彻底破除目的论的成物学说,而自因必定会被自身意识哲学或反映论整合到目的论结构中——正如德国古典哲学显示的那样。

我们已将黑格尔逻辑学从理学扭转为气论。这个解释的另一面,就是将被德勒兹当作黑格尔道路所排斥的反映、表象都纳入表现的不同阶次。表现的概念要拓宽,以至于可以容纳表象、反映;力的概念也要拓宽,以至于可以容纳精神性的东西——这就是本章单子论解释的出发点。这两层意思并非我们孤明独发,而是接着德勒兹与海德格尔讲的。德氏认为莱布尼茨的"表现模式"与斯宾诺莎的不同,后者的表现概念是单义的,而表现者之间是平行的;而前者的表现概念是多义的,把类比、象征、表象等都收入其中。由于带有表象性,莱布尼茨的表现概念又是"渐近的、投射式的"[1]。海德格尔也认为,单子作为统一的力,其扩张-收缩的结构才使得"表象"(Vorstellen)可能。换言之,力先于表象。[2]

这两个解释值得糅合、推进。德勒兹解释问题在于把莱布尼茨表现概念的不同含义仅视为歧义,未能指出"渐近"之后的连贯性。换言之,所谓"投射式"的表象,并非只是多义之一,而是高阶的表现。如果说斯宾诺莎那里所有样态都内蕴并表现了作为无限力量的一,那么只有单子这个殊胜的样态表现了作为大全的一。所谓表现的歧义性其实是对表现的阶次性的含混表达。同样,海德格尔虽然深入到原初活力的结构中去,但也是将其简单地看成"先于"表象的东西,而没有解释:既然同出于单子之力,何以会有精神与自然的区别,会有清晰与完整程度不同的"表象"。海、德二氏都没有看到力

---

[1] 参见德勒兹,《斯宾诺莎与表现问题》,p. 345。
[2] 参见海德格尔,《从莱布尼茨出发的逻辑学的形而上学始基》,赵卫国译,p. 128。

量本身的阶次性,这是因为他们都没有从斯宾诺莎体系的内在矛盾出发解释莱布尼茨。固然黑格尔是这样做的,但他根本放弃了力在斯、莱之间的一贯性。在逻辑学中,这两家同属"现实性"范畴之下。现实性是本质性对比关系——整体与部分、力及外化、内核与外观——的完成。其实,斯宾诺莎实体的主轴是整分关系[1],而莱布尼茨的单子大全则是内外统一与整分统一之再统一。这个再统一的真正机制就是力。只有力才既是对整分对立的扬弃,又是对内在者必然外化的开启。换言之,单子之表象性(意向性)的雏形,就是力的外化。而单子作为世界的一个部分表象世界大全,这就是整分与内外的再统一。单子既是整体性的部分,又是全部在内的外部。一旦掩盖了力概念对整分统一与内外统一的作用,只用内外反映反复推演,很难看到两家的贯通之处。

综上,单子论的解释争论的症结在于,首先,单子到底是力量还是"思维"一类的东西,换言之,属于气,抑或属于心。其次,如果将单子首先理解为力及表现者,那么如何理解单子的"表象"——这更适合被当作狭义的主体、心来理解。从道体学看,此争论所涉无非气论与心学之关系:如持气论立场,怎么解释心性。此节先重解单子论,下节回到道体学气论。

针对黑格尔及海德格尔割裂力量与表象的解释,可以引证曾是莱布尼茨-沃尔夫学派成员的康德:

> 对应空间中的实体,我们只是通过空间中起作用的力来认识

---

[1] 黑格尔认为斯宾诺莎的自因(本质包含实存)就是绝对者,"外在反映"的指责针对的不是自因,而是其知性概念。属性(因而样态)都是对知性而言的,这样属性与样态就都是实体之外在反映。实际上知性本身和心灵一样就是样态。实体是无限的力量,而样态是分立的内包量(强度)。前者相当于埃利亚学派独一无二的、浑全的存在者,后者相当于原子。因而斯宾诺莎哲学的主轴首先应该从整分关系上考虑。

的……对于构成在空间中显现的、我们称为物质的实体之概念的那些另外的属性,我们并不认识。相反,作为纯粹知性的客体,每个实体都必须拥有内部的规定和指向内部实在性的力。不过,我能够把什么样的一些内部偶性设想为我的内感官如此向我呈现的那些偶性呢?这就是要么本身就是一种思维,要么是与思维类似的东西。因此莱布尼茨使一切实体……甚至使物质的组成部分……成为天生赋有表象力(Vorstellungskräfte)的单纯主体,简言之,成为单子。[1]

这段解释非常清楚地展示了单子论的理由。1. 实体内部可以外显的属性就是力。2. 因此空间中的实体只能通过其对外作用的力来认识,其他属性无法认识。3. 我的内感官呈现的内部偶性就是思维一类的东西。因此,4. 莱布尼茨使一切实体,包括物质的简单成分,成为具有表象力的单子。

这段解释明确的是,表象力就是主体内部的力、心之力。仍有疑问的是,为何康德认为单子论倒过来持论——一切实体内部的力就是表象力。这与物质实体也是单子是相应的,只有将力量阶次与醒觉程度列入,才能合理解释。一切力都是开展程度不一的表象能力,正如一切实体都是醒觉程度不一的单子。无论如何解释,确定无疑的是,单子的表象特性、"心"之特性,就是力的本性。这里可以用黑格尔的思辨补充康德的论证。实体内部的力何以归根结底就是表象力?因为外化无非是力的本性,表象性无非是用意识哲学的术语从优(Prius)命名的力量本性而已。外化就是无目的、有阶次的外显、表现。德国唯心论反对外化的"无目的"性,而现象学运动主流未曾触及外化的阶次性。意向性就是外化的高阶,意识就是力量的高阶,心就是气的

---

[1] 康德,《纯粹理性批判》,A265/B321、A266/B322,邓晓芒译,p. 239。译文有改动。

高阶。

康德的这个解释可以帮助校准对单子论的理解，将之拉至斯宾诺莎哲学再出发。换言之，单子首先就是斯宾诺莎的样态，直接表现无限的力量。但这个斯宾诺莎式的前提完全可以得出莱布尼茨式的结论。一个样态表现无限的力量，而无限的力量表现一切样态。即使前一个表现是包含，后一个表现是开展，它们仍是单义的。这样，一个样态就表现了对一切样态的表现。这种对表现的表现，就是高阶表现、表象（再-现）。单子作为表象者，就是通过包含无限的力量而开展大全。单子的表象并不外于表现，单子的表象能力也不外于力量。样态亦非外于一切样态，而是互入互遍互摄。一即一切，一切即一切，此一切中任一，就是绝对的个体——这就是黑格尔用基于镜喻的反映学说解释的最后东西。但镜喻只是一个隐喻，是为了方便，严格来说不是真正的论证。得到类似结果的华严学，用了更复杂的镜喻开示理事互遍、事事不碍之理。[1]但其论绝不假此，而是从万事皆含空性（理性）、空性复与万事不碍出发。同样，从实体论推出单子论的关键就是两条：1. 每个样态都表现无限的力量；2. 表现可以是隐含，也可以是开展。所谓单子的不同醒觉程度，其实就是从包含到开展的不同程度。只要有了这两条，斯宾诺莎哲学就必然走到莱布尼茨那里去。

样态互含互摄的推演，同样可用于属性。属性表现无限力量，而无限力量表现一切属性，则诸属性亦必以同于样态的方式互含互摄，斯宾诺莎那里限于自类的平行属性亦破。换言之，只要多各自直接表现一，一含一切多，则多必相入互摄，事事无碍。这就是不取反映论之道而抵达绝对。样态的互入可引出作为心的绝对者，属性的无碍可

---

[1] "（法藏）取鉴十面，八方安排，上下各一……面面相对……互影交光。"见法藏著，方立天校释，《华严金师子章校释》，中华书局，1983年，p. 98。

引出作为理的绝对者——思维与广延或观念与实在的绝对同一。本章只处理样态，回应心学。

样态都通过表现力量表现一切样态，但并非所有样态都清楚全面地表象万有。[1] 隐含开展之别就是昏明之别。心这种样态含有提升表现阶次的权能——这是一切学术、伦理、工夫的前提。物隐含无限，而心开展无限因而表象万有。从隐含（折叠）到开展，这符合莱布尼茨的原义。[2] 这并非镜子式的反映，也不是种子式的发展——因为种子已是有机性的全体，而样态不是。样态从隐含到开展，从限于自身到表象万有，这只是单子的不同状态。从横面看，这就是不同醒觉程度单子相容互嵌，但并非以人为目的之世界。[3] 从纵面看，则是曲折隐显的一力流行，用明儒的龙喻比拟，较镜喻更为合适。[4]

单子是高阶的样态，实体化的样态，而表象是高阶的力量表现。表象是作为心灵的样态与其他样态的相关性。抓住莱布尼茨单子论的灵魂方面、表象世界方面，以内核外观的同一化为逻辑，以个体性或绝对的主体性、心性为终点，这是黑格尔反映论的道路。抓住莱氏与斯氏的连贯性，那无论什么样态都是力量的样态，单子就是作为力量的统一性，则单子与万物的相关性就是力量的自身关系。我们征用谢林的术语，把力量的自身关系称为阶次（Potenz）。谢林把亚里士多德 δύναμις 概念的基本歧义（潜能，幂次）整合为一，用一种量

---

[1] 宋儒说，"人则能推，物则气昏，推不得。不可道他物不与有也"，正是此义。参见陈荣捷著，《近思录详注集评》，p. 300。

[2] 参见莱布尼茨，《新系统及其说明》，陈修斋译，商务印书馆，2002年，p. 5。

[3] "假如只有美德，假如只有理性受造物，宇宙的善就会变少……自然界需要有动物、植物乃至有机物，这些受造物中……存在有助于理性练习的奇迹。"参见莱布尼茨，《神正论》，段德智译，pp. 296f.。康德用了本质上完全相同的范例，但用来练习的是自然目的论。参见康德，《判断力批判》，邓晓芒译，人民出版社，2002年，p. 342。

[4] 参见黄宗羲，《明儒学案》卷十三。季本以为以龙喻心，较以镜喻心更合适，其实《易传》之龙，要义在气。参见沈善洪、吴光编，《黄宗羲全集》第七册，p. 312。

的关系（自身相乘）指示潜能或力量的一种特性——提高阶次就是自身作用。[1]

通过反映论把单子理解为表象了世界的绝对个体，这是客观逻辑的终点、主观逻辑的真正起点。这种黑格尔式的理解固然是对心学的理学式推演，但也是迄今为止最深刻的论证。上文则反其道而行，从气论出发推演心学，在此基础上可得道体学气论的第二方案。

第四节　道体学气论第二方案

斯宾诺莎、莱布尼茨及谢林之间有明显的一贯性，而通常的解释忽视了这一点。海德格尔注意到莱布尼茨与谢林的一贯性，但不是在力量线索上，而是在存在者整体引出的所谓形而上学基本问题上（为何存在者存在而非什么都没有）。[2] 这个问题与力量线索其实是一体两面的。存在者整体就是作为单子的力量的表现。本章依海氏隐去的力量线索贯通并改进莱、谢之说。

莱、谢有两个问题意识完全相通。首先试图从一个统一的原理出发重解成物所需的形质二元。其次是基于这个本身超善恶、非拟人的原理重解善恶。这两个问题意识都来自斯宾诺莎哲学的挑战，且归根结底是一致的。这就是从一个非目的论的原理解释万物与善恶。斯宾诺莎的实体性力量绕过了形质，废除了目的。但力量与其说是动力因，不如说更接近于与主动潜能合一的质料因。由于同样是质料因，是包含一切的主词，这个唯一的主动潜能并不会生成自身之外的任何东西（斯宾诺莎式的理解是没有生成这回事，谢林的理解是有生成，但不在

---

[1] 参见亚里士多德,《形而上学》, 1019a15–1019b35, 李真译本，pp. 140–142。谢林的这个概念首先是权能，其次是量的关系。二义缺一不可。故同一个译者在翻译谢林时译为潜能阶次，在翻译黑格尔对谢林的批评时译为幂方。参见黑格尔,《逻辑学》I, p. 311。
[2] 参见海德格尔,《路标》, 孙周兴译, pp. 453f.。

实体之外）。同样，这个唯一的原理并非目的、并无目的，也不会导致任何建立在目的因之上的、不同于自然王国的道德王国。[1]任何依目的因建立的、拟人化的善恶也是不存在的。从力量及努力出发的哲学必然是无形式、非目的论与超善恶的。这也是气论第一方案隐含的结论。莱、谢的任务因而是，既要从斯宾诺莎的力量原理（而不是其他任何东西）出发，又要建立善恶，为道德奠基。但这样做时，他们都不得不首先改造斯宾诺莎的力量原理。二子最重要的贡献和最微妙的缺陷都埋藏在这些改造中。道体学气论的第二方案是对这些改造的改造。

正如德国唯心论清楚显示的那样，从理性、自我、精神之类原理出发，能顺畅推出善恶与道德，但要推出自然及其与自我的同一性就颇费周折。从力量原理出发，难易正好相反——这同心学与气论的各自短长完全一致。莱布尼茨及某个时期的谢林，既要从力量出发，又要反对斯宾诺莎，推出单独的道德王国，就只有把力量提高到精神的阶次。但当这样做的时候，他们全都以不同方式恢复了形式因与目的因，赋予了原初力量以精神的含义，放弃了斯宾诺莎学说的彻底性。

莱布尼茨的单子概念有"实体形式"之义，这固然是对形式因的直接恢复，但与质料并不割裂。单子就是简单实体，也就是原初力量。原初力量就是主动力量与原初质料的统一。[2]原初质料有时又被解释为受动的力，这点固然远比一般形质论高明，但仍有形质二分残余。莱氏对目的因的恢复有两种做法，一种较隐蔽，即把主动力或单子之主动性直接解释为隐德莱希。另一种较明显，即明确将灵魂与道德王国的原理称为目的因，以与形体和自然王国的动力因（效果因）原理

---

[1] 参见斯宾诺莎，《伦理学》第三部分序言，p. 96。回应斯宾诺莎"唯一王国"之说——通过莱布尼茨与康德——终成德国唯心论的重中之重。
[2] 参见莱布尼茨，《莱布尼茨自然哲学文集》，段德智译，pp. 280–284。

对立。而建立道德王国的关键是把权能归属于上帝,把人类单子的精神阶次直接与上帝而非一般权能(力量)相关联。进而明确恢复目的因,在其上建起道德王国;在动力因之上建立自然王国,并将两个王国都追溯到上帝——无非在这里作为建筑师,在那里作为君主。[1] 预定和谐就是两个原因系统、两个王国的和谐。这个方案,无论多么粗略,乃是德国唯心论主流的真正蓝本。德国唯心论的主要贡献就是以不同的原理与方案把这两个王国再次统一起来。但无论这些方案多么精妙深刻,高于权能的上帝——而非等于权能的上帝——都是不可或缺的。所有的唯心主义目的论都来自上帝比力量多出的那些东西。因而毫不奇怪,黑格尔之后的伟大批判者归根结底就是要重新返回力或权力,无论是否以唯物主义的名义。

比较特殊的是谢林。他对斯宾诺莎的基本原理保留得最多,极力避免恢复目的论,实质上坚持用力的两个基本属性(成己与绽出)的关系解释善恶。但他同德国唯心论主流一样无法彻底克服神学的残余,仍然丢失了斯氏哲学的精髓。首先,谢林把力意志化了,无论什么阶次的善恶,都是成己意志与成物意志(爱的意志)的相互作用。这样,就算神不是目的因,只是自由决断的意志,但力量在开端就已经心志化了。这一残余也体现为太一与原初质料的割裂。虽然谢林将二者都统一为意志(固然前者是虚静的意志,后者是最初的实存根据与晦暗本原,但仍然是意志与渴望)[2],但那只是名义上的,太一不必存在,因而并不需要同原初质料一体。这里的二元只是二元,而未必是一本。

谢林对目的因的态度较莱布尼茨,因而也较德国古典哲学主流更慎重,但在原初质料与原初力量的统一性上又不如莱布尼茨彻底。道

---

[1] 参见莱布尼茨,《单子论》第79—87章。莱布尼茨,《莱布尼茨后期形而上学文集》,段德智译,pp. 314-323。
[2] 参见谢林,《论人类自由的本质及相关对象》,pp. 35-38。

体学气论第二方案的原理在彻底去目的论上推进谢林；在彻底去心志，将利己与爱的意志完全解释为扩张－收缩的力量结构上，接续莱布尼茨。这两条道路都指向对斯宾诺莎原理精义——力量的保留。在这个意义上，我们才能赞成黑格尔的话：要么是斯宾诺莎主义者，要么不是哲学。我们的理解，"不是哲学"的意思就是对宗教、神学和律法的让步。

　　道体学气论将在扬弃力量学说的前提下提出自己的第二方案。斯宾诺莎、莱布尼茨以及谢林，构成了真正的近代力量学说传统。但这个传统有其痼疾，在西方哲学中极易被引上两条歧路。第一是目的论。斯宾诺莎哲学固然自觉排斥一切目的论，但他体系的出发点——实体概念有两面性，一面用自因界说，另一面是力量。黑格尔最重视自因（本质包含实存）原则，因为这本身就是隐德莱希，是埋藏在斯宾诺莎体系开端的目的论。[1]依据这条原理，整个斯氏体系就能被纳入德国唯心论。要破除这种解释，就要强调力量而非自因的一面。谢林就是这么做的，其哲学精义就是最高本质不必然包含实存。他虽有意拒绝目的论，但又将力量学说引到唯意志论的歧路上。这导致海德格尔的谢林及尼采解读抓住意志形而上学，偏离了力量这条主线。唯意志论非但是唯心论的另一种形态，而且也是目的论最初阶的形态——意志必然指向存在或持续存在。唯意志论只是力量学说的唯心论歧出。原初力、意志、思维是三个阶次。目的论与唯心论绝非究竟义。力量学说的唯一出路是气论。气论将在原理上既彻底清洗目的论，又避免意志论的唯心论残余。我们的入手处还是单子论。

　　气论将从两方面扬弃莱布尼茨的单子论。一方面扬弃他的原初活力解释；另一方面在拒绝机械降神式的目的论的同时，给出自己的心

---

[1]"如果斯宾诺莎发展了自因里面所包含的东西，他的实体就不是死板的东西了。"这就是说，这就是主体，也就是合目的的行动了。参见黑格尔，《哲学史讲演录》第四册，p. 104。

性善恶学说。毋庸赘言，神正论式的目的论绝非止步于莱布尼茨，没有它就没有康德、黑格尔的自由概念，归根结底也就没有通常所谓德国唯心论及其一切变形。这里的首要问题在于彻底性，即是否在第一原理上偷运哪怕一丁点儿不属于纯粹力量、不属于气的东西。道体学气论第二方案对斯宾诺莎的莱布尼茨式修订因此具有两面作战的特点，既要用莱布尼茨的单子论从斯宾诺莎力量样态中推出心的殊胜，同时又要清理莱布尼茨在第一原理中偷运进来的目的因。换言之，心物当然有别，但既然同一于力量，那么区别不在根本原理，无须一属目的因（自由），一属机械效果因（自然）。以实体为心物的原初同一，在现代哲学家中，唯熊十力有此洞见，且同莱氏不无相近处。但他对气论及易学有根本误解，导致其后学重陷心学。[1]此间我们先清算原初活力原理中的形质论与目的论成分，给出一个纯粹而有阶次的力量学说，然后给出对心灵、精神现象的解释。

原初活力学说并非仅属于自然哲学。毋宁说，自然哲学作为一条道路，也是单子论的一个部分。但自然哲学内部暴露的问题还不是目的论，而是所谓原初质料。原初活力本具主动、受动两面，或本来就是主受动的相互作用。这一活力不能只就主动性一面名为本原行动，因为这样必有落在其外的、被称为质料或黑暗本源的东西。名为本原感发（或曰感触、触发）较本原行动圆满。触发是实体、力量之自身触发，先于主受动之分，亦先于万物之有无。析而言之，只能说是阴阳相感，即虚静即活动。统而言之，只是太虚之一。主受动非二元，而是一气二态。气不外乎两个状态的彼此作用，一阴一阳之氤氲。

莱布尼茨"原初质料"将浑然一气的受动状态误为质料。其实质凝于气，非原初状态。质料有质碍、不可入。其不可入，盖因已是引力斥力之统一，有统一就已有主动力，并非真正的原初受动。原初受

---

[1] 参见本书第七章，《心物问题与气论》。

动者必非有质碍者,而只是感发之境域、容受性、虚静。仅当继成之后,即活动即存有,才有既凝之性、心物形质可言。故一阴一阳或一翕一辟并非熊十力所谓心物之别。心物已是成性之后的样态,同具含阴阳翕辟,只是对比不同。这一点是莱布尼茨及谢林哲学比熊十力正确的地方。纯粹的心、物只是万物的两个抽象方面,或单子不同状态的两个极端。所谓不同的比例,并非机械的比例关系,而只是不齐,或黑格尔所谓对比关系。这就是阴阳之相感、氤氲。另一方面,这种普遍的不齐也意味着没有齐一的"递进",没有从单子状态的一个极端(精神的完全昏沉,物)到另一个极端(单子的醒觉,对世界大全的表象,心)的合目的的"进步"。换言之,所谓"本质性对比关系",不会按照反映论逻辑推出黑格尔的现实性与绝对者。熊十力的翕辟学说毕竟来自易学,于此并无莱、谢之误。所有不同版本的"进步",都是救赎目的论的翻版。氤氲之不齐没有目的式的终结,而只有"未济"式的无限性。但这并不意味着没有样态的阶次差别,没有作为大全表象的"心"。恰恰相反,"不齐"同时意味着阶次差别。全部世界历史不是什么范畴性的推演运动,而是卦象性的氤氲气化。卦象就是样态的"表现"。所表现的无非就是一阴一阳的属气运动,而不是属理的隐德莱希。

要之,道体学气论理解的唯一根本"属性",就是诸样态所表现的一阴一阳。属性并非思维或广延等无数平行属性,亦非阴或阳,亦非阴与阳,而是一阴一阳之运动、氤氲、感发。"生生"的究竟义就是这个根本属性。"一阴一阳之谓道""生生之谓易"的"之谓",就是表现(表达)或指示。如解为表现,则可成立肯定道体学(道体就是一阴一阳或生生)。如果解为指示,则可成立否定道体学(道体不是一阴一阳或生生)。无论哪种形态,生生首先都是与一阴一阳对等的根本属性。首先是天之性,而非人之性。对拟人论的批评扣不到生生上。一阴一阳不是熊十力所谓心物翕辟,而是心物的原初同一性:作为"太虚即气"的一。

一阴一阳是根本属性,也有阶次之别。依阶次,气论即可权立心性乃至"目的"。这就相当于易学的"继之者善、成之者性"。继善成性不是另外的属性,而是阴阳运动这个属性的阶次。易学史将继善解为阳,成性解为阴。这个解释基本正确,只是要补上阶次学的说明,把继善成性与一般意义上的阴阳区别开。[1]善就是根本目的因。"继之者善"既不像斯宾诺莎那样完全否认目的因,又不像莱布尼茨那样在第一原理上偷运目的因,而是承认目的因,但将之解为一阴一阳所表现的力量的高阶自我保持("继")。无继则无善,而继就是力量的自身关系。因而目的因绝非第一原理,但也并非虚妄。成性同理。本性就是存有化了的活动。力量凝为能力,气凝为气质之性。

综上所述,道体学气论是对力量形而上学的扬弃。力量学说虽是西方哲学中最接近气论者,但在体上未达即虚静即活动之旨,易陷入目的论,在性上未达一阴一阳之旨,易陷入唯心论。于此道体学的心性学说也就清楚了。

当前心学不将"性"解为本章的"属性",而是解为心之"本质"。在道体学气论中,这一解释也道出了部分的真实——心的本质就是力量之持续("继")的存有化,相当于斯宾诺莎所谓,样态的现实本质是其自我保存的努力(conatus)。[2]但这里要立刻指出心的殊胜。心之性就是继成。继成就是高阶的一阴一阳。作为存在者大全的表现者,心的继成不是一般而言个别物的"自保"或种的传代,而是世界之再生、万物之复起。正是在这个意义上,《周易》将天地之心表述为"复"。人道是对天道的继成,其保存接续的不是孤立的自己,而是

---

[1]《道体学引论》中没有这个区分,指责阴阳自然主义无法解释善恶。拙文《易传与生生》以"继"为生生,是从更高的阶次解的。
[2] 参见斯宾诺莎,《伦理学》第三部分命题7,p. 106。注意,这里把事物保持自己存在的努力也称为力量(potentia)。换言之,努力就是一种保持力量的高阶力量。

世界。高阶的生生不是个人、宗族、种类、世代之复,而是天地万物之复。正如在单子论的究竟义中,单子作为统一者也不是什么主观的东西,而是世界秩序的历史性统一,是实体与世界互入互即的无终结过程。通常义的单子作为心与表象者,哪怕是太一单子乃至绝对理念,也只是知万物以统万物。而作为本原感发的原初气质之性,才是体万物以成万物。

这样,道体学心性论与通常心学的区别也就清楚了。

首先,心宗以心为万物之内在因——万物都存在于心中。道体学以心为样态,心存在于道体之中。如道体学采用气论形态,则心存在于气之中。

其次,心为殊胜样态、实体化样态,虽归根结底是力量或气,但是高阶之力。其神并非隐含,而是开显。

第三,气含神,但神非目的,神化亦非隐德莱希。神只是气之高阶,为极周澈清粹之觉察。神并非气行之根据,而是其阶次。同样,质是气原初虚静状态之不同阶次。气含神凝质。不同阶次的心神、物质相互包含。

第四,道体学解"性",第一义是道体之性、"性与天道"之性,根本属性为一阴一阳。第二义才是心之性,"成性"之性。二义实通,差别只是阶次。此性归根结底是气质之性。理是气之文理、表现。心之性是复。大其心,人心合乎天心,则天地万物可复。

最后,斯宾诺莎、谢林所谓拟人论的更普遍含义就是从人解天。西学云神,中学当云天道。就广义说,不但行动、伦理、心性,乃至身体、夫妇、家庭、社会,生命整体所含一切皆可逆推为道,此即是广义的拟人论、原人论。而实体归根结底要以属性表现——无论是否拟人论,都是如此。

哲学统绪的首要区别在于根本属性之认定。一般唯物论、心学、气论、理学之别,首要问题在于认定什么充当属性,其次在于这一属性与被其他宗派选为基本属性的谓词关系如何。还原并认定属性，这就是现象学的任务——无论是否以此名义。属性与实体及其他属性之关系，这是广义的根据学说的任务。前一任务是明用，后一任务是见体。这是道体学在《引论》后的真正工作。限于篇幅，这里先摆出道体学气论的结论。一阴一阳是根本属性，天道是鼓万物而不与圣人同忧的。有的圣人忧患，见道是仁体。有的圣人无情，见道是知体，乃至见天不为桀亡不为尧存。所明根本属性不同，所推、所现道体即不同。

  道体学气论并非道体学的全部，而是以太虚即气充当道体。太虚是气之一。气是太虚之二。一为虚静，二为自感。道体只是不一不二之"即"。不从"即"，则可从优命名（Prius），直接名之为"气"。从"即"则有阶次之别，物质、精神等皆从中出。不一不二之"即"，是真如结构，而非关于绝对或自性的隐德莱希结构。

第九章 | 新气论纲要[1]

在现代哲学的新传统中如何理解与解释气论，是一项非常困难的任务。最主流的"物质"或"质料"解释固然早已被检讨，但迄今为止并未出现一个能够在接受的广泛程度上与之相抗衡的解释框架。在解释船山气论时，有学者指出，"能"是一个比"质"更适合的框架。[2] 此说甚有见地。有一现象亦可佐证此说：西方学界提到"气"时，最主流的是用 energy（此处当从"能量"解）译释。

不过，"能"说虽较"质"说为精，也有它自己的问题。气论首先需要的是现代中国哲学使用现代汉语的解释。现代汉语不是死掉的语言，而是一直能以古代中国学术与西方古今学术为中介回释与丰富自身的语言。其中西方哲学的中介尤其无法排除，无论"质"还是"能"的框架，实际上都已引入和预设了中西哲学相互映照的关系。在这样一种关系中，"能"字既可以指"潜能"（δύναμις），也可以指"实现"（ἐνέργεια）。这对范畴在其提出时当然是对立的。[3] 但另一方面，这两层"能"义都与"质料"相关。"潜能"就是"质料"，只是并非在其自身的质料，而是在与目的之关系中的质料。"实现"其字面义就是"能量"。而能量与物质的量处于某种可相互转化的比例关系之中。综

---

[1] 本章曾发表于《中国哲学年鉴》2023年卷。
[2] 参见王夫之撰，严寿澂导读，《船山思问录》，上海古籍出版社，2000年，p. 8。
[3] 参见亚里士多德，《形而上学》第九卷第一章。Aristoteles, *Metaphysik*, 1045b20–1046a35. *Aristoteles' Metaphysik*, S. 100–105.

上,用于替代"质"的"能"这个框架,自身无法保持一致,有潜能与实现的歧义;而无论它采取歧义中的哪一义,都无法排除"质"。这就是说,它根本无法替代"质料"框架——除非加以修正。这就是我们首先要做的事情。

概言之,本章面临三重任务。首先,基于"能"框架的缺陷,修正并将之推进为"力量哲学"框架。第一节将论证:力量哲学传统对于理解气论为什么是必要的?为何之前所有的哲学框架都不足以理解气?其次,我们将讨论气论对力量哲学的必要性。这就是说,为什么用气论统摄与开出力量哲学,而非相反。扬弃了力量哲学的气论会有自己的一套范畴系统。我们的第三个任务就是,探讨用气论范畴解释实在的可能性。

我们把开出并统摄力量哲学、提供一套实在哲学框架的气论称为"新气论"。新气论既不是"照着旧气论说",也不是单纯"接着说",而是糅合中西学统后自立的新说。即使是"旧气论"与"力量哲学"两个传统,内部也有不同脉络与张力,需要今人取舍或调和。新气论在问题意识和根本见地上,当然是对传统气论自觉的接续,但在整个框架上完全是新的。哲学问题无所谓新旧可言,但对问题的诠释和表达则会随着框架转变。

第一节 "质"、"能"与"力":气论解释的三个框架

上文指出了"能"框架的悖谬。这些表面的悖谬并非不可解决,但条件是要将"能"的解释框架推进为"力量"[1]。这里只要指出两点就够了:1. 能量(energy)概念在词源上虽然就是实现(ἐνέργεια),

---

[1] 广义的力量(potentia)包括力(vis)、权力(poetestas,或译威力、强力)。本章这里不取那种把力量与强力对立起来的解释。详见下文。

但包含了尚未实现或释放的意涵（例如势能，再如质能公式中的 E）。而"实现"则是从"正在发挥作用"确定的。2. 潜能与实现是否对立，要看阶次。在亚里士多德关于潜能与实现的进一步讨论中，第一实现与第二潜能是同一的。[1] 如果将潜能与实现的区别解释为同一者在阶次上的区别，则上述佯谬即可消除。但这个同一者就不适合再解说为"能"，而必须被确定为力量或力量阶次（Potenz）[2]。

力量的同一性体现在彼此有联系的两个方面。第一个方面就是依据亚里士多德学说得到的阶次同一性。第二个方面则是依据莱布尼茨学说得到的同一阶次上的主被动同一性。换言之，"精神"（或者按莱布尼茨术语更确切地说是"灵魂"或"隐德莱希"）只是力的主动性，"物质"只是同一个力的被动性。[3] 从自然哲学上看，同一者的主动性可以叫作力的扩展（伸、辟或者张），被动性可以叫作力的收缩（屈、翕或者歙）。这里的翕辟、歙张等甚至不是解释，而可视作对动力学系统基本概念——扩展（evolvo）与收缩（involvo）的精确翻译。[4] 如果将自然哲学拓展到存在学说与历史哲学，则可以依据谢林的学说，将

---

[1] 如掌握希腊语的能力，既存在于拥有语言能力的婴儿那里（第一潜能），也存在于已经会说希腊语的儿童和成人那里（第二潜能、第一实现）。参见 Aristoteles, *DA*, 412a20-29、417a23-418a1。《论灵魂》这个部分的"实现"字面上是"隐德莱希"。
[2] 关于这个概念，详见本书第八章《论心性——道体学气论导言》。
[3] 莱布尼茨认识到主动力与受动力的一体性也是有一个过程的。参见莱布尼茨，《莱布尼茨自然哲学文集》pp. 403-405。
[4] 参见 G. W. Leibniz, *Die philosophischen Schriften*, 4, herausgegeben von Gerhardt, Gerog Olms Verlag, 1978, S. 396。这组概念可以有近似的表述。海德格尔的译解为 ausgreifen 与 umgreifen，加以存在论与时间性的解释。但他没有指出这对概念在康德、谢林、黑格尔那里基于动力学而又超越动力学的普适性。参见海德格尔，《从莱布尼茨出发的逻辑学的形而上学始基》，赵卫国译，p. 127。这对概念来自莱布尼茨的单子论动力学，经由康德进入了德国唯心论传统。康德在《自然科学的形而上学基础》中称为 Ausdenungskraft（或者 ausdenende Kraft）与 zusammendrudende Kraft，参见 Kant, *Kant's Werke*, Bd. IV, Georg Reimer, Berlin, 1911, S. 499-501。并参康德，《自然科学的形而上学基础》，邓晓芒译，生活·读书·新知三联书店，1988 年，pp. 54-56。谢林在其意志论神学中直接采用了这对概念，黑格尔则用内核与外化扬弃了这对概念。

同一者的主动、扩展称为"观念力量";将被动、收缩称为"实在力量"。观念力量决定事物是什么或本质(Was、essentia),实在力量决定事物是着、实存(Dass、existentia)。

以上是力量哲学的几条基本原理。但仅具备这些,还不足以在严格意义上称为力量哲学。这些原理也可以构成唯心论哲学内部包含并且抑制着的力量学说。这些学说在莱布尼茨、谢林甚至黑格尔体系中都可以找到,但他们的体系就整体而言都用意志或思维吞掉了力量,因而只是拥有力量学说的唯心论哲学,并非纯正的力量哲学。要将他们体系中的这些学说整合进力量哲学传统,必须借鉴斯宾诺莎及马克思、尼采的学说。在本体论上,斯宾诺莎相对更重要一些,因为只有他从本质、实存上阐明了力量,在根本原理层面彻底清洗了作为唯心主义残余的思维、意志等因素,并以力量贯穿实体、属性及万物。或者用中国哲学的论式说,只有斯宾诺莎给出了力量的体用论。在以上诸家中,当代思潮对斯宾诺莎的依赖也更多一些。力量哲学的殊胜及局限,亦在斯氏体系中毕露无遗。故我们主要依据斯宾诺莎,旁参其他诸家的力量学说,概括一个极简版的力量哲学系统以接引气论。

正如当代法国哲学清楚地看到的,斯宾诺莎哲学的纲领是力量(potentia)。但我们不同意将力量(potentia)与强力(poetestas)简单地对立起来。[1]这种对立背后的逻辑割裂了有限事物的自在存在与诸有限事物之间的关系。英语国家的斯宾诺莎解释在较旧的"实体"范式与较新的"因果"范式之间僵持不下。这两个范式如果坚持这种僵硬的抽象对立,那就都是片面的。力量本身就是原因与实体的统一。

---

[1] 参见 M. 哈特为奈格里《野蛮的反常:斯宾诺莎形而上学和政治学中的权力》英译本写的译者前言。A. 奈格里,《野蛮的反常:巴鲁赫·斯宾诺莎那里的权力与力量》,赵文译,pp. 520–523。

力量就是作为实体的原因。[1]因果说的是力量的生产，实体说的是力量的自身生产。力就是无限的因果性。

斯宾诺莎哲学中当然不乏关于实体与样态、原因（理由）与结果、无限与有限、一与多这些关系的讨论，但与通常的基于逻辑学的讨论不同，所有这些关系在斯氏体系中都是基于力量及其表现立论的。这是斯宾诺莎哲学的根本，后学往往遮蔽了这一层。例如莱布尼茨－沃尔夫学派把斯宾诺莎《伦理学》第一部分最后一条命题概括为与充足理由律相对的"结果律"（the principle of the consequence）——"无物无其结果"（nihil est sine rationato）。[2]但根本忽略了斯宾诺莎这条命题的真正含义不是逻辑学的，而是力量哲学的："一切实存的事物无不以某种被规定的样式表现了神的力量，而神的力量就是万物的原因，所以实存的事物就会产生某种结果。"[3]其他各对关系均当做如是观。

在这些关系中，力量概念尤其同因果性关系密切，20世纪的斯宾诺莎复兴运动往往割裂了二者。例如阿尔都塞式的结构主义注意因果性，德勒兹式的表现学说注意力量。前者强调超决定（surdétermination）乃至偶遇、相遇（encounter），后者强调个别、差异、感发。但这个方面在斯宾诺莎那里当然是统一的。作为无限的因果性，力量是对无限的个别者的差异化生产，这种生产就是感发

---

[1] 黑格尔在这个问题上最深刻地看到了，实体范畴是如何发展为原因范畴的。虽然在斯宾诺莎的解释中当然不能套用黑格尔逻辑学的这些范畴。参见黑格尔，《逻辑学》II，先刚译，p. 179。

[2] 参见 Alexander Baumgarten, *Metaphysics: A Critical Translation with Kant's Elucidations, Selected Notes and Related Materials,* translated and edited with an introduction by Courtney D. Fugate and John Hymers, Bloomsbury, 2013, p. 105。这条原理并不来自莱布尼茨（例如在莱氏郑重运用充足理由律的《单子论》《基于理性的自然与神恩的原则》等文本中均毫无踪影），当是袭取斯宾诺莎。参见斯宾诺莎，《伦理学》第一部分命题36："没有实存的事物不从其本性中产生某种结果。"贺麟译，p. 36。Spinoza, *Ethik*, S. 78f。本章所引《伦理学》均采自贺麟译本，并对校拉丁对照本略有改动。下文只出中译本页码。

[3] 参见斯宾诺莎，《伦理学》，p. 36。译文有改动。

（affectio）。

力量是无限生产性。万物是绝对无限者的被感发状态。力量不可能不生产万物，没有处于潜能状态没有发挥的力量。万物皆在实体之内，而万物之外也没有虚静的实体。实体必定"感动"地生产万物。无限的力量的自身生产与生产万物、能生的自然（natura naturans）与所生的自然（natura naturata）是同一个事情的两个方面。[1]万物也是彼此感发的。思维物（例如心灵、理智、意志）与广延物（物体、身体乃至宇宙）都是力量的表现。思维与广延或者实在与观念都是相同者的平等、平行表现。彼此有相应关系，但没有因果决定关系。心灵作为一种特殊的样态或者事物，与其他事物的关系就是"观念化"。观念对所观念的关系与观念对事物的关系一致。[2]身心之间、心物之间的关系既然有一致性与同步性，那么观念的联系就与事物的联系有一致性。这种联系可以是"观念化"（行表象），也可以是综合。按照前者，事物之间也可以像观念表象事物那样彼此表象。如我们所知，这层意蕴更多的是在莱布尼茨而非斯宾诺莎那里被展开的。按照后者，如果事物可以联合成一体，那么诸多观念也可以综合为一个总观念。[3]广延事物的总体是宇宙，观念的总体就是独一无二的"神的观念"或者无限理智。[4]但心灵对事物最直接的观念，换言之，缺乏综合联系或者说孤立的观念就是"情感"（affectus）中被动的一支（passio）。斯宾诺莎对情感的界说显示了其力量学说中最微妙的意涵：被动情感

---

[1] 参见 Pierre Macherey, *Introduction à l'Éthique de Spinoza, La première partie'la nature des choses*, pp. 137f.。
[2] 参见斯宾诺莎，《伦理学》第二部分命题 7，pp. 49f.。
[3] 关于复多个体联合为一个个别事物（单一事物）的原理，见斯宾诺莎，《伦理学》第二部分界说 7，p. 45。这也是"理由律"的一个运用，就是"结果"为单一，则必有一个单一的理由。
[4] 这里暂不讨论神的观念与无限理智的同异。斯宾诺莎研究界有二者相同、相异两种说法。前者较为主流。

就是关于力量屈伸的观念。只有三种基本情感：苦、乐、欲，力量前行、保合就是欲；力量屈即苦，力量伸即乐。[1]其他所有情感都出自这三种。事物的本质就是其实在性（reality），也就是其力量的强度（intension，即"内强量"、"内包量"或"内涵"）。[2]换言之，力量的强度首先不是指康德那里的感觉强烈程度，而是指本质的"富有"性。这一点是德勒兹所代表的当代斯宾诺莎解释有意忽视的。德勒兹的强度概念走了康德界定"在知性概念中的""实在性"的路子，首先抓住的是被给予的烈度。[3]神或实体具有无限的强度，故能生万物。样态的强度就是其内涵上的丰富性。万物的本质是保持自己实存的努力。能否实存，实存多久，取决于保持自己实存的努力与否定自己实存的外因的相互作用或者说斗争的结果。[4]

上述为斯宾诺莎力量哲学的精要，虽若干要素在西方哲学传统中亦有迹可循，但总体上完全是别开生面的；否则我们就无法理解，在尼采彻底离弃西方哲学正统之后，后尼采的当代哲学对斯宾诺莎主义倾注了如此巨大的热情。我们在字面上赞成黑格尔的一个深刻判断：

---

[1] 参见斯宾诺莎，《伦理学》第三部分界说3，命题9附释，命题11附释，pp. 98，107f.。
[2] 参见斯宾诺莎，《伦理学》第一部分命题9、命题11附释、第四部分序言，pp. 9，12，169。又参斯宾诺莎，《笛卡尔哲学原理》，王荫庭、洪汉鼎译，p. 57。"实在性或存在性有各种不同的程度。"所谓程度（gradus），就是内强度的定量，因而实在性、圆满性、本质就是内强性、内涵。
[3] 康德不同时期的著述中"实在性"含义兼具经院哲学的"本质""内涵"含义与"现象中的实在性"亦即与"一般感觉相对的东西"之含义。至于"存在不是一个实在的谓词"中"实在的"含义，是否如海德格尔坚持的那样必定是"本质"含义，这可以另外讨论。参见康德，《纯粹理性批判》，A143/B182，A168f/B210f.，邓晓芒译，pp. 142，160。海德格尔，《现象学之基本问题》，丁耘译，pp. 33，40。又见德勒兹，《差异与重复》，安靖、张子岳译，pp. 392，389，400。德勒兹把内强量的"内涵""内包"之义只列为第三个特征。而"强烈度"是第一个特征。必须看到，正是由于内强量与实在性渊源上的相应性，康德对"内强量"含义的偏转便同对"实在性"含义的转化保持了一致，即将实在性与内强量都收缩为感性的"被给予性"。这是他依据知性割裂本质与显象或本质与实存的必然产物。
[4] 参见斯宾诺莎，《伦理学》第三部分命题5、6、8及各自的证明，pp. 105f.。

斯宾诺莎哲学是东方式的。[1]但理由与他正好相反。黑格尔理解的东方性不外乎个别性全都沉没于其中的、无差别的深渊式实体（"直接的统一性"）（中国），以及神有无数个名号（印度）。前者对斯宾诺莎更关键。当代斯宾诺莎研究的一项重要工作就是同黑格尔的斯宾诺莎解释作战，而我们有责任同黑格尔的这种"东方哲学解释"作战。有趣的是，尽管黑格尔同时误解了斯宾诺莎哲学与中国哲学，但斯宾诺莎与中国哲学的这种积极关联却仍然可以成立。换言之，我们的立论是，首先，斯宾诺莎哲学是生生不息的体用论（用奈格里不太准确的概括说，"生产力的形而上学"），东方哲学同样如此。其次，斯宾诺莎体系中的"事物"（从无限实体、无限样态到有限样态）都是个别者（the singular，奇特者、差异），中国哲学同样如此。张横渠说，"造化所成，无一物相肖者"，这是说有限者的普遍差异化。紧接着说，"以是知万物虽多，其实一物"。[2]这就是无限者的个别化，相当于斯宾诺莎说的广延物的总和：自然界也是一个个体。[3]

只有站在被力量哲学充分展开的"唯名论革命"立场，才能明白，并非只有理学、理念论或概念主义的共相-殊相难题才有资格构成哲学。[4]相反，在力量哲学那里，只有个体才是实在的。个体与团体之间的"聚散"及其必然引出的"虚实"（而非共相与殊相之间的"推演"）才提出了真正现代的哲学问题——包括形而上学问题（"聚合"带来的观念与实在性两难）、认识论问题（单一者与全体的抽象问题与"代现"问题）、政治哲学（契约、团结与"代表"问题）与自然哲

---

[1] 参见黑格尔，《小逻辑》，贺麟译，pp. 98f.，314。
[2] 参见张载撰，王夫之注，汤勤福导读，《张子正蒙》，p. 98。
[3] 参见斯宾诺莎，《伦理学》第二部分命题13，补则7附释，p. 61。
[4] 所谓"唯名论革命"，只是对中世纪晚期思想整体变革一个重要方面的论述。虽不无片面，但仍颇具说明力。用此说者亦不止一家。这里只举一种文献。参见冯肯斯坦，《神学与科学的想象：从中世纪到17世纪》，毛竹译，p. 31。

学问题(物体与微粒难题、连续体迷宫)。在形而上学上,斯宾诺莎之后,莱布尼茨哲学的核心完全是围绕聚散问题打转的(黑格尔用"个体性"来概括莱布尼茨哲学是正确的,但没有指出"个体性"问题的背后是聚散问题)。近现代哲学所有重要分支的基本问题都可以追溯到这个问题。[1]但纯粹守住"聚散"以及"虚实"这个问题,且解之以力量的翕辟屈伸而非概念之推演的,只有斯宾诺莎。莱布尼茨与谢林都没有完全诉诸概念推演,但都偷运了神的意志。[2]斯宾诺莎的这种坚定性在西方哲学的理念论、概念论正统中是很难理解的。即便在所谓"唯物论"传统中,也会遭到巨大误解(例如,同为唯物主义者,费尔巴哈和马克思对斯宾诺莎的评价完全不同)。如从中国气论传统出发,我们较易领会斯宾诺莎的基本关切。反过来说,如果缺乏现代哲学体系的恰当接引,气论传统也难以被真正激活。从力量哲学特别是其斯宾诺莎道路出发,也能纠正研究界长期以来对气论较为粗糙的"自然主义""唯物主义"理解,以及近来兴起的"原始宗教"式的神秘主义理解。[3]

第二节 如何用力量哲学接引气论

让我们从近现代力量哲学真正的底部问题出发。这就是:个别物

---

[1] 参见本书第五章《莱布尼茨与力量现象学——从连续体迷宫出发的研究》。连续体迷宫的实质就是"聚散""虚实"问题。近现代认识论上关于"抽象观念"的所有研究的出发点都是个体-团体,更不必说政治哲学的基础了。无论是否通过契约,个体如何形成团体(更大的个体)是近现代政治哲学的基本问题。所有这些都是在"唯名论革命"铲除了共相的实在性之后的成果。
[2] 黑格尔在概念论中走了正统的柏拉图哲学方式,从共相的"推演"达到了"个别者"的真理。这是一条纯思辨的理学道路,但因之也就彻底丢失了"聚散""虚实"的第一义,把它们遗留在本质论。
[3] 参见杨儒宾,《五行原论:先秦思想的太初存有论》,p. 142。

如何结合为更大规模的个别物？这个问题的另一面就是，所有被称为个别物的东西，可否被分割为更多的个别物的组合，如此直至无穷？这个底部问题虽然在物理学、政治哲学乃至认识论中都有各自的发问形态，但根子还是在被晚期中世纪的"唯名论革命"激发起来的近代形而上学。对此，莱布尼茨和斯宾诺莎的解决方案有微妙的区别。莱布尼茨明确建立了实在的单位（单纯实体、单子）。单子也是力的单位，它们以不同的动力学方式"聚"为实在程度不同的聚合体。单子归根结底是灵魂或者说观念，彼此聚合就是彼此表象。在斯宾诺莎那里，首先不会将思维属性下的样态建立为绝对物。观念与身体从来是相互伴随、彼此表现的。其次，也是更微妙的一点，斯宾诺莎从来不曾主张有绝对的实在"单位"，虽然在对个别物的界定中，他引入了相对的"个体"。这个相对的个体自身，在界说中是不谈论"聚合"的。换言之，斯宾诺莎那里绕开了"连续体迷宫"面临的两难。他完全立足于力量学说。个体聚合为单一物，依靠的是原因（也就是力量）的齐一性。果的单一性决定单一原因存在。这就是说，力量本身决定个别物是否存在。个体自身是力量的直接表现。力量的直接生产，与其说是"聚"，不如说是"凝"。凝是力量活动的直接产物、力量的直接表现。聚则是较高阶次的力量与活动产物。

无论斯宾诺莎还是莱布尼茨，全都排除了"虚空"。由于莱布尼茨主张形而上学上的原子论，他会直接面临"虚空"假设。这就是他用连续体排除掉的东西。哪怕强度上不齐的实在，彼此聚合起来的持续量也是无间断的，因而没有虚空。严格地说，"虚空"只是广延属性上的虚无或太虚。斯宾诺莎首先直接用实体的混一性排除了虚无。其次用"有形实体"的"权说"排除了虚空。[1]虽然在斯宾诺莎的究竟学说中，没有"有形实体"一说，但广延作为神的本质也就是力量的

---

[1] 参见斯宾诺莎，《伦理学》第一部分命题 15 附释，pp. 16-19。

表现。换言之，虚空之所以不成立，是因为广延本身就是力量的表现。力量永远是现实的，是实存的根据。广延即力。

从这里立刻可以推出太虚、气、质的关系。在莱布尼茨的方案那里，物质性的东西是力量的"翕"，是原初的力的被动性一面，但同时仍有主动性的一面主导它。或者说，这个被动的力作为"质"就是主动的力之质"碍"。斯宾诺莎那里则更加彻底。物质性的东西，是力量的直接表现或者凝成，对此没有什么主动、被动的分别。思维与广延是平行的，不是主动、被动的关系。对斯宾诺莎而言，质就是力的表现，不是力的阻碍。一切都在实体自身之内。对于实体的力量而言，有自身触发，但并无外来阻碍。故对力而言，有质无碍。碍并非不可言，但只是对有限性而言。

1. 太虚即气

从斯宾诺莎哲学对潜能和虚无的排除，可以直接理解"太虚即气"。换言之，气就是从混一实体方看的无限力量。从力量哲学看，"太虚即气"蕴藏了双重意涵。

首先是横渠、船山及熊十力等反复强调的体用不二之义。太虚不是空无，而是"无无"，是"实有"。但这个实有不只是气自身作为混一的实有。如仅仅如此，这就是黑格尔眼里的"无世界"的斯宾诺莎式实体。如果抽掉实体的生产性或者说根据性，这就是非本、非根据、深渊（Abgrund）。只说太虚无无还不够，还要说"太虚即气"。或者说，太虚是无限的生产性。什么是体用？体用关系是关乎整个世界、存在者大全或整全义的存在者的根据 - 效果关系，而不是休谟 - 康德式的，局限于世界内两个事件之间的知性式的原因 - 结果关系。这里必须凸显 Wirkung（效果）这个词包含的"用"之义。下文译此词为"果用"。被谢林和海德格尔高度重视的莱布尼茨问题"为何有事物而非一无所有"[1]，不是一个泛泛的根据、原因问题，而是指向存在者大全的根据问题，更确切地说是体用问题。莱布尼茨自己对此的回答诉诸了神的意志、对善好的选择。斯宾诺莎的方案则是"不容已"、体必有用。这意味着，实体是无限的生产力量。实体只有作为力才"必有产物"。体用不二在中国哲学中讲得最透彻的是气论，在西方哲学传统中，就是力量哲学的"生产力的形而上学"。作为无限的力量，实体不只是自己的根据（自因），而且必然生产万物，且其所生产的每一事物又都是原因。这才叫"生生不息"：生产的产物不只是物，本身也是一种能生产的东西。从体用上理解的根据律，已经不是单纯的逻辑学意义上的"充足理由律"可以概括的了。因为按照莱布尼茨–沃尔夫学派的教科书式界定，作为逻辑定律的理由律是一个作为理由的"某物"与一个作为结果的"某物"之间的关系，而不是对其外"无物"的大全的发问。[2]"神"这个"理由"产生的是无限事物，而不只是确定的"某物"。[3]我们转用康德术语，称之为富有原则。[4]《系辞》云："富有之谓大业。"[5]王船山在《正蒙》注解里关于"太虚即气"有一句提示："唯其富有充满于虚空。"[6]这是对力量原则生产性的最精到概括。

其次，横渠论气，是一本两体的。气之本为一，其体为两。相

---

[1] 原文为法文：pourquoi il y a plus tôt quelque chose, que rien。谢林、海德格尔用德文诠解就成了"为何存在者存在，而无却不在"（或者可译为"为何有存在者而非一无所有"）参见 G. W. Leibniz, *Monadologie und andere metaphysische Schriften*, S. 162。
[2] 参见 Alexander Baumgarten, *Metaphysics: A Critical Translation with Kant's Elucidations*, p. 102。
[3] 正如德勒兹注意到的，莱布尼茨从来没有说过神创造了亚当，而是说：神创造了一个其中有亚当的世界。
[4] 参见康德，《纯粹理性批判》，A655/B683f., p. 514。康德在这里讲的是关于"种类"的丰富性。我们的立论基于个别之物，含义与康德有所不同。"富有原则"（principle of plenitude, 中译本为"丰富原则"）是冯肯斯坦对康德有关论点的概括。见氏著，《神学与科学的想象》，p. 21。
[5] 孔颖达撰，《周易正义》，p. 271。
[6] 张载撰，王夫之注，《张子正蒙》，p. 89。

感的阴阳是为两体,所谓"一故神,两故化","两不立,则一不可见"。[1]虽然斯宾诺莎从未明确指出生产性有二元式的原理,但我们仍然能从他对实体和样态的力量状况的阐明中挖掘出生产的双重条件。有研究者指出,实体的自因性就是费希特那里自我的自身设定。这是完全正确的,但不能因之——像 W. 克拉默那样——就用费希特式的"活动性"(Tätigkeit)解释实体的自因。[2]事实上,斯宾诺莎从来没有用行动概念刻画过实体。相反,他却将一个与行动正好对立的概念——感动(affectio)去界定实体对样态的生产。前引马舍雷指出,实体的自身生产与对样态的生产是同一个事情的两个方面。不生产万物的实体就不是实体。在这个意义上可以说,在斯宾诺莎的实体那里,并存着健进有为、自强不息(自因)与虚无感动、感生万物(感发)。[3]这两条原理不是外在合一的,本来就是无限力量自身所具的两个方面。这里值得讨论的是后一条原理,即力量必然生产它自身之外的东西。这种生产可以像德国唯心论那样辩证地解释为绝对自我的绝对主动性,即绝对自我绝对地将自身设定为一个有非我的有限自我,从而为自身造出一个"感动"的外部条件,而这个外部归根结底还是自身设定的。但正如费希特1794年的知识学体系显示的那样,这样做的条件是,自我设定自我与自我设定非我,是两条彼此独立的原理。这就是说,为了保证自我的主动性的唯一性(就是只有健进有为),德国唯心论必须放弃原理的唯一性。换言之,自我设定其有为的界限本身仍然是一种行动,但可惜是另一种行动。斯宾诺莎没有采取这种迂曲的道路,在他那里,力量本身的起用,不可分割地拥有主动和被动两个方面。而这两个不可分割的方面既是平等,也不具有莱布尼茨那

---

[1] 张载撰,王夫之注,《张子正蒙》,pp. 100, 95。
[2] 参见 Wolfgang Cramer, *Die absolute Reflexion*, S. 41。
[3] 这里说"虚无感动",与克拉默所谓"自身感动"(Selbstaffektion)含义不同,但用意相同,指没有什么自身之外的东西让实体感动。同上书,p. 37。

里灵魂与质料的区别。力量概念比自我概念殊胜的地方在于，它必然产生既出自它，又不同于它自己的产物。既然生产了异己产物，这种生产就不是主动性或自发性可以概括的，而就是"感动"。感动本身就是体。这就是实体作为力量必然同时拥有健顺"两体"的道理。

2. 攻取、屈伸、氤氲

实体是无限的力量，样态是表现力量的事物，因之样态同样表现了力量的统一的双重化原则。在样态保持自己存在的努力与被其他样态感发这两种情况中，我们同样可以看到不可割裂的有为与感动。太虚即气的原理不只是气的充实性，而且是其富有性、生产性。所以气非但是清虚一大，而且不能不凝聚万物。上文已用斯宾诺莎式的"表现"解释"凝成"。所凝者必表现能凝者之性，体用表现一如。故万物既然为一气所凝，则必然内蕴了气之一本两体，这就是事物自身的两体。横渠论性时，有"湛一""攻取"之说。[1]前者可从太虚即气的无限性解，亦可从万物保持自身存在之"不分裂"解；后者则只能从万物内蕴之气解。清虚一大之气无外，无攻取可言。攻取指万物为保持自己的"湛一之性"所做的努力。斯宾诺莎说得清楚，努力就是万物的"现实本质"，也就是"性"。因之，"太虚即气"不必动用另外的原理，自身即内蕴了万物之性。

本体就是行动与感动。体用一如，则万物也是行动与感动。体用一如不是体用混一或废体立用。本体生产的是万物，而万物不能生产万物，只能各自生产特定事物（其中最特殊的，可以通过某种方式与"万物"整体产生关系的是"心"，详见下文）。表现不是相同，体用一如不碍体用有分。这就是实体的无限力量与样态的有限力量的区别。对这个区别最恰当的说明要参考上文的"强度"原则。强度就是实在

---

[1] 参见张载，《张子正蒙》，p. 134。

性的丰富程度。实体作为力量具有无限的强度,产生一切规定而不被规定。与此相对,被气生产的客形、万物则是有限的,亦即有规定的。只要有规定性,有实在性(物性内含),也就有其力量强度可言,无非是有限的。这种规定性不是与实存割裂的本质,而是事物现实本质的一个方面。而事物的现实本质就是保持自己的存在(包含本质与实存),就是"成性存存"。这种强度概念不能用与"气"割裂的"理"来表示,而要用船山学中日生日成之"性"来表示。斯宾诺莎的本质概念(无论对神还是万物)都是力量,而"性"都是气。力量有强度(内强量),气也有其量。

关于无限强度与有限强度,船山学中有所对应。船山在《庄子·秋水》中区别了沧海的"量"与河伯的"势":"海若存乎量,河伯因乎势。以量观者,量之所及,函之而若忘之;量之所不及者,映之固知有之。以势盈者,势之所至至之,势之所不至不能至也。"[1]"量"是无限的。"势"则有所能有所不能,是有规定和界限的。既然与"量"对应,则"势"也应是同类概念,也就是一种"量",无非没有海量的无限规定性。"势"就是有限物维持自己规定性的力量及其强度。这就是斯宾诺莎哲学界定万物本质时用的"努力"(conatus,亦可译为"趋力""趋向""追求")。

在斯宾诺莎哲学中,个别事物的现实本质就是维持与肯定自己的存在。外物或肯定或否定此物之存在,自然之内的个别事物绝无永恒存在之理。但其存在界限究竟何在,这是不确定的。[2] 换言之,个别事物的实际存在,取决于此物的努力与否定性外物的努力的斗争结果。

---

[1] 王夫之,《船山全书》第13册,p. 510。船山在这里被《庄子·秋水》文本中寓言所限,故仍有"量之所不及"之说。气之"量"其实是虚空,是无限的"量",即《正蒙注》所谓"虚空者,气之量;气弥沦无涯而希微不形,则人见虚空而不见气"。张载撰,王夫之注,《张子正蒙》,p. 89。
[2] 参见斯宾诺莎,《伦理学》第三部分命题8及其证明,p. 106。

结果无非屈、伸、存、亡。斯宾诺莎哲学讲的"力量的增进与消退"就是物情之屈伸。而一物绵延虽决定于必然因果关系,但由于此因果关系的复杂交织,特别是自身肯定与外在否定斗争结果之难知,此绵延之界限不可确定,因之是无定限的。这种不可确定性,在气论中就是氤氲与阴阳相感。氤氲的精义不只是两种力量或两种原因(肯定与否定、阳与阴)的相互作用,而是无定限的相互作用。[1]因果关系的必然性与难以确定性是斯宾诺莎力量学说的要害。阿尔都塞式的结构主义,即基于斯宾诺莎因果关系的复杂整体性,提出了所谓"超决定"的学说。晚期阿尔都塞虽基于伊壁鸠鲁原子论提出所谓"相遇"学说,其根本仍是难以确定的因果复杂性。如果说超决定更接近于氤氲,那么"相遇"则更接近于阴阳相感。

在万物的努力与屈伸中,要特别注意人之身心的努力与屈伸。万物之存续断灭取决于努力与外力的氤氲,而实存是有圆满性或者说强度的。即便万物继续实存,其圆满性也会有变化。换言之,力量的持续量的增长对内强量的增减并无直接影响。[2]圆满性的变化就是力量之屈伸。斯宾诺莎说有三种基本情感,苦、乐、欲。欲是指向有本质的实存之持续,这就是所谓保持存在。存在是实存与本质的统一。斯宾诺莎明确界定,苦乐是圆满性的增减。但遭受苦乐的前提当然是身心的持续实存。指向这种持续实存的努力,在人那里就叫欲望。情感是心灵对身体力量屈伸的直接观念。力屈即苦,力伸即乐。无论力量哲学还是气论,都不将心灵当成原则,但都承认心灵有殊胜之处。力量哲学的这一洞见,对于建立后心学的新气论,有很大的帮助。

---

[1] 这个微妙的"无定限"表现为"动静之几"的"几"字。参见张载,《张子正蒙》,p. 91。
[2] 参见斯宾诺莎,《伦理学》第四部分序言,p. 169。这里指出了圆满性与实存的区分。按其前说,圆满性就是实在性亦即所谓内强度。但我们要强调,二者虽有区分,却并不割裂。一个并未实存的东西是谈不上圆满性的。身体无论遭受苦、乐,前提是这个身体在那里。身体实存、绵延之根据也是努力,此即"欲望"。

3. "道之大"与"心之大"

新气论将道体表述为气,这在传统气论中并不突兀。[1]新气论与传统气论的区别只是建立道体之为气的道路不同。新气论采取了糅合传统气论与力量哲学的新道路。

气作为道体就是绝对的同一性。无论古今中西,立一为本,都要面临两个难题,或者说同一个难题的两个面向。第一个可以叫作一二难题,第二个可以叫作道物难题。[2]所谓绝对的同一性,兼指两面而言。换言之,气既是同一与差异的统一,也是道与物的统一。道物难题挑战更大,后文单辟一节讨论。此间只就一二难题立说。

同一与差异或者太一与二分的关系,贯穿在中西哲学之中。这是柏拉图统绪中最基本的难题,也带来了这一统绪最精微的思辨。近代哲学中对此解决最完善者当属黑格尔,他在整个耶拿探索时期的总问题就是这个。在1801年关于费、谢二氏体系差异的论文中,黑格尔已经得到了同一与非同一的同一这个关乎绝对同一者的洞见。[3]但直至1807年作为耶拿时期最终成果的《精神现象学》中,黑格尔才将此洞见培养成熟,极尽其精微广大之后推演成其整个体系。我们可将黑格尔此时的洞见概括为"即实体即主体"[4]。实体是太一,主体是二分。但黑格尔那里的绝对同一者是理(或者说是独一天理)流行、呈露的过程总体。其二分就是主体,是思维或行动。[5]经过耶拿时期的

---

[1] 如王廷相明确表示气是"道之体"。参见陈来,《诠释与重建》,p. 493。
[2] 关于一二难题,参见丁耘,《道体学引论》,pp. 238-265。
[3] "不过绝对者自身因而就是同一性与非同一性之同一性;对立与统一(Entgegensetzen und Einssein)同时存在于绝对者之中。" G. W. F. Hegel, *Jenaer Schriften 1801-1807, Werke2*, Suhrkamp, 1986, S. 96.
[4] 参见黑格尔,《精神现象学》,先刚译,p. 11。
[5] 参见黑格尔,《大逻辑》之导论,《逻辑学》I,先刚译,p. 40。

艰苦探索，黑格尔最终的糅合是把费希特的行动逻各斯化以解谢林之绝对同一。黑格尔体系可以说是一种扬弃了各种绝对心学形态的绝对理学。

新气论在建立绝对同一者的理兼一二方面与黑格尔同调。但对此理的发扬依据船山的一二之合，或者说就是太虚即气与阴阳相感的统一。[1]这里特别要指出，依据横渠、船山的统绪，"二"的原则是"相感"，而不是黑格尔那里的分裂（Entzweiung），是二元、二体的相互感动而不是单纯的乾元之行动。正因如此，绝对同一者才是气，而不是黑格尔式的理念。两体之间的"交互作用"或者说感动较行动为深广。感动是生生性的，行动是造作－创世性的。前者是"虚无感动"，后者是"太初有为"。

关于感动，西方哲学中讲得最彻底的是斯宾诺莎。而不讲感动，就无法进入气论。这就是新气论必须取道斯宾诺莎的缘由。只讲感动，未必能进入气论，但也能走到当代的力量哲学上去。这是新气论必须调伏和征用力量哲学的缘由。阴阳感动未必只是互补式关联，而是有明确主导性关系的，这是新气论接续传统气论的重要一点。

按照当前研究界的概括，传统气论有"自然主义"与从心学转出的"道体论气论"两种路径[2]，对此应有必要的辨析。在所谓"自然主义气论"中，即便基本问题围绕的是气与万物的关系，也必然要在

---

[1] 参见本书第七章《心物问题与气论》第三节。
[2] 参见杨儒宾，《继成的人性论：道体论的论点》，《中国文化》2019年第2期。杨的分疏大体是正确的，但他所谓"道体论气论"，只是本人所谓从"心学转出的气论"，无论这种心学是否严格意义上的"唯识学"。这在本论中是第二期。笔者所提"道体学气论"，亦即"新气论"，属于第三期气论，非但要从"心学"中转出，而且要从扬弃了主体性哲学的力量哲学传统中转出。与本书第七章《心物问题与气论》着眼点不同，本章要强调张横渠与王船山的连续性。船山既造《正蒙》注，我们便不可率然将横渠与船山割裂为两条路径。只能说横渠已经具备了扬弃心学的气论原理，但其学并无现成的陆王心学可供翻转，遑论深研唯识法相之学。其转者其实是那种对孟子的心学式理解，详见下文。

"工夫论"上涉及气与心的关系,也可以说包含了自己的"心学"[1]。只是这里的心学主要是在工夫论上说的,尚未在道体学上与气论、理学等做过较量,尚未经历过彻底压倒物或理的环节。研究界所谓"道体论气论",首先其实是从"心学"转出的"先验主义"气论,可称为第二期气论。此一气论形态,必须等待佛学传入,"以心法起灭天地"的道体学层面上的心学大成之后,才能臻于成熟。在这个意义上,张横渠不能被视为自然主义的气论,因为他开始直面道体学层面上的心气关系问题,以做工夫论的支撑。这就是《大心篇》相较自然主义气论之单纯工夫论"心术"有新贡献的地方。横渠与船山的区别只是,心学在儒门内部尚未真正出场,未能从已臻大成的儒家心学系统中翻转出来而已。但横渠之学已经具备了扬弃一切心学的原理,这就是把气建立为作为绝对同一者的道体。

新气论之新,并不在扬弃心学这个环节。这个环节传统气论的第二期已经实现了。新气论之新有二。一是借鉴西学,给予气论现代表述,也就是征用力量哲学扬弃主体哲学的方式重解气论对心学的扬弃。二是在气之成物环节,包摄、演证现代世界对"物"的理解。

横渠对气的绝对同一性发挥多方,既是体用、德化的统一,更是物我的统一。[2]在心学或者"主体性"哲学之后,如不能准确理解物我之一于气,那么就不能真正理解体用之一于气,也不能理解心与气的真正关系。新气论之新,在于以力量哲学的方式接续第二期气论对心学的扬弃。换言之,必须在处理气与心的关系之后再处理道物关系,或者说气物关系。颠倒这个秩序,就只能回到对气论的朴素理解,回到独断的宇宙论(或者不那么确切的说法:自然主义的宇宙

---

[1] 例如庄、管、荀诸书中都有宽泛意义上的"心学",但都是在"工夫"上说的,毋宁称之为"心术"。
[2] 参见张载撰,王夫之注,《张子正蒙》,p. 114。

论）。另一方面，新气论并不搁置道物关系。恰恰相反，新气论之新的最后环节在于重塑道物关系。本节先处理心气关系，下文第三节处理道物关系。

张横渠在《大心篇》中明确摆出了心气的理论关系。这种所谓"造道之言"是道体学的论述，而不是工夫论上依据境界体证的论述。这种论述在体证重于说理的古学传统中缺乏足够的说服力，但在现代问题情境下作为导引是不可或缺的。新气论就接续了第二期气论的这项任务，首先是道体学上的实质论说。横渠在道体学上提出了解决心气关系的新思路。这个思路之新，在于先建立了心学而后扬弃之，这从孟子式的心学（这也就预先统摄了陆王心学）转出了气论。

此篇的"大其心"有两个层面。第一层面确实是心学的，但第二层面是气论的。这两个层面之间有极其微妙但重大的差别乃至断裂，极易被忽视。

第一层面的"大其心"，落脚点不在"道"，而在"我"上。横渠指出，所谓"世人之心"，止于闻见之狭是将心从见闻之知、意识对待层次解为合乎天心的无外之心，或"其视天下，无一物非我"的"我"。从此篇的上下文看，这里的"我"完全出自《孟子》，是积极的用法，是"大心"的第一层面。转折发生在《大心》篇的第二层面："以我视物则我大。以道体物我则道大。"[1]这两句是横渠对中国哲学史的大贡献。"视""我""物"皆见于篇首"圣人尽性"处。故此言所针对的不是世人的见闻之心，就是孟子式的心学。这个层面达到的见地，船山注为："物与我皆气之所聚、理之所行。受命于一阴一阳之道，而道为之体……而我之心思耳目，何莫非道之所凝承，而为道效其用者乎？"[2]船山在这里没有明确点出"我"就是"心"，然较此前他对

---

[1] 参见张载撰，王夫之注，《张子正蒙》，p. 147。
[2] 同上。

"身而体道"的注"耳目口体全为道用"[1]可知,"我"的要点在心上。这也是与篇首横渠讲圣人之心、"合天心"相通的。这里的关键是——如何达到关于"我"或者"心"也是"气之所聚"的见地。为何至大无外、合乎天心之"我",并不比道也就是气"大"?

说"大心"有两个层面,就是说此间包含了两个层面的"至大无外"。用西方哲学的话头,这里有两层与"我"有关的"总体性"。第一层是万物皆备于我。这层总体性是万物与我的统一。我的"身"(耳目口体)为气所聚。"耳目口体无非道用,则入万物之中。"[2]对身的扬弃,是入万物之列,是用一个总体性扬弃一个部分。这里对身的扬弃的结果恰恰是第一层大心(万物皆备于我)的成立。

第二层大心则是对"我"的扬弃,也就是用道体(气)扬弃大心这个总体性。这才是船山所谓:"物与我皆气之所聚、理之所行。受命于一阴一阳之道,而道为之体。"这里船山是顺着横渠文本解,其说并无问题。但他紧接着说,这里的文意为:"我之心思耳目"都是道体之用,这就不确切了。实际上横渠这里不是说为耳目见闻所限的"世人之心"才是道用。因为"以我视物则我大",就是此篇开头引的孟子式圣人的"其视天下,无一物非我"的"大";是"圣人之心",而不是见闻之心、世人之心。横渠在这里克服的是生天生地的陆王心学之心,而不是船山注里的常识之心,后者是不配称为"大"的。在这个问题上,横渠比船山坚定得多。船山在《思问录》中转而重新肯定了这个"我"。"必实有我以受天地万物之归。无我,则无所凝矣。"[3]"我"之性德是"首出万物",这个论点也是新气论的基本论点。《思问录》有对佛学破我执的针对性。但船山对"我"的态度如此迂曲,只能说明

---

[1] 参见张载撰,王夫之注,《张子正蒙》,p.146。
[2] 同上。
[3] 王夫之撰,严寿澂导读,《船山思问录》,p.47。

他与横渠对"我"之大的破斥未能尽合。

总之,"大心"有二义。其一是"万物皆备于我"之大,也就是"以我视物则我大",或者用横渠的原话是"大于我"。后者则是与道同体之"大","以道体物我则道大",横渠的原话是"大于道"。二者都是至大无外的总体性,都能"体天下之物",但一立于我体(Ich、das Selbst),一立于道体。横渠气论之精,在于以后者扬弃前者,即以"大我"为道用。横渠说,"道能物身,故大"。船山注曰:"物身者,以身为物而为道所用。"[1]在这里,"物"的意思就是与体所对的"用",而不是与我所对的"物"。这里说的已是道物,而非物我。因而广义的、"用"意义上的"物"包含了"我"或者"心学"意义上的"大心"。说得更尖锐些,如果此篇文本所示的第一层意义上的大心,也就是心学的"大其心",就是合乎"天心",那么在第二层意义上,也就是道体学气论的意义上,"天心"也无非是物和用。乍闻此说,今人必难接受。此时当回参斯宾诺莎力量哲学的论点——无限理智或神的观念,也仍是样态,不是实体。这意思就是,"天心"是用非体。其无非是大用(斯宾诺莎的术语叫"无限样态"),但仍非实体。就算如船山再次肯定的那样"首出万物",也仍是万物中之殊胜者,是道气所凝者,仍然是物非道。以道体学回看斯宾诺莎,则他无非就是以天地(宇宙)与天心(无限理智)为大用而非道体而已。陆、王、费、黑之学则以"我""思""心"为体。

以万物为用,是古代气论的一贯洞见。但既承认有"万物皆备于我"之"大心",却仍以此"心"为用,这就是比自然主义高一阶次的气论了。这个洞见是如何达到的呢?横渠诉诸了孟子的"尽心知性知天"。所谓"思尽心者,必知心所从来而后能"[2],这是逆知。船山

---

[1] 张载撰,王夫之注,《张子正蒙》,p. 146。
[2] 同上书,p. 145。

的阐发是:"心"(他用的"我")也是"气之所聚,理之所行,受命于一阴一阳之道"[1],这是顺推。无论顺逆,都基于一种广义的"因果性"(也包含根据与果用或者体与用)。心仍有"所从来",故仍是果用(Wirkung)。征用力量哲学及力量现象学对这种具体的因果-体用性的"还原"和"推出"正是新气论的任务。在这节的结尾,我们回到斯宾诺莎的理路解释大心的双重含义。第一层是知万物彼此之间普全的因果氤氲,"万物皆备于我"的意思不只是万物之实存被心所知觉("一时明白起来"),而是实存之所以然被心所觉察。此普全的因果氤氲处于无限的网络之中。此心如果理解了万物普全的因果氤氲,就是至大无外的"大心"。第二层则是理解第一层"大心"自身的因果,这在斯宾诺莎体系中就是掌握无限理智与实体之间的关系。第二层比第一层更多的关系不只是心与神的关系,而且有突出显豁的体用关系。这在第一层的"大其心"中,是容易被诸物用之间的氤氲所掩盖的。要破除这层遮掩,必须直指道物关系。

第三节　成物:实在哲学

上文已示,在心学转出的气论中,道物关系仍是最基本的问题。新气论从两个脉络重新把握这一关系。首先,这一关系就是传统体用论的基本问题。但唯识法相学以外的传统中国哲学没有关于本体、原因、根据三组范畴关系的精细辨析,这是我们要从力量哲学传统中汲取的。其次,道体成物之学,就是西方哲学中的所谓"实在哲学"。实在性(reality)概念的词源是 res,也就是事物。实在性就是成物性。注意,以黑格尔不同时期的体系为例,实在哲学全都包括自然哲学与精神哲学,故所谓"实在者"已超越了单纯观念、实

---

[1] 张载撰,王夫之注,《张子正蒙》,p. 147。

在(所谓心与物,或思维与广延)的对立。再以斯宾诺莎《伦理学》第二部分著名的命题"观念的秩序和联系与事物的秩序和联系是相同的"为例。[1]其证明中已经表明,所谓观念与事物的关系,也就是事物被当作思维样态与事物被当作广延样态的关系。故这里的实在者(事物)也已超越了单纯的心物对立。[2]新气论的第二脉络是西方哲学传统中的"实在哲学",但要排除西学传统下单纯的观念与事物亦即"心物"对立的歧义,用道物、道体之成物而非心物来理解。

新气论的实在哲学合说就是气之成物,分说有两个环节,一是成物之"成",二是所成之"物"。

1. 凝、聚与翕辟

新气论是对道体学的发扬,而不是传统气论的单纯延伸。既不是所谓自然主义气论的直接延伸,也不是横渠与船山"从心学中翻转"的第二期气论的直接延续。新气论完全认同后者"心物皆气之所聚"的立论。但哪怕王船山体系中对"气聚"的解说,也过于浸染了第一期气论自然哲学的表象式理解(这种理解有时会被高估为"动态"的本体论),未能始终守住道体学层面的论述。在"凝聚"问题上,新气论不从传统气论的任何此类自然哲学表象出发,而是从道体学与体用论出发。说得更确切些,要从晚期熊十力的体用论"翕辟"之说入手理解"气聚",这是对旧气论和体用论的同时推进。在这种推进中,新气论将糅合斯宾诺莎与莱布尼茨的力量哲学。

新气论将"气聚成物"之说推进到有阶次的翕辟之说,即原则上赞成熊十力的翕辟说,但不同意其"一翕"即"一辟"之说。陈来

---

[1] 斯宾诺莎,《伦理学》第二部分命题 7, p. 49。
[2] 同上书, pp. 49f.。

《仁学本体论》以"重翕"纠正熊十力[1]，这一点是正确的。但要确证此说，不得不区分"翕"的阶次。更具体地说，必须把凝和聚区分为两个阶次的"翕"。熊十力只看到了"凝"，但既未正确地解说它，又完全杜绝了"聚"的可能，致使在他的体系中只有质点的刹那生灭，而完全没有"有形实体"的可能。对有形实体或有形物的辨析与推演，是近代力量哲学之基本难题，尤其是斯宾诺莎与莱布尼茨共同面对之难题。此处征用二氏之说，解此难题。

学界每将莱布尼茨与熊十力对照。其学固有可会通处，尤其在"质点"就是"力"之所成这个基本观点上。莱布尼茨以被动的力凝成质料，尤其与熊氏"翕"成质点相通。但熊十力与莱布尼茨的基本问题意识完全不同，前者缺乏莱氏的基本问题意识：单纯实体（作为单子的力）如何"聚合"为"有形实体"。[2]在新气论看来，熊氏的"翕"没有阶次，一"翕"直接就是一"辟"，这就让成物、器用乃至世界成了一句空话。有形实体之所以是难题，不在"质点"之辟，而在"质点"之翕。这个翕不仅是保留、持留，更是聚合。所谓"有形实体"才是成物问题的关键。[3]对新气论而言，有形实体不仅指物理学上所谓"物体"，而是指涉万物，包括宇宙与国家。但物体（含身体）是最强意义的有形实体。有形实体问题首先要面对物体的实在性问题。斯、莱二氏首先面对的即是物体的实在性难题。莱布尼茨的解释偏动力学式的自然哲学，斯宾诺莎偏力量本体论。

我们先用莱布尼茨的方式给出有形实体的疑难及其莱氏解决。设

---

[1] 参见陈来，《仁学本体论》，生活·读书·新知三联书店，2014年，pp. 63–65。
[2] 这就是所谓连续体迷宫的实质。参见本书第五章《莱布尼茨与力量现象学——从连续体迷宫出发的研究》。
[3] 实体性只属于单纯性。有形体、身体、广延性的"实体"本来就是自相矛盾之语。可将此语解为性与相或者体与用的统一。莱布尼茨研究的"聚合"（aggregatum）或"实体链"就是要把实体性让渡给有形体的东西，把本质性让渡给现象。

问有广延的东西是否无限可分？如无限可分，则并无构成广延物的单纯者，那么一切有广延的东西均非单纯者所组合而成。一切如此聚合者都是作为杂多的"和合假"，在本质上与消散毫无区别。于是，要保全有形实体，只有假设单纯实体。换言之，实体只能是单纯的，不可有广延，也就是说只能是无形体的，否则由于广延作为连续量可以分割，仍会重蹈无限可分的覆辙，不复其为实体与存在者。这就是"单子"。在没有广延、形体的意义上，莱布尼茨也称之为"灵魂"。然而"单位"可以不同的方式"聚"为实在性不同、本质性各异的"集合体"。例如一堆圆木与一栋房子、一滴水与一个池塘、一头羊与一群羊等。其统一性、实在性与本质性各有差别。实在性最高的有形之物不能是一堆圆木那样"堆积"而成的，得是如连续体那样"聚合"而成的。离散的单纯实体如何"聚合"为连续不可分的"有形实体"，这就是莱布尼茨物理学要解决的问题。他的解决方案围绕着单子之"聚"。单子是原初的一力翕辟。其主动性、主导性一面、扩散（"辟"）的一面就是单子，被动性一面、收缩（"翕"）的一面就是原初的"质"。能聚者就是无穷个作为动力的单子。无穷单子的聚合要有主导单子，才能成为"有形实体"，否则也可无序地形成"物质"（mass）。

很清楚，莱布尼茨给出的成物方案就是力之"聚"。但能聚者之所以能聚，是以其初阶的翕辟。这种初阶的翕，单子作为原初力的自身收拢，就是"凝"。凝与聚必定有所区分，但在莱氏的各种方案中，对"聚"的讨论远远过于"凝"。尤其要注意的是，单子自身未被称为"凝"。凝只是单子的状态。单子自身已是一个个体性，不需要"凝"，在凝之前就是个体性。此个体性是对其他单子的表象，表现了太一单子也就是神。换言之，莱布尼茨的"凝""聚"之说固然是力之作用，其凝聚预设的"单子"则仍有个体性之"心"。正是在这里，斯宾诺莎的彻底性显露了出来。

对于分合难题，斯宾诺莎有一个简易广大的处理。说简易，是因为这个处理就是一条界说。说广大，此界说之效力笼罩从物体到国家乃至宇宙的一切事物。此界说是关于"个别性"（或者"单一性"）的："个别事物我理解为有限的且具有被规定实存的事物。如果更多的个体协同地做一个行动，以至于它们全体一齐地是一个结果的原因，那么在这个尺度上我将它们全体视为一个个别的事物。"[1]

　　首先，这是本体论上的、基于力量之结果性的证明（可以对照第一部分命题 36 基于力量之原因性的证明）。众多事物（这就是政治哲学上所谓"诸众"的本体论解释）可以被称为一个，是因为后果为一。后果首先是此合相作为"单一性"的实存。其次，权立"个体性"。既不曰实有此单纯者，亦不曰无，只说在初步划分下有。聚合是齐一化的团结。个体性是什么呢？个体性能产生结果，因为它与一切事物一样，是力量之表现。正如第一部分第 36 号命题所说。上文已示，这不是被莱布尼茨后学用逻辑学的"结果律"掩盖的东西，而就是力量之直接成物。一切样态，无论什么阶次，都是力量的表现与产物。这就是斯宾诺莎之"凝"。德勒兹关于"简单物体"及其复合体的讨论正如斯宾诺莎的文本一样充满了矛盾。但我们可以避免无限分割因而取消一切个别物的实在性的悖谬——只要依据个体与个别在界说 7 中的相对分别，区分齐一协同行动产生的样态与齐一行动预设的"个体事物"。换言之，区分直接表现为个体的"不可化约的力量"与齐一、聚合性的力量。这其实是德勒兹已经指出，但没有坚持的。[2] 相对而言

---

[1] 斯宾诺莎，《伦理学》第二部分界说 7，p.45，译文有改动。
[2] 参见德勒兹，《斯宾诺莎与表现哲学》，龚重林译。尤其参见这样的观点："样态的本质是强度的一种确定的程度，是力量不可化约的程度。"（p.199）不管无限分割后的"这些部分有多小，总是对应于一定程度的力量"（p.203）。在个体性的齐一性原则中，永远有单一、不可化约的力量及其表现——个别物。这就是我们说的"凝"。换言之，在设定可分的个别者的"聚合力"之外，总有直接设定个体的不可分的力量。

的"个体事物"是直接表现,结合体是第二位的。这就区分了凝与聚。这当然不错,但对于斯宾诺莎来说,与莱布尼茨不同,"凝"才是最主要的。正如前引界说与命题所云,"聚"("合一")的界说是按照"因果性",而一切因果只是力量的表现,则作为合相的单一之物也是力量的表现,是一种高阶次的"凝"而已。

综上可得两点结论,首先,无论采取莱布尼茨方案或者斯宾诺莎方案,"凝""聚"必须有所区分,翕辟必须区分阶次,这是二氏所共之处。其次,斯宾诺莎之"凝"是力量之直接表现,能凝者自身就是个体,就是力量,无须预设"个体性"与"心"。斯宾诺莎学说绝非如黑格尔所云无世界、无个体,其个体就是力量的直接产物,力量之凝成;心只是其不可分割的观念,而非其条件。这是斯宾诺莎的彻底之处。只有这样,才能在原理处保留"气",透彻解释心物是"一气之所凝聚"。本论依斯宾诺莎处理"成物"难题。

2. 历史与生生

当代斯宾诺莎研究界有一个对其哲学看似准确的概括:"生产力的形而上学"。[1] 说"准确",是因为从来没有另一个哲学家,像斯宾诺莎那样在本体论或体用论上确认了力量及其生产性的第一原理地位(莱布尼茨、马克思与尼采都近似而未如此彻底、融贯)。说只是"看似"准确,是因为在斯宾诺莎那里——至少在其代表作《伦理学》那里——找不到 metaphysics 与 physics 的分离。只要确认《伦理学》的精义是"生产力",那么就得像马舍雷那样同意:能生的自然与所生的自然是一体的。而这种一体性无法让我们心安理得地说,存在着一种斯宾诺莎式的生产力的"形而上学"。实体作为生产力就是对无限事物有样式但无中介的无限表现与无限生产,因而"生产力的形而上学"

---

[1] 参见 A. 奈格里,《野蛮的反常:巴鲁赫.斯宾诺莎那里的权力与力量》,赵文译,p. 497。

直接的就是实在哲学。

新气论把"生产力的形而上学"推进为生生的成物之学。这里说生生，具备三层含义。第一义是生产与再生产的同一。第二义是能生与所生的同一。第三义是事物与力量的同一。这三层含义都可以从斯宾诺莎的力量哲学中阐发出来。通过这些阐发，生生的成物之学就转进为新气论的实在哲学——作为大全哲学的历史哲学。

绝对的力量是自因，也是万物的原因。这两重原因性是不可割裂的。自因就是绝对力量的自我生产。生生的首要含义就是生产与再生产之同一，也就是对于生产本身的生产，此即所谓"生生"是"不绝之辞"的根据。[1] 换言之，原初力量阶次包含一切力量阶次，否则就不是力量。[2] 生产的原理就是再生产的原理，否则必然一生即灭、断灭，无可生产，也就不是生产力。生生的第二义是生产自身与生产他异事物的同一。力量就是在生产事物时生产自己，在生产自己时生产事物。这就是说，绝对力量作为力量的自我生产，同时意味着对万物的生产。这在斯宾诺莎那里，就叫能生自然与所生自然的合一。[3] 按照黑格尔式的阐发，甚至可以说，力量通过生产事物生产自己（通过外化达到自己），通过生产自己生产事物（通过回归自身设定外在性）。[4] 与此密切相关，生生之第三义是，事物就是生产力的表现。这是一个为斯宾诺莎哲学独有的含义，还不是黑格尔说的外化与内核的

---

[1] 参见孔颖达，《周易正义》，p. 271。
[2] 参见本书第五章《莱布尼茨与力量现象学——从连续体迷宫出发的研究》，第四、五节。
[3] 参见 Pierre Macherey, *Introduction à l'Éthique de Spinoza, La première partie'la nature des choses*, pp. 137f.。能生自然与所生自然是我们对拉丁文 natura naturans 和 natura naturata 的翻译。这里的拉丁文与古希腊文一样，"自然"出自原初动词"生"。因而无论能生自然还是所生自然（能生之性与所生之性），在字面上就是"生生"最贴切的翻译。
[4] 参见黑格尔，《逻辑学》II，先刚译，pp. 141f.。《论心性——道体学气论导言》和《莱布尼茨与力量现象学——从连续体迷宫出发的研究》两章已对关于力（Kraft）与力量（Macht）的关系做过一些说明。这里暂不区分力与力量。

统一的含义。这是斯宾诺莎《伦理学》第一部分最后一个命题的证明中所揭示的，力量生产事物就是力量通过生产表现自己。不是说事物作为力量的对象化必然会通过某种方式回到力量这个"主体"上，而是说事物作为力量的产物就是某个阶次的力量。注意，这个环节特别容易被整个德国哲学传统解之以各种形态的"自我意识辩证法"。但正如法国的斯宾诺莎研究传统正确指出的，斯宾诺莎这里的意涵是"力量的表现"，而不是什么主体的外化、自身超越等。[1]特定的事物能产生特定的果用，那这特定的事物就是表现绝对力量的特定的力。用气论的话说，在斯宾诺莎那里，气的凝成不是气的质料化、力量的被动化，而是凝为"即翕即辟"的单一之物。或者说，初阶的"翕辟"都被高一阶次的"翕"主导着。气所凝成的东西直接就是活的，兼有清浊。这里要非常谨慎地把斯宾诺莎式的凝成（翕）与莱布尼茨、熊十力式的为"心"的"辟"或"主动性"留出余地的待辟之"翕"区别开来。这看似只是一个精微的区别，实质上是气论与心学的大分际所在。

新气论的生生之学就是有阶次的翕辟之学，其要害是气化与成物之同一。在这里我们必须合理地推进斯宾诺莎，一气所成之物，分说是无限的事物，合说就是一个思维与广延共同表现的大物，就是历史。新气论的成物之学无非是全部历史的再生产。新气论调整斯宾诺莎的"能生自然与所生自然"，将成物原理表述为：能生的历史与所生的历史的同一。换言之，历史就是生生。

新气论引入了生生之阶次。绝对的第一生产力只是斯宾诺莎的实体。但实体必然表现为产物。第一生产力必然表现为其产物：历史大

---

[1] 笔者在此愿意再次强调，一定要避免把力量的表现解释为主体的外化。毋宁说应该可以反过来，将那些主体本身解释为力量的表现。或如船山更彻底的观点，"我"是"道"之所凝。

全。一切事物都是较高阶次但强度随之减少的生产力，故此事物拥有自己特定的生产力。这就证明了上文的观点，如果合理地谈论所谓"生产力的形而上学"，那么它不是别的，就是生产力的历史哲学。在这里历史是大物，是实在性的无限总体。这里所谓的"历史哲学"既非与自然对立的小历史哲学、区域性哲学，亦非假借历史之名的自然哲学。在今天如果仍然走过往自然哲学的道路，那么气论只能是过时的"以太"学说。如果单纯走超自然的道路，那么只能通过原始宗教的神秘力量才能理解所谓"气"。我们说的历史哲学，是从斯宾诺莎的自然哲学中化出的。法国当代哲学强调了斯宾诺莎哲学中的这样一个面向：所谓样态，其第一义并非共相，而是充分差异化的无限的个别者。这样的个别者的合一才是斯宾诺莎的"所生的自然"。但差异与个别者的发生（不是按部类"生成"、"起源"）不就是"历史"真正的含义吗？"只有个别事物才是实在的"这个唯名论革命成果难道不是已把全部自然本身历史化了吗？新气论将斯宾诺莎式的"能生自然与所生自然"的一体，改写为能生的历史与所生的历史的同一。历史（Geschichte）就是发生（geschehen）的一切事情（Geschehen）。只有在割裂天与天命、能生与所生、神与气的前提下，才会把"历史"（Geschichte）变成"赠予"（Geschenk）、变成"给予"与"馈赠"。气论的"不容已"和斯宾诺莎的生产的"必然性"全都杜绝了对气化的这种意志论理解。能生的历史就是成物之气，所生的历史就是一切物。

这里要专门讨论的是，我们为什么用"历史"取代斯宾诺莎的"自然"，却又保留了其"自然"的一元化无对待含义。莱布尼茨的自然哲学固然是围绕力的；但他将历史视为神的意志产物，将道德王国与自然王国割裂为二，而没有用力一体贯通地解释。这一方案对全部德国唯心论影响深远。黑格尔虽然不会认同莱布尼茨与康德的这种二元化，但仍然将力与目的论这两个原则视为更基本的绝对同一者的两个环节，且后者高于前者。[1]斯宾诺莎的力则遍及存在者大全，无分区域。他既然认为人不构成自然之中的国中之国，也就不会提出一个与"自然"相对待的"历史"。所谓斯宾诺莎的政治哲学，在个人及其团体中所贯彻的仍然是与物理学中一致的力量原则。如果我们提出一个与"自然"区域对立的历史概念，这本身就是引入了两套原因系统，违背了气论的初衷。新气论的观点因而是，用一种被卡尔·马克思曾经表述过的立场，坚持"历史"自身的全体性。如果说"我们仅仅知道一门唯一的科学，即历史科学"[2]，那么在笔者看来，唯一可能的解释就是，历史就是总体实在，"自然史""人类史"是不可分割的两个方面或者说属于不同的"属性"。而对历史的解释，也不像始于莱布尼茨的德国唯心论那样，偷运各种合目的性、我等于我式的封闭的"总体性"，而是坚持最彻底的斯宾诺莎式的力量哲学立场。这就是上文所谓"生产力的形而上学"必定就是"生产力的历史哲学"的含义，但历史哲学也不是历史学，后者只是"叙述"与"描述"（"摹状"）个别者，而避免给出因果关系。

个别者与因果性之间通常处在一种两难关系之中。关于个别者只能有经验、想象或叙述（相当于斯宾诺莎所谓"第一种知识"或不如说这根本不是知识，而是与 λόγος 完全对立的 μῦθος）。一旦诉诸因果性，就是诉诸理性，但理性是关于共相的，这就撇开了个别者之间的差异，找到的都是"理性的区分"或者所谓"思想的区分"而非"实

---

[1] 黑格尔在《大逻辑》中对"力"范畴的批判较为内在，在《小逻辑》中就有针对性地援引目的概念来批判"力"，这是一个足够说明问题的症候。对照《精神现象学》第三章可知，这就是把力限制在自然领域。进入理性与精神，"力"的范畴就不够使用了。这个立足点完全是莱布尼茨的。正是在这里，斯宾诺莎、马克思等与黑格尔之间产生了根本的断裂。要不要偷运进目的论（无论以什么样的方式），也是中国哲学尤其是气论传统与西方哲学的根本区别。参见黑格尔，《小逻辑》，p.284。
[2] 马克思和恩格斯，《德意志意识形态》，见《马克思恩格斯文集》第一卷，中央编译局编译，人民出版社，2009年，p.516。

在的区分"(理性就是斯宾诺莎所谓"第二种知识")。如果认识只属于理性,而理性又无法达到个别者,那么关于个别者就无法认识,归根结底实在就无法认识。关于这个两难,斯宾诺莎的卓越洞见是指出第三条道路,也是其体系允诺的最高认识形态:对于个别者(而不是共相)的充分的因果认识(此即所谓第三种知识)。[1] 这就是我们称实在哲学为"历史哲学"的缘由。认识的对象始终是独一的、差异化的个别者,因之是历史性的。但真正的认识(恰当观念、神的观念)达到的不是摹状和叙述,而是个别者之间,包括有限的个别者与绝对的个别者之间的因果关系的认识,这种认识因之不是历史学的,而是哲学的。

新气论主张:历史哲学就是全部实在哲学,就是成物之学。翕辟屈伸关系体现在一切阶次的劳动力、生产力、生产关系、法权与意识形态之中,体现在民族国家与世界体系之中。但当我们这样做的时候,斯宾诺莎哲学的那种被当代斯宾诺莎思潮放大了的片面性也就暴露无遗了。新气论将在批判当代斯宾诺莎主义的教条之后演证这一切。

小结:新气论之"新"

本纲要是对道体学气论或者说新气论大义的初步说明。小结如下。

新气论之新在于同传统气论之分别。对于传统气论,我们也沿用研究界的分别,划分为自然主义气论与从心学翻转而出的气论,是为

---

[1] 从这里我们才能真正理解黑格尔的苦心,甚至才能真正理解全部黑格尔逻辑学。他把对个别者的真正认识放入概念论(这就是为什么逻辑与历史最终是统一的。因为神既是独一无二者,又是逻各斯),让因果性停留在本质论。因为在他那里,因果性还不足以完成所谓真正的知识(科学)。这在其体系内当然是成立的,但用他的原因性、实体性、力这些范畴去套斯宾诺莎,却是有实质性偏颇的,这正是当代法国的斯宾诺莎解释要与黑格尔论之关键所在。

第一期与第二期气论。与之相对，新气论也可称为第三期气论。第一、二期的断裂在于是否经历、扬弃真正的心学（而不是单纯的"心术"）。至于这个断裂是否意味着古学与所谓"近世之学"的断裂，姑存而勿论。第二、三期气论的断裂则可定为古（广义的）今之别。为什么古今断裂定在第二、三期之间？因为新气论要依据道体认识现代世界这个"物"。道体无所不在，一切事物不外乎道体。当前思想最要紧的就是从道体认识（不是所谓"证成"）被称为"现代世界"的物。

但新气论仍然是气论。基于一些此地无法展开的理由，道体学在现代不取理学、心学的路子，而是接续宋明清学的气论之路。新气论与第二期气论，包括横渠、蕺山、船山之学之间有自觉的连续性。因为这几家的气论都以不同方式扬弃了不同形态的心学且给出了道气成物的不同学说。从主体性哲学出发理解现代世界是必要但严重不足的。现当代哲学的重要贡献就是探索了后主体性哲学把握现代世界的不同道路。

新气论也取道现代中国哲学。本纲要有意推进晚期熊十力哲学。与现代心性哲学的判断与接续不同，新气论将晚期熊十力哲学判摄为第二期气论与第三期之间的过渡形态。之所以说熊学是"过渡"，是因为熊氏已经具备了纯从体用论出发演证气论的部分基础，但又一方面对"气"认识不足，甚至贬低；另一方面其体用论上的翕辟说未能区分阶次，只有"明心"之学，未具成物之学。

正是基于道体学在当代面临的根本任务，新气论要征用力量哲学特别是其斯宾诺莎系统。新气论在这方面的第一个任务是在西学中钩玄提沉，提炼出一个广义的力量哲学传统，然后在不同脉络中折中损益。本纲要择取斯宾诺莎的理由不只是原理的彻底性，而是其为新气论成物学说带来的启发。当代斯宾诺莎研究的活跃，泰半因为其学说对现代世界来说，贡献了全不同于绝对唯心论的另一条道路，且极具解释力与批判力；同时又能接引传统气论，在气论与现代世界之间架起了一座目前最适合的桥梁。本纲要指示了以下几处。1.彻底地从力量的生产性出发"推出"一切事物,包括心与万物。2.从再生产、成万物、物亦是力等几个层面解说"生生"。3.可以彻底地从力量哲学出发转出"太虚即气""凝成万物"的新气论解释。

本纲要未能充分展开,但新气论亦将推进的工作是,在道体学层面扬弃力量哲学之不足,在实在哲学层面改进力量哲学,演证作为历史哲学的大全哲学。

附录

论中国哲学的标识性概念

关于「新中国的形而上学」

天下与天命：基于气论的历史哲学

论中国哲学的标识性概念[1]

"开放时代论坛"从创办以来，迄今18年了。作为论坛长期的亲历者，我可以做证，《开放时代》一直活跃在中国学术界的前沿，通过不同话题呼唤中国学术的自觉性和主体性。但是从新世纪第一个十年前期一直到2010年代中期的时代气氛、舆论风向乃至意识形态导向和现在很不一样。那个时代强调中国性虽然是空谷足音，但极有影响，更有意义。"开放时代论坛"坚持到现在，聚集了越来越多的、不同代际和学科的学者在思想讨论中坚持原来的方向，这当然非常不容易。但比起那个时代，当前的历史条件还是有些变化，用一种不是强调而是审视的态度盘点一下中国学术的主体性问题，或者如这次会议的主题所示，中国学术思想的标识性概念问题，也许是更有意义的。

2010年代后期以来，"生生"这个概念在当代中国哲学界取得了越来越大的影响，堪称一个传统标识转为现代标识的典范。"生生"在古学中虽然重要，但也不至于头等重要。"生生"概念在当代何以取得那么广泛的解释力，当前"生生"思潮的界限又在哪里，这是我今天想着重讨论的。这个概念的兴起，与我个人也有一点关系。而我这些年也考虑了更多的"标识性概念"，不止"生生"。其间的转变，也值得检讨——归根结底，思想的真正主体不是个人，而是个人所属的时代。

---

[1] 本文为作者在第二十届"开放时代论坛"上的发言，收入本书时做了修订。

就我个人而言，关于中国哲学中"标识性"概念的择取，有这样四个阶段。第一个阶段是21世纪第一个十年中期，代表作是2007年的《是与易》；第二个阶段是2010年代前期，代表作是2012年撰写、2013年发表的《生生与造作》。第三个阶段是2010年代后期，代表作是2018年完成、2019年出版的《道体学引论》。第四个阶段就是2020年代前期的"道体学气论"，代表作是2023年发表的《论心性——道体学气论导言》和《心物问题与气论》。要说标识性概念，可以说在不同阶段用了四个："易"、"生生"、"道体"（道体学）、"气"（道体学气论）。这些概念的关系不是罗列，而是不同时期我对中国哲学最高精义的理解。2010年代的思想有明显的断裂，而后两个阶段有连续性。换言之，我目前认为道体和作为道体的气是最可取的中国哲学的标识性概念。

2007年的《是与易》一文，开辟了一节讨论"生生"，但那还不是当时的主要概念。2012年撰写的《生生与造作》则明确将"生生"当作一个宗旨性概念标举出来。在这两篇文献中，贯穿性的问题意识是相通的，即试图举出中国哲学的一个代表性的（用本次论坛的题目来说）标识性概念。所谓中国哲学的标识性概念是一个划界性的、自觉性的概念。这种划界与自觉当然取决于对他异性的认识。换言之，只有在西方哲学那里找到代表性的标识概念，我们才能择取一个对等性的标识概念。但诸如此类的"标识"是很多的，需要有择取。择取要有标准。换言之，仅仅"标识"还是不够的，需要最高的标识。而最高的标识又应该是最普遍的，以至于不是划界性的，而是覆盖性的。但覆盖性的概念就不再是划界、认同意义上的"标识"了。这就是择取"标识性概念"中的矛盾。我个人认识到这个矛盾是有一个过程的，但恐怕当代中国哲学主流仍未认识到这个矛盾。我在择取标识性概念方面发生的变化，与对这一矛盾的认识密不可分。

西方哲学的所谓最高的"标识性"概念，在一般的哲学教科书中，无非就是"存在"（Being，又译"是"）。这一方面与深受黑格尔、马克思一系影响的我国"哲学原理"传统有关——该传统将"思维与存在"的关系问题视为哲学（包括中国哲学）的根本问题，另一方面也与1980年代以来以"追问存在意义"和"基本存在论"著称的海德格尔哲学产生的持久影响有关。无论海德格尔与黑格尔有多大实质差别，他们都是莱布尼茨-沃尔夫学派缔造的德国哲学传统的传人，都把基于存在的"本体论"（ontology）视为形而上学的核心部分。《是与易》《生生与造作》的基本问题视野仍然是这种本体论，基本意图是通过诉诸中国哲学传统，特别是易学传统，走出存在论。前者依据《说文》将存在（是）解为"日正"之象，将易解为"日月经天"这一原初经验，试图通过易推出是。虽不无包容涵摄之意，但基于划界判分中西的意图更明显。《生生与造作》基于海德格尔在西方哲学的形而上学传统（他称之为"第一开端"）之外寻找思之可能性（他称为"另一开端"）的道路，依据他对Ereignis（德文：发生）与Physis（德文化的希腊文：自然、生长，海氏解为涌现）的重视，提出用易学的"生生"译解这些概念，提出西方形而上学的传统是造作性、制作性的，有绝对的第一因（本原），且与结果（世界、大全）异质，一如工匠与其产物异质；而中国哲学是"生生"性的，如自然生物，无始无终，没有绝对的第一因，因果更不异质。总之，在2010年代早期，"生生"被我当成中国思想最具标识性的概念。经过哲学界的关注和讨论，到了2010年代后期这个概念被更广泛地认同为中国哲学最具标识性的概念，有一批文章、论著对之进行解释与鼓吹，从宇宙论意义上的化形化醇、比较哲学上的中西简别，再到"家哲学"和伦理学，涌现了大量"生生"哲学的版本。所有这些阐发都很有意义，而且我也期待"生生"哲学在各哲学分支都有进一步的发展。但2010年代后期，我个人不再坚持"生生"是唯一的标识性概念；或者不如说，我个人不再坚持任何自我认同、排除他异的"标识性概念"具有首要意义。认识到了普遍性与划界性的矛盾，因而不再坚持那种划界性的标识性概念——这就是2010年代后期提出"道体学"、2020年代提出"道体学气论"的背景。

2010年代中期我开始认识到,"标识性概念"必须让位于一种更普遍的,或者说大全式的问题意识。"存在"对中国思想而言不是根本问题,这体现在Being到现在没有定于一尊的翻译。但很多学者将此解释为中国思想不具备普遍性或哲学的合法性,甚至没有资格自称"哲学"。另一方面,又有学者反其道而行之,认为基于存在问题的西方哲学是另一种特殊性。我的做法是,重新进入西学,检讨存在问题。与其回应"存在"问题(无论承认还是黜落其普遍性),不如重新检讨"存在"问题的基本性。在西方哲学史上,这就体现为太一论(henology)与本体论(ontology)两条线索的张力。前者属于柏拉图统绪。对柏拉图派而言,太一或者"善",高于存在与实体,因而存在问题不可说是最根本的。这条线索对中文哲学界来说非常陌生,以至于很多同行忽略了,与"是"不同,"一"才是中国传统哲学几大主要宗派的最高概念,是对道体的命名。中国哲学真正的普遍–标识性概念可以在一,特别是其所指示的道体那里找到。道体与生生是道体与其"属性"或表现的关系。道体与存在亦然。归根结底,存在与生生只是道体自身表现方式和所表现内容的不同,而不是什么中西标识之别。

道体学有若干优点。首先就是问题导向,道体是空位与虚名。《道体学引论》并没有实质地主张什么是道体,而是说道体这个问题是最高的问题。至于主张心是道体、理是道体还是气是道体,仁体是道体还是生生是道体,或者存在、本原、第一实体、精神、自我是道体,这些都是第二位的,而且这种主张本就是道体自身的不同呈现。在这个意义上,道体学具有存在论或者本体论给出问题,不承诺答案的优点。第二,道体是中国哲学史里固有的概念。朱子编《近思录》的第一部分,开宗明义就是道体。朱子注《论语》,把"子在川上曰,逝者如斯夫",直接解为这是孔子见道体。程子也用道体来讲,例如表彰

《庄子》形容道体甚好。后来佛家也讲道、道体。这些足以表明，道体是一个贯通性的、超越了各学派的，或为各学派共同承认的问题（而且是最高的问题）指向的概念。

道体学可以回应西学。且不是以划界的标识性方式，而是以判摄或者涵摄的方式回应西学。这就可以借助太一论，把道名为太一。道体学作为太一学是可以涵摄西方整个哲学传统的。

2020年代我个人对道体学有一个推进，就是用气去回应道体之问，这就是"道体学气论"这个概念的提出。如果说道体学是问题上的普遍标识性概念，那么道体学气论就是回答上的标识性概念。气确实是最能刻画中国哲学的标志。这种标识性体现在"气"几乎很难被西方哲学甚至现代的中文哲学恰当翻译或解释。气之无法确切地翻译为西语，正如Being无法确切地翻译为中文。比较旧的现代中国哲学的教材都把气解成物质，这有明显的偏差。因为气显然既有凝质性，又有涵神性。在通常所谓气论之下，台湾学者这两年也提出，我们可以区分出自然主义的气论和道体论意义上的气论。在我这里，道体学气论不是一个问题，而是一个方案。最简单地概括，这个方案就是用"太虚即气"去解释道体。它是打通了体用的，打通了无生与生生的。

道体学气论的标识性还体现在可以接续晚明（阳明心学之后的）哲学，接续以刘宗周和王夫之为代表的气论。其普遍性也体现在可以很好地回应、包摄黑格尔以后的西方哲学主流。这里有一条非常重要的线索，就是通过力（权力或力量）来扬弃传统哲学的一系列对立，来批判从柏拉图的理念到黑格尔的绝对精神这一西方唯心论主流。对此我们指出几位标志性人物就可以了，例如马克思和尼采就是在这个传统下工作的。实际上，如果一定要从西方哲学里找一些术语去解释中国哲学的"气"，那么"力"与"能"这一系概念是最合适的，比物质和精神都更合适些；虽然还有微妙而重大的区别，但相对来说，在西方哲学中还是最合适的。

道体学气论还有很多的优点，例如可以综合心学与理学。晚明气论的重要贡献是从"心"转出"气"，再用"气"吸纳阳明学的"心"。在西方哲学中，力量哲学也代表着对意识哲学的超越，例如把意识还原到无意识或者还原到各种社会存在、生产力或者权力等，都是类似的工作。这些还是要引起我们的重视，不要以划界的名义排斥掉。西学的优良传统是可为中国哲学所用的，用拙文《论心性》里的话说，是可以征用的。重视力量成物乃至成机器（不管是国家机器、意识形态机器还是欲望机器）的机制与原理，这是西方哲学的优点，但西学没有看到气作为道体有虚无感动的一面。这将是道体学气论的工作方向。

以上就是我围绕中国哲学传统可能的标识性概念的简单汇报。概括地说，目前我对道体学以及道体学气论比"生生"之类寄予了更大的期待，希望可以通过道体学气论在纵的方面接续明儒及晚期熊十力的工作，在横的方面接引和扬弃西方哲学特别是力量哲学传统；在这些努力的基础上真正建立"新中国的形而上学"，并基于形而上学给出诸实践哲学，对全部自然和历史（不止中国历史）给出哲学上的一个整合与回应。当然这个野心比较大，但我们总要做一些努力，才配得上这样一个伟大的、尽管变动剧烈的时代。这方面的工作总要有人做，哪怕功成不必在我。

关于"新中国的形而上学"[1]

首先非常感谢各位,特别是感谢中山大学哲学系组织这次讨论,学术界有这样的讨论机会非常难得。如按照一般以学科为单位来组织学术研讨会,我只有机会与在座几位现象学同行一起切磋,甚至没办法和李猛在一起开会,更不用说其他朋友了。如果像有朋友说的,这次研讨会是"华山论剑"的话,那么"华山"当然是最重要的。"华山论剑"应该有攻有守,但我没有时间还手,不是我还不了手,实在是因为时间有限。圆桌讨论其实比昨天更有火力,摊开了非常多的问题,至少差异格局已经初步具备。现在我无法一一回应各位的问题,只能有选择性地点到为止。真正、严肃的回应是今后的思考。所有这些问题本质上是时代精神提出的,会影响我今后的研究,所以必须感谢大家。

我就下面几个方面简单回应。

第一,有关"新中国的形而上学"。我非常赞叹李猛的这个概括。这个说法可能是这次会议的点睛之笔,具有高度的概括性与解释力。周展安"异质性、综合性、开放性"的说法,也是对"新中国"文明以及哲学的期待。我想补充的是,"旧中国"并非真实存在于新中国旁边的一个对立物,而只是新中国诸多自我想象中的一种,是体现了真实本质的一种幻象,是新中国自身矛盾的体现。李猛指出的"旧中国形而上学"的那几位代表人物,都是在新中国出生、生活和受教育的,

---

[1] 本文发表于《开放时代》2021年第5期。收入本书时作者另拟了标题。

而不属于老中国的自然延续。新中国是一个集世界历史与中国历史多重伟大传统于一身的存在物，所以一定会有复杂的自我矛盾。我之前说过，当前中国的哲学界是最有"世界性"的，诸多学派已在此集结完毕，只待厮杀，也是此意。人类历史，创新一般是边缘突破，而非中心突破，中心只会越弄越烦琐。中国消化佛学与马列主义，都是边缘突破。西方哲学本身也会有此命运。可以期待，在不远的将来，非但儒家与佛、老的传统，而且伟大的欧洲哲学传统，及当前日益"猖獗"的科学主义思潮，都会在中国哲学界内部通过论争整合。竖说九世，横说三千，俱在当前一念。竖说古今，横说中外，亦俱在当代中国。这才是中华文明复兴的真正力量。

其他的几个方面多少都同"新中国的形而上学"有关。形而上学取决于总问题及其之后的洞见。《道体学引论》（以下简称《引论》）最基本的意图是摊开这个总问题。揭示这个问题的方法，是重新解释哲学史。用此总问题去重新梳理哲学史，这就构成了"判摄"。不少中国哲学史研究界的朋友，以为《引论》的工作是接续熊、牟一系。从"即虚静即活动即存有"看，客观上也允许这样的理解（不过对道体学来说，熊比牟重要得多，理由以后说），但从《引论》的基本意图来看，则是对海德格尔用存在问题梳理哲学史的回应。《引论》诉诸柏拉图传统（谢林只是这一传统中较新、较好的印证。《引论》构思的时候，谢林著作的新译浪潮尚未兴起），梳理了"太一"问题与"存在"问题的关系。更在中国哲学传统中梳理了"一"问题之正统性，对"存在论"及其各种变形的主流解释框架进行了批判。换言之，《引论》确立的形而上学基本问题，在"一"与"在"之间。而这一确立，是建立在新中国以及近代中国百年来中西哲学史研究传统的基石上的。

第二，现象学界的老朋友们提出的问题全都非常中肯。我们知道现象学与形而上学有复杂的关系，绝非单纯排除或断裂那么简单。这点无法展开了。只说《引论》的工作，确如李云飞在上一场所说，主要是诠释学的——但也自觉保留了现象学的后续工作。现象学确实要从"被给予性"出发。从完整的经验中清理出被给予者及其给予自身的方式出发,这不可避免地与现代世界、"新中国"有关,也不可避免地与天道、心性等问题相关。不过在《引论》中,尚未具备解释现代世界等的意图。或者说,"新中国"当然不是作为《引论》的议题或者对象出现的。

第三,在本场围绕形而上学的讨论中,既有中国传统思想争辩格局的再现,也有这一格局下的新内容。所谓争辩格局的再现,如同雷思温昨天说的,当前的思想形势,类似于北宋或者欧洲的早期近代。说得更具体些,儒佛之争、佛家内部的宗派之争的格局,逐渐再现了,但处于一个新的形势下,就是现代世界,以及西方哲学与科学传统的强势地位。这都不是人为谋划的,而是时代精神使然。

首先我表个态,佛学传统是中国中古、近代思想的重要资源,在现当代哲学讨论中重新出现,是不可避免、值得欢迎的,对此不必敌视或惊奇。佛学有不少儒学没有的长处来对治西学与现代性,与儒家完全可以很好地合作。现代新儒家的首要资源本来就是佛学,而不是西学。当然,近世儒家的传统与资源也是庞杂的,在我看来,对各种一神教感应较强的当代"儒家",或者终究无法消化中国革命的"儒家",也许对佛家资源最为排斥。——当然,我们对佛学的理解、运用,和佛教研究当前的状况,也存在不少问题。其次,这次讨论由于周展安的章太炎研究而提出的所谓"生生""无生"之争,实际上没有陈立胜、唐文明看得那么严重。我未证无生法忍,不敢妄言。就目前的肤浅理解看,"无生"与"生生"当然不是对立的,"无生"不是说"生"的断灭,而是空性无生无灭。正依此"无生",才有"生生"的一切法。这当然是极其重要的问题,但恐怕现在还没有到处理此问题的时机。陈立胜、唐文明二位所提的道体与体道、本体与工夫问题亦十分重要。立胜最近关于修身与工夫的大作,序言也提及此问题。我赞成立胜的观点，道体与体道绝不可割裂。其实《引论》原有关于工夫论的计划，后限制在问题与义理脉络的开显上。但我想补充的是，道体不等于道体学，工夫论也不等于工夫。而工夫本身可归属于广义的"学"。如理学传统强调的，读书与静坐不可偏废；又如大乘佛学传统所强调的，闻思与修习也是不可割裂的。名相不是想排遣就排遣的，关于义理的"思辨"虽然始于名相，但仍有助于排遣名相。如果工夫论作为一种言说，对工夫有近乎闻思之用，那么道体学作为一种对道体的名相接引，也未始不能视为工夫的先导。先贤有云，工夫所至，便是本体。"光景""境界"当然不是本体，但亦不在本体起用之外。总之，此刻问题格局虽与宋明大同，但时机也不无差异。不先用义理、概念引导，劈头讲工夫，并不应机。最后，张志强及周展安所点出的佛家宗派的差别，也是在当前总的思想形势下，一个老问题的再现。我曾有"哲学（不止中国哲学）有唯识时、华严时、天台时"的观点。"唯识"非但是中国现代佛教史的逻辑起点，也是当代哲学本身的起点。志强对《引论》的批评，近似于妄心系对真心系的批评。我的回应很简单，工夫上，妄心系与真心系各有其机，各有其利，也各有其历史影响。这点不必多谈。义理上也是如此，妄心系讲世界、万法比较顺畅，真心系讲法界、成佛比较顺畅。《引论》要开显问题，可能更接近真心系的上行路线——但这绝不是说道体学不重视唯识学与整个妄心系统。

第四，以上关于佛佛之际特别是儒佛之际的讨论，确实与一个当代最重要的问题相通——文明问题。陈立胜对"无生"的质疑，唐文明对哲学本身（不止哲学体系）的质疑和对宗教的认可，都出自他们各自的文明立场。当前的文明问题应该就是几十年来古今中西问题的变形，或也可算一种回应。不止一代人在这个问题上探索了很久。我目前的看法，不那么简单。首先，文明不是一种现成的、对象化的、唾手可得的东西，它既像斯宾诺莎的实体那样超然（我们所得只是样态),又像黑格尔的精神那样恒转恒变,不断不常。因而,无论是古今中西问题,还是文明问题,都要具体化、样态化,直接地就文明谈这谈那,很难不笼统汗漫。其次,对文明要去先天化,要允许生命认同与理智解悟的适当分离,要允许理智探索的后天证明。实际上这种证明是无法阻止的,甚至更为应机——在现时代,立场不是被先天设定的,而是自我呈现、自我证实的。最后,要找到高于特定文明的原理来论证文明。只有孕育了高于特定文明的原理的特定文明,才是真正扬弃了特殊性的文明。只有先立道体,才能立中体、评西体。原理、道体,应该可以解释一切文明——实际上无论黑格尔,还是雅斯贝斯或沃格林,都是用一个尺度来衡量一切文明的。即使有朋友更注重宗教,宗教在其诉诸普遍性(天等)上,与哲学完全一致。一言以蔽之,在"文明论"之前,要找到"文明论"的唯一尺度——而这,就是道体学的工作之一,哪怕正如不止一位朋友指出的,《引论》对此是有缺憾的。

　　第五,也就是最后,朱刚兄提出的"坐标系"问题,也可依以上思路解决。我们知道,绝对坐标系是没有的,绝对的只是相对坐标系之间的换算关系,而在一定的理论表述中,也可以设立一个原初的坐标系,依换算关系得到一切坐标系中的描述。换言之,绝对坐标系就寓于相对坐标系之中。道体学就试图给出这样一个其中包含绝对者的相对坐标系。试图给出一个尺度,换算不同哲学基本概念、学说,乃至文明体之间的关系。这也有点像本、外币之间的关系。"新中国的形而上学"如果真能建立,它就会是世界精神的结算单位,是法律和法庭,而非仅是哪怕成功的自我辩护者——这肯定是世界向当代中国哲学提出的要求,无论道体学能走多远。

天下与天命[1]

基于气论的历史哲学

1980年代到现在已经四十余年了。时间跨度已经超过了"前三十年"。这四十余年来,中国思想界发生了很大的变化,其剧烈程度虽然不及"两个三十年"之间,但其深刻性、丰富性或者过之。最近十多年来,思想界的变化也许可说是微妙的。但变化如过于微妙,会显得更像停滞。这就需要研究者的分析了。笔者曾经小结过70年代以后的"三十年思想史"[2],本文希望延伸这一观察。

一 改革与开放的双重变奏

笔者曾经从西学四导师(青年马克思、康德、海德格尔与施特劳斯)之间的思想史关系检讨80年代的启蒙主体性,结论是,列奥·施特劳斯这个路标之后,中国思想将获得近代以来从未有过的自觉,主体也将返回充满具体历史内容的政治世界。2010年代以来的学术思想史虽大体验证了这个结论,但又面临着新的、更为深刻的矛盾。这些作为"新问题"的理论矛盾当然是现实矛盾在思想中的投射。十几年来,各种概括现实的尝试层出不穷,但现实变动得太快,以至于一个概括往往还没有得到充分讨论就被宣布无效了。行动者与反思者无疑

---

[1] 本文发表于《开放时代》2024年第1期。
[2] 参见丁耘,《启蒙主体性与三十年思想史》,《儒家与启蒙》,生活·读书·新知三联书店,2011年,pp. 3-20.

都想剖析这些矛盾，但在现实不断加速的蜕变与动荡之下，没有任何一种现成的理论资源可以拿来就用。思想是一种被现实激发的活生生的行动，这一行动本身也拥有实在与观念上的历史前提。当前的思想者应该做的，是直视现实之内的矛盾并将之理论化；而首先可以做的，是正视理论资源之间的矛盾。如果剥掉学派政治的表面形态，这些矛盾完全可被理解为总体矛盾的投射。没有一种资源可以现成地拿来就用，意味着这些思想传统——至少在目前的形态下——陷入了知性的对立之中，无法扬弃对方。但伟大思想传统的本质就是，总能通过自我否定来自我确证，吸收对方的内容从而扬弃对方的外在性。

笔者对"三十年思想史"的检讨比较清楚地指出了西学传统内部的矛盾及其效力，但对所谓"中国思想"，则抱有一种抽象的乐观态度——就好像中国思想传统从无矛盾，其活力也不是来自矛盾那样。2010年代以来，我们恰恰面临着中国思想史上最深刻、最复杂的矛盾——如果不说是最激烈的话。中国思想面对的最大矛盾，当然是被上一代学人概括为"古今之争"的巨变。但对此概括，要有更准确的理解。在中国学术思想史上，古今之争绝非一次性的，而是曲折且可再生的——这从中文"现""今"的相对性就能看到。这一争执有若干形态，在殷周之际、周秦之际早已出现。缺失古今之维，就既抓不住道儒、儒法之间的根本争论，也抓不住儒学内部、经学内部的根本争论。换言之，中国思想传统对于"巨变"或"大变局"并不陌生，甚至将此体验上升为世界的本原——"变易"。不同的变化固然具有不同的条件、内容和结果，但任何时代对"沧桑"的感喟则如出一辙。

近代以来的变化，其曲折往复、激烈痛苦，远超前代。其间的问题与世变也绝非一两个命题或公式所能概括。70年代末以来的纪元，总体上固然可定以"现代化"，但其历程亦绝非均质。在某些语境下，作为意识形态概括而非社会科学概念的"改革开放"反而比"现代化"有更多的张力和解释力。"西学导师"中的后两位海德格尔与施特劳斯（不必说夹在其中的韦伯及福柯了），对当代中国的意义当然在于检视"改革"尖锐提出的"现代性"。但在本世纪，尤其是2008年以后，"开放"的权重较之"改革"越来越大，比单纯的"改革"更具问题意识上的挑战，也比"改革"更为普遍化。2010年代以来的中国乃至世界形势，可谓"改革"与"开放"的双重变奏。20世纪初的"救亡"及其与"启蒙"的双重变奏问题，1980年代以来的"启蒙"及其主体性的辩证法问题，都要在这个全球性的双重变奏下重新理解。

新变奏中最明显的是这样两条线索。首先，如果说1980年代以来的30年更多的是"改革"引领"开放"，那么2010年代以来，"改革"更多地被"开放"（包括其顿挫）所引领。改革的动力更多地来自"开放"，而"麻烦"乃至"危机"，也更多地被"开放"所触发。其次，如果说"改革"更多的是中华人民共和国的自我调整，那么"开放"及其带来的一系列社会经济、政治文化矛盾，则是全球性的。

包括中国在内的当今各国，对"中外"问题或者说"内外"问题的敏感度已大大压倒了"古今"问题。中国是"改革"引出"开放"，欧美诸国则是"开放"倒逼其"改革"——无论是顺应还是反对"开放"。普遍的"开放"并非界限的消失，而是其再生与重组。这一个十年的突出现象恰恰是"全球化""大联合"的大逆转。从区域关系、地缘政治到身份政治，乃至中国舆论场的各个阵营，几乎重要的团体都在分裂、拆解，基于"界限""大防"重组。最大的危机不再是"局限"，而是找不到清楚的"界限"来规定、守护自己。本就以"批判性"见长的"理论家"们，虽然还是通过批判一切来保护自己的独特性，最终让自己陷入光荣孤立。但试图建立苛刻界限的"批判"本身正在越界，这导致了一个看似荒谬的结果——"少数"与"孤立"正在普遍化。在现实世界中，共同体正变得越来越小——为了同年轻人的"部落化"相抗衡，老一辈干脆抬出了"家庭"——即使这些"老一辈"还不够老，对"家族"并无切身经验，目前能兜售的只是核心家庭而已。但在虚拟世界中,共同体正变得越来越大,从微信群到游戏联盟,到帝国、文明,乃至整个元宇宙。而虚拟世界的虚拟社会关系——包括作为这种关系产物的他人、团体和货币——正在迅速实在化,其趋势是取代或至少重组旧的现实共同体。这是一个实存的广延越来越小,而表象的强度越来越大的时代。这是一个莱布尼茨式"单子"的时代。

单子在表象上不是孤立隔绝的,而是可以任意结合为共同体(有形实体)或解除这种结合——决定共同体存亡的,是有没有主导性的"联合"力量(晚期莱布尼茨称之为"实体链")。[1] 换言之,在这样一个时代,任何共同体的实在性标准只能是其自我整合与解释的力量(power)。注意,力量或权力这个概念意指存在的根据,并不特指强力、威力或暴力。现代最重要的共同体,最重要的权力单位,仍然是国家。一个实存着的国家——用谢林式的概括——它的实在本原与观念本原是统一的。[2] 如果国家确实是所谓想象的共同体,那它早就是所谓元宇宙之前的元宇宙了。历史、经典与宗教就是让虚拟之物侵入甚至构成实在共同体的最有力机制。例如,国家货币的观念性一点儿都不比虚拟货币少;但另一方面,国家货币又比桥梁和楼宇更为坚实。这是因为,国家实在性的源头恰恰也是最观念化的。古人直率地将这个统一一切观念与实在——因而是一切"社会存在"的前提——的双重化唯一本原称为神或天,而今人中立地称之为文明性。国家的双重本原较诸虚拟世界更为强大,但它同样也只是一个单子。实在本原与观念本原各有其统一对方的方式。国家的自我理解,就是在观念本原中思维自己的实在本原,特别是把握矛盾,其中既有观念与实在之间

---

[1] 参见莱布尼茨,《莱布尼茨自然哲学文集》,p. 405。又见《莱布尼茨后期形而上学文集》,pp. 195–201。
[2] 参见谢林,《论人类自由的本质及其相关对象》,先刚译。关于两个本原及其在历史中的矛盾同一,见 pp. 57, 58, 133。关于国家的矛盾,见 p. 163。谢林看到了国家同样是两种力量阶次的翕辟关系,可惜并未展开。

的矛盾，也有观念之内的矛盾；这两对矛盾之间又构成了观念之内的高阶矛盾。如果允许简化，我们可以说，唯物史观与文明史观之间的矛盾就属于这种高阶矛盾。

二 文明的冲突与再天下化

如果说"中国"与一切社会存在物一样陷入了更多的内外矛盾之中，那么对中国的再次理解（所谓"自觉"）就必须始于主动地揭示这些矛盾。首先需要调整问题意识：是从"改革"引出的单纯古今问题出发，还是从"开放"引出的普遍的"内外问题"出发？是从单一文明体的古今之变出发，还是从"文明间关系"（无论是否"文明的冲突"）出发？如果问题意识只有前一维度，当然也可提出一种被古今问题笼罩的"中外"问题，即在现代化普遍道路中如何保持和发扬中国性的问题。在这个问题意识下，基本争论是"西化"与"现代化"的关系问题，是"中国化"或毋宁说"再中国化"的问题，是"中国道路""中国模式"背后的特殊与普遍的关系问题。但如果从后一个维度出发，事情就会变得复杂精彩起来。

"中外"关系或者"开放"主题的普遍化带来的未必是普遍大同；恰恰相反，当前有一种普遍倾向恰恰是普遍大同的普遍逆势，是"开放"的问题化和危机化。"改革"主题从未消失，但要随着"开放"主题重新定调。同样，"中外"问题已经不再是晚清以来的所谓"中西"问题，不再是中国文化的自我认同问题，或后发现代化国家的认同危机问题，而是在全球化与逆全球化时代如何重新界定自身与外部关系的问题。让我们再强调一下，这不是"后发现代化"国家在西方化面前面临的认同危机问题，而是一切国家，尤其是西方国家在全球化面前面临的社会撕裂与自我认同问题；既可以将之称为"全球内战"，也可以称为任何单一文明体之内的"文明冲突"。如果大家愿意，也可说是"现代内部的古今之争"。若仅意识形态化地称之为"左右之争""激进保守之争",虽可体现一种时评式的准确性,但对深入和全面的分析并无益处。

在这样的历史条件下,对中国性的思考,既不能忘却晚清以来的所有经验,又不能被"古今中西"问题的既有形态捆住手脚。换言之,当前中国性问题的首要任务,是如何在真实的世界历史,尤其是当代的世界冲突之中(而非在单一的现代性之内,或单一的中华文明体之内)为当代中国及其全部矛盾找到理论表述。

如果说,上一个历史时期主要是"改革"提出了"中国化"的要求,那么当前的主要问题无疑是"开放"提出的"天下化"难题。对中国来说,也可说是"再天下化"。

之前的历史时期,无论是在吸收西学的同时再次确认"中华文明"等观念性历程,还是在政治经济社会建设中走出"中国道路"这一实在性历程,总问题乃至总方案的表达,一言以蔽之都是"中国化"。但在一个全球性开放危机的时代,对中国性的再思考与再确立,无论如何无法绕开中国在当今世界中所起与将起的作用。中国长期对外开放导致的全球资本、市场和劳动力的格局变动,这些变动对西方社会内部分裂的加剧与扩大的激化,国家战略在全球贸易与地缘政治上的布局调整,当代西方人文社会科学(遑论它们在第三世界学术界的追随者)在全球性大变局面前"老调子已经唱完"的明显衰落,所有这些并未被思想界充分注意。生活不只是生意与消费,经济活动带来的也不只是经济意义。同样,这也不只关涉国际关系界非常敏感的所谓国际秩序问题,而是一个新的、全球性文明共同体的生成问题。不能因为这一问题首先被政策话语("人类命运共同体")道出,就轻视其严肃性、现实性与科学性。必须从伦理、政治、经济生活的总体出发估计"开放"带来的意义与危机。从中国思想传统出发,对此最合适的概括只能是"天下化",但其历史内涵则不能依靠传统现成提供。当前这首先包括经贸关系的失衡与再平衡、国际关系、国际法、地缘政治、战争与和平、大陆与海洋。总之，这一切都属于文明体之间活生生的交互关系。

随着充满曲折斗争但终究无法摆脱的经济一体化历程，全球文明的互动将是一个总体性的趋势。最迫切的问题是：如何理解这一趋势？在特定文明之内形成的自我与他者互动的交互主体性范式，难道能不加批判地适用于文明体之间吗？无论关于交互主体性的构成谱系有何不同解释，必定包含这样实质性的一步：将他者共现为与自我拥有"同一个世界（观）"的"心灵"。换言之，"心灵"是依"世界（观）"界定的。绝对陌生的"心灵"差不多就是邪灵。与来自异质文明的、绝对"陌生"的"心灵"沟通，对于当今世界的那些主流文明来说，不亚于与"异形"之类外星生物"沟通"。这种交互作用并非"心灵"先行，而是身体及其工具（包括武器）先行的。不要忘记，身体与工具是物质性的力量。交互主体性的构成本就包含了构成他者身体的环节，但现象学的进路受制于笛卡尔，没有对斯宾诺莎和莱布尼茨给予足够的重视，只看到身体的空间性，忽视了身体的力量性，从而也忽视了交互主体性构成的力量维度。莱布尼茨的单子论（不是对其做出片面解释的胡塞尔现象学单子论）具有非常明显的问题意识，那就是把空间还原为力量关系。其突出的身体力量维度，正好可以克服晚期胡塞尔-梅洛·庞蒂之偏，适用于一切观念、实在同体的实体。文明体显然具有更强烈的"力量"维度，这正是主流的各历史哲学范式（无论文明史观还是目前状态的唯物史观）的局限，除非把文明体的现实本质理解为既自我保存又自我扩张，因而必定试图排挤与主宰他者的力量与权力，否则就无法解释（甚至不愿承认）昭如白日的"文明冲突"。

"文明冲突"学说提出以来，国际范围的文明冲突显然加剧了。更有甚者，它还卷入了文明体内部，并压制、取代了冲突社会学意义上的内部冲突（"阶级斗争"）。亨廷顿强调的是，文明体之间的冲突在很大情形下与宗教有关。但"与宗教有关"毋宁说是具有宗教意义，而并不意味着冲突发生在宗教之间。在文明体内部的所谓左右冲突，越来越表明自己不过是宗教对激进世俗化的反扑，但其实质则是在全球化中被边缘化的"新穷人"与宗教保守势力的合流。或者说，宗教保守势力"群众路线"的成功，正是全球化经济格局变动和激进世俗化"为渊驱鱼"的结果。全球化让传统社会的主流人群感到边缘化的压力，而传统社会的"边缘人"反而高度主流政治化了。相互驳斥的左右翼理论家们都没有看到，身份政治本来就是外线的文明冲突；前者并未否定，相反从左边确认了"文明冲突"的宗教本质。原发的现代化、激进的世俗化与反宗教本身就是镜像中的宗教，是一神论文明的必然产物。它们并不产生于宗教之外，而是奠基于神学传统内错综复杂的非正统力量。这就是离开宗教就无法理解现代性（不管哪一次浪潮）的根本原因。与此相应，那个刺激着"大陆新儒家"的"亨廷顿之问"（无法确定中华文明属于什么宗教），恰恰展现了中国现代化的秘密。中国文明是世俗性的，不是世俗化的。儒教、道教和大乘佛教早就共同完成了对宗教与世俗二元对立的扬弃。中国的现代化并非宗教之内的世俗化，而是世俗性本身的高阶化。世俗化作为宗教的自我扬弃，是以宗教的宰制为前提的，中国文明不是世俗化的文明，而是世俗性的文明，只有这一个世界的文明。上帝（Deus）在中国不是"死了"，而是从未活过；那种想在六经中挖掘一神教式上帝的耶稣会式努力终究是徒劳的。相比于"上帝死了"，中国现代革命最激进的一面也不过是"祖宗死了""过去的彻底过去了"。中国的现代化要做的不是从神圣性下移到世界，反而要上升到抽象态度和本质主义（当然以"科学"而非神学的名义）才能再次理解这个世界。

世俗性文明不需要世俗化，同时也不会排斥其他文明的世俗化。世俗化（世间化、世界化）的最新形态就是全球化，它的最大观念阻碍就是基于诸一神教的宗教冲突。宗教冲突的根本原因就是宗教本身。任何宗教都无法解决宗教冲突——除了非宗教的宗教，亦即将宗教之间和教俗之间的界限视同儿戏的宗教。在这个意义上，没有什么文明比中华文明更不拒斥全球化了。中华文明始终在以一种不承认文明冲突的方式解决文明冲突，这就是中国式"开放"的世界历史意义。但在实在方面，正是开放、交往放大了"文明冲突"，并使之出乎意料地进入了单一"文明体"甚至单一宗教之内，成为社会斗争的主要表现形态。换言之，"文明冲突"在文明体之间和之内越来越趋向于同构且彼此映射。这一点，从地缘政治形势越来越受制于一国之内的"左右"党争就能看出。同样，一国之内的社会斗争也越来越文化战争化，越来越被现代"文明"的各种矛盾样态牵制和撕扯。对于这种普遍的、既外战化又内战化的"文明冲突"，重塑普遍内外秩序的"再天下化"是唯一可能的出路——如果真的存在什么出路的话。

三　如何理解"文明体"

"天下化"是一个方向，而不是一个轻飘飘的语词。作为现实出路的"天下化"既非重复古代学说就能立刻得到，亦非在古代学说中机智地抽出几条看似应时的原理就能应付。在理论上把握天下化需有三个基本前提。首先是理解文明体及其冲突的本质。应当看到，"文明冲突"属于观念性东西的实在力量之交互关系。当前各种理论的无效，在哲学层面的缘由就是未能达到这一前提。游走在各种理想主义、机械唯物主义或主观唯心主义之间的社会科学，无法理解全球冲突的实质，遑论提供方案了。其次，正确理解国家在再天下化时代中的作用。这同文明体的实在本原及其力量性是相应的，当前的天下化危机不是诉诸非国家的各种团体就能化解的。第三，现实地设想一个天下型的文明。无论形成道路有多么曲折，最终的主导文明必然是一个有世界文明整体筹划的文明，是一个在其中映照了所有文明的单一文明，是客观精神的太一单子。单子不只是能表象者，而是具身实体。当代思潮在"无器官的身体"和"机器""装置"上做了太多的发挥，但始终存在着挥之不去的片面性。它们既没有点出身体、机器在莱布尼茨哲学中的完整意涵，更是回避了这一基本状况：正如黑格尔指出的，单子脱胎于"实体"，因而更适用于国家与文明体，而非那种所谓的新兴主体。与单子组成的一切有身实体一样，文明体并不只是一个无所不包的观念体系，而是一个拥有巍巍大身的实在力量体系。经济联合体、区域性领导组织、准军事同盟等等，这些就是主导性的文明的必要基质。

这三个前提的同一哲学实质，在于**重新理解心与物（包含心与身）、一与多、自由与必然的关系**。这是现代哲学一以贯之的最重要问题。哲学思考的是全部实在和整个历史，而不是直接讨论什么古今之争——但它会用最基本的概念回应现代性问题。面对当今世界的诸种问题，如果我们愿意从文明间关系去考虑，那么就需要改善对"文明体"的认知范畴。必须激活现代哲学自身的遗产来理解现代文明。

在斯宾诺莎、莱布尼茨、谢林及尼采统绪中，力量（潜能、权力）是心灵与物身、一与多、是与易的绝对统一者。但这条统绪被绝对唯心论所压制，也没有在后黑格尔的唯物史观中得到足够的重视。而重新挖掘这条线索的当代激进思潮，又急于将它"批判化""主体化"，将之与黑格尔、马克思及现实的社会主义传统割裂开来。批判理论家们没有看到，这条线索上被大书特书的几位人物——马基雅维利、斯宾诺莎与尼采，完全具有不同于激进解释的面向（注意这几位是施特劳斯最重视的现代哲学家）。他们的意图不是外于"国家"的"诸众"，而恰恰是居于自然（实在力量）与礼法（观念）之间的 politeia（文明体、政制或者国家）。在这个被视而不见因此几乎是半隐秘的统绪中，作为斯宾诺莎与德国唯心论（特别是谢林）的中介，莱布尼茨相对是最被低估的。然而作为控制论、智能机器和符号逻辑的先驱，莱布尼茨对数据资本主义、虚拟世界、互联网与人工智能时代的解释效用比其他诸家更加直接明显一些。更不必说，单子论准备了一多有序相入、身心（智能与物身）层层相摄的学说框架，既不偏于机械唯物论，也不是纯粹的有机体主义，而是提供了一个在内与外、有机与无机、秩序与失序之间无限转化的解释框架。但这些是普适工具，对自然与人工的万物全都有效，当然不只适用于互联网社会及其"赛博格主体"。也就是说，智能性的心身关系是普遍范畴，作为心物共同绝对主词的力量是普遍的内在因，不可能只聚焦于当代激进主体，而将文明与国家摒诸分析之外。真正的批判是全部事物自身的运动，而不是任何主观活动的抑扬裁剪——不管其意图是激进的抑或保守的。

要之，"再天下化"这一当代问题，对当代中国哲学提出了新的任务——以一种能够回应和包容中外思想传统的方式，重新扬弃观念与实在的对立，进而可以在历史哲学上扬弃文明史观与唯物史观的抽象对立（当然需要诸多理论环节）。这里只需提出一点——文明体的力量性包含了文明的物质性，而生产关系作为不折不扣"观念性的东西"同样内嵌在物质活动之中。

四　天下与天命

以上这种重新理解文明及其关系的理论设想主要来自现代性兴起时刻的西方哲学。但这与传统文明的自我理解也是可以贯通的，当代中国哲学的一项重要任务，就是打通这两条道路。

不少活跃在传统范式内部的思考者都洞察到，文明的根底是天人关系。特定的文明体类型就是天人关系的不同类型，就是有限者参赞天地的不同道路。天人关系固然是文明自我解释的最主要论式，但首先必须提出一个元问题——在考察诸特定文明赋予这重关系的内容之前，如何先验地理解这一关系。这个问题开辟的学术方向可以叫"形式神学"或者文明的"先验类型学"。用宗教意识解释历史的唯心主义者（例如这两年在小范围内得到重视的沃格林）只是观念地将之理解为神人关系——这是对天人关系的主流解释。但当前要强调的是天人关系的物质生产性一面，可解之为人同作为物质力量（不只是被动潜能）的自然的关系。也就是说，必须将天本身理解为观念与实在的绝对同一。用中国思想传统的经典表述，天不是单纯的心或物，而是心之所从出、物物之一气。[1]

在一个文明体中，天人关系与人人关系是一体两面的。两者之间的显隐表里，表现为各特定文明体的偏至。在中国思想的诸多传统中，特别是在儒家传统的主流脉络中，人与人的关系（从亲亲推出的仁爱）反而是某种天人关系的原型。这从属于本原论上的"拟人论"倾向，无分中外——差别在于如何理解"人"这个原型。儒家的特质是"仁者人也"，从"仁"而非"意志"等解人。但大传统的一贯不能掩盖其内的异质。在大变动的时代，内在的失衡与紧张反而是激发活力的优点，正如在需要正统性的时代，这些必然被圆融地均质化。这是一切活传统的特点，即便儒家也不外此。

即使撇开对天"不为尧存不为桀亡"的反拟人化理解（在不严格的意义上，也可说是自然主义理解），仅在尊孟的理学传统之内，也能明显地看到，"天下"是《大学》的主旨，而"天"、"天命"或"天人"是《中庸》的主旨。前者是从身推扩开去的横铺结构与层层收敛的内切结构。《大学》的核心问题是"心（意知）物""身心"，但主旨却是由身而天下。《中庸》则是由天而物而人，再由人及天的纵贯结构；且用人参赞化育的纵贯横通结构包摄了中和的内外结构。其中的轻重显隐，各有妙机；宗旨完全贯通，而又显然不同、不可相代。合而观之，岂止"十字打开"而已！《学》《庸》本来相济，但古今之变

---

[1] 参见本书第八章《论心性——道体学气论导言》。

首先波及的是《大学》中的身、家、国、天下这几重关系，中外文明首先争论的也是这几重关系。心物关系、天人关系的变化虽然深刻，却缺乏表面的激烈性；但未及"天"和"天命"的"天下"观始终是浮泛的。在此情形下，要用《中庸》救济《大学》，用"天命"救济"天下"。《中庸》的要义是"诚"，是"合一"。诚作为合内外之道包摄了《大学》的心物关系，且具备更多意蕴。

这里不是详论这些问题的地方，只能满足于提示《中庸》对理解天、天命、天人以及天下化的可能贡献。《中庸》主诚。诚是合一。按中国哲学史的统绪，总说就是心、理、气的合一，分说可谓心气合一、心理合一、理气合一。据梁漱溟先生传承的《大学》解，此篇之"诚"要在身心合一[1]，故也可摄入《中庸》之中。天无不诚，所谓诚者天之道；人则需修道、努力。天生万物，万物不是天，理气不一不异。世间万物、人类历史的基本状况就是理气之不合。理气不一而人力图使之不异的过程，就是历史。

所谓知天命，就是明白理气的不一不异。但仅道理上明白时，天命之气就还只是理"之外"的"另一个"理[2]，这和西学里对"存在"（或"太一"或"善"）的"超越性""另外性"的理解差不多。西学抵达"超越性"的方式是从知性提升到思辨理性或上行努斯，但即使摆脱"知性"，这些境界也都只是"知"。

知天命是圣人五十岁时的境界，其他人，哪怕是朱子，解释这句也有不自信的时候。[3] 注家指出，这条讲的是圣人"知道终不行"的无奈，是"理"与"数"的不合。[4] 道理与气数的不合，触到了人力

---

[1] 参见《梁漱溟全集》第4卷，p. 114。
[2] 参见拙著《道体学引论》中对"气论"的批评，pp. 99–101。
[3] "先生厉辞曰：'某未到知天命处，如何得知天命！'"黎靖德编，《朱子语类》第二册，中华书局，1994年，p. 553。
[4] 参见程树德撰，《论语集释》第一册，pp. 94, 95。

或人义的界限，其实是对"历史性"的感悟。能让凡人对"天命"有所感触的，的确首推"历史"——尤其是历史对人的一切善良意图、聪明谋划的嘲弄。人多少都有点历史知识，但真要对"天命"有所感，只有知识是不够的，恐怕只有积足"历史感""有限感"才行。这些只能来自亲历的岁月。五十岁固仍是壮年，但比起前后的年岁，不仅真正经验到了"逝者如斯夫"，且犹能更清醒而不失积极地面对。

仅被知的"天命"还未与自己的切身之气贯通，心气上未能合一。"六十而耳顺"才是心气合一。知天命和耳顺的关系相当于"而立"和"不惑"的关系，都是把理智上明白、坚持的普遍道理贯彻到具体的、切身的当前直感中。"从心所欲不逾矩"则由直感而直行，是理欲、身心的大统一，是充体之气与天命之气、历史之气的贯通。人类历史总有理气不合的一面、"道不行"的一面，所以仅懂得理上的应然，或仅能让个人行动合乎这个应然，都还不是"知天命"。但个人通过不断学习（就是"有志于学"的"学"），至少在自家身心上让理气在一切处境下完全契合；通过理气在自己身心上的合一，让理气之"不异"不断地生成，这就是"天命之谓性"。用气论解释孔夫子之为学阶次：理气之不一不异是天命，心理一如是见地，身心一如是境界，心气合一是工夫。

文明体看上去比人复杂太多，几乎毫无可比性。但这一结论过于匆忙，忽视了人本身的精微。哲学上对本原之"拟人论"（原人论）的设想，如善加调整——如莱布尼茨、谢林的调整，又如笔者《论心性》中提出的"道体学气论"第二方案——都可将万物解释为心物不同阶次的统一。文明亦不外此。"无器官的身体"同样适合，甚至更为适合文明体、文明-身体。

基于以上问题意识，我们初步提出以下设想。

首先，在普遍失衡的世界中，开放或全球化必然遭遇挫折。挫折的最重要面向，是普遍的内外危机，其中的荦荦大者，是文明间关系，包括宗教间关系与教俗间关系。要现实地理解这种关系,必须现实地理解文明体,扬弃唯物史观与文明史观的对立。

其次,文明史观与唯物史观的对立是心物(身心)难题在历史哲学中的延伸。这个难题在中西形而上学中都有若干解决方案,各有优长。但既需要糅合,也需要将之推衍到哲学的其他领域,例如政治哲学、法哲学与历史哲学。在西方哲学中,力量学说传统值得重视;在中国哲学中,首先应当激活的是气论传统。如真有所谓中西哲学的"至深交会",那么气论与力量学之间基于太一论的对应,是最值得期待的。在当代的思想境况下,这一对应尤其应该在诸实践哲学领域——特别是历史哲学、政治哲学与伦理学——中证成自己。力量学说不能仅仅为激进的社会理论与伦理学服务,气论有待征服的王国就更多了。

最后,太一论是《引论》开显的基本问题域。道体学下行就是太一论,就是中外哲学的大传统在根本问题上的交会乃至同一。太一论上行就是道体学。首先从太一论而非本体论(ontology)理解,更能看出气论与力量学的特点。当然,本体论不是外于,而是从属于太一论的。不能因为突然发现了中西语法的表层差别就抹杀了本体论对中国哲学的意义。[1]

如将上述主张和《启蒙主体性与三十年思想史》一文相对照,也许会带来一点诧异。其实不必如此。"四导师"(因而"改革开放"乃至所谓"海外新儒家")的真正出发点是康德,主轴是康德以后的德国哲学。而力量学说传统则是退到康德之前(如果读者愿意,也可以理解为退到无论新旧的基督教之前,退到新柏拉图主义),以便更深地进入包括德国唯心论在内的整个现当代哲学传统。退步原来是向前。这

---

[1] 作者在2007年的《是与易》一文中已解决了这个问题。参见丁耘,《儒家与启蒙》,pp. 217-300。

一路径本来就内蕴在海德格尔及施特劳斯的工作之内。至于"中国思想"的自觉,可能找不到比"气论"更能标举中国特性的学说了。独体可以勉强表达为"一气"。见气而后知天命,见独而后无古今。

2022 年 6 月 29 日初稿

2023 年 9 月 5 日定稿

后　记

此书所集论文，源于诸刊。刊物名称已于正文脚注中标出，在这里一并致谢。此外，也应该感谢三联书店。自20世纪80年代以来，本人一直将三联书店视为中国学术乃至中国文化最醒目的一面旗帜。惭愧的是，个人为三联做的贡献实在太少。

书中的一些观点，其灵感来自我给研究生开设的若干门研讨课程。在此向全体参与课程的同学致谢。你们的好学深思构成了我努力工作的持续动力。

书稿校订、文献核对环节中，毕波、苏杭、李骁原、冯一、施云涛、宋佳慧、夏天宇、蒋凯扬、常城诸位同学贡献良多，在此并致谢忱。

在我多年的研究工作中，张奇峰教授、苏杭博士襄助甚多。特此致谢。

丁　耘

2024年7月28日